U0935244

我心目中的黄兴论

王朝柱　著

爱新觉罗启骧题签

中国青年出版社

黄如论先生

誠信乃創業之本 育人為立國之基。誠信二字
善哉又須爭謀明斷。創業與守業不僅需審時度勢
事誠恩飲水思源 不見利忘義 才能信孚中外 上
同時應承擔社會道義之責 任古今中外皆然。

企业经营信条题字

诚信乃创业之本，育人为立国之基，融二者为一体，自能运筹帷幄。经营之道贵在把握时机，既要勇搏善战，又须严谋明断。创业与守业不仅要审时度势、慎密思考和果断追求，还须时刻谨记守信用，重诺言，做事诚恳，饮水思源，不见利忘义，方能信乎中外，近悦远来。正直的人也是诚恳的人，他一言九鼎，说到做到，同时还承担社会道义之责任，古今中外皆然。

北京世纪金源大饭店

世纪金源大饭店
EMPARK GRAND HOTEL

北京华侨大厦

昆明世纪金源大饭店

贵阳世纪金源大饭店

长沙世纪金源大饭店效果图

贵阳明珠塔效果图

目录

本书作者（左二）与本书作序者李准（左一）、仲呈祥（左五）、郑伯农（中）、李硕儒（左四）

序一

两个成功者灵魂的对视

王朝柱是我的老朋友，相知已久；黄如论是新朋友，同样相识恨晚。每当看到他们意气风发的样子，大师们的那几句格言就会从我的心底里跳出来：

“人的性格就是他的守护神。”

——（古希腊）赫拉克利特

“所谓活着的人，就是不断挑战的人，不断攀登命运峻峰的人。”

——（法国）雨果

“当我活着的时候，我要做命运的主宰，而不做它的奴隶。”

——（美国）惠特曼

是的，黄如论和王朝柱都是自己生命的主宰，都是敢于挑战厄运并不断向新的人生高峰发起冲击的人。如果说，王朝柱的成功堪称当代中国文坛的奇迹的话，那么，黄如论的雄起则更是当代商界一个耀眼的奇迹，是改革开放使人的创造性得到解放的一个精彩证明。

王朝柱写黄如论，这本身就是一件很有意味的事。作为传记文学和重大革命历史题材影视编剧中的头牌和常青树，王朝柱曾以“共产党元帅以下不写，国民党上将以下不写”而语惊文坛，几十年来说到做到，今天他为什么要给一位归国华侨中的民营企业家作传呢？作为房地产业、酒店业和多业并举的巨擘和新的领军人物，黄如论一向埋头做事、低调宣传，多次拒绝采访，现在他为什么要找顶级作家王朝柱为自己作传呢？除了朋友之情和两个成功者的惺惺相惜，还有没有别的更重要的原因？这既是一个引人思索的悬疑，也是本书的一大看点。

解疑的答案就在书中。王朝柱的这本长篇报告《我心目中的黄如论》，以发展着的唯物史观为指导，按照历史与逻辑相结合的方法，除了“引子”和“不是尾声”，用“农家子弟”、“我要赚钱”、“我要回国”、“进军北京”、“慈生我心”、“善行天下（一）”、“善行天下（二）”共七章，真实、精彩地描写和评述了黄如论那充满传奇色彩的人生经历、特立独行的性格魅力和与时俱进的人生追求。读完全书我惊讶地发现，王朝柱与黄如论虽职业不同又相差十岁，在出身和经历上、在性格和观念上、在思想方式和情感方式上却有着如此多的惊人相似、相通和共鸣之处：其一，两人都出身于贫苦的农民家庭，家族史中都有着革命传统。其二，青少年时期都历经艰辛与磨难，在后来的奋斗中都能把磨难时的体验化作精神财富和前进动力。其三，都敢爱敢恨、敢拼敢闯，都激情满怀、脾气火爆，并把维护人格尊严视为第一要义。其四，都同情弱势群体，扶危济困、仗义疏财，成就越大善行越多。其五，都植根于民族文化的土壤，熔儒、道、释为一炉，同时又贯通古今，放眼世界。其六，都有着强烈的创造欲和顽强的意志力，喜欢逆势而上、出奇制胜，都有霸气又每临大事有静气。其七，都崇拜英雄和历史伟人，都占据着本行业发展的历史制高点。其八，都喜欢毛泽东的性格和气派，都把毛泽东当做研究和借鉴的对象。王朝柱和黄如论相识八年，我想正是这近乎全方位的相通与共鸣，使得他们由相识相重到坦荡交流与碰撞，一直到后来双方都被对方深深地吸引和打动。于是，黄如论从王朝柱那里找到了可遇而不可求的真正知音和倾诉对象，真诚地希望能在这位大作家的描述和评判中肯定自我也审视自我，而王朝柱则被黄如论身上的商界王者之气所打动，产生了强烈的创作冲动，用自己最擅长的传记文学创作拥抱也度量了这位异姓兄弟。

独特的创作动因，王朝柱与黄如论的朋友关系，从内容上给这本书带来了两个引人注目的特点。一，作者并不扮演全知全能的叙述者和评判者的角色，而是自始至终用自己的经历与作品主人公黄如论的经历相比照，坚持用自己的立场、观点和方法来观察和评价黄如论，使作者自我成了全书最坚硬的、不可或缺的存在。特别是写到第四章“进军北京”之后，在对黄如论跨越式发展的许多重要方面，比如开发北京世纪城、经营世纪金源大酒店和香山金源商旅酒店、接管并改造华侨大厦、建成和管理金源时代购物中心的描述中，作者自己都是以见证人的身份出场的。这些都有效地增强了作品的真实感，令人读来感到很亲切。更有别于一般传记作品的是，在书中的有些重要段落，作者还以黄如论事业发展的建议者的身份进入情节，比如描写他劝黄如论转卖北京玉泉山东边那块土地，支持黄如论响应中央西部大开发号召进军重庆和云贵，建议黄如论在参加长沙“文化曼哈顿”土地竞拍时“要多长一个心眼”等等，更拉近了读者与黄如论的距离，读来使人如身临其境。二，毛泽东的名字和影响出现的频率打破了非重大革命历史题材作品的记录。在书中我们看到，对毛泽东的共同兴趣是连接作者和传主的一座桥梁，黄如论最想听王朝柱讲毛泽东的真实故事，王朝柱最爱听黄如论是如何运用毛泽东的思想和方法去创业的。每当事业发展遇到难题、处于转折的关键时刻，黄如论首先想到的、与王朝柱谈得最多的，是如何向毛泽东思想请教，从毛泽东克服难关、应对转折的做法中汲取力量。毛泽东的人格和智慧的魅力成了作者和传主共同的精神支撑。在一个当代民企老板事业发达的每个关节点上，都能清楚地看到毛泽东影响的存在！奇怪吗？它是事实。书中描写黄如论按毛泽东初战必胜思想完成他承接的第一个工程，用毛泽东的军事化管理方法推动施工队伍的正规化，运用毛泽东式的调查研究作出到北京发展的决定，参照毛泽东办抗大的做法办培训班为公司培养适应现代管理要求的干部，凡此种种都凸显了事实本身的说服力和启示意义。当然，最精彩的还是描写黄如论运用毛泽东辩证分析法去预见未来，从菲律宾回福州、从福州进军北京、从北京走向全国的三次逆势而上接连实现世纪金源集团的三次跨越式发展。黄如论的巨大成功无可辩驳地证明了毛泽东思想和人格的持久生命力，彰显出黄如论在继承基础上创新的非凡悟性。如此深刻地揭示历史与现实的内在联系，也是本书真正的现代性的一个证明。

传记之作，向无定例。从文体上讲，作者将本书定位于“长篇报告”、“长篇传记性质的报告文学”，书名又是《我心目中的黄如论》，是严肃而又恰当的。作为真正的报告，它的基本内容具有新闻报道一样的真实性，尤其是对黄如论重要经历包括他在重要历史关头所作的政治选择的描写、对世纪金源集团的种种业绩和向国家交纳税费的描写、对黄如论慈善捐助的项目和数量的描写等，都有第一手资料和坚实的数据作支撑，经得起与事实本身的严格对照。更难能可贵的是，一本长达三十多万字的写民企老板的传记既不渲染所谓“秘闻”，也不写什么风流逸事，着力凸现的全是黄如论的经商之道、政治选择和慈善行为。这种真正的历史美学品格使它从根本上与那些名为传记实则胡编乱捧、趣味低下的作品划清了界限，更不会惹上最近发生的艾丽西斯·德雷克的《美丽的堕落：20世纪70年代巴黎的时尚、天才与荣耀》被控侵犯隐私权和严重失实之类的官司。同时，既然是报告文学，它又必须发挥文学的优势，寻找艺术创造的空间。因此在保证其严格的真实性的前提下，作者在具体表现方法上又借鉴小说的笔法来进行心理分析，增强作品的故事性和典型性，运用影视剧蒙太奇、摇镜头的方法实现叙事的跳跃和自由流转，行于所当行，止于所当止，如此等等。这种一体多样的写法既严肃、庄重，又摇曳多姿、引人入胜。

特别值得提出的，全书叙事运用得最多、最成功的写法是作者王朝柱和传主黄如论的直接对话。这种对话的作用是显而易见的：一是用对话带出了黄如论人生经历的主要内容，省去了那些容易落入流水账式的平淡叙述；二是用对话讲清了世纪金源集团发展的基本脉络和关节点，避免了对企业发展的一般过程性叙述；三是突出和强调了作者所要着重探讨的重点课题，防止了平均用力的毛病；四是在对话中可以直逼被提问者的心路历程，追求一种心理的深刻。黄如论和王朝柱都是真正的男子汉和充满霸气的强者，都有着不怕挑战、宁折不弯的性格，王朝柱不会因为是朋友在提问中就变得心软，黄如论也不会因为是兄弟在论辩中就收敛其锋芒。我们从书中看到，两人之间的许多对话，诸如关于怎样看待学历和人才的对话，关于黄如论如何淘得第一桶金和实现资本原始积累的对话，关于“龙柱”和五龙喷水的象征意味的对话，关于“靠山”的对话，关于谈判艺术的对话，关于经商与政治关系的对话，关于如何处理亲属在企业中犯规的对话，关于既要帮助乡亲脱贫又不做散财童子的对话，提问和论辩中都是直逼灵魂深处，碰得火星四溅。王朝柱在提问、审视黄如论，黄如论也在反问、审视王朝柱。这不是一般的问答，而是对一个人的灵魂的拷问，是两个强者的灵魂的相互审视和激情碰撞，读来令人感到心灵的震撼。人所共知，上述对话中的有些课题属当代我国的前沿性课题，从实践到理论、从底层到上层都有着不同主张甚至尖锐分歧，《我心目中的黄如论》的创作却迎难而上，硬是将实践和理论上的一大难点变成了这本书的一大亮点，实在可喜可贺。

作为一本写当代民营企业家的传记，《我心目中的黄如论》还有一个重要贡献，就是通过对黄如论的描写和评述，为我们揭示出了一条真正能通向成功的经商之道。黄如论出身寒门又无靠山，为何能在不可胜数的民营企业家中脱颖而出？他的企业为什么能持续地一而再、再而三地实现跨越式发展？为什么经历那么多风浪他都能越做越强？他为什么能多次名列“中国大陆慈善家排行榜”的榜首？书中写得很实在也很清楚：一，他坚持诚信为本，有舍有得。对顾客讲诚信，对员工也讲诚信，越是困难中就越讲诚信。二，他坚守生财有道，注重人格和道德的力量。从来不玩空手道、买空卖空，努力用人格操守去赢得客户和市场。三，他敢为人先，勇于创新。他善于在调查研究的基础上作出科学预测，大胆地出奇制胜。四，他能辩证地处理传统与现代的关系，在开发和经营中以独出心裁的文化内涵增强竞争力。五，不忘报恩社会，坚守“慈生我心，善行天下”的信念，在企业做大的过程中也提升了自己的人生境界，加大了造福社会的贡献。黄如论的这种经商之道，如王朝柱评述的那样，它既弘扬了民族传统文化的精华，又吸收了当代世界经营管理与文明发展的新鲜经验，更是在他长期经商实践中形成和验证的。对比那些靠炒作而枫红一时的企业来说，对比那些信奉“市场经济无道德”、一心发大财却又拔一毛利天下而不为的老板们来说，世纪金源集团的持续大发展和黄如论向国家交纳的上百亿税费、向社会捐建的一百多所学校和多项救灾扶贫助弱基金是一道真正靓丽的风景线，也是对当代商道争辩的有益启示。

一位哲人说得好：“政治是经济的集中表现。” 经济不等政治，经商不是从政，但又都不能脱离政治。对经济与政治、商道与政道的辩证关系的深度揭示，是《我心目中的黄如论》的又一大亮点。作为自己命运的主宰，王朝柱和黄如论都相信“将相本无种”、“英雄不论出处”，都关心现实政治，都越来越明白商业决策的制定、发展方向的选择离不开对整个政治大形势的分析和预测。书中写得很生动：上世纪80年代末90年代初，由于那场“风波”的影响，外商在中国大陆的投资热猝然冷却，有些投资商甚至单方面撕毁合同、抽走资金，此时此景，正在菲律宾把国际贸易做得风生水起的黄如论为何要毅然回国投资创业呢？因为他在冷静分析之后坚定地相信共产党不会失败、改革开放政策不会变、风波过后中国大陆很快就会进入快速发展期。所以，从当时看他回国投资是逆势而上，从长远看则恰恰是在政治大格局上的一种顺势而行。世纪金源集团在福州的大发展证明了他的选择是聪明的。1997年邓小平逝世，亚洲金融风暴爆发，北京房地产业陷入萧条，然而就在这时，不顾周围的一片反对声，经营房地产为主的黄如论竟出人意料地进军北京！为什么？因为他在调查研究的基础上得出结论：中国政府完全有能力应对亚洲金融风暴，中共十五大精神一定能引导改革开放事业包括北京房地产业继续大步向前。政治和智慧之神又一次眷顾了黄如论，世纪金源集团在北京实现了又一次跨越式发展。王朝柱最欣赏黄如论的，就是他对政治大势的这种分析能力和投资方向的选择。也正因如此，进入本世纪后，在大批房地产商纷纷涌向北京和沿海城市时，王朝柱热情称赞黄如论响应中央政府西部大开发号召进军云贵和重庆，去实现他的产业集团发展的第三次跨越。同时，王朝柱又时时不忘经商与政治关系的另一面。熟读中国历史的他在与黄如论的激情对话中曾多次分析吕不韦和胡雪岩兴衰的历史教训，指出他们成也政治败也政治，由于他们从懂政治到专靠政治押宝去赚钱和醉心于用金钱玩弄政治，背离了商道自身的游戏规则，到头来落得个血本无归，被政治吞没。黄如论同意王朝柱的说法，并表示要继续坚持正确的政治方向。书中响亮地提出："聪明的商人一定要懂政治，但不能玩政治！"这是作者对几千年中国商道及其经验的高度概括，也是他对当代经商者的一个忠告。

"血管里流出来的都是血，水管里流出来的都是水。"鲁迅的话总是那么入木三分。其实从某种意义上来讲，商道、文道、政道三者是一脉相通的，首先都是怎么做人、做一个什么人的问题。真正优秀的政治家、商人、文人，在人格上都应当是仰不愧天、俯不怍地的人。"在我头上灿烂星空，道德律令在我心中"（康德），这是我最后从《我心目中的黄如论》中读出的一种豪情美意，也想把它转赠给喜欢这本书的读者朋友们，以期共勉。

李准

2008年9月25日于北京

序二

两颗诚信的心的真挚交流

——序王朝柱著《我心目中的黄如论》

我认识黄如论，是因为参加王朝柱编剧的长篇电视剧《延安颂》在香山“金源商旅中心酒店”召开的几次研讨会。听柱子哥说，之所以选择在景色秀美、建筑不凡的这家酒店开会，乃是因为酒店的老板黄如论盛情相邀，并乐于承担相关费用。我于是好奇地追问缘由，柱子哥答曰：“黄先生喜欢看我写的电视剧《开国领袖毛泽东》《长征》，他同我一样，出身农民家庭，对共产党、毛主席感情深，真正懂得没有改革开放就没有今天，所以是真心实意地支持我们搞好重大革命历史题材的影视创作。”果然，此后柱子哥被黄先生真诚地接进了这家酒店的338号套房，一住就是五载有余，在此一发而不可止地完成了《邓小平》《八路军》《冼星海》《周恩来在重庆》和《解放》等长篇电视剧文学剧本的创作。

当然，在这五年多里，柱子哥与黄如论这两颗诚信的心，发生了世间真挚的交流。交流的结果，便是水到渠成地孕育出这部独具风格的长篇交流体报告文学《我心目中的黄如论》。

这是典型的文人与商人的交流，是努力探寻一位成功巨商之心的当代大作家与用心体味一位传记文学大师之心的当代大企业家之间真挚坦诚的交流。惟其如此，一颗初通商道的文人之心与一颗深知人道的商人之心亲密无间的交流，就显得那么珍贵、那么感人！

柱子哥是一位弃乐从文的作家。我曾尊称他为“作家中弹钢琴最棒的、音乐家中写传记文学最棒的”。他曾狂言自己是“共产党元帅以下不写，国民党上将以下不写（国民党最高军阶是上将）”。黄先生是当今一位喜欢舞文弄墨、成就显赫的企业老板。我曾尊称他是“我所结识的企业家中最通书法的、我所结识的书法家中最懂企业管理的”。《我心目中的黄如论》之问世，证明有一种强大的创作冲动力，令一向不食言的柱子哥破了自己昔日的狂言。这种创作冲动力，既源于这两位来自底层的农民的儿子相似的出身境遇，更源于他们或从文道或从商道而共同归于对人道即大道的不懈追求。这，正是两颗平凡而高尚的心相融相通的缘由，也正是读懂读通这部《我心目中的黄如论》的钥匙。

我一气读完《我心目中的黄如论》，感触良多，思绪万千。商道，文道，人道，大道……这些概念令我反复品味咀嚼。说实话，教我真正领悟这些概念的丰富内涵的，是浮现在我眼前的柱子哥与黄先生这两位我所“熟识的陌生人”。两位尽管有着各自鲜明的个性和迥异的人生经历，但在做人的准则和对人道、大道的信仰上，确有惊人的相似。他们一人靠数十部优秀传记文学“著作立身”，一人靠遍及祖国大地的广厦万间“建筑立身”。“立身”而非“等身”。他们堪称我终生学习和效法的榜样。

是的，这是柱子哥为黄先生写的一部传记文学；但我又依稀感觉它同时也从一个方面不妨看做是柱子哥的一部自传文学。

权且充序。

仲呈祥

2008年9月29日

序三

早就听柱子说，他要写一本介绍黄如论先生的书。出于对柱子的了解，我坚信，他要写总有他的充分理由。不过，心中仍有一丝疑惑：一个以写政治风云人物、特别是革命领袖人物见长的作家，为什么突然要去写一位企业家?读了柱子最近寄来的书稿，疑云顿时消去。

乍一看，柱子和黄先生走的是两条完全不同的人生道路：一个是从写乐谱到爬格子的作家，一个是毕生都在盖楼房的建筑家；一个是人民军队的文职人员，一个是腰缠万贯的大老板。但从骨子里看，他们却有许多相似之处。他们从相识、相知到互相支持、互相赞赏，绝不是偶然的。这还得从四十多年前的“文化大革命”说起。

“文化大革命”中，柱子是个保守派。他不理解，为什么要打倒那么多的“走资派”和“反动权威”，为什么要如此无情地“横扫一切牛鬼蛇神”。今天看来，他的观点是正确的，但在当年的历史条件下，他却是很“不识时务”的。为此，挨了许多整，吃了许多亏，可以说，在“文革”中，他受了巨大的挫折与打击。用他自己的话来说，就是“批斗，站板凳，坐飞机，游街等体罚全都经历了”。但他没有因此垂头丧气、悲观绝望。当他人到处冲冲杀杀的时候，他利用一切可以利用的时间，如饥似渴地读书、思考问题。他的读书量是惊人的，文学、哲学、历史……各种书都看，特别是钻研近现代历史和中国革命史，简直到了“上穷碧落下黄泉”的地步。正史、野史、传闻、轶闻……各种材料都是他的吞咽对象。经历了“文化大革命”，不少人发生了根本性的变化：理想被灭了，信仰失落了，从无限狂热走向无比颓丧，从无限崇拜走向怀疑一切。柱子不是这样。“四人帮”被粉碎之后，他和全国人民一起欢庆胜利，思考“左”的教训，虽然他是“文化大革命”的受害者，他却能抛开个人恩怨冷静地看历史。积读书之所得，他从大量实际材料中了解到中国革命胜利之来之不易以及毛泽东同志不可磨灭的历史功勋。当苏联解体、东欧剧变、西方敌对势力掀起反共反社会主义和非毛化潮流的时候，他写出了《开国领袖毛泽东》《长征》《延安颂》《周恩来在重庆》等气壮山河的作品，弘扬革命正气，公正评价历史，赢得了广大观众的欢呼，也引起黄如论先生的强烈共鸣。

“文化大革命”爆发的时候，黄如论先生不满15岁。作为思想单纯的热血少年，他满怀热忱投身到这场风暴中去。他不仅在大风大浪中喝了几口水，而且重重地摔了几次跤。一次是两派群众组织打派仗，黄如论成为“对立面”的打击重点。于是怀揣全家积攒起来的20块钱，从闽东跑到闽西山区找他的堂姐，饱尝颠沛流离、东躲西藏之苦。又一次是打倒“四人帮”之后，全国开始涌动经商热潮，正当黄如论承包一项工程干得很红火的时候，原单位突然通知他回去参加学习班，反思和检查自己的“问题”。由于他“态度不好”，被原单位解聘，承包工程所应得的酬金，也因为他有“问题”而一笔勾销。这就使他不但丢了饭碗，还因为兴办工程借了一笔钱而负债累累。年轻人遇到如此大的挫折，很可能一蹶不振，黄如论却有一股不服输、不气馁的劲头，他咽下苦果，擦干眼泪，重新承包工程而东山再起。更难能可贵的是，社会对他如此不公，他却没有怨天尤人，包括对待整过他、占过他便宜的人，他都以德报怨。黄先生事业成功之后，慷慨解囊办了许多善事，其思想因子，在三十多年前就种下了。

人们常把有文化、有道德的企业家称为儒商，黄先生也曾被人这么称呼过。其实，他的主业不是搞商品交换而是搞物质生产。他一生不断地盖房子，从国内盖到国外，从福建盖到北京，又从北京盖到贵州、湖南、安徽、云南……他不是靠倒卖地皮、倒卖房子致富，而是亲手画图纸，亲自组织施工队伍，亲自在工地上指挥盖房子，从设计、施工到安装、销售一条龙干下来。如果说，没有上过文科学校的王朝柱靠自学写起传记文学和历史剧，那么，只上过小学的黄如论也是靠自学搞起了建筑设计。黄先生一生最佩服两个人，一个是他的祖先，朱熹的弟子和女婿，南宋大儒黄榦，一个是中国共产党的领袖和创始人，大思想家、政治家、军事家、文学家毛泽东。他认为毛泽东著作不仅能指导革命和战争，也能指导为人处世和办企业。他不仅用毛泽东所阐述的战略战术来驾驭市场竞争，也把毛泽东所追求的为人民服务精神融化在自己的血液里。一贫如洗的时候，他最企盼的是赚钱，一旦有钱之后，他想的就不仅是钱，更有如何造福乡里，报效祖国。他生活简朴，讨厌骄奢淫逸、声色犬马。他喜欢读书、练书法，经常思考富有哲理性的社会历史问题。正是这样，他具有一般生意人所难以具备的广阔胸怀和长远眼光。上个世纪90年代伊始，西方大国对我实行“制裁”，许多外国公司纷纷从我国撤资，黄先生却毅然从菲律宾回国，投资大陆大办实业。他捐款公益事业达20亿人民币，是名播海内外的慈善家。然而黄先生的报效祖国，并不只是体现在捐资办慈善事业上。他盖房子、做生意，在有利可图的前提下，必不可少的考虑之点是能否给老百姓带来实惠，他决不是专找房价最高、最能赚钱的地方盖房子。怎样既提高质量又压低房价，是他牵肠挂肚的问题。在北京完成金源饭店、金源购物中心等大型建筑后，他转到贵州、湖南、安徽、云南等地的二线城市盖房，就是考虑为中西部欠发达地区的建设做贡献。儒家的“穷则独善其身，达则兼济天下”的思想在他胸中回荡，毛泽东的“全心全意为人民服务”的思想也在他的心中燃烧。他是革命烈士的后代，可以说，他的血管里一直流淌着老红军的血液。

柱子说：“黄如论先生本身就是一本大书。”这是积多年观察的由衷之言。他和黄先生相识八年，从见面点头到彻夜长谈，可谓一对知交。起先并没有想到写书，互相了解多了，于是有了满腹感慨。感慨和感想积累多了，于是如骨鲠在喉，不吐不快，就有了这本书。柱子写的是一条人生道路，一种为人操守，一个精神境界，它可以存在于这个行业的从业者身上，也可以存在于另外行业的从业者身上。难能可贵的不在于从事的是什么职业，腰包里有多少钱，而在于有没有这种操守，有没有这种精神境界。读者还可以留意一下，柱子过去描绘的人物，多是声名显赫的历史人物。这次他写的是近在身边的同时代人，过去他也是满怀激情来描绘自己的人物，但他靠大量翔实的史料说话，一切都蕴藏在人物的形象之中，作者决不特意站出来说话。这次不一样，他公开以自己的视角审视黄如论，不但写出他对黄如论的感觉和评价，而且详细叙述了他们的交往过程，大量引用二人之间的对话。严格地说，这本书不但展示了黄如论的人生经历和心路历程，也是王朝柱人生奥秘和为人之道的一次曝光。正是有了一个企业家和一个作家的心灵冲撞，书中的不少章节才更加熠熠生辉。我读黄如论，也读王朝柱。一个是我的同乡，一个是我的老同学。把他们俩放在一起读，是非常有味道的。

郑伯农

2008年10月于京东潘家园

序四

写人难，写亲人友人尤难。朝夕相处，知其心，通其情，反倒失却了写作时的激情与敏感，这也就是“仆人面前无伟人”的道理。仆人尚且如此，亲人友人尤然。

如今海内，企业家多如牛毛，海内海外的投资者更如过江之鲫涌聚华夏。继之，为富商企业家作传者也就挤破门坎。然而，尽管书出了不少，可堪卒读者却如凤毛鳞爪。何以如此？要么是作家对企业家总如隔岸观火，只见其财其势，不见其人其心；要么目的不纯，只想以文字换金钱，这就不免处处大话空话，字里行间都是肉麻的仰慕阿谀。这样的书不能不令作者悲哀，更不能不令传主悲哀，还是不出的好。

然而，在人类发展史上，企业家的功劳不可低估，他们的胸襟、智慧和商略更是常人难比的，如朝柱在书中每每提到的古来中国商圣吕不韦、范蠡、胡雪岩，如今天响遍寰宇的美国巨贾比尔·盖茨，如实写出他们的奋斗与业绩、心性与追求，不能不说是人类智慧的一种宝贵积累，是世间万象中一幅幅惊涛骇浪的独特风景。可惜，或因企业家们的种种轻心和戒心，或因作家对商家传统性的心理错位与偏见，书写商家的传记珍品至今面世不多。

读《我心目中的黄如论》则不能不让人眼睛一亮。其最大的特点是彼此的心态和视角。他们一个是黄氏“世纪金源集团”董事局的主席，一个是著作等身、驰名海内外、专为“共产党元帅以上、国民党上将以上”政治人物立传的作家，两强相交，谁能服谁？！可他们不但相互敬服，且亲如兄弟，或清茶一杯，或陶然山川，都能手足砥砺、谈之忘了朝夕。先交友，后通心，再写书，谁也没了错位，谁也没了距离，视角不用调试，都是眼睛对眼睛的平视；心态不用调整，诚如两条清溪，你流向我，我流向你，写来自然真诚、清亮，高扬处，飞瀑流泉；低迴处，清流潺潺。我以为，这是作传，特别是给伟人、商家作传最难能可贵处。

朝柱思维敏捷，下笔如有神，写一部三四十集的电视剧两三个月即可告罄，可他要写如论先生已经说了三四年，为什么至今才完稿？这也就是我开篇提到的，已成莫逆兄弟，反倒不知如何下笔才好，朝柱写作最讲结构，为这庞大的“世纪金源集团”董事局主席作传，结构不好自然难免凌乱，一般地按时序流转去写他又不甘，此心此苦他曾多次电话诉说。读过书稿，真不能不为他的结构叫好，它让我想起早年读过的《老残游记》，信马由缰，娓娓道来，看似不着技巧痕迹，实则处处用心别具，只不过前者写的是外在的景与景中的人，后者写的是人和人物的“景”。人物的景很大很长，就外物景说，从如论先生的远祖南宋学者黄榦到他福建山乡的农民祖父；从他走出的闽东山乡小路到菲律宾的马尼拉湾，到香港到福州到北京，之后再到上海到江西到重庆到云南到海南到广东到湖南到贵州到陕西到安徽到江苏……这就是他驰骋纵横的“外宇宙”！他心中的景或称“内宇宙”就更其高远宏阔——从其先祖血脉传承的程朱理学到他青少年时代热衷的“文革”文化毛泽东哲学思想，再到其后研读的儒、释、道……如此长远宽博的内“景”与外“景”，如此宏阔魅人的“内宇宙”与“外宇宙”，作者如何描绘展示、如何剖解探微？朝柱以他独有的政治智慧和善写大题材、大人物的架构能力，将如论先生的商海搏击重心放在纵横交叉的政治大势拐点上，纵的是中国几千年来的哲史、商史、文明史；横的是近30年间的世界大势中国大事，如1989年的春夏风波、亚洲金融风暴、北京闹非典……笔法却是或描绘或刻画或对谈或引发，这样，就将如论先生的心性、才情、学养、胸襟、商略、商道、业绩、抱负……追根溯源至情至理地落于纸上、亮于世间。读着它，不能不为这传略式的丰博与醇厚而感动，更不能不为传主如论先生的人格才气、业绩贡献，特别是他的“慈生我心，善行天下”的情愫所折服。

这不是一部普通的企业家传略，而是一部教人如何立志、奋争、善行天下的人生大书。行文至此，想起昨晚刚读过的几句小诗，曰：落地生根的那一刻，一棵树苗，就立下了向天生长的目标，这个永生的承诺！因想到，这棵树苗的志向与传主如论先生何其相似！只不过，如论先生已不是树苗，他已经成了一棵“向天生长”的大树。

李硕儒

引子

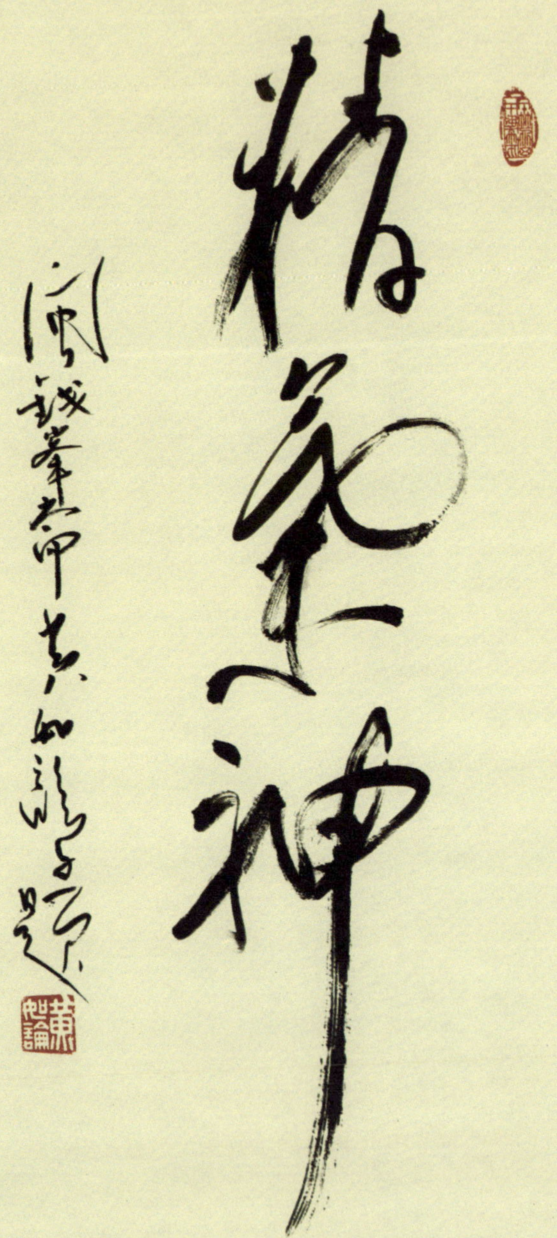

早在二十多年以前，我决定弃乐从文，改写史传文学。同时还口吐狂言：共产党元帅以下不写（含元帅），国民党上将以下不写（国民党最高军阶是上将）。一时在文坛传为笑谈。这些年来，自《李大钊》等长篇史传文学问世始，到日前出版、正在筹拍的大型电视连续剧文学剧本《解放》止，共收获了几十部不同题材的作品。细心检点，我没有食言，大都是围绕着毛泽东、周恩来、蒋介石等国共两党领袖人物进行写作的，且得到了大多数读者、观众的认可。遂又被文坛同仁戏称是写领袖人物的专业户。

时下，我为什么突然笔锋一转，要为“世纪金源集团”董事局主席、菲律宾爱国华侨黄如论先生写本书呢？这还要从我是如何认识黄如论先生讲起。

世纪之交的那个春天，我们家准备买房。我记得十分清楚，我和夫人就像是所有买房的知识分子那样，几乎跑遍了京城所有上市楼盘，盖因为一个贵字未果。一天下午，我们夫妻二人搭乘一位朋友的车去昆玉河西岸看房，发现世纪城周围的楼盘，大都在每平方米均价6000元至8000元，远远超出我们的期望，只好望楼兴叹。正当我们准备打道回府的时候，路旁墙上霍然写着世纪城三个大字映入眼帘。同行的友人停下车，建议我们去看看。我抬头一看墙内那拔地而起的一幢接着一幢的高楼，下意识地说道：

“不看了，楼盘均价一平方米至少在6000元以上。”

“看看嘛，反正也不要钱。”同行的朋友说道。

就这样，我们夫妻二人跟着同行的朋友勉强走进世纪城售楼处。一看售楼处中央的楼盘布局为之一亮，再一问价钱，起价只有4700多元，真是踏破铁鞋无觅处，得来全不费功夫，我当即决定买一套住房，并选定了户型。由于随身没有带钱，和售楼小姐约定：第二天晚上8点钟以前来售楼处交2万元预付款。

翌日晚上，我与妻子、女儿高高兴兴地携款来到世纪城售楼处二层收银处。令我惊诧的是，售楼小姐说会计下班回家了，请第二天再来交预付款。我当即无名怒火打心底生起，大声指责不讲信义，并作出决定：选定的房子不要了，一边指责售楼小姐一边带着家人就要下楼归去。

恰在这时，一位身材瘦高、至少在一米八〇的半百男子快步走上二楼，拦住我的去路，操着一口听不大懂的福建方言向我问清了缘由，十分客气地说："对不起，请您稍等片刻。"转身带着那位售楼小姐走进一间宽大的办公室，轻轻地关上了屋门。

顷许，售楼小姐走出，有些胆怯地说道："我们老板说了，实在对不起，有三种解决办法供你们选择：第一，立即打电话，命令会计坐出租车回来，给你们补办交款手续；第二，你们有事可先回家，请留下住址，让会计赶到你们家补办交款手续；第三，如果原谅我们的失误，请明天这个时候再来，保证会计在此等候。"

我听后满腹怒气消了大半，说了一句："杀人不过头点地，知错改了就好，我们明天晚上再来。"

这是我第一次见到黄如论先生，留给我的印象是：身材瘦高，面色有点黑，没有归侨大老板那种傲气和派头，说一口听不大懂的福建官话，但办事认真，讲诚信。

不久，我们交了房钱，拿到钥匙，全家兴高采烈地走进楼房大门，乘电梯步出二层，打开最东边那户属于自己的房门，查看每一个房间。当全家人又说又笑地来到主卧查看大凉台的时候全都怔住了，发现在两幢高楼之间建了一排两层高的商用房，不仅挡住了我们家的凉台清晨采光，而且商用房二层平台离我们家凉台的间距不远，很不安全。为此，我们全家来到售楼处，找到主管售楼的张女士说明原委，提出退房。

对此，张女士认为我们讲得有道理，同时也说明自己没有因建筑设计不合理给客户退房的权利，客气地说道："请等一下！"转身走进黄如论先生的办公室。不一会儿，张女士走出，如实地讲了下边这段话：

"我们老板讲了三条处理办法：第一，你们提的意见很对，我们一定尽快改建两幢楼间的商用房，加大与住户家凉台的距离；第二，如果你们还要这套住房，每平方米再减300元；第三，如果你们不喜欢这套住房，可以随意挑选其他户型。如果都不喜欢，我们立即退给你们房钱。但是，我们老板希望你们全家能高兴地住进我们建的楼房。"

我们听后感到很是温暖。经商量，全家一致决定每平方米少交300元，以4400多元一平方米的价钱买下了这套住房。

这是我第二次间接地和黄如论先生打交道，虽未见到他本人，但却给我留下了很深的印象。从那时起我就认为：替买方着想的黄如论先生一定会在京城获得成功。

事后想来，黄如论先生早已忘却——或根本就不记得这两件事情了。但在一个作家看来，这两件既偶然又巧合的事情却是一种缘由，以此为契机，再加上后来近似于鬼使神差，使我们两个人开始了近八年的交往……

那时，我写的大型电视连续剧《开国领袖毛泽东》正在中央电视台一套黄金时段播出，我也因此经常出镜。很快，生活在世纪城中的一些人就知道了我是《开国领袖毛泽东》的编剧。一天，时任黄如论先生秘书的林褚对我说：

"王编剧，我很喜欢看您写的《开国领袖毛泽东》，可否送给我一套光盘？"

"可以。"我说。

不久，我把刚刚出版的《开国领袖毛泽东》文学剧本和光盘送给了林褚。出我意料的是，林褚又对我说：

"王编剧，我们老板很敬仰毛主席，你可否也送给我们老板一册剧本和一套光盘？"

这时，国内外掀起的"非毛"思潮正在社会上兴风作浪，我作为《开国领袖毛泽东》的编剧，蓦地听说这位菲律宾华侨地产商黄如论先生敬仰毛主席大感意外。我凭借作家的敏感，猜想到这位黄如论先生敬仰毛主席一定有其原因，然而出于知识分子的所谓面子沉吟片时，我欣然答应。我清楚记得，当天就送给了黄如论先生一册《开国领袖毛泽东》文学剧本和一套光盘。

接着，我写的大型电视连续剧《长征》《延安颂》等在中央电视台一套黄金时段连续播出，我写的史传文学《周恩来在上海》《毛泽东与周恩来的长征》以及三卷六册《蒋介石和他的密友与政敌》等相继出版发行，我都把书和光盘送给了黄如论先生。在这期间，我们之间有过不多的单独交谈，因为我听不大懂他讲的福建官话，他也听不大懂我讲的河北省吴桥县家乡话，所以相互交谈起来十分困难，有时为了搞清楚对方讲话的内容，一句话要重复讲两遍甚至三遍。回想起来，由于我经常说自己是“耍猴的”，是“农民”，他也眯着那双智慧的眼睛笑着说：“我也曾是农民！”他这句极其普通的笑话给我留下了深刻的记忆。

不久，我因住在城里一家宾馆写作《延安颂》文学剧本病倒了，大夫说这家宾馆四周的环境脏乱，空气质量不好，不适宜在此长期写作。我病好之后，黄如论先生建的“香山金源商旅中心酒店”开业，我应邀出席酒店的开业典礼，并见到了黄如论先生。接着，为写电视剧《邓小平》，我悄然住进了“香山金源商旅中心酒店”，一住就是近五个年头。

这年春天，北京爆发了“非典”，黄如论先生为抗击“非典”做出了自己的贡献。从这时起，黄如论先生经常来“香山金源商旅中心酒店”休息。晚上，他有时邀请我来到他住的那座三层别墅的北面，坐在木雕桌、凳旁边，凭借柔和的灯光，看着木制的拱形小桥，听着小溪的流水潺潺，品着上等的佳茗，两个不同类型的“农民”经常是畅谈不厌，几乎忘眠，不到子夜时分不收兵。随着时间的推移，我逐渐地听懂了他讲的福建官话，他也听懂了我说的河北吴桥家乡话，每次见面，我们二人上自天文，下至地理，真可谓是无所不谈。然而仔细回想这长达近五年的交谈内容，我们二人似乎都有着很强的功利——或许是一种本能的各取所需：他作为地产界的老板，最感兴趣的是听我讲毛泽东的历史功绩和邓小平的改革开放，还有所谓天下大势的走向。我作为一个职业作家，最想知道的是黄如论这个“农民”真正的身世和成功之路，以及他的文化积淀和非同常人的心路历程。有意思的是，我们这两个不同类型的“农民”虽然成了无话不说的朋友，但却有着一种默契：君子之交，相互无所求。

或许正是这种无所求的君子之交，越发促使我这个作家产生了极大的好奇心，想通过文学破解黄如论先生的一个又一个人生密码。为此，我曾随黄如论先生来到生养他的福建省连江县马鼻乡辰山村，当我看见他青少年时代住过的两间又矮又黑的木板房的时候，我禁不住地想起了俺们家那两间风雨飘摇的土房；当我看到辰山村前面那罗源湾中一望无际的海水，我又想到这就是黄如论先生成功之路的起点；当我参观了黄如论先生捐资创办的学校、医院之后，我懂得了他为什么会被评为全国十大慈善事业家；当我考察了黄如论先生在福州、北京、重庆、昆明、合肥、贵阳、长沙等地的房地产业之后，我真的明白了他提出的“我们造城”的真正内涵……更为有意思的是，我心中的所谓黄如论先生的人生密码也相继不破而解了。与此同时，当我看清了黄如论先生走过的这条坎坷之路所留下的血汗之后，一个有着鲜活的灵魂和实在的血肉的形象渐渐在我心中形成。对一个作家来说，这就意味着应该提笔展纸进入创作了！

每一个有良知的作家都清楚，为朋友作传是最难的，为健在的商界朋友作传是更难的，何况我还曾经说过“国民党上将以下不写、共产党元帅以下不写”的狂言呢！一天，黄如论先生请我为他的皇皇大作《为人处世与企业管理》作序。我认真地拜读了全书，在一种难以名状的情景中写下了这段文字：“这本文集是黄如论先生的思想文录。其系列文章记述了他几十年的经商心得——并升华为经商理念。同时，他通过经营管理案例的剖析，折射出他在企业发展过程中的心路历程，以及他独有的为人处世哲学。”当我写到“全书浸润着黄如论先生对传统文化的修炼与体会，尽现其创业拼搏的坚韧足迹。这笔宝贵的精神财富不仅有益于广大的金源人，而且对各行各业的开拓者都会有一定的启示性的作用”后，遂决定为黄如论先生写一本书。

在我看来，黄如论先生本身就是一本大书，这绝不是危言耸听或有意吹捧。首先，他创办的“世纪金源集团”是一家综合性跨行业的国际集团，旗下拥有“房地产开发、星级大饭店、大型购物中心、金融资本运作、矿业开发、物业管理”六大支柱产业。其次，他目前在中国大陆已投资3000多亿元人民币，开发各类商品房6000万平方米，缴纳各项税费已达150亿元人民币，捐资公益事业20亿元人民币，获得国家各级政府授予的荣誉称号达300多项。换句话说，从哪个点切入都可以写成一本书。但是，我是一个少于和企业界打交道的作家，对黄如论先生创办的这六大支柱产业更是知之甚少，因此，我不可能以此为载体进入创作。

再者，黄如论先生的文论集《为人处世与企业管理》（上下两册）业已出版，通篇充满着为人处世的文化传统以及现代企业管理的理念，实事求是地说，也可以写成一本专著。但是，我是一个和历史伟人对话的作家，与当代企业理念和企业文化无缘，这也决定我不可能以此为载体写书。

我思来想去，笔触的中心还是写人。具体地说，写黄如论先生这个人。在我看来，黄如论先生的身上还有比事业有成更珍贵的东西，那就是他几十年来在商海沉浮中所追求的商道。尤其当我想到时下商海所存在的一些问题，就越发地坚定了我的这一想法。同时，我还坦言，我笔下的商道不仅是黄如论先生终生追求的理想，而且也是笔者着力颂扬的精神。直言之，书中所倡导的商道和精神，就带有作者很大的主观意愿了。

为此，我在动笔前曾对黄如论先生说过这样一段话：

“我为毛泽东、周恩来、蒋介石等人写书的时候，从不征求他们家人的意见，也不允许他们的家人干涉我写什么和不写什么。我们虽然是朋友，但我还是把丑话说在前边，请您也不要过问我如何写您的为人和您的事业。”

“你是大作家，有着独立的写作人格，我决不干涉你写什么——哪怕是批评我的内容。”

“这本书是写我亲眼看到的、心中想过的黄如论先生的为人处世，决不涉及你们金源集团的商业秘密。因此，这本书的名字叫《我心目中的黄如论》。”

这本书的名字不仅决定了我写作的内容与视角，而且也为写作这本书提供了较为灵活的叙事载体。为了把这本书写得亲切、活泼一些，我有意打破传记写作那种单一的——第一人称或第三人称的叙事手法，把各种不同叙事主体——作家与传主、友人与作家和传主等交融一起，就说是叙事与评说也通达并用。自然，全书要做到形散神不散。

《我心目中的黄如论》这本书就是笔者心目中的黄如论先生，不是读者经常翻阅的论定传主功过是非的那种所谓的评传。请读者放心，这本《我心目中的黄如论》所引用的素材是真实的，既没有杜撰行文，也没有刻意吹捧。需要说明的是，全书的立场、观点是属于笔者的。尽管如此，我相信不同的读者都会从中感悟出属于自己的结论来的……

黄如论先生与本书作者

黄如论先生挥杆击球

黄如论先生写书法

黄如论先生在北京世纪金源大饭店一周年庆典活动上

黄如论先生在云南考察

黄如论先生在工地

第一章 农家子弟

黄如论先生祖屋

一

我小时候最爱听西河大鼓，记住了很多经过民间艺人加工过的历史名人的轶闻轶事。或许是因为家境贫寒又想出人头地的缘故吧，艺人们讲过的两句话一直铭刻在我的心壁之上，一句是“将相本无种”，另一句是“英雄不论出处”。今天，我已经看见70岁的大门坎了，还念念不忘地把这两句话挂在嘴边。更为有意思的是，有的时候我还拿这两句话来说事——实际上是一种宣泄。

这些年来，随着改革大潮铺天盖地袭来，某些出身贫寒的人一夜之间成了时代的弄潮儿，对自己过去没有饭吃的历史三缄其口；有些掌权的大小“衙内”狐假虎威，不允许讲他老子也曾经是身无分文的农民；更有甚者，极少数从监狱放出来的新式权贵和有钱的大爷，是一定要尘封自己那段不光彩的历史。就说某些为了一己之私的文人骚客吧，也舞文弄墨为之推波助澜，刻意在这些人的头上制造各种光环。一句话，由新式大小权贵和各种大爷演化出来的所谓名人、伟人、有钱人昔日的贫穷出身——或不光彩的历史变成了最高的机密。残酷的现实向世人宣告：“将相本无种”、“英雄不论出处”这两句话似乎已经过时了！为此，每当我听到吹捧我是什么大作家或大剧作家的时候，我就会坦然地答说：

“不敢当，不敢当！我是个农民，从小生在杂技之乡，是个耍猴的！”

由于我写作的对象李大钊、毛泽东、周恩来、朱德、邓小平、蒋介石等历史人物相继驾鹤西去，加之我所依据的写作素材，又主要是靠档案材料和部分权威性的回忆文字，所以，我既用不着亲自去查证这些历史人物的三代，也无须征得他们后人的同意，我只需要用唯物史观审视他们在历史进程中的功过，采用不同的文学载体把他们塑造成一个个活灵活现的艺术形象。因此，我从未和那些与生俱来的大小权贵、各种大爷打过交道。当文艺界的同仁问起我几十年创作经验的时候，我经常答说：

“我赞成法国大文豪罗曼·罗兰说过的一句名言：我的成功在书斋里（大意）。”

前些年，正当北京世纪城的楼盘热销的时候，经常有些和我稔熟又想买房的友人问我：

“听说你认识金源集团的老板黄如论先生？”

“是的，也就是认识而已。”

“你了解金源集团的老板黄如论先生吗？”

“不了解，我只知道他是归国投资的菲律宾华侨，是位身价亿万的房地产商。”

朋友们听后就不好再提请我帮忙买房的事了。

不过，我说的这些全是老实话。

或许因为我写作的对象大都是在中国近现代史上有影响的政治伟人，因而在商海中沉浮戏游的所谓金融巨子、房地产大鳄我是少有往来的。另外，我是一位军旅作家，至今拿着军队的俸禄，对所谓海外关系是很敏感的。再者，我自身还有着传统文人所尊崇的清高，加之深受“无商不奸，坑害百姓”的观念影响，我是不愿意和商人们打交道的。自然，这也是我在初识黄如论先生的时候，从未主动地与他进行过深入交谈的原因。

随着我们交往的增多，我本能地感到黄如论先生就是一本大书。给我印象最深的是，他既没有归国华侨巨商的派头，也没有我国沿海地区某些企业家的奢侈。有时，他和我一道吃早餐，经常是一碟咸鱼，一碗白米粥，最多再加一个鸡蛋。我有时望着他吃得香甜可口的样子禁不住地自问：

“这难道就是华侨巨商黄如论先生吗？”

俗语说得好，交往能增加友谊，神秘会产生好奇。随着时间的推移，我与黄如论先生的交往渐渐多了起来，相互之间的友谊也越来越深。我作为一个职业作家，也就自然而然地产生了想解开黄如论先生真实身世的好奇心。然而一想到他是来自菲律宾的华侨巨商，我这个自尊心很强的文人就又自我否决了。有时，我还暗自说："随缘即福，看缘分吧！"不久，这种缘分终于到来了……

那是一个寒风劲吹的夜晚，我应邀来到他在香山居住的三层别墅。宽敞的客厅温暖如春，我与黄如论先生相对坐在舒适的沙发中品茗聊天。和往常一样，他问我答，中心还是关于毛泽东的。当我滔滔不绝地讲完毛泽东出身农家，只念过师范，当过小学教师，为了考察湖南农村的真实情况，他和同学们一道像个叫花子似的到处流浪。没想到黄如论先生十分感慨地插话道：

"我也是个贫穷的农民，只念过小学，也当过小学教师。不同的是，我比毛主席流浪的地方要多得多。"

我听后一怔，忘记了黄如论先生是归国投资房地产的华侨巨商，本能地问道：

"黄先生，你们祖上是移民菲律宾的华侨农民吧？"

"不！不是……"

"那你是在哪个国家念的小学？又是在哪个国家当过小学教师？"

"中国！"

"中国？"

"对！具体地说，是在中国福建省连江县马鼻乡辰山村念的小学，在辰山村当过小学教师。"

"你是哪一年去菲律宾的？"

"1981年，我刚好30岁。"

世人皆知，福建省连江县是当代有名的偷渡之乡，经常被中外媒体曝光。当我听说黄如论先生是在1981年才去菲律宾的，遂大着胆子问道：

“黄先生，你不会是在上个世纪80年代初偷渡去菲律宾的吧？”

“不是！”他沉吟了片时，又十分严肃地说道，“我不赞成偷渡的提法。”

我一听黄如论先生说话的声音，遂有意结束了关于偷渡的话题，又回到了我们原来谈话的内容。

在以往的交谈中，我知道黄如论先生是在1991年自菲律宾回到福州投资创业的。换句话说，他去菲律宾才十年，就从一个贫穷的农民汉子摇身一变成了亿万富翁。就一般的创业规律而言，我猜想黄如论先生在菲律宾这十年的创业，和普通华侨在国外所走的创业之路是不大相同的。换言之，一定有着十分传奇的经历，也有着非同一般的故事。这对作家而言是求之不得的。恰在这时，我又想起当今的大小权贵和各种大爷不谈以往的现实，如果我把交谈的内容引到这个话题上来，又担心黄如论先生会不会变得有些尴尬或者很是不悦？我沉吟片时，大着胆子问道：

“黄先生，我想问个不该问的话题，你愿意就回答，不愿意我们就谈其他的事情。”

“可以，随便问。”黄如论先生干脆地答说。

“你能讲一讲自己的家庭出身吗？”

“可以！我生在一个很穷的农民家庭里，上学填表的时候是贫农。但这并不决定我永远受穷，没有发迹的时候！”黄如论先生十分自信地说罢又看了看我有些惊诧的表情，接着又说道，“你不也经常说自己是一个讨饭出身的农民嘛，如今不也变成了有名的作家？如果用你爱说的那两句话来解释，这就叫将相本无种，英雄不论出处！”

我听了黄如论先生讲过“将相本无种，英雄不论出处”这句话后，顿时感到我们之间的两颗心拉近了，用不着再说些什么客套话。接着，他不仅深沉地讲了生养自己的农民家庭，而且还讲了他们这支黄姓家族的渊源……

据黄如论为《正本清源，光辉历史》一书作的序中称：“追溯黄姓祖先，是黄帝直系第六世孙陆终之后，以国为姓，至今有五千年历史，东汉宰相黄香为江夏黄氏始祖，安邦定国，功勋卓著。黄姓鹤立于华夏巨姓望族之林，成为中国百家姓七大姓之一。入闽始祖黄膺出自于唐太宰黄迁之后，于唐末乾宁年间同兄敦公从河南固始随闽王王审入闽，绶秘书丞，此后在八闽大地生息繁衍。”讲到黄氏祖先何时迁到连江马鼻，黄如论亲口告诉我：南宋时代有一位大学问家任知安庆府叫黄榦，他是“朱熹的女婿。黄榦的儿子也很有本事，到元朝时因为蒙古人不用汉人，他就跑到连江来教书，两代人在连江山下隐名埋姓。到了明清的时候他的孩子又到了马鼻教书，后来又当了农民”。据黄姓宗谱记载，黄如论“是膺公三十八世、宾公三十六世、勉斋二十五世裔孙”。但是，到了黄如论的祖父的时候，黄姓后裔全都是马鼻乡辰山村缺衣少吃的农民了。

马鼻乡辰山村是一个风光秀美的村庄。在它的身后依托着蜿蜒起伏的层层山峦，就像是一道坚不可摧的屏障，保护着这方百姓的安全；漫山遍野的杉树整齐划一，傲岸向上，象征着永不屈服、永不折腰的马鼻人民昂首云天。在它的面前是通向大海的罗源湾，极目远眺，海天一色，一团又一团雾气缓缓滚动在平静的水面上；再看看那数不清的渔船上的点点白帆，再听听那群群海鸟的鸣唱，真是犹如人间的仙境一般。

但是，这美不胜收的人间仙境并非是世外桃源，由于缺少农民赖以生存的耕地，使得这里的农民祖祖辈辈为生存到处奔命。他们的生路大致有三：一是漂洋过海，到异国他乡寻找发财之地。所以，连江县在海外有很多华侨；二是到福州打工——主要是靠帮官家和有钱人修建房屋赚点钱，借以养家糊口。久而久之，马鼻就成了福州一带有名的建筑之乡；三是留在祖宗之地，靠着下地种田或出海打鱼为生。

1951年9月18日，黄如论先生就出生在马鼻乡辰山村一个靠种田为生的农民家庭里。

黄如论是黄家的长子长孙，生下来就受到两代人分外的疼爱。其中，年迈的爷爷则更是视长孙黄如论为掌上明珠，只要听见他在襁褓中那哇哇的哭声，就会抱在怀里一边轻轻地拍一边小声说：“不哭，不哭，听爷爷给你唱歌。”接着，爷爷就会用闽中方言轻声唱起民歌，希望儿时的黄如论快些在他的怀中入睡。等到黄如论能下地走路了，爷爷就和他一块戏耍，即便是下地种田或上山打柴，也舍不得把他放在家里，一定要背着他边干活边给他讲故事，希望自己的长孙能健康成长。兴许是爷爷在长孙身上倾注了太多的人生之爱，儿时黄如论的身体反倒比较虚弱，经常是小病不断。每当爷爷看见心爱的宝贝孙子生病，他就会急得像是热锅上的蚂蚁，四处拜求郎中诊治，有时还会到庙中求菩萨保佑。随着黄如论一天天长大，到“文革”初期，年幼的他跟着参加红军的伯父习武健身。值得一提的是，黄如论能打一手正宗的南拳，陪伴着他日后走南闯北，就是在儿时练就的童子功。事后追忆，黄如论先生不止一次地讲到他儿时的情况，而我这个在农村长大的孩子没有感到有什么特殊的地方，就是一个普普通通的农家孩子。如果说与其他农村孩子有什么不同，那就是有一个年迈的爷爷非常疼爱他。用我们家乡的一句俗话来形容：“抱着，怕摔着；含在嘴里，又担心化了。”

多年之后，黄如论先生和我谈起他的童年，还非常动感情地说了如下这段话：

“我们家非常非常的穷！家里虽然有很多劳动力，每天都辛勤地下地劳动，但生活仍然很困难。那时中国处在困难时期，人家都吃糠，爷爷还保证我每餐有一两的米，不是在锅里煮，而是装入小罐子用农家的余火慢慢熬。就是靠着每餐有一两米，爷爷把我抚养大了。”

时光日复一日、年复一年悄然逝去，黄如论渐渐地长大了。令爷爷高兴的是，他身体虽然显得十分单薄，可是身材却比同龄的孩子高半个头。再加上他习武练拳，无论是身体条件还是灵性、悟性，都超过了村上的同龄人。俗话说得好，穷人的孩子早当家。待到黄如论长到五六岁的时候，他就能跟着爷爷下地种田当个小帮手了。每到罗源湾退潮的时候，他就会和小朋友一块来到罗源湾边，深一脚浅一脚地踩着海水浸润的泥地，提着破旧的竹篮子拣拾贝类和海菜，当然还有罗源湾的特产跳跳鱼，帮着全家改善一下生活。海水开始涨潮了，他又和小朋友走到岸上，学着唱戏人的样子操演兵马，自然这统兵大将军的角色非黄如论莫属。每到这时，小小的黄如论的内心就有着一种极大的满足感。

黄如论就要过七岁生日了，可是连最疼爱他的爷爷也顾不上为长孙做一碗长寿面。从1958年走过来的人都清楚，那时全国上下到处都在高歌《大跃进的歌声震山河》。就说小小的辰山村吧，也卷进了大跃进的热潮中。是年秋天，全国农村又敲锣打鼓地庆祝人民公社成立了！从小就喜欢看热闹的黄如论真是高兴极了，他忽而跟着爷爷上山伐树，然后再把合抱粗的大树拉回村子里大炼钢铁；他忽而跟在学生队伍的后边，看着学校的老师拿着排笔在墙上写着大标语。但是，每当他看到村里的小朋友背着书包去学校念书——或在老师的指挥下唱着《社会主义好》上街宣传大跃进的时候，心里真是羡慕极了！一天晚上，他来到爷爷的屋里，鼓足了勇气说道：

“爷爷！我想上学。”

爷爷看了看满面稚气却又十分认真的长孙微微地点了点头，显得有些沉重地说道：

“好！全家给你准备一下。”

……

二

我生长在农村，深知农民是何等地希望自己的孩子能够上学读书，因为他们知道只有上学读书，才能出现在农村看野台子大戏的时候才能见到的戏剧奇迹：穷秀才进京赶考，突然高榜得中，接下来就是披红挂绿，衣锦还乡。多年之后，我曾无限感慨地说过这样一句话：再穷的农民，心里也有望子成龙的情结。就这个意义上讲，黄如论爷爷的内心深处也有着同样的情结，那就是期盼自己的长孙通过上学读书，快些识字明理，成就一番事业，即便是等不到这一天了，他也能含笑九泉。

但是，穷人家的孩子是念不起书的。即使到了1958年，中国农村的教育也未掀起过大跃进。举例说，我们家乡是平原地带，像我们村里就没有学校。那时，六年小学还分为初级小学（四年）和高级小学（两年），习惯上叫初小和高小。而所谓高小也只有较大的村子里才有。因此，我念初小是在离我家很近的一个中等村子里，念高小又到另外一个曾经出过大户人家的村子里。再者，想念书吗？不仅要穿件像样的新衣服，而且还要买写字用的石板和石笔，学写大字了，又得要买毛笔和那种粗糙的毛边纸。在今天的家长和孩子看来，买这点东西真是小事一桩；可是在那个年代，对一个农民说来就是一笔不小的开销啊！每到暑假或寒假即将结束之前，我母亲就默默地把家里积攒下来的鸡蛋放到一个篮子里，小心地拿到集市上去卖，然后再用卖鸡蛋的钱给我买开学后所必需的文具。那天，黄如论先生坐在宽大舒适的沙发里，沉静地听我讲这些读书的往事。接着，他感慨万分地说了这样一句话：

“为了供给我念小学，爷爷和全家人都省吃俭用，但谁也没有当着我的面说过一个难字。事后想来，全家最困难的恐怕是为我准备带到学校吃的饭。”

对于黄如论先生讲的这番话，现在的小学生——尤其是那些所谓精英小学的小天使们是很难理解的，因为他们念书的学校不仅有热气腾腾的饭菜，而且课时中间还要增加营养餐，多数孩子还能吃自带的水果和巧克力。然而，那时黄如论先生一家的生活情况是怎么样的呢？请看：

诚如前文所述，黄如论先生出生在一个一贫如洗的农民家庭中，终年一日三餐吃的是一干两稀（早、晚吃稀饭，中午吃干饭）。爷爷再疼爱他，也只能做到把自己碗中的米粒多捞给他一点，希望他碗里的稀饭少些汤多些饭。每到吃饭的时候，他再多夹几条小咸鱼放在黄如论的饭碗里，期许心爱的长孙胃口大开，多吃几口。如果儿时的黄如论生病了，爷爷再为他煮一个鸡蛋。这就是黄如论先生在家中能享受到的最高待遇。现在就要上学了，这就意味着每天都要为黄如论念书准备午饭。爷爷清楚，带多了，全家就要少吃；带少了，又怕黄如论饿着。自然，他还怕心爱的长孙被有钱人家的孩子瞧不起。为此，全家人勒紧裤腰带，尽全力保障念书的黄如论能填饱肚子。

对此，黄如论先生对他的家人——尤其是爷爷和奶奶是心存感恩之心的。可是，他那时毕竟是一个孩子，求生存、活下去是第一位的，所以难免做出一些被视为淘气的事来。请看他当了老板以后讲的这段话：

“我从小很淘气，整天好动，消化量很大，上学时常常肚子饿，因为堂伯父种了很多桃树，我就去偷。有时肚子饿得课也不能上了，就跑出去，把书包挂在树枝上，去吃桃子，挨过我的饥饿。”

建国初期的学校差别是很大的，一般说来，学生中都存在着攀比的坏风气。尤其是那些有钱有势人家的孩子，上课的时候比谁的文具好，吃饭的时候显摆自己带的是什么饭菜，就说穿衣戴帽吧，也讥笑穷人家孩子的衣着。对此，我与黄如论先生都有着难以抹去的记忆。一次，他十分深沉地给我讲了如下这段话：

“那时，我带的饭没有人家的好，就说衣着吧，人家干部的儿子穿着漂亮的衣服，我穿得破破烂烂，自己也感到很寒酸。”

然而黄如论先生的结论是明确的：“这归根结底就是没有钱！”因

此，这就在黄如论幼小的心里深深埋下了一粒“我要挣钱”的种子。

就这样，少年的黄如论开始了读小学的学习生活。一年级、二年级年纪小，爷爷亲自接送；随着日月的流逝，黄如论日渐长大，遂和其他的同学相伴去学校念书。或许因为家境贫穷，深知读书不易，也或许因为天资聪明，又喜欢念书等原因，他的学习成绩一直很好。对此，全家人——尤其是他的那位爷爷每每看到他的学习成绩单的时候，总是乐得闭不上嘴。

小学时代的黄如论和其他的同学一样天性好玩，又淘气，又调皮，经常抓很多泥鳅和虫子放在女同学的书包里，但学习很好，是班上数一数二的高才生。随着时日的推移，小学时代的黄如论就是凭着读书优秀、性格倔强好胜，又逐渐变成了同学中说一不二的孩子头。就我个人曾是所谓学生“领袖”的经历和感受而言，深信那时的黄如论也因此而得到某些满足。如果说“三岁看大，八岁看老”这句民间俗语有它一定的道理的话，我们也从他少年时代这种说一不二的孩子头的形象中，似看到了日后黄如论先生在打造金源帝国时那种雷厉风行的指挥风格。

是因为两千多年封建社会的影响，还是人性中潜存的动物本能使然？绝大多数读小学的男生都以欺侮女生——或者能支配女生为荣，对那些少数取悦女生的男生不仅投以鄙视的目光，而且有时还要集体孤立这类男生，或设圈套当众出他的洋相。从性格上看，少年黄如论一定是以欺侮女生为荣的那一类。其中，他对同桌的女生尤其是不客气。我记得他曾说过我也曾干过的一件往事，那就是读书的时候把书桌的中央画一条线，美其名曰“三八线”，与同桌的女同学明确约定：谁也不准越过这道“三八线”。可是，多数念小学的女生——尤其是这位与黄如论同桌的女生写字喜欢趴在桌面上，结果，不仅因为越过了“三八线”染脏了上衣袖子，而且还要遭到黄如论小声斥责或推搡胳膊的下场。世人皆知，女人爱哭，念小学的女生则更是动不动就哭。因此，每当他听到同桌女生因此而抽泣的时候，他那幼小的心灵之中就有着一种说不出的高兴。就说他那天和我讲完这段童年往事的时候，他依然眯起双眼非常开心地笑了。这说明黄如论先生在潜意识中依然对当年以“三八线”为界，进而达到惩罚同桌女生的行为是十分得意的。

不知何故，在我与黄如论先生进行过的无数次长谈中，每每听到他侃侃而谈在商战中取得胜利的那一瞬间，我就自然而然地会想起他把同桌女同学欺侮哭了的往事。是黄如论先生在讲述这两种不同“胜利”时的心境、表情几近相同的缘故吗？我想过多次，终无结论。

在数千年中国式的教育体系中，一些成功之士都有着大致相同的经历：在少年时代接受正规学校教育之前或之后，有意无意地在接受来自家庭的教育。学校，偏重于学习知识；家庭，主要是接受传统道德的熏陶。只要看看毛泽东、周恩来、鲁迅、茅盾等历史名人的学习生活，就会看到他们在少年时代深受其家庭影响——尤其是母亲的言传身教对他们成长起到了特殊的作用。黄如论先生虽然是在新中国刚刚成立不久出生的，然而上面说的少年时期接受教育的规律对他也是适用的。如果说六年小学的学习使黄如论认识了汉字，为今后自学拿到了撬开知识宝库的钥匙，那么人生前15年的家庭熏陶，则夯实了黄如论先生为人处世的道德基础。事后追论，从某种意义上讲，是严格的家训和家教把黄如论先生送上了成功之路。

生养黄如论先生的黄氏家族几经沧桑之变，早已不是名门望族，但是绵延千年的黄氏家风依然影响着黄氏儿女的成长。在我与黄如论先生多次交谈中，他经常说：“我认为我成功就是因为不欺人，不骗人，不哄人，不诈人，不害人，而这些品质是我爷爷、奶奶，爸爸、妈妈教给我的。”世人皆知：无商不奸。当今的房地产商，靠欺骗过日子的不在少数。第一是吹牛，说自己何等的富有，结果是买空卖空，两手空空，靠走门子搞到建房用地之后，再转手高价出售；第二还是吹牛，没有建筑队伍，低价包给建筑商，其质量是可想而知的；第三是继续吹牛，本来是豆腐渣工程，却恬不知耻地说是优质住房，售后引来打不完的官司……林林总总，不烦其说。我们再以此反观黄如论先生建造的近400万平方米的世纪城，从设计到建筑，从质量到售价，从入住到善后服务……都可以证明黄如论先生讲的上述那番话是真话（关于这些事，本书后边将详细讨论）。

黄如论先生为了践行上述言论，他还为自己制定了两条家书，其一是："得到了就应当失去，失去了就会让你得到。"其二是："舍得舍得，有舍才有得。"这两句看来极平常的佛家之语，却蕴藏着非常深刻的哲理。在今天，对一个商人而言，说出这样的话并不难，难的是终生身体力行。我们把实践是检验真理的唯一标准当做一把尺子，量一量黄如论先生这些年来经商的历史，再看一看他为什么要捐赠社会公益事业超过19亿元呢？结论是清楚的，他是在履行"舍得舍得，有舍才有得"这句话。同样，这些年来金源集团发展、壮大的历史，也是他在努力实践第一条家书的必然结果：不仅"得到了就要失去"，而且还做到了"失去了就会让你得到"。这些年来，也证明了金源集团在前进的道路上越是失得多，得到的也就越多。因此，金源集团的事业必定是蒸蒸日上，如日中天！

随着年龄的增长，少年时代的黄如论渐渐懂得了不少人情世故，认清了社会现象中的好与坏，明白了应该向社会学习什么和摒弃什么。与此同时，他于读书之余还有意涉猎课外读物。尤其当他念完小学辍学在家的时候，这种自学就变成主要的学习形式了。有一次，黄如论先生颇为动容地向我讲了下面这段话：

"当时读不起书，我的学习方式就是听评书，听故事，看图书，看闽戏等等，这些也让我懂得了做好人，有好报的道理。"

一位和黄如论先生稔熟的朋友告诉我，黄如论先生自幼喜欢闽戏，从戏文中获得所谓好与坏、忠与奸的做人标准。就说他治理金源集团吧，也经常拿戏中的故事和唱词教育干部，有时说到激动处，还会引吭高歌，或大声朗诵一段戏文。更为有意思的是，在金源集团举行年会文艺演出的时候，他还要粉墨登场，披挂上阵。但是，他有一个先决条件，那就是只演清官，绝不演贪官。后来，我见到一幅黄如论先生表演闽戏清官的剧照，还真有点意思。

黄如论先生不仅喜爱闽戏，更喜欢福建——尤其是闽中福州一带的民歌。在我们的相交过程中，我不止一次地见过他拿着话筒，用福州话放声高唱海峡两岸的歌曲。用专业音乐水准来评判，黄如论先生的歌唱情大于声。或许他从闽剧《霸王别姬》的故事中，知道了张良用一支洞箫吹散了项羽的三千子弟兵，也或许他深谙音乐是凝聚民心最好的精神武器，他为了张扬闽中——主要是福州一带的海外华侨的创业精神，于2007年出巨资征集歌颂家乡的歌曲。同时，他还亲自出马，与一批专业词曲作者组成评委会，最终选出二十余首歌曲。接着，又请全国知名的歌唱家用福州话录音，制成光盘，免费赠给海内外的福州人，希望福州籍的华侨在高歌家乡的同时，能够掀起一个回乡投资建设福州的新高潮。我记得有一次随黄如论先生乘车外出，途中播放的就是他精心策划、精心挑选的那些福州新歌。他坐在车上不仅摇头晃脑地跟着哼唱，而且还十分认真地要我发表对这些歌曲的意见。仔细想来，事业有成的黄如论先生喜欢演戏唱歌，这都和他少年时代学习民间文艺分不开的。

在与黄如论先生的交往中，我还深深地感到他有着一种极其强烈的愿望，那就是发扬光大黄氏先贤的思想。作为一个作家，我深思不得其解，所以只好求教于他：

“黄先生，你从何时才知道黄氏先贤在历史上做出的丰功伟业呢？”

“‘文化大革命’初期。”

我听后一怔，愕然相问：“为什么？”

接着，黄如论先生向我讲了如下这段记录在案的话：

“‘文化大革命’的初期，是红卫兵造反的时候，破‘四旧’的风很快吹到农村，谁的家里有线装书、有雕刻的家具，都要全部扔掉。

否则被红卫兵抄去以后烧了不算，还要押着游街或者批斗。一天晚上，我爷爷拿了一大本家谱，用塑料布包好，放在箩筐里，再用草木灰盖起来，然后叫我带到山上去埋了。我非常好奇，晚上跑到山上把这个东西挖出来看，里面有我的名字、爷爷的名字，还有祖先的名字。在家谱的前面，还有蔡元定、文天祥、萨镇冰等名人给我的先祖作的序，看到这些以后我感到非常光荣。祖先中有的做了丞相，有的做了兵部尚书，其中南宋时期的先祖黄榦还是著名理学家朱熹的女婿。另外，我的先祖黄膺公的后裔，20代前都是书香传家，非常显贵，北宋著名丞相黄履和尚书左仆射黄潜善以及大书法家黄伯思，名扬天下。南宋榜眼、兵部尚书黄中，心系社稷，是两宋之际著名主战派大臣。然而20代之后，由于战乱及当时交通落后等原因，我的家族渐渐成了靠务农为生的农家。但是，在近代，家族中依然涌现出了以黄钟瑛将军等为代表的革命志士，我的伯父还参加了红军。虽然家人曾因此在反围剿时被铲平房子，东躲西藏，晚上再偷偷回去种地瓜、扁豆，但都没有屈服。我出生后，家里依然非常贫穷，我奶奶靠几亩薄田养活一家人。在我知道了祖先的荣耀之后，联想到眼下的处境，感到家族20代前和20代后情形的差距太大了。先祖的光辉给了我很大的信心，而亲人们面对生活困苦毫不低头的信念也感染着我。从那时起，我告诫自己，一定要有志气，不能一辈子受穷，要通过自己的努力来改变现实。”

实事求是地说，黄氏先祖的光辉历史，对黄如论先生影响非常大。其中宋代大儒黄榦尤然。

说到黄榦，黄如论先生又和我讲过下面的两段话：

“我很崇拜我的祖先黄榦，他从小就有诚心，不怕苦。有人叫他去武夷山拜朱熹为师，他就走了十几天到福建崇安，但是朱熹不在家，去了别的地方讲学，要两个月以后才回得来。黄榦就在武夷山脚下等了两个月。那时候是冬天，天很冷，他只穿着两件破烂的衣服。但他不怕苦，一直坚持下来。朱熹回来听说了，很感动，就收他为弟子，教他学问，后来看他读书很勤奋，就把学问都教给了他，还把女儿嫁给了他。他就这样成了朱熹的第一传人。”

“我从先祖黄榦求学的经历得出这样的结论：心诚则灵，自己认为对的就一定要坚持到底。同时，做人要勤劳，人家工作8小时，我就工作12个小时，这就叫勤能补拙。另外，从这时起我还认定若想光宗耀祖，还要像先祖黄榦那样钻心读书。”

我作为一位史传文学作家，不仅粗知南宋时代的程朱理学，而且对黄榦的生平也略知一二。权且不论黄如论先生讲的黄榦经历是信史，还是黄氏宗族口头相传的故事，从我们的交谈中可知，他一定学习过程朱理学。为此，我问他：“你所知道的程朱理学是自学的，还是像你的先祖黄榦那样拜师学到的？”

“基本上是自学的。”黄如论先生答说。

“是看到家谱以后就开始自学的吗？”

“不！那时，我很快就卷入‘文化大革命’了。”

“你在‘文化大革命’中又做了些什么？”

“参加红卫兵，跟着伟大领袖毛主席到大风大浪中学游泳，喝过不少口水。”黄如论先生说罢幽默地一笑，接着又说道，“事后想来，参加‘文化大革命’也是一种学习，使我真正认识了社会和社会中的人，够我受用终生。”

三

1966年6月，“文化大革命”爆发了！

那时，黄如论辍学在家，尚不满15岁，恰好处在生命原动力的勃发初期。

在心理学家看来，这个生命原动力的勃发初期，恰好是由少年向青年过渡的开始。在这期间，无论男女都有着很强的好奇心，同时还有着用不完的精力和体力。用作家的话说，是人生的躁动阶段，也是所谓人性开始全面展示——且极力反对遮掩的时期。“文化大革命”爆发了，全国数以亿万计的青年工人、青年农民以及大中学校的师生全都变成了尚不满15岁的黄如论，似乎都处在了生命原动力的勃发初期，其狂热的表现，就是这种生命原动力勃发初期最好的注脚。

我记得周总理在红卫兵第一次座谈会上说过这样的话：思潮是无法抗拒的（大意）。事实证明，无论是目不识丁的农民，还是学富五车的教授和学者，一夜之间全都卷进“文化大革命”的潮流中。多年之后，我曾经读过一位誉满全国的大学者写的文章，他说自己在“文化大革命”的初期，不知为什么稀里糊涂地参加了学校里的一派，还闹了相当长的一段派性。对此，有人戏称这位大学者是不以人的主观意志为转移，在我看来则是思潮是无法抗拒使然。如此推论，处在生命原动力勃发初期的黄如论先生，则更是无法抗拒“文化大革命”的思潮，一定会积极响应毛主席的伟大号召：“你们要关心国家大事，要把无产阶级文化大革命进行到底！”

黄如论出身贫农，是所谓的“红五类”（一为工人、二为贫下中农、三为革命军人、四为革命干部、五为革命烈士）。再者，他的伯父是红军，按照当时的说法，侄儿也就成了红色子弟。用当时的话说，黄如论是红得发紫的双料“红五类”。经过“文化大革命”的人都知道，双料“红五类”是“文化大革命”的主力核心，自然也是红卫兵中冲锋陷阵的大小头目。由此我们可以推知，尚不满15岁的黄如论一定是连江县最早的一批红卫兵。如果说性格即命运是真理的话，我们依然可以从今天黄如论先生敢为人先的性格推测而知，随着“文化大革命”向纵深发展，那时的黄如论一定会变成连江地区一派红卫兵组织的小头目。

在举国上下陷入“文化大革命”造成的混乱年代中，不干几件错事、不说几句违心话的人是没有的。因此，我作为一个“文化大革命”的亲历者和见证人，向来主张这是我们民族的灾难，不要过分追究这派或那派的责任，更不要为达到某种政治目的惩罚个人。就这个意义上讲，我最鄙视那些在今天撰文有意吹嘘自己是“文革”中的圣人，刻意把自己塑造成全民都浊他独清的先知先觉。他似乎忘了自己当年也曾声嘶力竭地高喊万岁、打倒所谓走资派的口号，一点也不脸红地说自己最反对紧跟旗手闹革命，等等。我说上述这番话的目的只有一个，没有必要去探究我们的传主黄如论先生在“文化大革命”中的经历和表现。

家贫出孝子，国难造英雄。就说自鸦片战争至新中国成立这一百多年的历史长河中，中华民族为了寻求民族复兴之路，造就了一代又一代可歌可泣的民族英雄。就说被称之为民族灾难的“文化大革命”吧，从某种意义上说也造就了一批活跃在当今政治、军事、经济、文化等方面的治国之才。黄如论先生能走到今天，其中有一条很重要的原因，也是从反正两个方面接受了“文化大革命”的经验与教训，并从中感悟出为人处世、造就事业的大道理来。

关键，还是善于向社会、向人生学习。

诚如前文所述，少年黄如论最渴望的是学习。当他臂戴红卫兵袖章，高声唱着“拿起笔做刀枪，集中火力打黑帮”冲进“文化大革命”洪流中去的时候，具有“文化大革命”特色的文化向他扑面袭来。概括地说，那就是手捧红宝书，无论是召开批斗大会，还是例行的“早请示，晚汇报”，都要朗朗背诵毛主席的语录；走上街头，除去看见大人小孩在跳所谓的“忠字舞”以外，还有多如牛毛的毛泽东思想宣传队的演出，表演的节目全国都一样，不是样板戏就是那几十首有名的“文革”歌曲。事后追论，在政治上，这些具有“文化大革命”特色的所谓文化起到了推波助澜的作用；在艺术上，却有着很强的艺术生命力。暂且不论八个样板戏的成败得失，就说这几十首有名的“文革”歌曲吧，也是相当深入在“文革”中成长的那一代人心中的。就这个意义上讲，我相信这些充满“文革”特色的文化对黄如论先生的成长，也是起到了很大的作用的。说到此处，有两件事情令我震撼：

其一，我记得前几年出国访问，参加一个多为“文革”后出国谋生的朋友的集会，他们十分动情地放声唱起了“我们是毛主席的红卫兵，从草原来到天安门……”最后，他们竟然唱得热泪盈眶，有点泣不成声了。当时，我曾发出这样的自问：“他们为什么要唱这些歌曲呢？难道忘了‘文化大革命’对他们造成的创伤了吗？”我至今也没有找到答案。

其二，今年夏天，我随黄如论先生登临南岳衡山之巅，参拜火神祝融氏庙。当我们虔诚地敬献香火之后，黄如论先生望着无边无际的滚滚林海，听着时远时近的声声林涛，他突然舞兴大发，拉来一位同行的不懂“文革”文化的女士，先摆了一个拿起笔做刀枪的舞姿，继之又做了一个挥手指方向的英雄状，还兴味盎然地让同行的摄影师拍照留念。我当时被他这种忽发奇想、与参拜火神庙那种肃穆气氛极不协调的行为怔住了，禁不住地自问：“黄如论先生为什么要在火神庙前跳‘文革舞’呢？难道仅仅是率性而为的性格使然吗？”现在想来，很可能是黄如论先生用佛理禅语洗心之后，面对庙前那些极其虔诚的芸芸众生，蓦然之间得到了一种人生感悟，遂又与潜存在头脑中的“文革”文化发生了某种碰撞，使他身不由己地在庙前做出这些惊人之举。

随着“文化大革命”向纵深发展，黄如论先生也在“文革”炼狱之火中渐渐长大。他手中的红宝书变成了四卷合订本《毛泽东选集》；他从朗朗背诵毛主席语录，变成了潜心拜读雄文四卷。通过长年交谈，我深感毛泽东的哲学著作、军事著作对他影响是很大的。当我认真读完黄如论先生的煌煌大作《为人处世与企业管理》后，第一感触是：通篇充满辩证法。我终于明白了，黄如论先生的文化积淀带有很强的时代特质，是他在“干中学”中弄懂了毛泽东思想的真谛，并成功地运用在商海之中。同时，还化作了团结同志、制胜对手的精神法宝。对此，我将在本书后面的章节中详述，略。

如果说“文化大革命”是一场史无前例的造神运动，那么所有有意或无意、清醒或盲目地参加这场造神运动中的绝大多数人——尤其是青年人，对毛泽东陷入了近似宗教式的崇拜，一时间，在“读毛主席的书，听毛主席的话，做毛主席的好战士”的号召下，于不知不觉中把这场造神运动推向巅峰。我们借用比较宗教学的一般规律，严肃地审视不同宗教的兴起阶段，将会发现一般的信徒们最感兴趣的不是教宗和教义，而是最想知道自己信奉的通天教主的生平和业绩。其中，尤其是那些鲜为人知的秘闻则更是信徒们所乐知的。就这个意义上进行分析，“文革”中广为流传有关毛泽东的各种传说、传记也是符合规律的事了。可以想见，红卫兵时代的黄如论不仅对毛泽东无限崇敬，而且还开始认真地研读有关毛泽东革命业绩的书稿。就是日后到了国外，他依然对毛泽东的一生很感兴趣。出于同样的原因，我们之间的谈话也常常是以毛主席的历史功过为中心。另外，只要翻一翻黄如论先生在今天的讲谈录，我们就会发现他经常拿毛泽东来自比。例如，他最爱说毛主席当过小学教师，我黄如论也当过小学教师，等等，不一而足。

与此同时，在“文化大革命”的中期，还有一种文化现象令人深思，那就是随着全民大唱语录歌时代的渐渐逝去，代之而起的是各种版本、不同艺术风格的毛泽东诗词歌曲又悄然兴起，而且很快就唱遍了黄河上下、大江南北。从此，全国又掀起了一场普及毛泽东诗词的文化运动。我记得那时，全国的大人小孩都会背几首或几句毛泽东诗词。据我的推测，黄如论先生也就是在这时才爱上毛泽东诗词的。我为什么不说黄如论先生喜欢上毛泽东诗词，而是说他爱上毛泽东诗词呢？请看我的道理和根据：

平时，我们二人交谈，像毛泽东的“不到长城非好汉，屈指行程二万”、“雄关漫道真如铁，而今迈步从头越”等著名诗句，他能运用自如，脱口而出；就是他在金源集团作工作报告的时候，也经常仿毛诗吟它一首，借以抒发自己胸怀大志，或鼓励同仁奋起共进。去年，他在昆明世纪金源大饭店开业典礼大会上的讲话结束的时候，就即兴赋了如下这首《卜算子》：

“莫道君行早，踏遍青山人未老，世纪城风骚独好。茫茫人生路，苦尽甜来又一春。汗马功勋谁不想，旨在机遇帷幄中。四轮战役今何在，独有英雄下夕烟。千秋伟业靠谁闯，缔造广厦千万间。”

我不想评议黄如论先生即兴之作《卜算子》的艺术品位，只想说明他的为文气质、为业气魄都受到了毛泽东的影响。由此可知，黄如论先生的确是爱上了毛泽东的诗词。

黄如论先生在处于生命原动力的勃发初期——并由少年完成向青年过渡的阶段，全身心地投身到了长达十年的“文化大革命”中。在这期间，他不仅受到了“文化大革命”的所谓战斗洗礼，而且还接受了具有“文革”特色的文化教育。从某种意义上讲，他等于免费上了一所具有“文革”特色的社会大学。在这所社会大学中，他比较系统地学习了毛泽东思想——尤其是毛泽东那富有生命力的军事辩证法，对他日后的成功，起到了不可限量的作用！我曾经戏称：黄如论先生获得的第一个学位，就是“文革”中的社会大学颁发的学士证书。

对此，黄如论先生也直言不讳地对我讲了如下这段记录在案的话：

“‘文化大革命’也让我学到了很多知识，学到很多文化，因为我跟随的造反派组织成员都是厅处级干部、老红军、老革命，我在他们的身边，学到了他们的为人处世，也学到了怎么写文章。应该说毛泽东时代的革命家都有很好的教育，一种是儒家的教育，一种是革命传统教育，就是这些点点滴滴在我的头脑里烙下了很深的印迹。”

“文化大革命”犹如滚滚东去的长江波涛，真可谓是泥沙俱下，鱼龙混杂。身陷“文革”洪流中的亿万人民——尤其是青少年学生，有的奋臂击水，逆流而上，虽然多喝了几口水，但终成跃上浪尖的弄潮儿；有的投机钻营，坑害百姓，虽然得意于一时，但终成沉入江底的泥沙。

究其根本，还是在动荡无序的“文化大革命”中学习做一个什么样的人。对此，黄如论先生深情地说：

“我是老区红军的后代，伯父是个老革命，我在‘文革’中以伯父为榜样，学习做一个像他们那样的人。”

诚如前文所述，随着“文化大革命”的深入发展，红卫兵时代的黄如论从连江县城杀到了省城福州。不出所料，又很快成了福州地区一派红卫兵的小头目。由于他是红卫兵中的双料“红五类”，所以管理红卫兵组织的军代表非常信任他。那时，恰好是红卫兵在全国大串联的岁月，乘车不要钱，到任何地方住宿、吃饭也不要钱，真是开中外历史的先河！我就亲耳听周总理讲过，为了保证来北京接受毛主席检阅的红卫兵不挨冻，有地方睡，我把自己住的西华厅倒出了一半房间给红卫兵小将们住。由此，我们可以想见，全国各大城市接待红卫兵大串联的任务是何等的繁重。其中，分配住房、领取衣被、划拨伙食费等等是十分重要的工作，必须由军代表信得过的红卫兵来主持、操办。结果，黄如论就顺理成章地变成了军代表所倚重的红卫兵。说起这段经历，黄如论先生动情地向我讲了如下这段话：

“省城闹革命的时候，我分管外县来省城的红卫兵的伙食和后勤。当时要贪污是很容易的，红卫兵来福州大串联的时候，你需要多少，就给你报多少伙食、衣服和被子，我既管公章又管钱，报多少人、伙食多少钱，只要盖上公章，上面就给发多少。但是，我一点都没有贪污，应该说我是很忠于毛主席的，还是很廉洁的。所以说我是立志做好人，才有今天的成就，这也是我从小到大做好人做好事累积起来的善报。”

经过“文化大革命”的人都清楚：红卫兵运动是特定的历史条件下的产物。在他们的背后，尤其是上到所谓中央文革，下到各级对应的机构，都有着大大小小的各种黑手在操控红卫兵运动。换言之，红卫兵只不过是这些政客、阴谋家手中的玩偶；红卫兵运动也只是这些政客、阴谋家想要达到某种政治目的所必需的行动。为此而付出代价的是国家和民族，其次就是那些为新中国诞生而幸存在世的老革命，当然还有那些紧跟旗手闹革命的红卫兵。就这个意义上讲，红卫兵时代的黄如论也是一个受害者，所不同的是，他虽然身处逆境，依然不忘学习做人的道理。请看他给我讲过的一个发生在“文革”中的故事：

“‘文化大革命’中，我曾经跟在一批被打倒或靠边站的首长身边，其中有好几位还是厅局级干部。在他们身边，我学到了很多待人处事的办法，也领悟到了在这个社会中为人处世的真谛。有一次，我们这一派红卫兵被另外一派红卫兵打倒了，为了保护我们这一派的老干部，我就匆忙带着他们向山区跑去。由于行动突然，没有准备，所以沿途之中没有饭吃。最后，大家饿得实在是走不动了，我们就坐在路边想办法。这时，一位首长好不容易从内衣袋中找到了仅有的一角钱，叫我到对面买几个地瓜来吃。但是，当我来到出产地瓜的地边之后，找不到种地瓜的主人，我就在山坡上挖了三个大的地瓜，接着，又学着当年红军的样子把一角钱放在地瓜秧的下边。当我走到山口的时候被一个农民抓住，说我偷了他的地瓜。我就像当年红军那样跟他解释：我是挖了你的地瓜，但我把钱放在了你家地瓜秧的下面。农民听了我的话以后，再看看我白白净净的像个书生，就相信了，就把我给放了。通过这件事，我真正懂得了当年红军为什么不拿群众一针一线的道理。还是通过这件事，我进一步向老红军干部学到了敢爱敢恨、正直诚信的品质和为人处世的技巧，对我后来的发展是很有帮助的。我跟着这些老革命整整三年，对我一生的影响也是很巨大的。”

不久，全国随着上山下乡、接受贫下中农再教育运动的兴起和普及，一批又一批红卫兵被送往边疆的农村和牧场，有的当了社员，有的成了再教育的对象，闹得天翻地覆的红卫兵运动就此偃旗息鼓了！时过20岁的黄如论先生本身就是农民，遂又带着一个又一个问号从福州回到了连江县马鼻乡辰山村，沉重地思索下一步该怎么走……

四

随着坚决贯彻、落实上山下乡、接受贫下中农再教育的最高指示，数以亿万计的大中学校的红卫兵——尤其是生长在城市的红卫兵不仅告别了坐火车不用票、吃饭不花钱的生活，而且一夜之间由红卫兵变成了知识青年。被视为大有可为的广阔天地——农村和草原等的艰苦生活，很快就把这一代学生身上的狂热降到了冰点，极具讽刺意味的是，曾经天天高喊要做天下主人的革命理想也化作了虚幻的惊梦。可能是存在决定意识吧，绝大多数的知识青年在年复一年、日复一日的面向黄土背朝天的生活中变得现实起来，他们以及他们的家长通过各种社会关系，利用各种手段——有的女知识青年甚至把自己圣洁的身体都奉献上，借以达到离开大有作为的广阔天地的目的。简之，回城变成了他们人生最高的奋斗目标。我记得在一次出国访问中遇到了一个当年的知识青年，他感慨万千地说了这样一段话：

“农村、草原这个广阔天地实在是太大了，也太苦了！说它大，我找不到自己的安身立命之地；说它苦，我不知道人世间还有苦。咳！就像京剧《红灯记》李玉和说的那样，有娘这碗酒垫底，我什么酒都能应付了。”

但是，我们的传主黄如论先生是生于农村、长于贫苦家庭的红卫兵，他当年带领红卫兵大闹连江县和福州市是长见识，开拓人生的视野；而今再由省城福州返回连江县马鼻乡是回家，绝对没有全国大多数红卫兵那种失落感。如果说有什么共同的地方，那就是对自己未来的前程感到茫然。换言之，如果没有“文化大革命”的洗礼，黄如论要么像自己的爷爷、爸爸那样安于农耕，至多像其他同乡青年那样偷渡去海外。这些年来，他在省城福州大开了眼界，知道了外部的世界有多好，让他再安于在马鼻乡辰山村终生务农已经是完全不可能了！可是如何才能从家乡走出去，到外面的世界打出一块属于自己的天地呢？他没有明确的答案。因此，他于茫茫然中又陷入了人生抉择的苦闷！

我长黄如论先生10岁，曾经是北京早期红卫兵运动的参加者，也是京城红卫兵最大的保守派组织“二司”的发起人，也曾有过作为“反革命”被放逐解放军农场的历练，因此对黄如论先生陷入这种人生抉择的苦闷是理解的。另外，我们之间或许有着共同的红卫兵运动经历的缘故，在我们的交谈之中，偶然也会说起“文化大革命”中亲历的一些事情。记得有一天，我有些沉重地向他讲起自己在“文革”中最难忘的一件事：由于派性作怪，我们保守派被造反派打垮了，作为保守派的核心人物的我被抄家，一天之中还挨了三次批斗，站板凳，坐飞机，游街示众等体罚全都经历了，各种非人的滋味也全都尝到了。黄如论先生听得十分认真，接着又慨然长叹，说了如下这段话：

“我16岁的时候就被人家戴上高帽子游街，帽子上面写着‘反军小丑反革命黄如论’。那时，我的两只手也被绑起来，被逼得跪在地上接受批斗。”

我听后苦笑着摇了摇头，许久说不出一句话来。像我挨批斗是可以理解的，因为我已经大学毕业，也曾做过对不起另外一派红卫兵的事情。可是那时的黄如论先生只有16岁啊！对此，我们二人相对无言，沉默了很长的一段时间。最后，我低沉地说道：

“苦难，对于一个人、一个国家而言，都是一笔重要的精神财富。我之所以能成为作家，就是能够正确地对待‘文革’带给我的苦难，并把这笔苦难转化为艺术思维，使得我写的作品更深刻一些。就这个意义上讲，我是非常感谢自己拥有这样一笔苦难财富的。”

黄如论先生十分认同我的见解。他沉吟片时，也讲了如下这段记录在案的话：

“你说得很对，‘文化大革命’在某种意义上也是很锻炼人的，它让我懂得了忠与奸，曲与直，也让我知道了为人处世的技巧，如果没有亲身经历这场变迁，很多道理我是不懂得的，所以说不破不立，大破才能大立。”

但是，那时的黄如论先生毕竟从福州回到了家乡，面临着自己一生最为关键的抉择。可以想见，他在回到家乡的最初阶段，依然难以忘怀昔日在省城福州大闹红卫兵运动的往事。随着这种苦闷日子的推移，昔日在省城大闹革命的往事渐渐远去，似乎那些所谓轰轰烈烈的革命也都变了味道。我不记得是谁说过类似这样的话：革命催人早熟。有时，几年学不懂的道理，在革命的关键时期一天就明白了。当我们二人谈起“文化大革命”带给我们的教训时，黄如论喟叹不已地讲了如下这段话：

“在‘文化大革命’中，戴红花也戴过了，批斗也被批过了，我感到很疲倦，觉得中国的人和事实在是太复杂了，绝不是我们这些人所能左右了的。”

黄如论先生是一个闲不住的人，同时也是一个十分善于自学的人。尤其当他处于精神困惑的时候，他更是借用读书来转移这种精神困惑和痛苦。他在家乡这段相对茫然而无所适从的时间里，几乎是天天与书为伴，借用读书打发这茫然而苦闷的日子。或许正是出于这种原因，他在这期间读了大量的图书。

事后，我们反观他在这段时间里所读的书，大多是因破“四旧”而流传到社会上的一些闲杂图书。然而善于自学的黄如论先生自有与众不同的地方，他把读闲杂图书也当成了一种学习。正是有了这种学习，他才能在这些闲杂图书中汲取知识的养分，使他在今天讲话的时候做到口若悬河，博古通今。请看他讲谈录中的这段话：

“纵观古今，凡是文武双全，在历史上做出一番轰轰烈烈伟业的人，无一不是有道德、有良知、有高尚品质的先贤。例如：春秋时期写就《孙子兵法》的孙武，高风亮节的乐毅；西汉时期被称为国士无双的韩信，能骑善射、骁勇多谋的赵充国；东汉时期不入虎穴、焉得虎子的班超，以马革裹尸还的马援；三国时期横槊赋诗一世的曹孟德，鞠躬尽瘁、死而已的诸葛亮，忠肝义胆、勇冠三军的关云长；唐朝时期创立开元盛世的太宗皇帝，时穷节见、忠烈悲壮的大书法家颜真卿；宋朝时期性情刚正、力挽狂澜的寇准，精忠报国、壮怀激烈的岳飞，男儿到死心如铁的辛弃疾，留取丹心照汗青的文天祥；明朝时期，千锤万击、烈火焚烧的于谦，千秋享庙、死重泰山的袁崇焕；清朝时期，浩然正气、中流砥柱的曾国藩，横刀向天、肝胆昆仑的谭嗣同等等，无一不是文武兼备、风流儒雅的外将内相之才。正因为他们有了高人一等的气节，所以他们的眼光更为超迈，见解更为独到，能够做到于内可以文治安邦，于外能够武功定国；大可纵横捭阖长袖善舞，细可洞微入烛圆满通透。”……

我们权且不必评议黄如论先生对这些历史伟人功过的看法，我们仅从上述这段讲话中就可以知道他读过何等多的杂书。更为难能可贵的是，他对每一个历史人物都有自己的定评。如果说他对毛泽东等共产党人最初的了解是源于“文化大革命”，那么他对中国历史——尤其是对在中国历史上有所建树的伟人感兴趣，除去昔日爱听故事、喜欢看戏以外，恐怕多是来自这些闲杂图书。因此，黄如论先生通过自学不仅获得了一张“绿林大学”颁发的历史学文凭，而且还逐渐形成了英雄造时势的人生观。

随着时光的流逝，黄如论先生为寻觅未来出路的苦闷也渐渐散去了。与此同时，他又开始筛选、研究自己崇拜的历史伟人以及所创造的学问。首选就是他的先祖黄榦。

黄榦，字直卿，以“勉学”自励，号称“勉斋”。黄榦生于南宋，为监察御史黄瑀的四子。由于家学源远流长，自幼受到了严格的家教。后师从大儒李深卿、林少颖学习儒学和古文词赋，奠定了深厚的国语根基。后结识朱熹的好友刘子澄，由刘书荐拜朱熹为师。黄榦“志坚思苦”的精神令朱熹感动，朱决意培养黄榦为理学的专承者，并把发扬光大理学的热望寄托在黄榦的身上，同时还决定将仲女许配黄榦为妻。黄榦不负朱熹热望，成果累硕。朱熹大喜，嘱黄榦“更宜勉力”，“吾道之托在此者，吾无憾矣”。朱熹仙逝，黄榦悲痛欲绝，“守丧三年，不复调官”。在“悲怆哽咽不忍书，亦不忍忘也”的情况下，耗时六年，写就了二万余字的论文《朱文公行状》，全面评价了朱熹一生的经历和思想。

黄如论先生为高扬黄氏先贤——尤其是他最为推崇的黄榦的为人、为官、为文的光荣传统，终于得到了黄榦的专著《朱文公行状》。他怀着无比崇敬之心挑灯夜读，就像是一个嗷嗷待哺的婴儿突然见到了母乳似的，真是用尽了吃奶的力气非常艰难地啃这部天书。按照我的推测，他是在啃这部天书《朱文公行状》的过程中，第一次知道了南宋有名的迫害朱熹等人的“庆元党案”。当他知道在朝的权奸宣布朱学是“伪学”，朱的门人为“逆党”，还开列了朱熹等人的十大罪状，并力主“斩熹之首，以绝后患”之后，又很自然地想起了“文化大革命”中的冤假错案。为此，他不得不发出这样的喟叹：“啊！历史和现实是何等相似乃尔！”这时——也只有这时，他才第一次明白了什么叫政治。当他获知自己的先祖黄榦不怕牵连，义无反顾地随侍朱熹左右，怒斥权奸“几危宗社，而生灵涂炭矣”时，黄如论先生更加坚定了以先贤黄榦为楷模，并暗自下定决心：一定要啃懂《朱文公行状》这部天书。

首先，黄如论先生啃懂了《朱文公行状》这部天书的价值，摘其要者是：“窃闻道之正统，待人而后传。自周以来，任传道之责，得统之正者，不过数人，而能使斯道章章较著者，一二人而止耳。”在黄榦看来：能承继孔子之大任的一二人即孟子和朱熹。所以，黄榦大胆论定“由孔子而后曾子、子思继其微（即微言大义），至孟子而始著；由孟子以后，周、程、张子继其绝，至先生而始著。”接着，黄榦又放言“先生出，而自周以来，圣贤相传之道，一旦豁然，如大明中天，昭晰呈露。”当黄如论先生想到理学自宋代以后被历代学子尊为儒学正宗，成为日后八百年官方哲学的现实之后，真是为自己的先祖黄榦有这种大胆预言而骄傲。

我们由上述简短的引文可知，《朱文公行状》这部书是何等的深奥，既难读又难懂。我虽然不是熟读经史子集的饱学之士，但也在所谓国学大海的岸边洗过身手，为了弄懂《朱文公行状》这部书的要义，我的确借助了不少工具书才得以撬开一缝，然仍难窥视全貌。可以想见，只念过小学、就读过“文革”社会大学、获过“绿林大学”颁发的历史系文凭的黄如论先生想读懂《朱文公行状》是何等的难！为此，我行文的时候不仅称《朱文公行状》是天书，而且还用了一个啃字来形容其难。事后追论，黄如论先生就是在啃《朱文公行状》这部天书的过程中，比较全面地知道了儒学的渊源和发展。同时，他还真正地领略了中国古文那特有的魅力。就这个意义上讲，黄如论先生通过啃读《朱文公行状》这部天书，等于又自学念完了旧式学堂私塾，毫不夸张地说，他可以拿到一张毕业证书了！

简之，黄如论先生通过一个阶段到另一个阶段的自学，深深感到学海无涯苦作舟，唯有劈波斩浪朝前行。然而，他又清醒地知道家乡经济落后，交通闭塞，入学无门，良师难求，如要继续求知真是难上加难。为此，他经常独自一人来到罗源湾，望着从海天相交处跳出的一轮红日，或远眺大海中的落日狂涛，思绪似乎飞向了远方。一天，他由罗源湾的海边回到家里，看着那低矮的住房，澎湃的心潮难以平息，遂挥毫泼墨，写下了这条明志的条幅：

“水流千里，怎抵龙游三尺！”

这时，全国上下正在贯彻、落实要复课闹革命的最高指示。连江县马鼻乡由于缺少师资，黄如论先生曾经念过六年小学的那所学校，仍然听不到孩子们琅琅的读书声。为了能让更多的贫穷孩子受到教育，黄如论先生决定倾其所学，主动地承担起马鼻小学的教学任务。依我后来对黄如论先生的了解，他的学识和他的能力，是一定能胜任教小学的任务的。另外，他在“文革”中曾四处串联，八方游走，和普通的小学教师相比真可谓是见多识广了！再者，他从小就博闻强记，善于演讲，可以肯定地说，他是能够得到同学们的爱戴的。

那时，各级行政大权多数操控在群众组织的头头手里，他们一边高喊要复课闹革命，一边又继续利用派性挑动群众斗群众。其中，那些极具“文革”劣根性的头头们只知视人唯派，用人唯亲，而中华民族选贤任能、择善从之的光荣传统不见了。可以想见，曾经当过一派红卫兵小头目的黄如论先生是一定会遇到麻烦的。

黄如论先生毕竟是一个受学生拥戴的小学教师，且又喜欢好为人师的工作。不久，他辞别了马鼻小学那些可爱的孩子，来到罗源县。应该说，罗源县虽然也是一个在贫困线以下的穷县，但却成了黄如论先生人生、家庭、事业的起点。他到罗源县之后，通过朋友介绍参与承接当地海军基地施工建设。在这里，他结交了不少在罗源的老乡以及各界朋友。同时，他还认识了未来的妻子方守金。黄如论当时还是一个刚刚创业的青年，方女士也正值妙龄，端庄温柔，身上洋溢着中国南方女子特有的温婉贤惠气质。她的出现，让黄如论感到欣喜，觉得终于遇到了能够共度一生，组建一个美好家庭的女性。几次交往后，他们逐步建立了感情，也渐渐有了默契。黄如论身上有着闽商的典型特质，常年四处奔波打拼事业，在家里的时间很少。对此，方女士从未埋怨，而是默默留在家中相夫教子，照顾几个儿女，把家里上上下下打理得十分周到，从来不因为家务事拖丈夫的后腿。有时，黄如论好不容易回到家，本想享受一下家庭的团圆，但总是会有很多事等着处理。处理完事情，黄如论又该走了。所以结婚几十年，两个人在一起生活的时间，加起来不超过三年。不过，两人虽然平时话并不多，但彼此理解，彼此尊重，心心相印，感情也格外深厚。在黄如论功成名就之后，方女士依然保持着低调、传统的生活方式。黄如论在和朋友提及自己的夫人时，也都会用非常尊重的语气，称赞她是自己的贤内助，并诚恳地表示，在他的成功中，有一半属于他这位深深爱恋的夫人。

在交往一段时间后，黄如论先生和方女士相互订下终身，并选择了一个不错的日子成婚，那时，正是邓小平大搞整顿的时候。

按照中国人的风俗，结婚是人生最大的事情。因此，自古就有攀比操办婚事的风气。正像今天这样，无论是官家还是商家，把操办婚事当成了一种身份、地位的象征。就说是普通百姓家吧，为操办儿女的婚事，砸锅卖铁也在所不惜，目的只为两个字：面子。我没有查过中国的婚丧嫁娶的历史，只知在“文革”中曾把传统的结婚仪式当做“四旧”给禁止了。即便如此，老百姓还是要请几桌酒席热闹一下的。

经过“文化大革命”的人都清楚，那时中国的经济到了就要崩溃的边缘。举例说，一个人一个月有30斤上下不等的粮食，凭粮票购买。同时，还发放半斤肉票、半斤油票、半斤糖果票、半斤点心票等。听说黄如论就要结婚了，热心的朋友们省下自己的半斤肉票凑份子，悄悄地准备办几桌没有多少肉的酒席庆祝一下。正当黄如论兴高采烈地筹办结婚酒席的时候，马鼻公社的当权者下令要他回乡，接受群众的批判。理由是结婚大办酒席，有资产阶级思想。那时的黄如论是很有组织观念的，尽管气得怒目大睁，可他还是回到了马鼻公社接受所谓审查。回首往事，他愤愤然地对我说：

“我一个人呆在屋里接受审查，交代资产阶级思想，可在罗源的朋友们还在为我筹备结婚的酒席，我当时真是气极了！尤其当我想到就要当新娘的妻子，我真是气得有泪不知向何处流啊！”

也就是在遭受这次特殊的审查中，用黄如论先生自己的话说：“我那时真的对政治厌恶到了极点！”怎么办呢？他无限悲怆地对我讲了如下这段话：

“我几经思索，萌生了经商的念头。目的吗，就是一个：赚钱，改变过穷日子的家风！”

第二章 我要赚钱

一

穷则思变，这是一切穷人内心最为美好的向往，或曰一生奋力追求的方向。

诚如前文所述，黄如论先生出生在农耕之家，穷得连书都念不起，虽说自幼就有着“穷则思变”的梦想，但对他这样一个穷孩子来说，也只是一个梦想。

我记得在“文革”前夕参加“四清”运动的时候，经常对贫下中农的骨干分子说这样几句话：“穷则思变，变则通，通则富，富变修。”意思是说，穷则思变是对的，一旦富了就变修也是符合规律的，因此，我们要防止生活富裕了变成修正主义。“文化大革命”中，在全国——尤其是在农村有一句喊得最响亮的口号：“宁要社会主义的草，不要资本主义的苗。”把话说白了，上述两段话是“四人帮”给全国亿万农民指的方向：宁可受穷，也不变修。现在看来，这两段话真是荒唐之极，然而在那个荒唐的时代却被当做真理来吹捧。从一般规律来看，红卫兵时代的黄如论先生是难辨真伪的，说不定还会大喊几声反对修正主义的口号！

但是，生存是决定人的一切行为的先决条件。换言之，再美丽的谎言只能欺骗一时，一旦谎言危及到人的生存就不攻自破了。例如，当年黄如论先生带着自己支持的厅局级“走资派”向山区逃跑的路上，饿得只能用一角钱挖三个地瓜充饥的时候，他不会不问一个为什么；接下来，他也一定会想一想今后的日子将如何生活下去。事有凑巧，等到黄如论先生带着这些“走资派”回到省城福州不久，又发生了一件危及到他的安全和生存的事件。

经过“文化大革命”的人都清楚，在打派仗的时候撒谎是可以不脸红的。那时，各级电台天天广播要文斗不要武斗的最高指示，可是那些大闹派性的头头们却出于一派之私阳奉阴违，天天在大搞武斗。这就是最典型的桌面上谈判，桌底下使绊。也就是在“四人帮”挑起的派性大战中，黄如论先生他们那一派的红卫兵组织被打垮了。接下来，对立面的那一派红卫兵组织又乘胜追击，对他们不仅进行“宜将胜勇追穷寇”的全面出击，而且还要继续展开“痛打落水狗”的战斗。直言之：一是对所谓站错队的红卫兵群众大搞触及灵魂闹革命，再是抓捕被打垮的红卫兵组织的大小头头进行隔离审查，坚决批倒斗臭，重者还要送交专政机关蹲大牢。在强大的舆论攻心和专政手段相结合的高压下，到处都是一片白色恐怖。面对生存的抉择，那些曾经高喊经风雨、见世面，为真理而斗争的被打垮的红卫兵，随即作鸟兽散，一个个忐忑不安地在等待命运的安排。黄如论先生很早就懂得识时务者为俊杰，为了逃避对立面红卫兵组织的抓捕，他偷偷地由省城福州回到家乡马鼻躲藏。没有几天，他又想到自己曾是连江县红卫兵组织的小头目之一，自然所谓的派性冤家也不在少数。换句话说：躲藏在家乡并不安全。为了逃避对立面红卫兵组织的搜捕，经由家人协商，由他的叔叔凑了20元钱，让他逃到闽东老革命地区古田堂姐家去避难。

“文革”中的农村是非常贫穷的！我记得在农村种地的哑巴哥哥干一天农活挣10个工分，到年底这10个工分才能分到8分钱；就说我大学毕业后的工资吧，一个月也只有46元钱。换句话说，20元钱对当时的农民来说可是一个不小的数目。那时，黄如论先生家贫如洗，自己又没有工作，自然清楚这20元钱的分量。同时，他还明白在躲避搜查的特殊时期，这20元钱又凝聚着全家人对自己深深的爱。那天夜里，他伸出粗大的双手，有些颤抖地接过这沉甸甸的20元钱，遂又小心翼翼地藏在自己的上衣口袋里。接着，他含泪告别全家的亲人，转身走出家门，趁着月黑星稀的深夜，拿着托人买的汽车票，大步踉跄地向连江汽车站走去。天就要亮了，他终于坐上了驶往古田的又脏、又乱，且又人满为患的长途客车。

“文革”之前，福建是一个经济落后、交通闭塞的省份。其中，闽东革命老区古田等地因群山环抱，水深流急，则更是难以和外部世界沟通。就是到了“文革”时期，联系福州与古田的也只有那条异常险峻的山区公路。黄如论先生或许是因为避难出走的心情不佳，也或许是要转几次长途客车实在是太累，满山遍野的茂林修竹引不起他的兴趣，崇山峻岭中的百鸟歌唱他也无暇欣赏，他只是木然地坐在破旧的长途客车上，微眯着双眼，下意识地保护着身上那20元钱，忽而倚着车窗睡觉，忽而随着人流中途换车，希望快一些到达古田县城，好再打听去堂姐家的路。

“古田到了！请旅客拿好行李准备下车！”

倚窗沉睡的黄如论先生被售票员唤醒，他习惯地揉了揉双眼，匆忙站起身来，随着人流走下客车，放眼望去，方知是到了夜幕低垂的傍晚时分了。他活动了一下身子，顿感腹空无力，至此又知整整一天没有吃东西了。他当即决定：先买一块烤地瓜充饥，然后再问去堂姐家的路。当他伸手掏钱的时候，惊得出了一身冷汗，放在口袋中的那20元钱不见了！他焦急万分，不住地自问：“是谁偷了这20元钱呢？接下来我该怎么办啊……”多年之后，黄如论先生向我讲起这件往事的时候，还心情沉重地说了这段话：

“那时候我所在的一派红卫兵失败了，怕被抓，就想跑到古田我堂姐家去避难。当时叔叔给了我20块钱路费，我转了好几趟车到了古田县城，发现钱被偷了，堂姐家离县城很远，我没钱住店，就蹲在公园里整整冻了一夜，这件事我印象很深。那夜，我躺在公园的木椅上望着星空想了很多，最后得出结论：归根到底就是没有钱。所以，从那时起就暗下决心：我要赚钱！”

在今天看来，“我要赚钱”是天经地义的。但是，在高喊坚决割掉资本主义尾巴的岁月里，“我要赚钱”却被视为一句反动的口号，谁敢顶风而上，谁就会变成批斗的对象。对此，黄如论先生是心知肚明的，他只能把“我要赚钱”的念头暗藏心底，伺机再动。

黄如论先生终于等来了这样的时机，罪大恶极的“四人帮”被人民打倒了！在此前后，黄如论先生的第一个儿子黄涛也来到了人间。这对他而言，真可谓是双喜临门啊！俗话说得好，欢乐时短，苦难日长。随着庆祝“打倒四人帮”的锣鼓声逝去，黄如论先生也从普天同庆的喜悦中平静下来。接着，他又不得不面对这样的现实：一家三口，只有靠他打工挣的那二十多元的薪水维持全家的生活，可以想见，他们的日子过得是十分艰难的。这时，黄如论先生初为人父，只希望自己的长子黄涛能够健康成长。因此，每当他回到家中的时候，他最怕听见那嗷嗷待哺的哭声，这时——也只有在这时，他那埋藏心底许久的念头“我要赚钱”就又开始动了起来。

或许是中国的老百姓实在是太穷了，自打“四人帮”被粉碎之后，全国各地——尤其是东南沿海各省的老百姓自觉地冲破重重阻力，想方设法告别贫穷，争先恐后地朝着发财致富的大道上迅跑，很快就形成了一股锐不可当的经商大潮。事后推论，我不能断言黄如论先生曾是这股发财致富、经商大潮中的弄潮儿，但我坚信他至少是一位积极的追随者。请设想一下，争强好胜、敢为人先的黄如论先生看到沿海地区——尤其是自己的家乡逐渐出现了“党政军民学，一起把阵上”的从商盛况的时候，他一定会把“我要赚钱”的信念转化为行动。

黄如论先生毕竟经历了十年“文化大革命”的洗礼，再也不会盲目地卷入猝然兴起的经商大潮之中。如果承认存在决定意识是真理的话，那么意识就一定会支配其行动。换句话说，黄如论先生面对日渐兴旺的商海大潮，他是绝对不会置身事外的！更何况他自小就有“穷则思变”的梦想，时下又急需建立一个幸福的家庭呢！随着改革开放的大门逐渐打开，社会上很快就出现了各种各样的发财致富之路。他秉持着“不欺人，不骗人，不哄人，不诈人，不害人”的做人信条，冷静地观察社会上各种经商致富的路数，认真地分析自己经商的条件，严肃地决定如何实施“我要赚钱”的计划。多年之后，他对我讲了如下这段寓意深远的话：

“那时，人们为了发财，真是八仙过海，各显其能啊！有的还不择手段偷偷地搞走私活动。我当时就清醒地告诫自己：一是违法的事不做，再是不做任何对不起社会的事情。因此，像走私这样的事情我绝对不做。我很早就知道这句话：君子爱财，取之有道。所谓道者，就是君子取财的规矩。我的家乡马鼻是建筑之乡，人人会开山取石，个个能建造房屋，所以，我选择的发财致富之路就是搞建筑。”

黄如论先生不仅是一位身体力行的实干家，而且还是一位思想先行的企业家，这和他的从业经历有着莫大的关系。例如，他在选择发财致富之路的时候就清醒地知道：欲把“穷则思变”的人生向往变成现实，且能达到“变则通，通则富”的彼岸，是要借助各种手段的。换句话说，这也就是毛主席讲的欲要过河、必先建桥的道理。当他决定“我选择的发财之路就是搞建筑”的时候，他的脑海中就浮现出了各式各样的带有理想色彩的蓝图，同时还清醒地知道搞建筑必须具备以下四个条件：

第一，建筑所必需的各种工具；

第二，建筑所必需的施工队伍；

第三，指导建筑的工程技术人员；

第四，建筑所必需的经费。

稍有社会常识的人一看便知，上述四个条件的核心是第四条：建筑所必需的经费。把话说白了就是一个钱字。用今天的话说，有了钱就有了一切，没有钱就一切皆无。

对此，黄如论先生的心里就像是明镜似的清楚。

那时，黄如论先生一个月的薪水只有二十多元，除此之外一无所有。谁都知道，这点钱还不够买开山用的工具和炸药呢！由此推而广之，仅仅就是因为这个钱字，使得中国亿万农民只能离乡背井当建筑工人。对此，我怀着极大的兴趣发出这样的提问：

“黄先生！你是如何解决这笔建筑所必需的经费呢？”

黄如论苦笑了一下，声音低沉地答说：

“借！”

“借？”我听后一惊，遂又问道，“向谁借？是银行吗？”

“不！那时的银行是不会给我贷款的。”他沉吟片时又说道，“我是向朋友借的钱，自然利息是很高的。”

“是高利贷吧？”

“差不多。”

“那你想没想到一旦赔了怎么办？”

“我只想到了赚！”他看了看我有些震惊的表情，近似调侃地反问，“柱子哥，你当年想没想过，由作曲家改行当作家万一失败了怎么办？”

由此，我感到了黄如论先生的身上有着一种撼人心魄的霸气。同时，我也感到了我们二人的心灵深处有着某些相通的东西。

黄如论先生虽然初次出道，步入商海，可他却有着常人所没有的必胜之心。或许是应了老天不负有心人这句老话，当他借到建筑所必需的经费，遂又开始寻找建筑项目的时候，他的老家连江县的一位朋友找到他，有些神秘地说：

“如论，海军在罗源县扩建后勤基地，这是一个不小的工程，保你能赚到钱。如果你愿意的话，我有办法保你能接下这个部队的工程项目。”

真是踏破铁鞋无觅处，得来全不费功夫。黄如论一听喜上眉梢，当即就应诺下来。

当时，我们国家正处在“两个凡是”的大辩论中，经商致富是否合法尚无定论。就说东南沿海各地人民兴起的经商大潮吧，从现象上看的确是十分红火，但当事人都清楚多数不合法，只能在半地下状态中进行。换言之，那时没有明确的法律界定，只要有钱赚，一家人——或几个朋友一商量就把一桩买卖接下来。这就是那个时代最为典型的“有钱大家赚”的经商特点。

黄如论先生并不是什么先知先觉，他最初的经商也是按着这种模式开始的。举例说，当他获悉海军那桩工程的信息之后，遂找了一个初懂建筑的土匠当合伙人。接着，他们二人按照中介人说的办法来到海军有关的部门，十分顺利地接下了这项工程。

诚如前文所述，黄如论先生喜读毛泽东的哲学著作和军事著作，和我交谈也经常是围绕着这两个方面的内容进行。因此，他不仅熟知“初战必胜”的道理，而且还由始至终贯穿在他指挥金源集团的事业中。可以想见，当他接下这项海军工程的时候，他必然会想到这就是他走上发财致富之路的起点。从人生战略上讲，这项海军工程也是他终生追求的建筑大业的初战。因此，他暗自下定决心，一定要打胜这场承包海军工程的初战！

黄如论先生为了确保这项工程的初战必胜，他回到家乡马鼻招募了通晓建筑的子弟兵，在县城购置了建筑用的各种工具，正式动工那天，他身穿工作服，头戴安全帽，站在整齐划一的建筑队伍面前，亲自点燃了一串又一串鞭炮。接着，他又学着解放军指挥员的样子大声宣布：

“开工！我们一定要做到初战必胜——！”

前来参加奠基的海军首长笑了，前来围观的军民笑了，就说他刚刚组建的这支子弟兵建筑队伍吧也忍不住地笑了。但是，唯有黄如论先生却一点也笑不起来——尽管他满意自己把开工仪式变成了战前动员，对他而言，这毕竟是大姑娘坐轿——头一回啊！为了确保初战的必胜，他除去给学生上课之外，全身心地投入到这场人生初战之中。由于他没有包工头高人一等的架子，天天和建筑工人们同吃、同住、同劳动，因而极大地调动了大家的生产积极性。在他提出的“工地就是战场，建筑就是攻坚”的口号下，整体工程进度快，建筑质量高，并多次受到海军首长的表扬。正当这项工程顺利地进行到一半的时候，一纸调黄如论回学校参加学习班的命令送到了工地。

虽说全国已经进入批判“两个凡是”的阶段，但派性的遗毒依然在全国各行各业——尤其是文化、教育战线的基层单位横行。其中，那些当了行政领导的派系头头利用手中的权力，堂而皇之地打着办学习班的旗号，明目张胆地大搞人人过关。可以想见，他们对那些昔日的冤家对头则更是严惩不贷。这纸送达工地的命令——调黄如论回学校办学习班就是在这种背景下发出的。行前，黄如论先生紧紧握住合伙人土匠的手，低沉地说：

“请多费心了，我很快就会回来的。”

这位土匠是位很有些心术的人，他仅仅说了一句“我知道了！”就在热火朝天的工地上送走了黄如论先生。

十多年来，黄如论先生虽说对所谓批斗、办学习班习惯了，但他的态度从不改变，那就是坚持真理、修正错误，从不违心地做检查，更不会向强势屈服。用文人的话说，这就叫江山易改、禀性难移。长话短说，黄如论先生无心参加这次学习班，那些必学的文件和材料也引不起他一点兴趣。白天，他想的是工程进度，晚上，他考虑的是这项工程能赚多少钱，除去还贷之外还能再接多大的工程，等等。因此，他在学习班上既不谈自己应坚持的真理，也不检讨该修正哪些错误，剩下的只有沉默了。

那时流行一句话：沉默就是无声的反抗。按照这个定律推论，黄如论先生沉默不语的态度，就是无声地对抗办学习班。自然，对抗办学习班就是死不改悔，死不改悔就要批倒斗臭。虽说这期学习班的时间一再延长，可黄如论先生依然是沉默不语。最后，学校领导向他宣布：

“黄如论！由于你在学习班上无悔改的表现，经研究并报上级领导批准：解除你任职的民办教师！”

这对黄如论而言无疑是晴天霹雳，因为从此他就失去了一家三口赖以生存的二十多元薪水。尤其当他想到再也听不到孩子们那甜甜的读书声的时候，遂又禁不住地怆然泪下，几乎是一步一回头地走出了学校大门。

是天意安排，还是人为巧合？正当黄如论先生迈着沉重的步子，向着自己承建的工地走去的时候，他获悉全部建筑于日前完工了。这对黄如论先生而言真是天大的喜讯啊！他很快赶到工地，望着被海军领导评为优质工程的建筑，泪水冲开了情感的闸门，无声地顺着面颊淌了下来。就在这时，那位合伙人土匠走到黄如论先生的跟前，冰冷地说：

“由于你有政治问题，这项工程已经和你没有关系了，所以赚得的钱也就没有你的份了！”

黄如论先生听后犹如五雷轰顶，几乎就要晕倒在地。“天哪！这世上还有真理吗？”但是，他坚强地挺了过来。他站在工地上一动不动，望着大步离去的合伙人土匠的背影，不由自主地握紧了右拳，自责地说了一句：“真是知人知面难知心啊！”当他紧握的右拳慢慢地松开之后，才又愤然自语：“我该怎么办啊！……”

二

黄如论先生精心组织、精心施工的第一项建筑工程就这样结束了！他的本意是“初战必胜”，进而成为“我要赚钱”的开始，并由此打开通向发财致富的天堂之路。但是，他做梦也不曾想到出师不利，自认为必胜的初战完全地失败了！更为严重的是，他由此还欠了一屁股难以还清的近似高利贷的债。多年之后，我怀着极大的好奇心问他：

“说实话，你当时是怎么想的？”

黄如论先生不无惨然地一笑，淡淡地说道：

“从失败的教训中加以总结，以利再战！”

我为黄如论先生说的“以利再战”这四个字震撼了！事隔不久，我从他的讲谈录中看到了这样一段文字：“……工程做到一半的时候我被抓回学校办学习班，当我返回工程的时候，那个土匠就把我一脚踢开了。当时我为了承接这个工程借了人家很多钱，如果英雄气短早就自杀了。”我为了探究黄如论先生此时此景中的精神境界，又曾经有意地向他发出过这样的提问：

“是失败的教训使你变得聪明起来，还是成功的经验帮你走出的困境？”

“都是，又都不是，因为这项工程仅仅是我的事业的开始，经验和教训都不足以成就我一生的大业。”他沉吟片时，遂又对我讲了如下这段话，“我认为成功关键的因素是做人的品质。我的奶奶、祖父没有读多少书，但是做人的道理却都懂。他们经常跟我讲：做人要有志气，鸡拉出来的屎都有气，但气还有正气、歪气之分。”

“你从这件事情中，看到自己的身上有着一股什么样的气呢？”我接着问道。

“霸气！”他突然变得严肃起来，凝思片时，又坚定地讲了如下这段话，“在组织实施这项工程的过程中，我的霸气，我的野心，我什么都要做第一的性子都显露出来了。我想，只要有了这种永不服输的霸气，失败了还可以再从头做起。”

“了不起！”我下意识地说道。

“不！从某种意义上讲，叫逼上梁山。”他说罢有些无奈地摇了摇头，继续说道，“当时，我有两种选择：一个是和这个合伙人理论出个孰是孰非，一个就是吃一堑长一智，这件事情就算我交了一次学费。最后，我经过深思熟虑，毅然决定：应该赚的钱不要了，我借的钱一定要还。”

“可你用什么还呢？”我有些焦急地问。

“爬起来，再干！”黄如论先生断然地答说。

好一个“爬起来，再干！”黄如论先生说到做到，从此不再提这件伤心的往事，也不去讲这个合伙人如何，遂又背着一屁股债寻觅新的发财致富的工程去了。

俗话说得好：“好事不出门，坏事传千里。”黄如论先生与土匠合伙承包海军工程的事在罗源、连江等地很快就传扬开了，几乎是众口一词：“土匠不是个东西，黄如论是条汉子！”就这样一传十，十传百，黄如论先生经商的人格和品质在罗源、连江一带得到了普遍的认同。自然，当地的驻军首长也渐渐地知道了真实的情况。由于军地有别，时过境迁，部队首长除去私下谴责那位土匠办事不地道以外，遂又把同情的目光投向赔了钱的黄如论先生。就是在这种背景下，一位河南籍的海军教导员觉得黄如论为人不错，应当帮助。所以，他主动地找到黄如论先生，真诚地说道：

“我们部队有个仓库是我战友管的，我把你介绍给他，里面有一个打石头的工程，就介绍给你去做吧！”

这就像是天上突然掉下了馅饼一样，可把黄如论先生高兴坏了，他当即就接下了这项打石头的工程。多年之后，他深有所感地对我讲了这样一段话：

“通过这件事，我认识到人格的魅力和道德的力量。诚信，不仅是经商者所遵守的最高游戏规则，而且也是唯一正确的发财致富之路。”

黄如论先生满怀喜悦地回到自己的故乡马鼻，他振臂一呼，几十个懂建筑的子弟兵再次云集在他的麾下。首先，他严肃地告诉大家：这次承包的工程主要是开山取石，必须注意安全；其次，严格纪律，一切行动必须听他的指挥。最后，黄如论先生下达了出发的命令，在他的率领下有的拿着开山用的工具，有的押送放炮用的炸药，浩浩荡荡地向大山下的工地进发了！

事后追论，黄如论先生从第一次承建海军工程的时候，就充分显露出他的组织才能。可以断言，他当时如果没有离开建筑工地，工程进度将会更快，质量也会更好。究其根源，他有意仿照解放军的办法组织和管理建筑工人，并严格实施具体的建筑计划。用当时最时兴的话说：一切军事化。这次承包的工程是放炮开山，取石运料，不仅消耗体力，而且风险又大，稍不留意，就有可能出现人命关天的大事。为此，他继续向解放军学习，不仅制定了严格的组织纪律，而且还建立了一套行之有效的规章制度。多年之后，我来到罗源县采访，亲耳听说在开工那天，黄如论先生就像是一个威严的指挥官站在队前，大声宣布：

“我是这项工程的承包人，也是这项工程最高的指挥者，你们必须服从我的指挥！全都听明白了吗？”

“听明白了！”

“很好！下边，各就各位，开始——！”

随着黄如论先生那长长的右臂向前方击去，几十名子弟兵分组跑向各自作业的地点。接着，漫山遍野就响起了敲击山石的声响。翌日清晨，工地上显得是那样的寂静，黄如论先生逐一检查完安装好的雷管，然后挥动手中的信号旗，吹响了警戒的哨声。接着，他走到一个安全的地方，大声下达了放炮开山的命令。他听着那“轰、轰……”的连续爆破声，望着山坡上冒起的一团又一团的白烟，其内心的激动是别人难以体验的。不久以前，我在陪同黄如论先生南下的路上曾经问他：

“可否这样说，这隆隆的开山炮声，宣示了你的第二项工程已经初战必胜？”

“不！它宣示了‘我要赚钱’的梦想已经初战必胜！”黄如论先生十分自信地说罢又笑了笑，说道，“当然，后边还有很多伤脑筋的麻烦事。”

由于黄如论先生以身作则、雷厉风行的作风，使得开山取石的工程进行得又快又好，且又没有发生一起重大的施工事故。随着黄如论先生把一车又一车石头运抵部队的仓库工地，他也陆续地换回了一沓又一沓的钞票。很快，他不仅还清了那笔冤枉债，而且跟着他干的子弟兵们也赚得了钱。更为重要的是，他在驻军首长的心目中建立了良好的信誉。

俗话说得好，信誉就是最好的品牌。就在黄如论先生主持的打石头工程尚未结束的时候，驻军首长又把砌墙、建房等建筑任务交给了他。同样，他仍以高度负责的态度精心施工，搞好各项工程的建设。随着时间的推移，黄如论先生在罗源地区的名声大噪，主动送上门来的工程也就越来越多。为了适应和完成这越来越多的工程，他的建筑队伍也就随之扩大，结果嘛，他赚的钱也就越来越多了。多年后，他不无感慨地对我说了如下这段话：

“后来，我在罗源就以打石头这个项目为基础，承接了其他工程，赚得了一些钱。用商界的话说，我是在罗源起家的，也是在罗源淘得并不算多的第一桶金。”

这时，黄如论先生才是一个尚不满26岁的小青年。

自粉碎“四人帮”开始，到党的十一届三中全会之前，民间兴起的建筑队伍犹如雨后的春笋遍及大江南北，但绝大多数处于一种自发无序的原始状态。过来人都清楚，在那个特定的年代里，谁的所谓“路子野”谁就能找到建筑项目，自然，谁就是这个项目的承包人（行业中称这种承包人为包工头）。接着，包工头再根据承包的建筑项目的大小到社会上招兵买马，购进必需的建筑材料和工具，然后再进行施工。一旦承包的项目完工了，包工头把赚得的大把的钱装进自己的腰包里——同时也要分一些给参加建筑的工人，然后就宣布散伙了。可以想见，像这种自发无序的原始状态的建筑队伍，由于他们一没有资金，二没有技术，三没有设备，所以他们只能承建打石头、砌墙，或修建一般的仓库、营房等较为简单的工程。像建造高档的社区楼房、宾馆、礼堂等，就只能仰仗具有相当实力的国家级的建筑队伍了。

诚如前文所述，黄如论先生正因为有着永不屈服、敢为人先的性格，所以他在事业发展的道路上也必然有着永无休止的追求。当他在罗源完成建筑行业最原始的所谓资本积累以后，很快就又思索如何才能拓展自己的建筑事业。换句话说：如何把自己的这样一支时聚时散的建筑队伍正规化。对此，我曾笑着对他说过这样一句玩笑话：

“那就是要结束这种打游击战的建筑模式，像国有建筑行业那样打堂而皇之的正规战了！”

黄如论先生听后却十分郑重地点了点头。接着，我又好奇地问道：

“当年，毛泽东主席在完成游击战向正规战的转化是有条件的，你当时是怎么想的呢？”

“我当时清醒地知道，要完成你讲的从游击战向正规战的转化，必须具备三大要素：资金、设备和技术。在我看来，资金和设备是比较容易解决的，最难的是技术——尤其是我自己不懂建筑技术。”

“那你可以请懂建筑技术的工程师嘛！”

“不行！”接着，黄如论先生很是真诚地对我说了这样一段话：“我的原则是：做什么就要做好什么，要想做好什么就必须懂什么，绝不让别人牵着我的鼻子走，或者让我当人家的傀儡。一句话，我绝不当领导内行的外行老板！”

“那你懂建筑技术吗？你会看图纸吗？”

“不会。”

“那你怎么办呢？”

“学！”

“那你怎么学呢？”

“上学。”

接着，黄如论先生告诉我：为了弄清建筑这门十分专业的学问，他自费进入福建省建筑专科学校深造，接受了从理论到实践的强化训练，并取得了相应的学历证书。

对此，我是存疑的。因为我自己不仅苦读过五年大学，知道做学问的艰辛，而且我的夫人还供职某所名牌大学，教授研究生的课程，深知她的一些所谓的在职学生是如何混得大学文凭的。所以，我近似开玩笑地问道：

“黄先生，你不会像京城的某些领导、老板那样，利用职位和金钱搞了一张假文凭吧？”

这本来是一句朋友间的玩笑话，出我所料的是，黄如论先生听后十分恼火，两只炯炯有神的大眼睛看着我，非常认真地说：

“你是知道的，我一生最痛恨的事情就是骗人！我得到的文凭是真的。”

“你不要忘了，你只念过小学，没有学过高等数学，也没有学过立体几何与三角函数，一个自费生，仅仅在学校听三年的课，你就是超天才，也学不会的。”我也板起了面孔，当仁不让地说道。

“你说的全都是事实，但我为了学到真才实学，除课堂听讲以外还有其他的学习办法，那就是把老师请到家里来教我，给我吃小灶。”他看着我那认真的样子又补充说，“在那段时间里，我几乎没有睡过一个完整的觉，靠着勤奋，把你说的那些课程我全都学完了。”

如果说“性格即命运”这句话是对的，我相信黄如论先生是一定会这样学习的。如果再联系到后来金源集团建造的饭店、购物中心等大型建筑的设计都是出于他的笔下，我还相信在未来二十多年创业的日子里，他仍然会在默默地学习这门深奥的建筑学问。

黄如论先生还告诉我，他当时在攻读建筑学科的同时，还有意在建筑实践中学习、运用课本上学到的知识。因此，他不仅加深了对课本知识的理解，而且还有力地促进了他的建筑事业的发展和壮大。更为重要的是，他还赢得了社会的认同。请看他在这一时期先后担任过的职务：福建省罗源县霍口建筑社主任，福州市闽都建筑工程公司第三工程队长，福州市乡镇建筑工程公司副总经理，福建省公安厅恒源商行经理、常务副总经理等。也就是在这期间，福建省建委职称评定领导办公室根据他的业务能力、专业技术水平，晋升他为助理工程师，并很快转为工程师。

这时的黄如论先生还不足30岁。

在这期间，黄如论先生不仅没有放弃对人文科学等知识的学习，而且还刻意地追求和学习做人、经商的道理。说起这方面的经历，他不止一次地对我讲过这样的话："我不做任何对不起社会的事情，不做任何对不起员工的事情。我办公司从来都是诚信经营，依法经营，虽然也被审查过，但都没有事。"另外，他还主张为人处世"要以德报怨、以容为大，先大家后自己，不要冤冤相报，你打我一拳我也打你一拳，这样就没完没了"。对此，我是认同的。

我毕竟是一位作家，有着与众不同的视角。把话说白了，我不仅要知道黄如论先生的精神境界，而且更希望了解一些能反映和精神境界有关的情节，作为未来创作的素材。所以，我有意地问他：

"在这些方面，你能给我讲一些有趣的事吗？"

"可以！"黄如论想了想，低沉地说道，"你还记得吧，当年，有一位公社的领导听说我结婚要摆酒席，就把我抓回去审查，要我交代资产阶级思想。"

"记得，记得。"

"后来，他知道我发迹了，而且还担任罗源县霍口建筑社主任，主管建筑材料，所以就找上门来，对我说：'如论，当年我受极左思潮的影响，伤害了你，对不起你。现在我老了，房子也快倒了，盖房子没有木材，你就批给我几立方米木头吧！'"

"你是如何回答他的？"

"杀人不过头点地嘛，再说他老了，又需要，我当即就批给了他三立方米木头。"

"他可以满意而归了吧？"

"不！他没有走。"

“为什么？”

“他站了一会儿，又为难地对我说：你是好人，看在我和我的老伴都快是入土的人了，能不能再批给我们老两口两副棺材板啊？”

我听后笑了，信口说了一句“有意思！”接着，我有些好奇地问道：

“你给他批了吗？”

“批了！”他说完停顿了片刻，又有些怆然地说，“你是知道的，在农村，老人们最后的愿望就是能看见自己死后的棺材板，应该满足他这一要求。所以，我当即又批给了他两副棺材板。”

这就是黄如论先生的为人。

这时的黄如论先生刚刚30岁。换言之，黄如论先生历经五年的努力，不仅赚得了钱，而且还有了一定的社会地位，在当时的乡镇企业家中也算是一个成功者。当我再问他下一步发展计划的时候，令我不解的是，他竟然要放弃自己好不容易才得到的这一切，决定只身下南洋，到菲律宾去。我听后有些愕然了，情不自禁地问道：

“你为什么要做这样的选择呢？”

黄如论先生望着我那愕然不解的表情，十分淡定地对我说了两个字：

“学习！”

“学习？”我听后怔住了，也下意识地重复了这两个字。

“对！”

“学什么呢？”

黄如论先生斩钉截铁地对我说了这样一句话：“为了事业有个大的发展，我必须走出去，看看人家是怎样经营和管理企业的。”

……

三

我是一个农民的儿子，深知农民的局限性——永远不愿意离开生养他的土地。换句话说，只要没有失去土地，农民是不会离开自己的故土的。为此，在北方的农村流传着这样两句俗语，一句是："交了粮，当炕头王。"一句是："十亩地，一头牛，老婆孩子热炕头。"它十分形象地道出了中国农民对幸福的最高憧憬。也或许是出于这个原因，我们村里有几十个和我同龄的小朋友，绝大多数留在家里种地，养家糊口。尽管他们早年见到我也说："还是你好啊！"可是他们年过花甲之后又对我说："回来吧，盖几间砖瓦房，比在城里养老要好！"一句话，故乡是最可靠的也是最后的归宿地。

福建省古称化外之地，加之山多地少，濒临大海，百姓们为了生存，遂养成了与北方农民不同的习俗，那就是从古到今就有扬帆出海，到异国他乡淘金谋生的传统。但是，一旦在国外赚了钱，他们就叶落归根，或光宗耀祖，或造福于家乡。一句话，月是故乡明啊！

从历史上看，无论是在南疆还是在北国，中国农民也有相同之处，那就是家有黄金万两，决不背井离乡。换句话说，中国有钱有势的地主不遇上斗老财、吃大户的农民大革命，他们绝不会举家迁往国外的。

黄如论先生当时的资产尚无黄金万两，当然如果以当时富有的标记"万元户"为计，恐怕远远超过了。另外，从他事业的发展态势来看更是不可限量，赚得所谓"黄金万两"也并非是遥不可及的梦想。可他为什么要违背"家有黄金万两，决不背井离乡"的古训，自觉地抛弃已经得到的一切，只身出国闯荡南洋呢？仔细回想起来，这和我们国家当时的大背景是有着直接的关系。请看：

自1976年10月6日粉碎"四人帮"之后，历经两年多的思想大辩论，党中央于1978年12月召开了划时代的十一届三中全会，确立了改革开放的路线。从此，封闭多年的国门打开了！中国人——尤其是青年学子和商人相继出国求学和经商，许多旅居世界各地的爱国华侨也陆续回国，多数是为了寻根或探亲，少数则是为了寻求商机。就这样一出一回、出出回回，冷清多年的中国海关开始忙碌起来。这就是在改革开放的初期，我国突然之间形成的那股进出中国的大潮。结果，中国人——尤其是沿海地区的老百姓不仅听到了有关世界各国的传说，而且还在市场上见到了“老外们”使用的各种洋货。虽说这些琳琅满目的洋货多数是通过走私流进国门的，但它却使封闭有年的中国人的眼睛一亮，禁不住地会发出这样的赞美：“洋货真好！”我记得那时连抽三五牌香烟、喝XO酒都变成了一种身份、地位的象征了。因此，当时在北京、上海等大城市谈论外国成了一种时尚，在沿海地区争相出国也很快蔚然成风。

在改革大潮的冲击下，黄如论先生很自然地会想到下一步的路应该如何走；在出国大潮的波及下，黄如论先生也必然会想到出国能学到什么。他思考如何把自己的建筑队伍从“游击队”转为“正规军”的时候，经常向回国探亲的华侨发出这样的提问：外国企业是如何经营管理的？随着时日的推移，他那颗习以思考的大脑逐渐形成了这样的定见：中国未来企业要想做大、做好，绝不能走国有企业的老路。可是，刚刚兴起的中国私有企业应该走什么样的路，未来会有一个什么样的结果？实事求是地说，他当时的看法是悲观大于乐观的。把话说白了，一旦国内的政策发生了变化，不仅会断了黄如论先生的生财之路，而且赚得的血汗钱也会立时化为泡影。为此，走到人生十字路口的黄如论先生不得不发出这样的提问：在瞬息万变的形势下，如何才能安全地实现“我要赚钱”的理想呢？他得出的结论：唯有出国；如何才能学到世界一流的企业管理经验呢？也是唯有出国。由此我们可以很清楚地知道，黄如论先生出国的目的有二：一是安全地实现“我要赚钱”的理想，二是学习外国先进的企业管理经验。不久以前，他对我讲起这段经历，依旧是感慨万千地说了这段话：

“当时，我真的很想了解外部的世界，也十分自信到外国能闯出一片天地，赚得更多的钱。当然有一个前提，那就是要吃苦，要学习——尤其是要学习外国先进的企业管理。就这样，我带着自己的积蓄，在朋友的帮助下于1981年去了菲律宾。”

这一年，黄如论先生恰好是30岁。

三十而立，这是孔夫子讲的，两千多年以来被人们尊为金科玉律。但是，黄如论先生却违背孔夫子的教诲，在而立之年去了菲律宾，梦想在异国他乡闯天下——而且还自信能闯出一片新天地，赚得更多的钱，用当时的话说，真可谓是敢想敢干啊！然而现实却是残酷的，对任何人绝不讲半点情面。尽管黄如论先生在国内做好了吃尽人间一切苦的准备，可是到了国外人生地不熟，两眼一抹黑，有些难言之苦他想都不曾想过。对此，我作为一位作家是可以想见的。另外，我站在作家的立场上，从独立的艺术视角出发，遂又好奇地发出这样的提问：

“你步出国门的那一刻有什么感受？”

黄如论先生听后说了一句“一言难尽啊！”接着，又怆然一笑，说道：

“这是我第一次出国，而且是一个人，就像是坐上花轿的大姑娘那样，既舍不得娘家，又不知道婆家，七上八下的，说不清是个什么滋味！”

“你走进菲律宾国门的那一刻又有什么感受？”

“没有一点好的感受！”

“为什么？”

“因为我不懂英语，去菲律宾进海关时连英文表格都不懂得填写，弄得一个小时都进不了关，人家却一会儿就过去了。从这个时候开始，我就清醒地知道，若想在菲律宾闯荡天下，第一个难过的关口就是语言。”

菲律宾是一个历史悠久的国家，由于历史的原因，当地的百姓讲的是菲律宾话，上层社会则通用英语。黄如论先生既不懂菲律宾话，也不懂英语，虽然历尽千辛万苦，好不容易来到了菲律宾首都马尼拉，却无法与不同层次的菲律宾人进行交流；另外，也是因为历史的原因，虽说远在郑和下西洋之前就有中国人来到菲律宾拓荒，但在此地居住或发迹的中国人多数是福建闽南人，讲的是黄如论先生听不懂的闽南话，因此，他也难以和在马尼拉居住或经商的闽南人沟通。没过几天，他就清楚了自己所面对的现实：语言不通，当初奢望一踏上菲律宾国土，就能寻觅到发财致富的商机，真是痴人说梦！又过了一些时间，他终于明白了：不通语言，在马尼拉连份像样的工作都难以找到，仅仅靠着从国内带来的那点积蓄是支撑不了多少时日的。怎么办呢？黄如论先生清醒地知道摆在自己面前的只有两条出路：一条是打道回国，这是为他的性格所不允许的；另一条就是实事求是，改变出国前那些不切实际的设想，当一个普通的出国华侨，从基层一步一步地做起。同时，在做的过程中学习语言，广交朋友，再寻找发财致富的商机。最后，他毅然而然地选择了后者。不久以前，我读到了一篇记述黄如论先生艰难创业的文章，它是这样描写黄如论先生的这段经历的：

“那年，只身来到菲律宾时，风餐露宿，曾几餐吃不上饭，熬尽人生所有艰辛。有一夜，因为没钱住旅馆而露宿公园，他数着天上的星星，度过一个不眠之夜。他记得就是那一夜的苦思人生，使他更加心明眼亮——从来没有救世主，一切都要靠自己的智慧和勤奋，才会摆脱困境。他站了起来……”

然而，黄如论先生如何才能走出他在马尼拉的人生第一步呢？他的一位朋友曾对我讲过这样一段话：

“那时，黄如论先生在马尼拉听不懂人家说什么，也看不明白人家是如何赚钱的，更为严酷的是，他找不到一份稍微体面的工作。最后，他为了生计，只好在一家华商开的纽扣厂卖苦力，打零工。咳！黄如论先生在这期间可受够了人间的苦啊！”

我曾有意向黄如论先生讲了一段毛泽东的故事：早在第一次国共合作时期，32岁的毛泽东任国民党中央执行候补委员、国民党中央宣传部代部长、《民国日报》主笔等要职，真可谓是权倾一时。不久，国共分裂了，大革命失败了，不满34岁的毛泽东可以选择退出共产党，继续留在国民党内做大员，过着上等人的生活。但是，他为了自己的信仰决然地退出国民党，在中共有名的“八七会议”上提出枪杆子里面出政权的理论，亲自回到湖南举行秋收起义，带着不足千人的起义队伍上了井冈山。22年之后，他带领中国共产党终于打出了一个新中国。由于我知道黄如论先生时年尚不满56岁，故有意地问：

“黄先生，你知道吗？毛泽东在政协会上宣布‘中国人民从此站起来了’的时候，他尚不满56岁。”

“知道！所以我很敬重毛主席。”

“你现在也恰好是不满56岁啊！”

“这仅仅是年龄上的巧合！”黄如论先生说罢又诚惶诚恐地说道，“他是伟大的领袖，我是一个普通的商人。”

或许当时我情有所感，又禁不住地告诉黄如论先生：我曾经在一个很严肃的场合讲过这样一段话：“请想想看，你们一生的奋斗、追求，能当上宣传部长吗？能当上《人民日报》的主编吗？就算你们当上了，一旦与当政者发生了救国之路的分歧，你们能抛弃这些高官厚禄吗？你们能做到率部上山争天下吗？……”黄如论先生听后问我：

“听讲的人有何表示？”

“那天听我讲演的近千只眼睛一动不动，礼堂里真是安静极了！”

“你是如何看待这件事的呢？”

“我认为这就是毛泽东的革命气魄，没有这样的气魄，就不会造就一代伟人，也不会缔造一个新中国！”

当然，黄如论先生无法与毛泽东同日而语。但是，当我想到他敢于抛弃在国内已经得到的老板的地位，只身跑到菲律宾首都马尼拉干起最底层的活的时候，我认为也是需要有些气魄和胆识的。为了从更深的层次挖掘黄如论先生的思想境界，我又认真地问道：

"事无大小，但道理都是相通的。如果说当年毛泽东为了得到一个新中国，他毅然和国民党决裂，并与蒋介石争天下，那么你为什么要抛弃在国内得到的一切，只身跑到菲律宾马尼拉卖苦力呢？"

黄如论先生再次表示十分敬佩毛泽东的气魄和胆识，也说明自己仅仅是一位商人，既没有毛泽东的气魄，更没有毛泽东的胆识。接着又说了如下这段话：

"我们老家有一句古语说得好：'家无流浪子，官从何处出？'所以，我认为如果有本事，就要走出去，改变家庭的历史，学习有本事的祖宗。自然，这不仅是一个人的胆识，而且也有一个境界问题。我一向认为：不主动舍去得到的一些东西，就不会得到更多的东西。"

这时——也只有在这时，我才真正懂得了他亲笔书写的两段家书的内涵："得到了就应当失去，失去了就会让你得到"；"舍得、舍得，有舍才有得。"

诚如前文所述，黄如论先生清楚自己来到菲律宾马尼拉的地位和身份，本着做什么就做好什么的原则，遂开始在这家华商开设的纽扣厂打零工。那时，他虽然语言不通，暂时没有办法和同事们进行交流，但那时的他年富力强，有着一米八〇的身材，有着一身用不完的力气，很快就靠勤奋的工作赢得了同事们的认同，也陆续交了一些朋友。同时，由于黄如论先生在国内有过当老板的实践，又有着超乎常人的组织才能，所以很快就在这家纽扣厂中成了最为突出的"打工仔"。另外，由于黄如论先生会打南拳，会唱闽剧，又有着侠义肝胆、古道热肠的性格，因而很快就变成了这家纽扣厂打工仔们的核心人物。或许是黄如论先生人高马大，在普遍又瘦又矮的华工中分外突出，大有鹤立鸡群之势；也或许是黄如论先生不仅干活不惜力，而且还能自觉地帮着纽扣厂处理一些棘手的问题，不到半年，他就被这家纽扣厂的老板提拔为车间主任。那时，马尼拉的工人经常罢工，黄如论先生善于处理与工人的关系，在劳资双方发生矛盾的时候，他经常和他们沟通，化解矛盾，保证了工厂日常工作的顺利开展，因此，他得到了老板和老板娘的信任和喜爱，遂升任为纽扣厂的厂长。更为重要的是，他在这两年不断的升迁之中，粗通了菲律宾语和闽南话，并在侨商中结交了很多的朋友。自然，黄如论先生也为此付出了比常人多很多倍的汗水。他说到此处，我有意地问道：

“当年，你在国内是靠打石头起家的，并很快在当地成了有影响的企业家；如今，你来到菲律宾是靠打工起步的，两年就当上了厂长，是你比别人特别能干吗？”

“对！我的确比其他的员工要能干得多。”黄如论先生凝思片刻，又低沉地说道，“但是，能干、听话，只能做一名优秀的员工，绝不能当厂长。”

“还需要什么特殊的素质吗？”

黄如论先生微微地点了点头，遂掷地有声地说道：

“做人的品格！”

“品格？……”

“对！我认为品格是衡量人的尺子，也是做人的门面，你有了优秀的做人品格，就可以突破语言的障碍，交到知心的朋友。同样，你有了优秀的做人的品格，也可以受到上司的赏识，得到提拔和重用。”

“你所讲的品格的核心是什么呢？”

“诚信！”

“诚信？……”

“是！对一个企业而言，诚信是立业之本；对一个人来讲，诚信是立身之本。只要讲诚信，企业就会由小变大，成为有影响的企业；只要讲诚信，人就会由穷变富，成为企业优秀的领导。”

“看来，诚信不仅是企业最为重要的品牌，也是做人最为重要的品牌。”我沉吟片时，又问道，“时下，诚信成了商界最时髦的词了，你能谈谈对诚信二字的理解吗？”

“可以！”接着，黄如论先生指出一家企业的诚信品牌，是靠企业全体职工讲诚信创造出来的，而全体职工讲诚信的品牌，又是靠主管企业的老板讲诚信带出来的。最后，他十分认真地说，“我记得小的时候在农村听过一句顺口溜，叫村看村，户看户，社员看支部。它很准确地道出了为人的诚信品格与建立企业诚信品格的关系。”

我为黄如论先生精辟的见解所折服。同时，我也很自然地想到黄如论先生的为人处世与金源集团靠诚信品牌打天下的关系。我进而问道：

“你是在菲律宾学到的这些道理吗？”

“不！我们的老祖宗早就教导我们说，精诚所至，金石为开嘛！”黄如论先生说罢又将精诚二字与诚信品牌做了一番比较，然后说道，“精诚也罢，诚信也好，都是对有道德的人讲的。但是，一个企业——尤其是大型的现代化的企业要创造诚信品牌，必须建立行之有效的制约机制。这是我在菲律宾、香港等地学到的。”

在黄如论先生的心目中，诚信就是信誉。对此，他曾多次和我讲过：“只有以信誉和实力赢得的尊重才是真正的尊重，这既是为人处世之大道，也是商海中的大道。在东南亚的华人社会圈子里，就极为重视人的诚信，即使你没有资金，但如果你有诚信的声誉，大家就会愿意帮助你，你就能做出一番事业来。”他讲到此处突然问我：

“你知道金利来品牌吗？”

“知道，是曾宪梓先生创造的。”

“对！我听说曾宪梓先生幼年丧父，白手起家。他在创业初期，尽管资金紧张，但是他为了信守与销售商之间的口头承诺而宁愿自己吃亏。在这之后，他诚信经营的品格被商界传为佳话，越来越多的人愿意同他合作，使他获得了无限的发展机会，生意如滚雪球般越做越大，由此赢得‘领带大王’的美称。这就是信誉的力量！”

我明白了，黄如论先生靠着为人讲诚信的品格受到了同仁的尊重，也得到了上司的提拔和重用。同时，他随着职务的升迁和时光的推移，不仅听懂了菲律宾语和闽南话，而且还在侨商中结交了更多的朋友。自然，他在菲律宾马尼拉也看到了无限的商机。

诚如前文所述，黄如论先生只身下南洋、闯菲律宾是为了赚更多的钱，而且还十分自信能在马尼拉赚到更多的钱。因此，他一旦看到了可以赚钱的商机是绝对不会放过的。然而他又是一个实际主义者，十分清醒地知道，在异国他乡把商机转化成赚钱的企业是需要条件的：第一是要有资本；第二是要独立门户建公司，坚辞用汗水换来的厂长的职位。用他自己的话说，来到菲律宾两年以后，他便走到了人生抉择的十字路口。

根据我对黄如论先生的了解，对他坚辞厂长一职我是毫不怀疑的，这是符合他拓展事业的野心以及敢为人先的性格逻辑发展的。我虽然没有经商的履历，但也清楚商机与资本的关系，用老百姓的话说，那就是有多大的买卖就下多大的本钱。因此，我好奇地问道：

“黄先生，你在马尼拉选定的第一桩生意是什么呢？”

“把菲律宾盛产的芒果干和椰汁销往香港和中国大陆。”

“你有运输芒果干和椰汁的船吗？”

“没有。很简单，我可以租嘛！”

“租船、买芒果干和椰汁是要很多钱的吧？”

“是的！”

“你是如何解决这笔资金的呢？”

“向侨商借！”

“你靠什么做抵押呢？”

“信誉。用当地侨商的话说，叫人格担保。”

黄如论先生靠着这种无形的人格担保，从侨商中借到了一笔钱，和在马尼拉新交的朋友合伙办了一家公司，开始经营外销芒果干、椰汁等项业务。那时，中国大陆虽产芒果，但尚无经营芒果干的业务；海南岛虽有大片的椰子林，也没有加工椰汁的工厂。因此，黄如论先生把菲律宾廉价的芒果干和椰汁运到香港和大陆之后，就稳赚了一大笔钱。就这样，“他凭着智慧的天赋，通过精心的资金积累和运作，度过创业旅途中的艰难险阻，创办了菲律宾友福投资公司、辉鸿实业有限公司，接着又在香港创办了香港远岸发展公司、至昌发展有限公司”。

或许是黄如论先生在马尼拉口碑很好，也或许是黄如论先生事业有成，他很快就成为菲律宾新移民中的一颗崭露头角的新星。对此，马尼拉市政府也是记录在案的。所以，黄如论先生于1986年就拿到了菲律宾的护照。同年，他回到阔别五年的故乡，把夫人、孩子接到了菲律宾，有了一个真正属于他的家。

这一年，黄如论先生刚好35岁。

我作为朋友，怀着浓浓的情谊祝福黄如论先生在菲律宾安居乐业；我作为作家，更想知道黄如论先生在马尼拉是如何淘得第一桶金的。我记得是在一个夜晚，黄如论先生把我请到他的别墅中，向我讲了他在马尼拉这段十分艰难的创业经历。我听后于感动之余又特别关切地问道：

“黄先生，你这三年的奋斗成果，算不算是你淘得的第一桶金呢？”

“不算！”黄如论先生说罢莞尔一笑，接着又说道，“充其量算是我在马尼拉最原始的财富积累。”

“你能告诉我在马尼拉是如何淘得第一桶金的吗？”

“当然可以！”黄如论先生说罢看了看手表，“今天太晚了，且听下回分解吧！”

就这样，黄如论先生把一个最大的悬念留了下来，让我作着各种各样的猜测……

四

我与黄如论先生相交已经六年了，但他始终不愿意谈在菲律宾是怎样淘得第一桶金的。即便明确答应了我“且听下回分解”，也依然是没有回音。在我看来，这可能属于他的商业机密，作为朋友是不应该问的。

就在这次交谈以后，我们每次见面聊天，他似乎有意避开这一话题，和我讲的多是“以香港为中心，陆续将投资触角伸向新加坡、马来西亚、西班牙等”国家，以及他在这前前后后做了多少笔生意，赚了多少钱。给我的感觉是，他的企业越做越大，越大越红火，越红火就越赚钱。

也就是在这种无话不谈的交往中，我们二人的关系变得越来越密切，从相识的朋友变成了相知的兄弟。不知从何时开始，他和其他的朋友一样称我为柱子哥，我也改称黄先生为黄老弟。但是，我依然不问——他也不谈在菲律宾淘得第一桶金的事情。

我作为作家——尤其是答应并准备为黄如论先生写这本书以后，很自然地又勾起了这件往事——了解他在菲律宾是如何淘得第一桶金的。可是我和所有的知识分子一样爱面子，或者说是一种自尊心，假如黄如论先生不主动地讲出来，我是不会重提这件事的。

谢天谢地，终于等到了这样的机会，我的这位黄老弟主动开口，向我讲了他在菲律宾淘得第一桶金的事情。

那是夏天的一个晚上，黄如论先生来到香山金源商旅中心酒店，把我请到景观清雅的啤酒花园。在那座不规则的人造湖畔有一把入时的遮阳伞，伞下有一张造型奇特的玻璃圆桌，圆桌两边各有一把银白色的藤椅，桌面上那两只驱蚊用的烛光随风摇曳，真是别有一番情调在心中！突然传来“哗”的一声，只见湖中心那三组喷泉射入高空，组成了不同的造型，在水下不同颜色的灯光的辉映下，真是漂亮极了！我与黄如论先生穿过啤酒花园那条弯曲的甬路，随意地坐在了那张玻璃圆桌两边的藤椅上，一边听着埋在地下的音箱传出的或近或远的古典音乐，一边品着香茗自由地交谈起来。我清晰地记得，那天晚上我们谈话的主题是商场和官场的关系。和往常一样，我是当然的主讲人。

在我的理念中，自从有了国家以后，遂逐渐形成了掌控国家各级权力的中心，而掌控国家各级权力中心者便是大小不等的官员。从天之骄子皇帝到多如牛毛的小小里长，构成了一个十分严密的官僚机构，俗称官场。尽管历代统治者都打着民为国本、官为民子的漂亮旗号，但在大小官员的心目中——包括普通老百姓都认为官为尊者。因此，望子成龙、衣锦还乡、学而优则仕等便成了人生追求的最高目标。

由于历史的原因，商人是没有政治地位的。即使到了英国完成资产阶级革命的初期，重商主义者依然为挤进权力的核心奋斗着。随着时代的推移，商品的流通，世界各国的商人越来越多，遂形成了一个没有官场那样等级森严的商场。也是由于历史的原因，古今中外、男女老少都懂得这样一个道理，钱能通神。用中国商人的话说，有钱买得鬼推磨；用普通老百姓的话说，谁和钱有仇呢！因此，以钱为中心建立起来的商场为各方注目，且又长盛不衰。至于那些活跃在商场中的商人们，无时无刻不在演义各种商海中的传奇，成为普通百姓街头巷尾的谈资或笑料。

商人都懂得这样一个道理，为了把生意做大，企业要与政府和社会各界保持良好的沟通关系，做好政府公关和社会营销工作。这在东西方国家都是必然存在的，它是企业在国家法律政策和行业相关规定下，顺利开展生产经营的必须行为。只是由于西方国家政策法律更趋完善，企业可以按照规定程序进行，所以一切都在合理范围之内。但到了我们国内，却发生了一些微妙的变化——由于法律不尽完善，行业规范不明确等，使得企业的政府公关和社会营销，缺乏明晰可操的办事程序，一旦超出了合理界限和法律规定，就会异化成为权钱交易等。我讲到此处，操着调侃的语气说道：

“黄老弟，据我所知，商人——尤其是大商人是非常懂政治的，其中也包括阁下在内。”

黄如论先生赞同地点了点头。

“商人不懂政治，一定赚不了大钱，这是为历史所证明了的。”我凝思片时，把讲话的语气一变，有些沉重地说道，“但是，商人——尤其是那些自视懂政治的商人却不可玩政治，否则绝不会有好下场。”

黄如论先生听后没有表示什么，只是他那两只炯炯有神的眼睛一动不动地看着我，似乎想听我讲出个所以然来。

“老弟，你应该知道吧，在中国先秦时代有两个最为著名的商圣？”

“知道！一个叫范蠡，一个叫吕不韦。”

“对！先说第一个商圣范蠡，他早年经商，靠着与政界不同寻常的关系赚了不少的钱。后来，他就弃商从政，介入旷日持久的吴越争霸之战。残酷的战争——最高级的政治形态使他明白了这样一个道理，如果再继续玩自己左右不了且已经厌倦了的政治，很可能就会身败名裂。他历经深思熟虑，断然作出决定，带着心爱的美女西施出走。日后，他避乱于深山，靠着经商赚得的钱和西施一起安度一生。这就是有名的不爱江山爱美人的故事。”

黄如论先生听后笑了，信口说了一句“好一个聪明的商圣！”他沉吟有时，接着又说道：

“柱子哥！接着再讲第二个商圣吕不韦。”

“吕不韦，应当是我们直隶人氏，他自幼聪明过人，从祖上就和当地的官家有着不错的关系，因此他在早年就和政治结下了不解之缘。他清楚战国后期最需要的商品是战马和布匹，遂利用各种关系——尤其是官办的边防贸易等特殊的关系，干起了贩卖布匹和匈奴战马的买卖，很快就成了富甲一方、一掷千金的商贾。时人皆知，吕不韦有着极强的政治野心，于吃喝玩乐之中坐看天下风云变幻，不失时机地把手中的金钱当成了赌注，玩了一把最大的政治——借秦国一统天下的大势达到他统驭全国的目的。这就是吕不韦做的最有名的玩国家的大买卖。结果，随着秦朝的建立，他很快就死在了自己的儿子秦始皇的手里。换句话说，这就是吕不韦玩政治的必然结果！”

黄如论先生听后微微地叹了口气，遂又问道：

“柱子哥，你是如何看待清朝末年大名鼎鼎的红顶商人胡雪岩的呢？”

“一言难尽！”

“举例说，胡雪岩为什么成了徽商的代表人物？他真正的发迹原因是什么呢？难道他赢得红顶商人的声誉，也和清朝末年的政治有关系吗？”

“简而言之一句话，都与政治有关。”

我说罢沉思片刻，遂扼要地指出：胡雪岩在商界小有名气之后，遂与设在上海的外国银行发生了关系。恰在这时，腐朽的大清王朝无力镇压太平天国起义，乞求洋大人从旁相助。投在左宗棠麾下的胡雪岩借筹措军饷，向西洋人设在上海的银行借贷数笔，趁机拿了大量的回扣。很快，他不仅成了左宗棠麾下的财神爷，而且摇身一变成了镇压太平天国的功臣。之后，他追随时任闽浙总督的左宗棠创办福州船政衙门，继之又奉调平定“西捻”和征讨新疆，这位胡财神又靠向洋人借款拿了一笔又一笔回扣。等到左宗棠班师回朝、加官晋爵之时，胡雪岩也被赐身穿黄马褂、头戴红顶花翎。最后，我以毋庸置疑的口气说道：

“看！胡雪岩在商场和官场的发迹靠的都是政治。”

黄如论先生信服地点了点头。

“但是，我必须指出的是：胡雪岩最终在商场和官场的失败也是因为政治。”

“对！胡雪岩发迹之后，自恃手中的资本雄厚，妄图一统商场，成为商界的龙头老大。他的行为既得罪了洋人在华的利益，也妨碍了清末一些达官显贵们发财。结果，他在内外势力的勾结和打压之下，很快就宣布破产了！”

“完全正确！”我说罢看了黄如论先生一眼，又说道，“这也再次证明我得出的结论是正确的：聪明的商人一定要懂政治，但不可玩政治。然而大小商人们的悲剧是，一旦有了钱，他就想左右政治，甚至是玩政治。结果嘛……”

黄如论先生听后似有所悟地笑了。

我看着黄如论先生的笑靥也忍不住地笑了。

也就是在这次谈话行将结束的时候，黄如论先生突然话锋一转，有点幽默地说：

“柱子哥，你不是想知道我在菲律宾是如何淘得的第一桶金吗？说来也很简单，用句老话来形容，那就是踏破铁鞋无觅处，得来全不费功夫。”

我听后一怔，下意识地感到：黄如论先生在“得来全不费功夫”的背后有着难言之事。套用作家的行话来说：有戏！我故做惊诧状地问道：

“为什么？”

“因为和当时菲律宾的政治有关。”

“可以告诉我吗？”

“当然可以。不过……”黄如论先生沉吟片时，又补充说，“我可以和盘托出，但你写书的时候一定要有所剪裁。”

“行！”

黄如论先生把夫人、儿子接到马尼拉不久，菲律宾政府和人民要求收回美国设在马尼拉的海军基地和空军基地，一时成为全球关注的政治热点。不久，美国满足了菲律宾政府和人民的要求，全部撤走设在马尼拉等地的驻军，归还使用多年的海军基地和空军基地。接下来，世界各国又开始关注菲律宾政府将如何使用美国留下的海、空基地。与此同时，马尼拉人民相继来到美丽的苏比克海湾，对着蓝色的大海欢呼："苏比克海湾又回来了！"

虽说黄如论先生已经拿到菲律宾的护照，但在他的内心深处依然认为这是菲律宾人民的事，与他这位新移民没有什么关系。他照旧是白天在公司里忙生意，晚上回到家里帮着心爱的儿子黄涛做作业。

俗语说得好：穷居闹市无人问，富在深山有远亲。当年，黄如论先生初到马尼拉举目无亲，过着睡在公园长椅上数星星的生活时，只有风雨和他为伴。如今，他靠着奋斗已经过上了殷实生活，不仅下属公司顾客盈门，而且家里也常常是高朋满座。可能是黄如论先生有着与生俱来的交友天赋，也可能是他对政治有着超乎常人的兴趣，遂于不知不觉之中渐渐地融进了菲律宾的上层社会，一些达官政要的子弟也成了他的朋友。一天，一位菲律宾的"高干子弟"邀请黄如论先生来到苏比克海湾，指着像蓝宝石似的大海问道：

"黄先生，你喜欢苏比克海湾吗？"

"喜欢！可这是你们菲律宾国家的。"

这位"高干子弟"转身指着濒临苏比克海湾的原美国海军基地，有意地问道：

"你看这些冷冷清清的原美国海军住的营房，能再热闹起来吗？"

"能！"

"这一大片海军基地能变成旅游胜地吗？"

"能！"

"很好！"他说罢有些神秘地告诉黄如论先生，就在距离美国海军基地不远的地方，有一块地皮，近期准备公开拍卖，可以"借光"建旅游设施。接着，又不无得意地说，"时下，这还是绝密的消息，懂吗？"

"懂，可我无力买下这块地皮，也没有财力把这偌大的苏比克海湾建设成旅游胜地。”

“可你原来的老板……啊，就是纽扣厂的老板，他是马尼拉有名的华商巨富，有的是资金，让他买嘛！”

黄如论先生犹豫了，一时不知该如何回答。

“黄先生，你可以参股嘛！事成之后，保你赚大钱，我也可以拿到一大笔可观的中介费。”

或许是这消息来得太突然了，也或许是黄如论先生从未经历过这样的事情，因而仍旧犹豫不决。

“你不是常对我们说，机不可失，时不我待嘛！再说，这位华商巨富赚了钱，还要支付我们一笔不小的红利呢！”

“那就让我试试看！”

“不！你一定要搞定这笔大买卖。”

“我也想啊，可我就是不知道这位老板愿不愿冒这样大的风险哟！”

“告诉他，没有风险，只赚不赔。”他说罢笑了，又近似玩笑地说，“我知道，你手里拿着能说服老板的万能钥匙，放心大胆地做吧！”

黄如论先生是一位胆大心细的商人，决不会贸然出手。再者，这位侨商巨富不仅有恩于他，而且在马尼拉华侨中也享有很高的威信，一旦失信于他，就等于断了在菲律宾的一切商机。说得严重些，就连他在马尼拉能否生存也成了问题。他经过详细的调查和论证之后，才登门找到这位侨商巨富，说明率先购买这块地皮，一定有着很大的升值潜力之后，遂又对这位华侨巨富说道：

“请相信我黄如论，下决心吧，这笔天价的生意是一定有丰厚的回报的。”

但是，出黄如论先生所料的是，这位侨商巨富坚决不做这笔天价的生意。原因十分简单，万一菲律宾政府出尔反尔，或者爱搞军事政变的军队强行接管不远处的海军基地，他一定被搞得血本无回。他作为一位长者，善意地说道：

“如论啊，你年轻，涉世不深，也不太了解菲律宾的事情，我是不会做这笔天价生意的。听我的忠告，你也不要再打这笔买卖的主意了！”

诚如前文所述，黄如论先生有着敢为人先的个性，在事业上又有着野心和霸气，遇事，绝不轻言放弃，更不会向困难低头。一句话，不达目的，绝不罢休。他为了促成这笔天价的生意，使出了全身的解数，也调动了一切手段——包括自己愿意拿出不多的钱参股等，终于让这位年过花甲的侨商巨富答应做这笔生意。最后在那位“高干子弟”的“牵线搭桥”下，黄如论先生和这位侨商巨富参加了距离苏比克海湾不远的那块地皮的竞标，此前已有不少人参加过竞标，但最终无疾而终。而黄如论先生凭借超前的眼光和商业智慧，前瞻性地看到，随着未来菲律宾经济的不断发展，土地价格必将不断飞涨。根据这一准确而精明的判断，他制定出周密的竞标方案和操作细节，最终在竞标中旗开得胜，成功拍得了那块土地。结果，那位高干子弟拿到了一笔巨额中介费，黄如论先生等人根据参股的比例，也享有了7%的股权分红巨额回报。值得一提的是，之后在对这块地皮的经营上，黄如论先生的手法可谓高明——他根据土地的资源特征、区位优势和未来升值空间等的不同，将地皮有机巧妙地分割成了许多不同地块，并通过合理搭配、优化组合等土地营销的方式，以相对优势的价格将其卖给了韩国人、台湾人等，从而获取了一笔可观的利润，实现了地皮价值的相对扩张和最大化。从这里，我们多少可以看出黄如论先生在地产运营和资本运作方面独具的天赋和智慧，而这些都是他日后在房地产开发行业取得巨大成功，乃至成就世纪金源集团成功事业的重要原因之一。

这笔红利和之后运营土地得来的综合收入，就是黄如论先生在菲律宾淘得的第一桶金。

这件事也雄辩地说明：黄如论先生在菲律宾淘得的第一桶金靠的是政治。所不同者，其他的商人是刻意地利用政治赚钱，而这时的黄如论先生则是被动地——或曰不自觉地利用政治赚钱。为此，我近似调侃地说：

“无论是刻意地利用政治赚钱，还是被动地——或曰不自觉地利用政治赚钱，都证明我们家乡的一句俗语是真理：马不吃夜草不肥，人不得外快不富。”

黄如论先生听后笑了，遂又清醒地答说：

“夜草也好，外快也罢，都要取之有道。否则，就从懂政治变成玩政治了。”

“说得好！我真诚地希望老弟永远懂政治而不玩政治。”

黄如论先生通过在菲律宾长达七八年的打拼，终于如愿以偿地有了自己的一片天地，对未来企业的发展也有了原始的积累；同时，他又利用自己的聪明才智，在马尼拉不自觉地利用政治淘到了第一桶金，为拓展企业也打下了坚实的金融基础。从此以后，他在菲律宾、新加坡、马来西亚、西班牙等地的事业越做越大，出现了商界所企盼的良性循环。自然，他公司的钱就像是滚雪球似的翻番。到这时，他实现了来菲律宾的第一个目的：“我要赚钱！”

说到“我要赚钱”，黄如论先生多次和我谈到他最初的目的，是为了建立一个幸福的家庭。然而商海中谁都清楚，有了钱不一定有幸福，也不一定有幸福的家庭。事实上某些暴发户一旦有了钱，却走向了自己的反面。就说那些举世闻名的豪富吧，也多数没有一个完整的家庭。时下，黄如论先生有钱了，他在马尼拉的家庭幸福吗？对此，他当年在菲律宾的朋友庄哲猛先生对我讲过这样一段话：

“当时，黄先生在菲律宾已经很有成就了，也很肯帮助朋友，在新一代移民中是很有名气的。令朋友们羡慕的是，黄先生在马尼拉有一个幸福的家庭，他主外经商，嫂夫人主内持家，儿子黄涛在马尼拉读书，学业优良，还获过世界奥林匹克数学奖。”

在朋友们的眼中，黄如论先生在菲律宾马尼拉建立的家庭是幸福的。

诚如前文所述，黄如论先生来菲律宾还有一个目的，那就是向外国企业学习管理。说到学习，我曾经说过这样一句话：“我等是先读万卷书，再行万里路。黄如论先生是先行万里路，再读万卷书。”据黄如论先生说，他来到菲律宾不久，先是挤时间翻阅当今世界最先进的企业管理的书籍，继之又实地考察外国管理先进的大型企业。当他在菲律宾站稳脚跟——或曰无需为起居衣食所困扰以后，他又集中精力把外国先进的企业管理作为参照数，与他熟悉的国有企业管理模式进行比较，找出这二者之间的差距，得出属于他自己的结论，以备来日管理自己的大型企业作为参考。

黄如论先生通过整整八年的艰苦奋斗，于1988年实现了他来菲律宾的三大目的：一，赚了钱；二，建立了幸福的家庭；三，学习了外国先进的企业管理。按照创办企业的常规，他自应以菲律宾、香港为中心，继续扩大在世界各地的转口生意。这对他而言不仅是驾轻就熟，而且也是风险最小。但是出乎朋友们所料的是，他却意外地放弃了经营有年的转口贸易，决定回归自己的老本行：从事建筑行业。多年之后，我也有三分不解地问他：

“你为什么又要盖房子呢？是因为你出生在建筑之乡的原因，还是念念不忘当年打石头、砌墙的生活？”

黄如论先生惨然一笑，遂又微微地点了点头。

“咳！真是江山易改，本性难移啊。”

黄如论先生很早就留意外国的建筑行业，他的胸中也渐渐有了发展建筑事业的宏伟蓝图。俗语说得好：“运气来了，谁也拦不住！”一位菲律宾的“高干子弟”又叩开了黄如论先生的大门，兴致勃勃地说道：

“马尼拉市政府已经作出决定，近期改造一条历史悠久的商业大街，我保你一定能赚到大钱。”

可是，黄如论先生却没有赚钱的热情，只是淡淡地答说：

“谢谢你！这笔生意我不想做。”

“为什么？”这位菲律宾的“高干子弟”愕然了。

“我想回到我的祖国去看看。”

这位菲律宾的“高干子弟”听后惊得“啊”了一声，许久没有说出一句话来。

第三章

我要回国

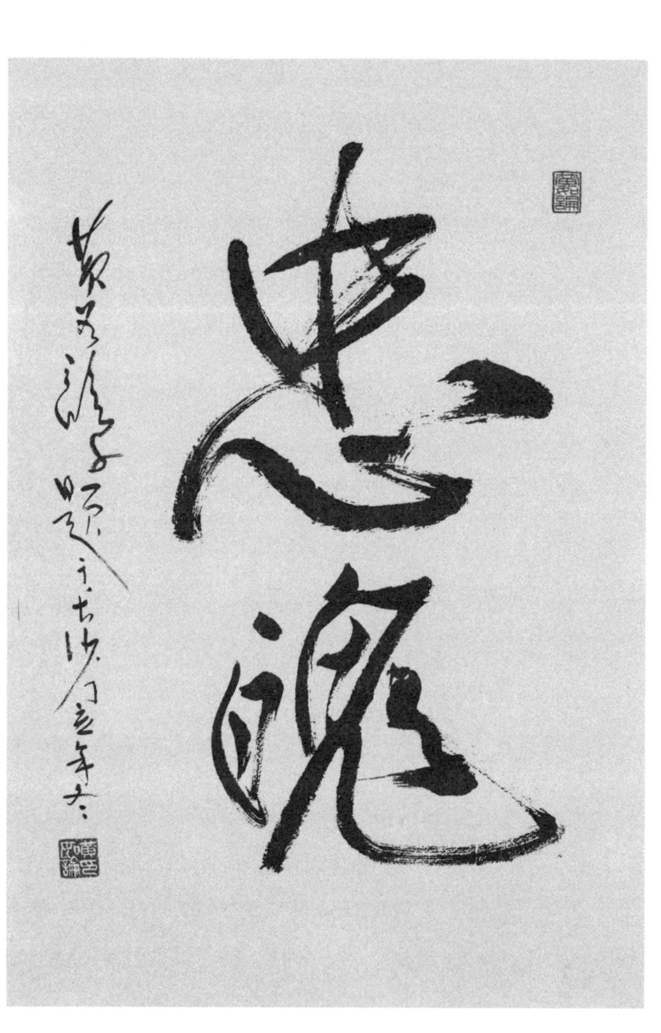

一

正当黄如论先生在菲律宾的事业蒸蒸日上的时候，他为什么要放弃在马尼拉赚钱的商机而回国呢？根据我们二人多次的交谈，我以为有如下的原因：

第一，黄如论先生是一位永不止步、永不满足的奋斗者，同时又是一位有着远大抱负、勇往直前的企业家。他在前进的路上，不仅需要经常放弃已经得到的东西，放胆去挑战一个个陌生的事业，而且还要不断地调整自己前进的航向，为着实现更大的人生理想奋斗着。例如，他从教书育人到改行打石头、盖房子，从建筑行业有成到只身闯菲律宾，从销品贸（Shopping Mall）总经理到做转口贸易……就是最有说服力的写照。

第二，诚如前文所述，黄如论先生的文化积淀是从“文化大革命”开始的。换句话说，对他一生影响最大的莫过于毛泽东的著作——尤其是毛泽东的军事辩证法。日后，他作出任何重大决策之前，是一定要做到知己知彼，胜算几何，绝不人云亦云。至于在平时要不要放弃某项生意，他也要先深思熟虑而后再作出决断。就说这次他突然放弃送上门的赚钱商机——改造马尼拉市的老商业街，决定要回国考察投资，就是“活学活用”毛泽东军事辩证法的结果。请看他向我谈及的有关事实：

黄如论先生历经近八年的打拼，不仅清楚在菲律宾事业有成的华商多是闽南人，而且还知道他们在菲律宾各地都建有“帮会”色彩很浓的商会，且多以闽南地区的县、市命名。在首都马尼拉市虽然建有中华商会，但商会的领导者以福建人居多，其主要作用也是为在菲律宾的华人服务。再者，由于历史的原因，这类区域特点很浓的商会组织，源于为保护在异国经商的同乡人共同利益而设的，因此具有很强的排他性。昔日，在美国的旧金山、洛杉矶，在澳大利亚的悉尼、墨尔本，在欧洲的巴黎、伦敦，在俄国的莫斯科、圣彼得堡等城市时有不同的华人社团进行械斗，就是受着各自商业利益的驱使而发生的。随着时代的发展，设在世界各地的侨商社团——尤其是亲大陆的侨商社团发生了很大的变化，由单一保护同乡商人的利益，逐渐演变成为所在地全体华侨服务的机构。对此，黄如论先生有着很深的体会。他初到菲律宾马尼拉的时候，是侨商们伸出同胞之手，无私地帮他找到了一个工作；他想改行做进出口贸易的时候，也是侨商巨富愿意借给他本钱，等等。每每说起这些往事的时候，他总是怀着感恩之心说道：

“我黄如论有今天，是永志不忘当年在菲律宾帮过我忙的闽南人！”

不久，黄如论先生随着生意逐渐做大、做火，很快就由一个闽南商人的受惠者逐渐变成了竞争对手。俗语说得好，商场就是战场。对此，黄如论先生不仅心知肚明，而且在商海中也见多识广了。从道德的层面上讲，他绝不做那种因为商战而触怒恩人的事；从战略上讲，他单枪匹马地在菲律宾与闽南商人争夺商机，显然是以卵击石，一定会落个身败名裂的下场。怎么办呢？只有适时地转移自己经商的根据地，而最好的落脚地是祖国。

黄如论先生是一个精明的商人，深知改造马尼拉市的商业街是一个难得的商机，对他这样一个准备起步的房地产商而言，是何等地需要打一个初战必胜的战役，把自己的牌子亮出去啊！但是，接下来又应该怎么办呢？菲律宾是一个岛国，只有中国一个中等省份的大小；首都马尼拉市也无法和中国的上海、北京等大城市相比，这就决定了在菲律宾发展房地产业是有限度的。如果再把老移民闽南商人的因素算上，他若想近期在菲律宾房地产界平步青云，真是比登天还难！怎么办呢？他必须寻找新的战场。而最能施展他的本领的战场就是中国，因为中国地大物博，人口众多，是发展房地产业最好的地方。

第三，黄如论先生于而立之年下南洋，闯菲律宾，他就像是所有在中青年时代下南洋的福建人、广东人一样，他们虽然在异国他乡赚了大笔的钱，但没有归属感。把话说白了，黄如论先生一家虽然侨居马尼拉，但他始终觉得菲律宾不是自己的国家，马尼拉也不是北京，更不是福州，就说天天见的那些相貌并无太大差别的菲律宾人吧，他也会本能地告诉自己："他们不是中国人！"另外，黄如论先生出生在侨乡连江，从小就知道下南洋的人到晚年会携带巨款回国，先是光宗耀祖，大兴土木，继之是在生养自己的故乡颐养天年。给他印象最深的是，福州各地有很多不同样式的小洋楼，大都是归国华侨建的。就这个意义上讲，黄如论先生当初决定只身下南洋、闯菲律宾的同时，他的潜意识里就暗自下了决心，有一天我要像陈嘉庚先生那样衣锦还乡！

借用一个人所皆知的词来形容华侨回流的现象，那就是"落叶归根"。

为此，我曾经与黄如论先生进行过深入的探讨。几千年以来，中国侨民最终的选择是"叶落归根"，近数百年以来，欧洲人——尤其是英国侨民他们的选择是"落叶生根"。是文化传统使然，还是为不同的国情所决定？双方没有得出一个全都信服的结论来。然而我们也有一致认同的地方，那就是从表象看，离开英伦三岛的英国人到了北美洲，历经残酷的掠夺和屠杀，相继建立了美国和加拿大；他们到了大洋洲，在掠夺和屠杀土著民族的基础上建立了澳大利亚；就说到了今天吧，世界上还有一个组织叫大英联邦。可是我们历史悠久的中国人呢，几千年以来不辞辛劳，相继开辟了陆地、海上的丝绸之路，但在欧亚大陆却没有建立一个华语国家；就说先于哥伦布发现新大陆早87年的郑和吧，他虽然率领庞大的船队数度下西洋，但是所到之处也没有建立一个黄皮肤的国家。最后，我近似开玩笑地说：

"这可否说明我们中国人自古就是一个爱好和平，不尚侵略的民族呢？"

黄如论先生听后幽默地笑了笑，说道：

“我就是一个爱好和平的华侨，因为我选择了落叶归根的道路。”

黄如论先生就要回国考察、创业的行动，受到了马尼拉侨商界的一致称颂。原因是简单的，就在他来菲律宾的八年期间，有许多爱国侨商陆续回国投资、创业，且多数的企业都有了很好的回报。时下，黄如论先生就要踏上回国之路了，前来送行的绝大多数朋友预祝他一路顺风，马到成功，也有个别的朋友十分婉转地善言相劝：

“黄先生，你就要回国了，我送你四个大字：先谋后动。”

黄如论先生自然明白“先谋后动”这四个字的含义。近半年以来，被世界媒体炒得沸沸扬扬的头号新闻，就是东欧的社会主义国家相继变了颜色，苏联变色也是早晚的事。言外之意，社会主义的中国还能坚持多久，一旦变了颜色又会怎么样呢？对此，黄如论先生有着自己的看法，十分客气地说了声“谢谢！”就坐上北飞中国的大型客机。

据黄如论先生告诉我，他是在1989年春末夏初的时节回国的。这样算来，他离开自己的祖国已经整整八年了！为此，我还曾经和他说过一句笑话：

“真不容易哟，转眼八年就过去了，等于打了一个抗日战争啊！”

黄如论先生坐在飞机上，就像是所有归国的游子那样，为了平息那激动的心潮，有意地微闭上双眼，让自己平静些，再平静些。但是，他已经无法掌控自己的情愫，只好任其信马由缰，就像是专写意识流作品的文学家那样，在自己的脑海中无穷动似的流动着。他忽而想起那碧波万顷的罗源湾，忽而又默默地猜想着儿时的朋友变成了什么模样，当他再想到自己的亲人以后，他那微闭的双眼渐渐地潮湿了。一句话，他真想快一点回到生养他的连江县，对着一望无际的罗源湾的海水大喊三声：

“我回来了！我回来了！我回来了——！”

但是，当黄如论先生由福州驱车踏上回乡之路的时候，他竟然情不由己地瞪大了双眼，一会儿望望车前那泥泞的土路，一会儿又看看车窗两边那似熟悉又有点陌生的破旧房屋，一种难以诉说的情潮又打心底翻起，遂禁不住地暗自说：“改革开放整整的10年了，怎么家乡还是这样的穷呢？”他终于心情复杂地回到了生养他的马鼻乡辰山村，独自一人走到黄氏祠堂前，对着列祖列宗恭恭敬敬地鞠了三个90度的大躬。接着，他又迈着有些沉重的步子，沿着黄氏祠堂右边那条窄小的胡同向前走去。他蓦地抬起头，看见了魂牵梦绕的那两间小木屋。他或许是想起了历代先祖，也或许是记起了这是他呱呱落地来到人间的地方，猝然之间，他感情的闸门打开了，两行热泪顺着面颊无声地淌了下来……

当天中午，辰山村的黄氏乡亲相继来到黄氏祠堂，喜笑颜开地欢迎黄如论先生衣锦还乡。接着，黄如论先生根据辈分的高低和血缘的远近，向黄氏宗祠的亲人赠送从菲律宾带回来的礼品，当然还有多少不等的人民币。很快，前来欢迎的黄氏族亲吃完饭、喝完酒，拿着外国生产的礼品和人民币高高兴兴地离去了。可是，我们的传主——黄如论先生这个“散财童子”却高兴不起来。这时——也只有这时他才会发出这样的自问：

“如何才能让乡亲们全都变成‘散财童子’呢？”

是日夜，黄如论先生和自己的家人团聚了！大家挤在那两间小木屋里，尽情地享受喜相逢的快乐。最后，当他真诚地询问长辈们需要什么的时候，只见一个个满面的笑靥猝然之间消失了！有的说儿子到了娶媳妇的年龄了，现在还没有钱盖房子；有的说女儿应该出嫁了，也没有钱置办嫁妆；有的说自己上年岁了，既没有钱看病，也没有钱翻盖年久失修的老房子，也没有钱给自己准备一副棺材板……用当地的一句俗语说，“真是太穷了，家里剩下的只有喝不完的海风！”这时——也只有在这时他才真正地醒悟到：“单凭自己赚到的钱，是不可能改变辰山村黄氏宗亲受苦的命运的，更没有可能摘掉辰山村贫穷落后的帽子！”日后，我获悉这些情况之后，本能地问道：

“那时，你想出解决的办法了吗？”

“没有！我只有默默地求索。”

“你听说过乾隆皇帝登泰山的故事吗？”

黄如论先生微微地摇了摇头。有顷，他又操着文人的口气说道：

“柱子哥，我孤陋寡闻，愿听其详！”

泰山是五岳之首，或曰五岳之尊，历朝历代的盛世皇帝都要到此封禅，借以诏告臣民：君临天下。当年，乾隆皇帝自视是盛世明君，学着前朝皇帝的样子登泰山封禅，借以宣示自己的德威。为了慰藉天下的庶民——尤其是被称为流民的叫花子，朝廷公然宣称乾隆皇帝将在盘山路上施舍金钱。美其名曰“散福于民”。封禅那天，乾隆皇帝的随行浩浩荡荡，每人手里拿的都是供“散福于民”的金钱。乾隆皇帝从孔子登山处开始，每向前走一步路——或登上一个石阶，就有数十名乞丐伸出双手要钱。接着，他从随侍的手中接过金钱，笑着散发到每个乞丐的手中。就这样，乾隆皇帝一边饶有兴趣地登山一边“散福于民”，希冀自己这次封禅之举名扬四海，永驻史册。但是，实出乾隆皇帝所料的是，他刚刚登到泰山的半山腰，携带的“散福于民”的金钱就全部散光了。当他再顺势沿着盘山石路向南天门一看，只见弯曲的山路上挤满了伸着双手的乞丐，不停地喊着：“乾隆爷恩典！乾隆爷恩典……”他转身再一看两手空空的随侍，十分败兴地说一句：“打马下山！”后人为了纪念乾隆皇帝这次封禅之举，就在泰山半山腰建了一座牌坊，名曰“回马岭”。

黄如论先生似乎听懂了我讲的乾隆皇帝登泰山封禅的故事，颇有感触地说道：

“你讲得好！我黄如论绝不做当代的散财童子，也没有乾隆皇帝‘散福于民’的财力。”

“你打算怎么办呢？”

“只有建房，才能实现‘安得广厦千万间，大庇天下寒士俱欢颜’；只有办实业，才能为千千万万的穷苦百姓找到真正的脱贫之路。”

“这是你当时的想法，还是日后的结论？”

“都不是！当时，我只有一个想法：帮着老家的父老乡亲快些过上好日子。”黄如论先生说罢沉吟片时，又低沉地补充道，“如果说我去菲律宾是为了建立一个幸福的家庭，那么这次回国考察使我认识到，我一定要为改变家乡的贫穷面貌出把力。”

黄如论先生讲的这番话令我震撼，因为我从中感到了他努力赚钱的目的发生了改变。直言之，他已经从单纯地为自己向着为乡亲们转化。在今天看来，尽管他这种转化还不是一种自觉的行为。

接下来的日子，黄如论先生有目的地走亲串友，想多了解一些家乡变迁的情况，希望能找到为家乡脱贫的办法。用当时最时髦的话说，找到最理想的投资商机。说句实话，他在家乡了解的越多，心情就越是沉重，他不仅清楚自己不是取之不尽、用之不竭的赵公元帅，而且也明白了靠恩典是解决不了乡亲们的贫穷问题。

很快，黄如论先生回国投资的消息不胫而走，传遍了他曾经工作过的连江县和罗源县。当年，跟着他打石头、盖房子的乡亲们从四面八方赶来，争相询问他在菲律宾创业的情况。当他问起一些弟兄们的情况之后，方知有的偷渡去了国外，至今没有音信；多数留在家种地，继续过着苦日子。他不解地问道：

“你们为什么不到福州、不去深圳赚钱呢？”

这些憨厚的汉子们竟然答说自己没有赚钱的能耐。

“你们不都是建筑之乡的子弟，全都有一手盖房子的技术吗？”

“对！”其中一位十分老成的汉子低沉地说道，“俗语说得好，鸟无头不飞，人无头不走，我们虽然都有手艺，可就缺少像你这样一位领头的人。”

接着，大家七嘴八舌地说了起来，向黄如论先生讲着脱贫致富的办法。概括起来，就是下边这样几句话：

“你回来还是盖房子吧！我们都是一把好手，铁了心地跟着你干，保你能赚大钱，我们也能快一点脱贫。”

这些发自肺腑的建议，恰好和黄如论先生回国投资房地产业不谋而合。同时，他还从这些话中感到了某种信心。

黄如论先生回国投资房地产业的首选地是福州。行前，在黄氏祠堂举行了一个告别宴会，他双手捧着斟满醇香美酒的酒杯，真诚地说道：

“乡亲们！我黄如论是你们的兄弟，无论走到哪里也不会忘记你们！请举起手中的酒杯，为福州大街上有我们马鼻人盖起来的高楼大厦，干杯！”

“干杯！”

黄如论先生满怀回国创业的豪情告别了故乡，遂又乘车向着古城福州前进了。是5月下旬的天气格外燥热，还是不祥的国情变化令他不安？简之，一路上他难以集中精力思考在福州投资房地产的事情。开始，他从皮包中取出一沓《人民日报》，研究近一个月来在北京、上海等地骤起的学生风潮；接着，他又向司机询问福州城里有什么情况。当他获知福州也有不少学生上街游行、贴大字报以后，竟然想起了14年前的“文化大革命”。虽说他坚信中国不是东欧诸国，北京也不是华沙和布拉格，但是，只要和他回国投资联系起来，心中就会生起一层愁雾。

福州，是黄如论先生十分熟悉的地方，这里有着他终生抹不去的很多记忆。也有许多以前在“文革”中相识的朋友和一些曾经的故交。因此他经常和这些人见面、聊天，以了解福州10年来发生的变化。但是，每每谈到有关他回国投资话题的时候，这些朋友们几乎都是异口同声地说：

“再等等看吧！”

黄如论先生自然明白“再等等看吧”的意思，可是他绝不相信中国会像东欧诸国那样容易变天，他依旧我行我素，继续按照自己的想法在福州考察，寻找发展房地产业的最佳商机。从此，黄如论先生就有意识地融入社会各个阶层，深入了解国内发展的最新动态，同时也注意与当地政府搞好关系，为以后的开展投资做好前期的铺垫。令他不解的是，饭桌上，与会者无一例外地都说些冠冕堂皇的官话，称道他回国投资功在国家，利在民众；私下里却光打雷不下雨，并不着急“招商引资”，却还有自己的小算盘。概括起来，这些人不是请黄如论先生帮助办理出国手续，就是希望在黄如论先生未来创办的企业中谋个一官半职。前者美其名曰捷足先登出国去，后者则叫近水楼台先得月。还是在这期间，有一位在官场混得很不错的官员找上门来，请黄如论先生吃饭，酒过三巡之后，他竟然毫无顾忌地说道：

“黄先生，你是一个特立独行的人，请允许我明言相告，只要你我携手，就可以干出一番轰轰烈烈的事业来。”

黄如论先生自然明白这位官场朋友请客的目的，也清楚他说的轰轰烈烈的事业是什么。但是，他有着一颗正直的良心，也有着自己崇尚的经商道德，绝不干那种违犯国法、坑害百姓的事。为此，他十分坦然地讲了如下这段话：

“我回国投资的目的，是为了报效国家，为民造福。我做人的信条是：慈生我心，善行天下。在此前提下，我愿意和所有的朋友共创大业！”

这位官场朋友听后悻悻然地离去了。

后来，我在《黄如论书法集》中见到了笔走龙蛇、气势如虹的八个大字：慈生我心，善行天下。

也就是这位官场朋友离去不久，中国大地上爆发了那场被称之为“动乱”的事件。多年之后，黄如论先生讲过这样一段令我难忘的话：

“当时，福建的局势很混乱，火车也不通，工人罢工，学生不上课，大有天地从此倾覆之感。但是，我照样呆在福州，若无其事地观察局势的发展。我在菲律宾马尼拉的太太却急坏了，接二连三地发了13道金牌叫我回去，说大陆乱了，在那里不安全。我安之若素，电告家人，一切都好，没有什么危险。”

“你为什么会得出这样的结论呢？”

“第一，我相信中国共产党没有那么容易就失败；第二，我还是相信他们的政权是稳固的。“文化大革命”搞了10年，一声令下，全国不就很快安定下来了吗？”

“那时，你还想回国投资吗？”

“当然！”黄如论先生说得是那样的坚定。

二

1989年被称之为“动乱”的事件平息了！

但是，由于内部和外部诸多人为因素依然在起着作用，不仅改革开放的大好局面受到了影响，而且东南沿海地区已经形成的红红火火的投资热潮，也猝然地冷却下来！有的国家打着制裁的幌子，公然停止履行在华投资、供货、建厂等合同；更有甚者，他们还单方面撕毁协议，从大陆抽回早已到位的外资。就说有些爱国侨商吧，也从积极回国投资暂时改为观望的态度了。从此，我们国家进入了被邓小平同志称为“韬光养晦”的时期了！

黄如论先生或许真的就是一个“特立独行者”，他在福州亲自经历了这场“动乱”事件，可一点也没有动摇回国投资的决心。他飞返菲律宾以后，很快又把回国投资的决心化作具体的爱国行动，带着自己在菲律宾打拼的血汗钱回到了福州，立即创建福州金源房地产有限公司。

这年是1991年3月。仔细算来，黄如论先生已经走过40年的人生历程了！就说他离开祖国下南洋、闯菲律宾吧，也整整10年了！

作为一位作家，我也有寻常百姓的心态，想知道黄如论先生经商中的传奇经历；但是，我还有着与寻常百姓不同的地方，那就是写书人必须具备独立的艺术视角。换句话说，我更想了解黄如论先生创造传奇经历的前因后果，以及和他性格相符的心路历程。我记得在一次闲谈中，当我向黄如论先生讲完长征中的“北上”和“南进”之争以后，遂话锋一转，又有意地问道：

“如果说当年毛泽东力主北上，是坚信抗日是唯一正确的政治主张，那么老弟力排众议回国投资，又是一种什么力量在支持着你呢？”

“爱国！”黄如论先生以不容置疑的口气答说。

“为了爱国，你就不怕把血汗钱赔光吗？”

“第一是不怕，就像当年陈嘉庚先生那样。第二嘛……”黄如论先生有意停了一下，遂又幽默地笑着说，“我当时不仅不担心把血汗钱赔光，而且还坚信回国投资一定能赚到大钱。”

“你当时的根据是什么呢？”

“用毛主席的话说，坚定正确的政治方向。”

我听后一怔，看着表情严肃的黄如论先生，近似自语地重复道：“坚定正确的政治方向……”

“对！第一，我相信共产党不会失败；第二，我相信邓小平先生提出的改革开放政策不会改变；第三，我相信共产党是真心地想把国家搞好；第四，国家再次向海外的侨商发出回国投资的邀请。”黄如论先生说罢有意暂停片时，遂又以反问的口气说道，“柱子哥，这四条是不是政治？”

“当然是政治！”

“因此，我就毫不犹豫地回国投资了！”

“你为什么还把福州当做回国投资的首选地？就是因为福州是你的故乡吗？”

黄如论先生微微地点了点头。

“你应该知道林则徐的乘龙快婿沈葆桢吧？”

“知道！他曾任福州船政大臣。”

“他当年坚拒出任船政大臣的理由就是，不要在自己的家乡为官、做事。”

“可是，我还知道家乡有爱自己的父老乡亲！再说，像我这样一个初出茅庐的经商人，只有把自己的家乡当做开拓事业的根据地。”

接着，黄如论先生又告诉我：当他回国考察看到福州一片百废待兴的情景，内心有着常人所没有的酸楚，一种愧对这座古城、这片热土的情感打心底油然而生。最后，他似有无限感慨地说道：

“就这样，我本着爱国的情怀回国投资、建业，又本着报效桑梓与建设家乡的热望回到了福州，决定独资成立福州金源房地产有限公司。”

黄如论先生回到福州以后，受到有关部门的热烈欢迎。可以想见，在那个特定的历史时期，有关单位对他这样一个敢于开顶风船角色的侨商投资者——哪怕就是单单为了宣传招商引资，也会给予很高规格的接待和足够的热情。自然，黄如论先生也感到了祖国对侨商回国投资的温暖。但是，这种温暖没有持续多久，他就发现了在一些具体问题上来自方方面面的阻力，令他不解和寒心。下边，请看黄如论先生在成立福州金源房地产有限公司过程中所遇到的一些困难。

那时，我们国家有关的职能部门，一方面高分贝宣传吸引外资——尤其是欢迎爱国侨商来华投资，另一方面与其配套的有关法律还在建立之中。因此，有些前来投资的外商，经常是为了一些具体的法规一拖就是几个月。作为过来人，我就亲耳听说过，有些来华投资的外商，由于经不住这个拖字就打道回府了！多年之后，黄如论先生也向我讲述了当年饱受法规滞后之苦的典型事例：为了独资筹建福州金源房地产有限公司，他就不知向有关部门咨询过多少次。事后他曾无奈地说过这样一段话：

“我这个曾受到格外欢迎的侨商，就差把他们的门坎踏平了！好在我那时刚到不惑之年，又有着爱国的热情，所以不怕跑断双腿，几乎是天天登门和他们打交道。”

其次，我们有些政府部门存在着严重的官僚主义，这是几十年来形成的官场陋习，与改革开放的时代是如此的格格不入。从某种意义上讲，这种习以为常的官场陋习，早已变成了制约时代前进的一条绳索。我清楚地记得，不仅外商深受其苦，就说国内犹如雨后春笋、破土而出的乡镇企业家吧，他们也急得到处求爷爷、告奶奶，希望自己的项目快些审批下来。俗话说得好，你有千条妙计，他有一定之规，这些大小官僚们依然是外甥打灯笼——照舅（旧）。直言之，他们照旧天天上班打扑克、织毛衣，下班洗桑拿、有饭局，如果你给他们提意见，他更照旧推诿扯皮，搞得当事人急得欲哭无泪。可是他们呢，还是照旧踩着钟点上班、下班，继续打他们的扑克，织她们的毛衣，再不行就说今天有会，改天再议。每当说起当年吃过的官僚主义的苦，黄如论先生只有摇首叹息！

再其次，随着改革开放大潮的冲击，官场中出现了被鲁迅先生称之为沉渣泛起的腐败现象。我记得那个时代有一句喊得最响、争议最大的口号：时间就是金钱，效率就是生命。也或许是为了争取时间，获得效率，逼得一些外商——包括一些乡镇企业家就只好在金钱上打起了主意。结果，就产生了拿金钱换时间、换效率的买卖。从法律的角度来看，对内外商人而言叫行贿，对大小官员而言叫受贿。随着时间的推移，行贿者直言有钱没有办不了的事，受贿者也坦言给多少钱办多少事，双方不但十分默契，而且还恬不知耻地说：公平！对此，我曾问过黄如论先生：

“你在创办福州金源房地产有限公司的时候，曾经大量送礼给过一些官员吗？”

“那得看你讲的大量送礼是个什么概念。”

“简单地说，为了办成事情，你曾经用过钱或用钱买东西送给官员。”

“多大数额？”

“就性质而言，一元和一个亿是一样的。”

“这不符合中国法律的界定，通常说的请客吃饭、送酒送烟是不受法律制裁的。在生意场合请客吃饭，礼仪往来，符合中国传统的人情礼节，是很正常的事情，但我坚决不会做钱财往来等超出了法律界限的事。”

“我再说一遍，就性质而言，这与送一栋别墅、1000万元是一样的。”

黄如论先生听后笑了起来，而且笑得是那样的开心。

“你为什么发笑？”

“我笑柱子哥太书生气了！”

“理由呢？”

“简单！按照你界定的尺度去衡量，如果将吃饭、喝酒这样的正常社会交往也划归为行贿、受贿的话，我敢说中国大地上的中外商人——包括大小官员没有一个是干净的，都曾行贿过，也曾受贿过。”

为此，我还曾经和一些学者、朋友讨论过，导致行贿、受贿等官场腐败的最终根源，但终无定论。从理论上讲，有官就有私，有私就有弊，有弊就有贿，这是无法根绝的社会病态。用一句过了时的话说，只要有阶级存在，就一定会有阶级斗争。直言之，古今中外，概莫能外。但是，在当下的中国出现种种大规模、高级别、大额度的行贿和受贿——或曰官场和商场如此腐败的互动，不仅令国人担忧，而且也授给了外国人攻击我们国家的把柄。我为了进一步探寻个究竟，有意地问道：

“你能给我讲讲你为什么要送礼给各级官员吗？当然，我说的这种送礼是小打小闹，是在正常情理之中的。”

“可以！”

接着，黄如论先生以筹建独资的福州金源房地产有限公司为例，向我讲了他所忍受的难以启齿的苦楚：

“当年，我为了筹建这家独资的福州金源房地产有限公司，前后需要经过五十多个部门的审批，要加盖五十多个部门的公章。为了顺利地盖上每一个公章，至少要惊动五个人，加起来我必须要和二百五十多个人打交道。再者，政府部门办事情要一级一级审批，时间周期比较长，照政府正常的办事效率与程序，我都不知道这五十多个公章要盖到什么时候，为了尽快落实这个问题，投身公司建设，我就不得不一个一个部门地去找，还得赔上脸色。”

黄如论先生说罢无比痛苦地看着我，似乎一种莫名的屈辱袭上了心头，他好半天没有说出一句话来。

对此，我也陷入了沉重的凝思，许久没有说出一句话来。最后，我近似自语地说了这样一句话：

“如果因为政府部门迟迟不作为，而导致社会行贿，这能叫‘官逼商贿’吗？”

“我不知道！但我万万没有想到，为了报效祖国，回家乡来投资，让我看够了大小官员们那冰冷的表情和眼色。”他有些愤怒地沉吟片时，又说道，“更令我难以忍受的是，某些官员不仅看人下菜碟，而且还以貌取人。”

“何为以貌取人？”

“举例说，那时福州的官员——甚至老百姓，受台湾商人的影响很大，只要看到开宝马车的、戴劳力士手表的就是有钱的外商，他们可以大摇大摆地进出有关部门，值班的官员笑脸相迎，办起事来也没有那么多麻烦。”

在我和黄如论先生的交往中，知道他有两大嗜好，一是爱车，二是爱表。其中，尤其是手表，他能背出一类手表的排名，也知道劳力士是二类手表的第一名。为此，我近似玩笑地说：

“你不是说过吗？劳力士是二类手表，那你戴上一块一类手表不就更好办事了吗？”

“那时，他们并不知道一类手表的名字啊！为此，我也只好买了一块劳力士手表戴在手上。”

“咳！这就应了我们家乡的一句俗语：不识朱砂者，一定把朱砂当红土；不识黄金者，一定把黄金当黄铜哟！”

多年之后，当黄如论先生说起这段经历的时候，他几乎是含着泪水和我讲了如下这段话：

“前一阵子，我对我的长子黄涛说：父亲为什么不让你做房地产？因为在这个领域，我是受尽了人生的苦难。房地产是一个项目牵涉面非常广的企业，一个项目往往要盖五十多个公章。当时的中国，办每件事情都要找人托关系、帮忙。我已经太累了，所以不让你走老路。你想想，有时盖一个章，我要找五个人。连打字员、经办、打杂、科长、处长，都要说尽好话。五十多个公章，就要找二百多个人，你想想，这个过程中我要受多少气。在菲律宾，我饱受人生苦难；在福州，我更是饱受人生苦难。当时为了装面子，买了一块劳力士手表戴在手上。我酒量不大，为了求人家办事，不能喝也要喝，直到倒下为止……”

谢天谢地，黄如论先生历经各种艰难和阻力，终于取得了福州金源房地产有限公司的合法牌照！

与此同时，黄如论先生开始组建福州金源房地产有限公司。实事求是地讲，他尽管在国内、在菲律宾组建过不少公司，且有过很多的经验和教训，但是，他作为回国投资的侨商，在自己的家乡组建独资的房地产公司，一定会遇到很多想都不曾想过的困难和麻烦。

首先，作为独资的房地产公司的法人，理所当然地是侨商黄如论先生。但是，作为福州金源房地产有限公司的决策层干部有哪些人组成呢？多年之后，作为法人的黄如论先生对我讲过这样一段话：

“当年，我是只身回国投资，连一个左膀右臂都没有。另外，我是乡下人，在福州举目无亲，也不认识精通房地产业的干部和工程师。真是难啊！”

“哪……你是怎么解决这些难题的呢？”我问道。

“我只有向水泊梁山的英雄好汉学习！举例说，谁在组建福州金源房地产有限公司的过程中出过力，谁就算一份，谁的功劳大，谁的能力强，谁就排在前面。”

“当年，水泊梁山排座次的时候，有一百单八将。那时，老弟的手下有多少人枪呢？”

“八个。”黄如论先生说罢有些怆然地摇了摇头。

就常理而言，像这样一些既无多少专业常识，又从来没有搞过大型房地产建设，仅仅是建立在以黄如论先生为中心基础上的八员大将，是难以指挥新成立的福州金源房地产有限公司的正常运转。可以预言，日后不发生问题那才是怪事呢！为此，我很坦然地讲过这样一段话：

“当年，毛泽东领导秋收起义，是靠着他个人的天赋和才能，才把这支农民起义队伍带上井冈山的。同样，还是因为有了毛泽东，井冈山才成了中国革命的摇篮。就这个意义上讲，我以为新成立的福州金源房地产有限公司能够在福州站稳脚跟，并且日渐发展和壮大，概因为有你这个核心人物黄如论先生。”

黄如论先生听后摇了摇头，遂又真诚地表示：他非常钦佩毛泽东在领导秋收起义、创建井冈山革命根据地中所显示出的雄才大略。接着，他也向我说出了自己的心里话：

“我当时想的很简单，我们八个人在创业阶段曾经共过苦，应该继续同心协力打天下。至于将来嘛，只要我们的事业有成，一定会共享福州金源房地产有限公司创造的价值。但是，我的这种美好理想很快就被某些同仁的野心粉碎了。毫不夸张地说，如果没有我黄如论撑着，福州金源房地产有限公司早就垮了！”

“看来，用人是一门大学问啊！”

“对，也不完全对。”黄如论先生凝思片刻，又低沉地说道，“我以为选拔人和培养人才是最难的。不过，这个话题留待以后再说吧！”

就这样，黄如论先生建立了以他为中心、八员大将为骨干的福州金源房地产有限公司的领导班子。

黄如论先生在国外经商十年，深知股份制度在现代化企业中的地位。但是，那时我们国家正处在转型期，建立股份制度尚未提到议事日程。因此，无论是国有企业还是私人企业，都没有实行股份制。换句话说，如何建立具有中国特色的股份制度，那时还是经济学家关心的事情。可是，敢为人先的黄如论先生历经深思，竟决定在福州金源房地产有限公司试一试股份制。虽然该公司的注册资本以及项目所有的投资资金都是由黄如论先生一手负责筹措来的，但当时他的想法是，为了激励同仁创业，应该建立多劳多得的分配原则，具体办法是：从未来项目的利润里抽出10%送给相关的人员，这就是金源集团最初的赠送管理股。另外，对于公司的班底也给予特殊照顾。例如，他为了鼓励公司的几位高层领导努力创业，没有先决条件地赠送给他们项目利润相当大部分的股份，并立字为据，写在公司的文件上。

事后追论起来，黄如论先生向国外先进企业学习，在创办福州金源房地产有限公司中引进股份制度，无疑是带有开创意义的一件大事，他于1992年开始实施的赠送管理股也符合现代企业的激励机制，是可行的。再者，他作为独资公司的法人，有权制订特殊的股份分红条款，但必须明确规定符合常理的先决条件，并经过具有法律意义的律师所进行公证。

黄如论先生在初创福州金源房地产有限公司的时候，他就定下了所谓名牌战略。直言之，福州金源房地产有限公司宁可十年不飞，也要一飞冲天。按照他的想法，只要出手，就要努力打造一座带有标志性的建筑，成为福州市新型建筑中的一大亮点，同时还要成为福州各界人士参观、谈论的话题。这样一来，福州金源房地产有限公司就会一鸣惊人，在福州立稳了脚跟。

再仔细一想，这依然是黄如论先生在活用毛泽东初战必胜的军事思想。

黄如论先生为了做到初战必胜，他就像是一位慎选战场的军事指挥家，于不声不响之中察看福州各种地块。最后，他出人意料地在福州市比较繁华的地段五四路的南翼买了五亩地，还信心百倍地对公司同仁说：

“我们公司的第一幢带有标志性的建筑就在这里动工！同时，我们公司的第一桶金也要在这里淘！”

诚如前文所述，黄如论先生是一位有真才实学、有实际建筑经验的工程师。毫不夸张地说，为了这第一幢带有标志性大楼的定位，他用尽了心血；同时，这幢带有标志性大楼的设计，也自然是出自他的手中。说到这幢大楼的定位，既不是高档外销楼盘，也不是五星级饭店，而是一座15层的高级写字楼。当时，公司中有的部属对此定位曾经提出过疑义，可黄如论先生却是如此干脆地答说：

“你们看问题要有点前瞻性，无论是哪个国家的资本家都是要赚钱的，因此，他们绝不会放弃中国这样大的市场。据我的推测，最迟不过两年，外资就会再次涌进中国，台商也会把福州当做置业的基地。到那时，他们最需要的是什么呢？适合他们企业地位的办公场所。我敢大胆预言：我们的高级写字楼盖好之际，也就是外资大量涌入中国之时！”

我听了黄如论先生这番讲话之后，让我再次想到前面曾经论及的话题：古今中外有作为的企业家必须懂政治。为此，我笑着说道：

“这钱该你赚！因为你有着超乎常人的聪明，知道只有懂政治才能赚大钱的道理。”

黄如论先生笑了，对我讲的结论未置可否。

“你为什么把这幢高级写字楼叫国泰大厦呢？”

“因为我知道只有国泰才能民安，请薄（一波）老亲笔题写国泰大厦，就是我对祖国最美好的祝福。”

我们从一幢高级写字楼的命名，也看出了黄如论先生浓浓的爱国之情。虽说这幢国泰大厦最终兑现了黄如论先生所有的理想和诺言，但是在具体施工的过程之中，却发生了一个接一个难以预料的困难和阻力……

三

建筑，不仅有着很高的科学技术含量，同时还是一门具有鲜明时代特点、民族风格、高超技巧的综合艺术。从某种意义上讲，中国的故宫，法国的埃菲尔铁塔，英国的王室温莎古堡……既是一个国家的文明象征，也是一个民族的文化骄傲。当我乘船游览巴黎塞纳河的时候，就会被耸立在两岸的巴黎圣母院、罗浮宫等众多极具法兰西风格的建筑所折服，更为这些历史建筑所承载的法兰西所特有的文化文明所震撼；当我走进英国剑桥大学校园的时候，就会从那古老的建筑群体中看到英国近千年的文化传承。因此，我经常于冥冥之中想到这样一个命题：一切有出息的建筑学家，都应向那些先人用心血浇灌出的建筑奇葩学习，然后才能创造出传扬后世的建筑力作！

诚如前文所述，我认识黄如论先生是在他创建北京世纪城的初期。这时的黄如论先生的建筑理念日趋成熟，逐渐形成了他所独有的不变中有变、变中有不变、兼容中西、与时俱进、以人为本的造城风格。当我答应为他写一本《我心目中的黄如论》的时候，首先想到的就是：他所独有的这种建筑风格和造城理念是如何形成的？

据我所知，时下中国大多数房地产商，主攻方向是完成资本运作，购买建房土地，请人设计建筑方案，指挥千军万马施工以及楼盘销售等，至于所建楼房的风格、样式，多数是请建筑设计院的专家来完成。

因此，有些房地产商为了攻下这前进中的一个个“碉堡”，不得不经常身着西服革履、大模大样地出入高档酒楼，出血招待各路有用的神仙。更有甚者，有的还学着赖昌星发迹的路数，刻意修建类似红楼那样的娱乐场所。结果，水灾、地震一来，所建那些既无科技含量、又无建筑风格的楼房东倒西歪，唯有那些攻关用的娱乐场所傲然挺立在废墟之中。

存在决定意识，意识支配行为。身处我国社会转型时期的黄如论先生也难以免俗，为了能盖上那一个又一个公章，他也曾不止一次地违背自己的心愿请人吃饭或送礼。公平地说，他在和我的交往中谈得最多的——恐怕也是他这十多年来花心思最多的话题，却是如何在建筑实践中，逐步地形成自己特有的建筑风格和造城理念（后面会详述，略）。

为了探寻黄如论先生的建筑风格以及造城理念是如何形成的，我曾借创作电视剧《船政风云》之便，亲自到福州考察了那座高高耸立在闹市街面上的国泰大厦。说句老实话，这座国泰大厦与我在欧美、香港等地看到的各种写字楼没有什么别样，只有在大厦的右前方，有一座既像是传统建筑中的牌楼，又像是典型的明清建筑的高大门楼，十分突出地彰显出了它的民族风格。令我称奇的是，这座国泰大厦的主体结构，与这座民族风格很浓的门楼浑然一体，没有什么不谐和的感觉。自然，我再三细心地观察国泰大厦，还是没有看出黄如论先生所独有的建筑风格，更看不出和他后来形成的造城理念有什么内在的联系。

但是，当我想到黄如论先生只在农村念过小学，当过民办教师，从来没有进城读过正规大学土木建筑系，用戏剧界的行话说，充其量算是建筑行业中的“票友”，竟然能亲自设计、建造这样一座在当时福州十分耀眼的国泰大厦，应该说也是建筑史上的一个奇迹！

我作为一个作家，通过与黄如论先生较长时间的接触和观察，深知他不仅有着成功人士那种所谓的霸气，而且还具备只有我这个农民出身的作家才能够理解的自尊心。平时，他很不喜欢别人询问金源集团内部的情况，更是反感好事之徒窥探他内心的隐情。也可能是出于和黄如论先生有着同样的霸气和自尊心的缘故，我这个为他立传的写手，从不主动地和他这位传主专门交谈他的建筑事业和造城理念。事实上在我不多的几次单独采访中，他也很少去讲作家所需要的那些所谓生动的情节。我作为朋友，又十分清楚黄如论先生是一位性情中人，有时兴致一来，天南海北，滔滔不绝，偶然还会说出一些企业秘密甚至是个人生活中的隐私。因此，我为了获得写书用的有关情节，遂把希望寄托在和他随意闲聊且又能引起他兴致的时候。

我记得那是一个秋末冬初的傍晚，黄如论先生突然乘车来到香山供他消闲的三层别墅，派人请我前去品茗聊天。像往常那样，我们相互问候过后，谈话重心又很自然地转到他问、我说的格局。自然，我讲的内容依然还是关于毛泽东的故事。那天，我感到他的情绪很好，我的谈兴也不错，二人于不知不觉中说起了毛泽东的军事生涯。当我扼要地从毛泽东领导井冈山斗争，一口气讲到毛泽东亲自指挥底定天下的三大战役之后，遂把话锋一转，说道：

“黄先生，您是知道的，毛泽东当过小学教师，没有念过一天军事学校，一生却指挥过数不清的大小战役，而且多数取得了胜利，他不仅成了我军当之无愧的伟大统帅，同时还写下了充满辩证法的军事著作，被时人、后人尊为毛泽东军事思想。您说这是为什么呢？”

黄如论先生听后沉吟片时，遂狡黠一笑，反问道：

“柱子哥，你说呢？”

方才，我从黄如论先生那狡黠的笑颜中已经知道，他不仅有了属于自己的结论，而且还有意想通过反问进而探测我的看法。我先是淡然一笑，遂又好为人师地答说：

“我个人认为，毛泽东就像孙子、曹操、诸葛亮等古代军事大家那样，一是有着过人的军事天赋，再是在战争中学习战争。仗打多了，就自然会产生军事思想。”

“我赞成你的看法！”接着，黄如论先生又以考问的口气问道，

“根据我的猜想，毛泽东能系统地总结战争中的经验和教训，并能形成所谓的兵书，应该是自学过或向他人学过古今中外的军事著作。”

“您的判断是正确的。”

“请问是在什么时候？”

“在延安。”接着，我讲了毛泽东在延安时代定期请人给他讲解和讨论哲学、军事理论之后又说，“那时，毛泽东曾经请专人翻译、讲解和讨论过他所感兴趣的军事著作。据我所知，在延安时期对他影响较大的是德国军事理论家克劳塞维茨的军事学说。”

黄如论先生听后微微地点了点头。从他的表情可知，他似乎有些得意地在暗自说：“这就对了！”也就是在这种氛围之中，我意识到是我向他询问有关答案的时候了！所以我不失时机地笑着问道：

“黄先生，您在菲律宾经商十年，专门学过有关建筑的理论吗？”

“没有！”

“那你当年靠什么设计国泰大厦的呢？”

“一是边工作边学习，二是专程拜师学艺。虽然我没有专门学过建筑理论，但在设计国泰大厦时，我经常与所请的专业设计人员探讨交流，从中学到了很多知识，同时又将所学的知识举一反三地运用到设计中，最终设计出了国泰大厦。”

或许是由于我的夫人在大学教书的原因，这些年来对某些达官显贵、所谓知名的企业家进名牌大学镀金、拿文凭的事情知之甚多，且又非常反感，故直言问道：

“黄先生，您是进正规大学念书的吗？”

“不！有时去课堂旁听，有时自己看书摸索，有时去老师家请教，有时还把老师请到自己家里来开小灶。目的只有一个，尽快搞懂现代建筑这门学问。”

“看来，你的学习态度还不错啊？”

“那是自然！一是虚心，执弟子之礼；二是诚心，像我的先祖黄榦拜朱熹为师那样，志坚思苦，要真正做到精诚所至，金石为开，让老师心甘情愿地把学问传给我。”

“可以给我讲些学习中的生动细节吗？”

黄如论先生深情地点了点头，接着对我讲了如下这段记录在案的话：

“当年学习，为了能获得老师的赏识，我真心实意，克服种种困难，挤时间做作业。同时，我还在生活上帮助这些清贫的高师，解决一些具体的困难。举例说，教我预算的老师，想翻盖房子，没有木料，我就在全国物资紧缺的情况下，给他联系到了木料。我还有一位老师，是福建省的高级工程师，技术非常好，但是由于他的家庭成分是地主，所以他的儿女在工作安排上受到很大影响。我知道以后，四处求告，终于帮助他的儿女找到了接收单位。他的一个儿子在结婚的时候，我还托关系送了一台当时十分紧俏的电视机。那时，我的这位老师已经60岁，他对此十分感动，就把多年的预算经验和工程技术全部传授给我。另外，我懂得仅仅有了书本上的知识是不够的，遂又在今后的工作中反复实践，不断充实和发挥。我不仅参与设计了国泰大厦，而且还成就了自己在建筑上的真本领，使我在后来才有了亲自设计的各地世纪城和饭店。”

这就是学而不厌的黄如论先生！

自古以来，遵从“学而时习之，不亦说乎”的莘莘学子是很多的，但是有成就者则是极少数。细细点查原因，绝大多数的学子没有处理好学以致用——或曰理论联系实际的问题。与之相反，黄如论先生的成功恰好是不当空头理论家，事事处处都和他的建筑事业相联系，进而在建筑实践中再验证和发展向老师学到的以及自学来的理论。说到学习，或许我是在不惑之年弃乐从文改行当作家的，因而深知黄如论先生年逾四十才专攻建筑技术的不易；十多年之后，他能登上京城名牌大学中国人民大学的讲堂，成为教授房地产专业的兼职教授，则更是难于上青天。根据一般从艺就学的规律，最初完成的作品被称为习作，这是因为这些作品大都离不开书法界称之为的“描红”和“拓帖”的痕迹。想到此，我又直言问道：

“黄先生，由你设计的国泰大厦和后来设计的饭店、大型购物中心，有什么内在联系吗？”

“有！主要体现在我敢为天下先的创意。换句话说，一定要把国泰大厦设计成福州标志性的建筑。”

“在建筑风格上有什么想法吗？譬如说，作为写字楼，它体现着哪些洋为中用、古为今用的特点？”

黄如论先生听后苦笑了一下，遂又滔滔不绝地告诉我，那时他刚刚进入现代化的建筑行业，一切都要从头学习，无论是学识还是经验，他都难以考虑建筑风格这些事情。说到国泰大厦，他当时仅仅凭着老师教给的那些本事，再加上过去在国外、香港等地见过或住过的写字楼所必备的特点和功能设计而成的。他说罢轻轻地叹了口气，又补充道：

“给你说句老实话吧，按照我的想法，国泰大厦应该多盖几层，可是我那时囊中羞涩，从菲律宾带回来的资金只能盖15层的写字楼呵！”

黄如论先生讲的这番话恰好说明：他并非是一个生而知之的天才，而是一步一个脚印向前走的实干家。同时，还说明他是一个有多少钱就办多少事的老实人。事后追论，他亲自设计的这座现代化的国泰大厦，只能算是初试身手。在我这个外行人看来，更多的是体现着向外国同类写字楼的学习和借鉴。用鲁迅先生的话说，叫拿来主义。

如果说作品是作家的孩子，那么由黄论先生亲自设计、即将独资兴建的这座国泰大厦，就是他在步入现代化建筑事业的初期阶段所精心孕育的第一个孩子。因此，他不仅像所有将为人父的青年人、或艰苦创业刚刚起步的企业家那样，分外呵护、企盼这第一个孩子的诞生。更为重要的是，还十分清楚这第一个孩子对他未来在中国拓展现代化建筑事业的影响。直言之，如果黄如论先生按计划、高质量地建成这座国泰大厦，并真的成为当时福州一道亮丽的风景线，那么他一手创建的福州金源房地产有限公司就会声名鹊起，并在福州建筑行业站有一席之地。接下来，他也会在销售写字楼国泰大厦中淘到第一桶金。

为此，黄如论先生投入了全部的时间和精力，几乎是没有白天和黑夜地生活在工地上，他除去身体力行之外，还非常严格地要求进行最为严密的施工。对此，有一篇文章是这样记述的："黄如论先生就夜以继日、废寝忘食地奔向工程现场，亲自蹲工地，帮砌砖石，挑灯看图纸，定方案，半夜起床查看工作质量，督促施工进度，通宵达旦坐镇搅拌混凝土，不管寒冬酷暑，刮风下雨，总能在第一线看到黄如论先生的身影。"据有关的当事人告诉我：那时的黄如论先生日夜坚守在工地之上，他的嗓子喊哑了，他的皮肤也晒得更黑了。在他的带动下，数以百计的建筑大军上下齐心，群策群力，有序的工地变成了火热的战场。究其原因，盖因为他们只有一个共同的目标，那就是确保这座国泰大厦初战必胜。

当年，黄如论先生在创建北京世纪城的时候，我曾经随他去过工地，亲眼目睹过他是如何在现场指挥施工的；后来，为了撰写《我心目中的黄如论》一书，又随他去过长沙、贵州等处的工地，我还亲自看到了他在现场指挥施工的另外一面——一个名符其实的建筑行业中的里手，让不同工种的工人——包括工程设计人员都信服地听从他的命令。所以，我坚信国泰大厦的建设是绝不会有意外之事发生的，取得预期的初战必胜也是料中之事。

俗语说得好，人算不如天算。正当黄如论先生夜以继日地指挥国泰大厦施工的时候，我们国家出现了很不正常的炒楼歪风。过来人都清楚，那时一些握有实权的官员或子弟去深圳、下海南，利用手中的职权买地皮，炒楼花，他们就像是变戏法似的把大把的金钱放进了腰包中。更有甚者，各省市自治区有些主管金融的干部或某些国有银行的主管、职员也公然违规操作，把各地掌控的资金投放到海南岛、北海以及沿海城市，真可谓是众人拾柴火焰高，各地的地皮、楼花越炒越热，其价钱也就越热越高、那时．我刚好在海南深入生活，有一句口号至今难以忘怀：广西北海是中国最后的一块地皮了！不久，我认识的一位在中央财政部任职的官员来到了海南，出席一个带有咨询性质的所谓金融会议，我当面向他谈了我的担心：这样盲目无序地搞下去，我们国家会出现通货膨胀和金融危机。他笑着对我说：

“请放心吧！中央已经觉察到了，很快就会下达有关的文件。”

我清楚地记得，是年7月中央就下达了防止通货膨胀、严控金融危机的有关文件，在全国各地——尤其是在沿海地区生成的炒楼风潮很快就平息下来。那些疯狂抢地皮、炒楼盘的贪官和衙内除极少数遭到法律的惩处，多数把大笔金钱转移到了国外。据我所知，还有极少数的一些罪犯携款潜逃，在美国、加拿大、新西兰、澳大利亚等国家购买了一座又一座豪华别墅，在异国他乡悠哉闲哉地当起了逍遥法外的所谓寓公。然而在海南、在北海、在沿海所有城市都留下了数不清的烂尾楼。

与此同时，各省市为了保持和中央政策的一致性——或曰为了掩盖自己主政的地方政府在炒楼问题中的错误，很快又出台了更为左倾的一些政策。对此，黄如论先生不止一次地讲过这样的话：

“正当国泰大厦动工兴建的时候，福建省政府下发了八个部委的通令，不支持外商开发房地产。”

可以想见，那时的黄如论先生犹如迎头被浇了一大盆冰水，真是心寒到了极点！为此，他不得不发出这样的提问：还不到三年啊，党的政策为什么就来了一个180度的大转弯呢？再者，各级职能部门下达一纸通令是容易的，可对黄如论先生——以及像他一样回国投资房地产业的爱国侨商又该怎么办呢？难道他们在国外靠打拼积蓄下来的血汗钱就这样泡汤了吗？为了弄清黄如论先生当年面对这突变风云时的真实情况，我曾发出这样的提问：

“黄先生，那时你的朋友以及合作者是怎么看的？你自己又是怎样想的？”

黄如论先生听后无比酸楚地叹了口气，遂讲了如下这段记录在案的话：

“那时，听说房子不能盖了，很多朋友劝我尽快将楼盘转手给国内的开发商，尽早脱身，收回多少算多少。但我历经痛苦的深思，认为这八部委的通令不符合改革开放的整体精神，迟早会收回。因此，我决定硬着头皮坚持盖房，并在这样的困境中将国泰大厦封了顶。”

由此我们可以看出，黄如论先生对党的改革开放政策是坚信不疑的。同时，我们还可以知道黄如论先生有着超乎常人的政治头脑和前瞻性。事后猜想，黄如论先生敢于如此大胆地冒险开顶风船，在他的内心中还有没有其他的因素呢？比如说他为国泰大厦付出的实在是太多了，不愿意看到自己回国投资所孕育的第一个孩子就这样胎死腹中。对此，他没有讲过，我也没有问过。

从一般规律讲开去，在那样的政治氛围中，黄如论先生无论是出于什么样的原因，一定要坚持把国泰大厦建成，他都要为此付出沉重的代价。请看如下事实：

世人皆知，大小房地产商买地皮，盖房子，无一例外地都要向国营银行贷款。在那个特殊的年代里，贷多贷少，那就要看开发商和官家或银行的关系。我记得那时在房地产界有一句流行语，叫“借鸡下蛋”。把话说白了，大大小小的房地产商们都在想方设法借到国家的这只老母鸡，让它为自己生下一个又一个金蛋或银蛋。另外，时人和后人都晓得这门“借鸡下蛋”学问的核心，是如何才能借到国家的这只老母鸡。可以想见，这又必然会因此而衍生出一批又一批大小不等的贪污犯。也或许是这只能生金蛋、银蛋的老母鸡是国家的，一旦接到政府发出的命令，它就会立即回巢、归位。与此同时，那些靠着这只老母鸡发财致富的贪官污吏，也会摇身变成执法如山的判官，恬不知耻地大讲特讲为了防止通货膨胀，必须立即收紧银根！也正是因为这只奉命归位的老母鸡暂时不生金蛋和银蛋了，那些靠着“借鸡生蛋”、买空卖空的大小房地产开发商们也只好不是下令停工，就是携余款逃之夭夭了！最为可怜的是那些南下的打工仔，他们对此毫无思想准备，一觉醒来，手中的饭碗丢掉了。怎么办？他们只有流落在昨天还十分繁华的街头，茫然地看着这一座又一座烂尾楼摇头叹息！

笔者权且不论这次因“借鸡生蛋”而导致通货膨胀的起因和后果，只想对读者讲一下这突变的政治风云对兴建国泰大厦的影响。我记得在和黄如论先生交谈这次金融风暴的时候，曾经向他发出这样的提问：

“如果您认为可以讲的话，请告诉我您从菲律宾带回多少资金来？”

“3000万元！”黄如论先生说罢沉吟片时又补充说，“这在当时来说，是一笔不小的资金了。”

“是的！那时我的工资还不到500元，现在我拿的退休金已经超过10倍了。”

“说句老实说，在那个‘借鸡生蛋’的年代里，拿3000万资金建这样一座国泰大厦的开发商是不多的。”

“够用吗？”

“当然不够！在动工兴建之后，还需要向银行借少许的短期贷款。”

“银行冻结了资金以后您怎么办？”

“硬撑着！”黄如论先生说罢苦笑了一下。

“能撑多少时间？”

“我清楚地记得，从菲律宾带回的这3000万资金在春节前夕就全部花光了。”黄如论先生说罢缄默不语。

对中国人来说，春节是全年中的第一大节日。可是从旧中国走过来的人都知道，每年到过春节的时候，又一定是几家欢乐几家愁。对欠账躲债的杨白劳这样的穷人而言，春节就变成了鬼门关。所以，我从小就知道春节还有一个别名叫年关。有意思的是，黄如论先生恐怕做梦也不曾想到，这一年的春节竟然变成了他非常难过的年关。我思忖片时，望着依然沉浸于往事回忆的黄如论先生问道：

“还有给建筑公司的工人和材料的钱吗？”

“没有！”黄如论先生说罢又沉重地摇了摇头。

这时，我突然想起和黄如论先生的交往中，他谈得最多的是“诚信”二字。翻一翻他的讲谈录，出现最多的话语也是“我绝不克扣员工的薪水，我要从生活上爱护跟我创业的所有的员工”。“如果我不讲诚信，员工就不相信我。”可是，时下残酷的现实是，黄如论先生真的没有钱了！在此年关之际，他如何才能让属下的员工拿着工资高高兴兴地回家过春节呢？接着，我又很自然地想到这批盖国泰大厦的建筑工人们，他们当中的绝大多数是来自福州三建公司。我想了想，又说道：

“您应该把自己的困难，如实地告诉建筑公司的领导，我想他们会体谅您的难处的。”

“不行！”黄如论先生断然地否决了我的这一提议，接着又从经商之道和为人品格讲了一番道理，进而又说道，“我只有一条路可走，那就是向私人借高利贷，让这些建筑工人回家过年去！”

我听后震住了，许久没有说出一句话来。不知何故，这时我竟然想起了《霸王别姬》的故事；转瞬之间，我又想到了蒋介石在二次革命失败以后，跑到上海去长三堂子消磨时光的往事。为此，我十分好奇地问道：

“黄先生，那年的春节你是在什么地方过的？”

“福州。”

“您为什么不回连江老家——或回菲律宾马尼拉和亲人们一块过春

节呢？”

“没有钱！”黄如论先生说罢看着我那惊愕不已的表情，又蓦地大声笑了起来，接着，他又以玩笑的口吻说道，“柱子哥，你知道吗？那时我的口袋里就剩下几百块钱了。”

这就是事业有成的黄如论先生！

在这个辞旧迎新的除夕夜里，黄如论先生驻足空荡荡的房间之中，隔窗看着照亮福州夜空的火树银花，听着那震耳欲聋的爆竹声声，他一定会想到远在菲律宾马尼拉的妻子儿女，也会想到近在连江县马鼻老家的父老乡亲，然而他此时此刻想得最多的却是：福建省委何时撤销八部委下发的那纸命令，让已经封顶的国泰大厦起死回生，早一天淘到他回国创业的第一桶金……

或许是黄如论先生经商、为人的高尚品德真的感动了上帝，也或许是他坚信这段背得烂熟的毛泽东语录得到了证明：“往往有这种情形，有利的情况和主动的恢复，产生于再坚持一下的努力之中！”简之，他终于等来了福建省委撤销八个部委下发的命令，福州的房地产市场顿时活跃起来，他刚刚盖好的国泰大夏一上市就成了中外商贾的抢手货。事后，黄如论先生对我说过这样一段话：

“当时前来参观、购买国泰大厦写字楼的中外客商络绎不绝，红火极了！一句话，这15层的国泰大厦真的是供不应求啊！”

黄如论先生是个十分精明的商人，他粗粗地算来，这座国泰大厦能为福州金源房地产有限公司赚得3500万元！或许是淘得的这第一桶金实在是太难了，黄如论先生开心地笑了，公司的同仁和部属也开心地笑了。正当黄如论先生准备和同仁弹冠相庆的时候，出他所料的是又突然祸起萧墙，一位公司中的主要合作者为了“摘桃子”，竟然不择手段地把黄如论先生告上了法庭……

四

为了更加清楚地说明黄如论先生被同仁告上法庭的远因和近由，我认为很有必要花一些笔墨，探寻一下我国企业发展的一般规律。

纵观我国几千年的文明史，无一例外都是一个最高家族统治取代另一个最高家族统治的历史。追根溯源，恐怕早在母系社会就逐步确立了这样一种家族统治的模式。如果说统治阶级的历史就是一个民族、一个国家主要的文明史的话，那么这种统治阶级的文明，也就必然会影响到社会的方方面面。举例来说，一个家庭的组成，一个行帮的兴衰等等，无一不是在效仿、对应最高家族统治者所确立的皇权制度。其中，受影响较大的行业恐怕是中国的商界。举例说，远在秦朝初期的商圣吕不韦，近在清朝末年的徽商代表人物——红顶商人胡雪岩，几乎都是商界最大的家族王朝。说到晋商，人们马上就会想到王家大院、乔家大院，这就更直截了当地道出了晋商的性质依然是商界的家族王朝。

但是，历代王朝的开国元勋在打天下的最初阶段——或曰拉杆子上山聚义的时期，基本上就像是瓦岗寨、水泊梁山上的英雄好汉那样，大多是一群志同道合——或曰带有某种私人关系的朋友组织。因此，拜把子、认干亲就成了凝聚这种带有哥们弟兄性质组织的手段。自然，他们之中的首倡举义旗者——哪怕就像是程咬金这等人物，无论他有无领导之才，也会顺理成章地被推为瓦岗寨上的老大。在这时期，占山为王的老大自封为山大王，他所指挥的大小喽啰也仅仅是军队的雏形。因此，历朝历代的统治者视这等的义军为乌合之众，明令下达讨伐檄文的时候则叫山匪、流寇。

我权且给这样的义军一个名称：由志同道合者组成的造反有理的农民军队，简称朋友队伍。

随着起义队伍的不断扩大，这种朋友式的占山为王的农民军队，必然会向着夺取天下的正规大军转化。自然，当年称兄道弟的大小山大王也随之分成三六九等，有的被推为水泊梁山上的宋江，有的还继续当他的李逵和武松。这样一来，由朋友们共享权力的阶段结束了，代之而起的是确立领袖的地位，建立一支效忠领袖的军队，使之完成领袖所拥有的至高无上的绝对权力。隋朝末年的李世民，元朝末年的“丐帮”帮主朱元璋，他们走的都是这样一条首先建立自己的军队，进而夺取和建立一个新的王朝的道路。因此，当年在瓦岗寨上共同起事的哥们弟兄和一道建立“丐帮”的难兄难弟，也就必然会出现大的分裂或重组。追其原因，是起义者们的目的不同——或曰为利益驱动所造成的。在这时期，朋友式的义军组织逐渐消亡了，与此同时，遂又转化为使其走上九五之尊的最高家族的军队。

我权且给这样的军队一个名称：为最高家族打天下的军队，简称家族军队。

我没有专门研究过中国商界的兴衰历史。但是，我相信有很多巨商在创业、发迹的不同阶段中，也曾经出现过朋友企业向着家族企业转化的典型事例。换句话说，在被称之为朋友企业的草创初期，大多是由几个亲戚或者在江湖中认识的朋友共同发起的。自然，也会有一个共同认可的掌门人物。说到他们结合的基础，表面上谁都会堂而皇之地说是为了一个“义”字，可是在他们每一个人的内心深处呢，谁都又清楚是赤裸裸地建立在一个“利”字上。所以，一旦这种朋友式的企业获利——尤其是获大利，这些建立在“利”字基础上的合作者们，就会一个个瞪大眼睛看着这块用“利”字打造出来的蛋糕，暗自计算着自己应当分到多大的一块。其中，有些以追逐实利为己任的合作者，还会想方设法为自己捞到一块大一点的蛋糕。到这种时候，这种朋友式的企业内部就会因此打破平衡，发生矛盾，甚至付诸于不文明的行为冲突也是正常的了！追查原因，一是分配不均闹分歧，再是合作者存有私心。结果，这种朋友式的企业随之解体，代之而起的是家族企业。

或许是这种为利所驱的失败教训太惨痛了，使得创办朋友式企业的商人变得聪明起来；也或许是他们自觉或不自觉地接受了中国几千年皇族统治的经验和教训，很快都悟出了一个不谋而合的结论：创办企业必须有忠诚的合作者！说到忠诚二字，在注重血缘关系的中国人看来，只有家族才是最忠诚的。俗语说得好："打架要靠亲兄弟，上阵还得父子兵"，就是对这种家族忠诚最好的写照。正因如此，这种家族忠诚就渐渐地化作了家族企业的灵魂所系，自然也是家族企业的精神基础。极而言之，古今中外绝大多数成功的中国式（含华侨）企业，都是清一色的家族企业。

在这种特定的中国式的家族企业发展、衍生的历史中，又形成了大大小小的商业帝国，随之掌门人也就成了这大大小小的商业帝国中的皇帝。更为有意思的是，这些商业帝国的皇帝在行将驾鹤西去的时候，他们也学着天子传位和分封诸侯的办法，把自己掌控的财政大权一定要传给长子，让其他兄弟姐妹从旁辅佐或分掌各种权力。目的只有一个，那就是使自己含辛茹苦打造的家族企业发扬光大。

然而，残酷的现实却经常有意无意地和家族企业的创业者开玩笑，他的尸体刚刚入土，由他一手抚养长大的不肖子孙就违背了他的遗愿，打破了他的美好愿望！一言以蔽之，这些不肖子孙打着重新分配财产和权力的旗号，很快就出现了类似皇室中同姓王争夺皇位的乱局。最后，他们一致同意违背先父的遗嘱，把一个好端端的家族企业平分几份，各自再建立一个同样性质的家族企业。

由此，我们可以得出这样的结论：我国几千年以来的商业发展历史，就是由这种朋友企业向着家族企业转化——再由家族企业内部的分合与争斗创造的！

我们从宏观的视角考察了中国商业发展的一般规律，话再说回来，我们再从微观的角度审视一下黄如论先生独资创建的福州金源房地产有限公司。

诚如前文所述，黄如论先生怀着报国之志携款从菲律宾回到祖国，想在自己的家乡做些贡献。可是，他已经离开祖国整整十年，一切变得都难以辨认了！可以想见，他做起事来就必然会遇到预想不到的困难。举例说，他在独资创建福州金源房地产有限公司的过程中，还有他在福州如何才能打开房地产开发的大门，等等，毫不夸张地说，每前进一步都需要采用不同的手段，摆平大大小小、形形色色的拦路虎。直言之，一切都要有打通各种人际关系、摆平大小拦路虎的所谓能人。实事求是地说，那时的黄如论先生在福州人地生疏，两眼一抹黑，既没有这种所谓能人的本事，也没有建立这种能人所具备的人际关系。多年之后，他讲起这段往事，依然有些感伤地对我说了这样一段话：

“你是知道的，我是从连江县马鼻乡走出来的一个穷孩子，后来又去菲律宾发展，在福州无亲无故，更没有什么官家背景。怎么办呢？就由帮着我共同创业的八个弟兄各显其能，分头去办。”

由此可知：黄如论先生独资创建的福州金源房地产有限公司的骨干成员，是由帮着他共同创业的八个弟兄组成的。我们再考察一下他这八个弟兄是何等的人物呢？简而言之，有的曾是黄如论先生的老朋友，有的很早就曾和黄如论先生合伙经商或办事的合作者，有的还是因黄如论先生施恩才得以重新走上社会的贪污犯……但是，他们都是受着一个共同的利益驱动，自觉地依附在福州金源房地产有限公司这个载体上来赚各自的钱。自然，他们在大面上也都听命于黄如论先生这个公司老板的领导。

按照我对企业界定的标准，这时的福州金源房地产有限公司，虽然是黄如论先生的独资企业，但它仍然是属于朋友企业。

在创办福州金源房地产有限公司的初期，林褚先生曾任过黄如论先生的秘书，谈起公司初创时期的性质，他曾经对我直言：

“福州金源房地产有限公司是黄如论先生独资投资的企业，聘请朋友来帮助管理。”

公司涉及到利润之初，黄如论先生按贡献大小，以赠配股的方式进行分红。

或许是为了写作《我心目中的黄如论》的缘故，我关心的视角却是黄如论先生作为公司的法人，在祸起萧墙、发生突变前的心路历程。换句话说，他是如何领导、驾驭公司中这八个成员的呢？为此，我曾向林褚先生问道：

“那时，黄如论先生的创业理念是什么？他又靠着什么样的经商之道引领你们前进？”

“现在回想起来，那时我们的黄主席似乎尚未形成完整的创业理念，也没有一整套经商之道，更不像现在这样，他形成了一套完整的体系。”

“他靠什么领导你们这八个朋友建设国泰大厦呢？”

“我认为主要是靠身体力行！”林褚先生说罢沉吟片时又说，“虽然我们的黄主席能讲，且脾气又大，可那时的公司是初创阶段，他聘任的八个人都是朋友，实在不适宜多讲，只有以身作则，给我们当表率。”

“请讲一讲在这期间，黄如论先生是如何身体力行、给你们当表率的，可以吗？”

林褚先生微微地点了点头，接着，他又十分真诚地给我讲了如下这两段话：

“我对他（黄如论）感受最深的是：他是一个工作狂，他的内心深处有一种商道，他的所作所为都是在提升商人的形象，他把传统的思想与现代管理经验相结合，在经营管理过程中彰显人性。”

“他看了很多书，知识很渊博。他为人也很率性，高兴起来就会像小孩子般手舞足蹈。他对员工很关爱……他的个人能力太强了，手下难免就显得黯淡无光。有一次我还跟他开玩笑说：‘如果大家都像你，就都自己当老板去了’。”

我们从林褚先生讲的这两段话中，似乎可以得出这样的结论：黄如论先生不仅是一位重商道的老板，同时还是一位率性而为、又有人情味的普通商人，他为了提升商人的社会地位，绝不沾染暴发户才有的那种财大气粗、指手画脚，甚至是唯我是爷的恶劣作风。可以想见，他为了团结这八个朋友共同创业，每天都顶着似火的太阳战斗在工地上。因此，黄如论先生的个人操守是无可指责的！

但是，在这种朋友企业中——尤其是在没有制定严格规章制度的朋友企业中，仅仅依靠老板知行合一的善良愿望是不够的，它不仅不能抑制有些朋友的私欲，而且还会使得有些头脑发热的朋友视你软弱可欺，甚至还要借此把他个人的私欲无限膨胀。可以想见，嫉恶如仇的黄如论先生，一旦遇上敢于在公司中胡作非为的朋友，他一定会像是一头狮子那样雷霆大发。结果，在他独资建立的福州金源房地产有限公司中，就无可避免地上演了一场朋友反目、合作者把老板告上法庭的闹剧！

事情的经过是这样的：

黄如论先生早在福州创业的初期，认识了一位在官场有些地位的朋友（权且隐去他的姓名）。后来，黄如论先生去了菲律宾，历经艰辛奋斗，终于在马尼拉闯出了一片天地，而且事业一天比一天红火，公司的业务也逐渐拓展到欧亚两大洲十多个国家和地区。黄如论先生携款回国投资后，这位依然留在官场且自视甚高的朋友，看到他在菲律宾取得了成功，在国内也可以风风光光地开展事业，非常眼热，很快就提出请黄如论先生帮忙，把他也办到国外去定居，换个华侨身份。过来人都知道，在那时帮人移居国外是很困难的，一要在所在国做财产担保，二要花钱打通有关的衙门，三要拿钱在移民城市给他租到栖身之所，等等。但是，十分念旧的黄如论先生却满口答应了，并在最短的时间内把这位朋友的一家办到了国外定居。

据林褚先生告诉我，黄如论先生的这位朋友是一位马谡式的“言过其实，不可大用”的人物。另外，他去菲律宾的动机十分简单，想和黄如论先生一样变成有钱的富翁。很快，他就明白了这样一个道理：国外不是黄金遍地，所在城市也不是一个能不劳而获的地方。因此，他的这种异想天开的发财美梦很快就破灭了！

不久，他的这位移居国外几近到了百无聊赖的朋友，也回到了福州，但是他却找不到谋生的饭碗。就在他历经挫折，躁怒乃至发狂之时，他的夫人找到了黄如论先生，当面请求说他想到黄如论先生的公司工作，还说他在官场多年，有诸多人脉关系，可以帮忙拿地、办手续等。当时，黄如论先生考虑到回国投资不久，对国内一些情况不甚了解，而且公司刚刚成立不久，也需要各种各样的人才，于是就答应了下来，还任命他为公司的副总经理。同时，十分念旧——且“义”字当先的黄如论先生，还当众答应国泰大厦项目取得效益后，可以出于朋友情谊赠送给他为数不少的管理股。

然而，这位朋友入职后却吊儿郎当，既没有帮着拿地，也没有发挥多少管理作用，而且自从坐上福州金源房地产有限公司副总经理一职后，很快就又找到了在官场的那种感觉。每天上班之后，除去吸外国名牌香烟，品家乡上好的功夫茶以外，全天都是一个表情，就是铁青着脸，摆出一副见了谁都不说话的面孔。公司上下对他敬而远之。多年之后，林褚先生讲起这个副总经理，还喟叹不已地说了这样一句话：

“真是好大的架子啊！”

按照我的界定，那时的福州金源房地产有限公司的同仁们，全都希望在创业的过程中平等共事、相互关照。换句话说，就是希望“有难同当，有福同享”。然而这位官气十足的副总经理刚一上任就摆起了架子，不仅以领导者自居，而且还傲视公司中的其他合作者。因此，企业内部的团结、和谐的气氛很快就被人为地打破了。

黄如论先生作为公司的法人代表，自然不愿看到内部因人事关系发生冲突。恰在这时，他为了加快国泰大厦的建设速度和降低所需成本，同时也是为了扩大福州金源房地产有限公司的规模，遂决定投资2388万港币，成立一个国泰混凝土有限公司。需要说明的是，该公司引进国外先进的设备和高新技术，拥有世界先进水平、全电脑控制的生产线，未来产出的水泥也堪称福州地区的一级产品。由谁出任国泰混凝土有限公司的总经理呢？创业初期的八个兄弟都曾为之心动过。但是，黄如论先生几经权衡利弊，毅然决定任命这位官气十足、架子很大的副总经理出任该公司的总经理。他这样做的用心是良苦的，一是可以保住这位副总经理的面子，二是可以化解公司内部越来越严重的人际矛盾。当然，他还相信这位昔日的老朋友是识趣的，理应尽其全力完成公司交给的这一重任。

实出黄如论先生所料的是，他的这位昔日的老朋友、今天国泰混凝土有限公司总经理的私欲却恶性膨胀，他利用手中的权力，把七大姑、八大姨，大舅子、小侄子……全都安插进国泰混凝土公司中去。很快，国泰混凝土有限公司变成了针插不进、水泼不进的独立王国，而他这位新上任的总经理也就成了独立王国中说一不二的独裁者。更为可气的是，他还先后“捞”了30万人民币！俗话说得好，上梁不正下梁歪，一个小小的混凝土公司就被他搞得乌烟瘴气。未经多少时日，有正义感的同仁们气不过，遂在公司中传起了类似当时社会上流行的这样的顺口溜：吃喝成风，账目不清，左吹右拍，裙带当红！

那时，黄如论先生虽然专心致志领导国泰大厦的建筑，但他依然眼观六路，耳听八方，尤其对国泰混凝土有限公司的情况则更是看在眼里，记在心里。可是，他几经权衡利害得失，还是难以采取断然改组的措施。对此，我曾经向他的一位属下发出这样的提问：

“据我所知，对犯错误同仁的处理如此犹豫再三，不符合黄如论先生的性格。”

这位部属感慨地叹了口气，遂说了如下这段话：

“或许是我们老板的心地实在太善良了，也或许是我们的老板相信这位老朋友尚能悔过图新，所以决定采取惩前毖后、治病救人的办法找这位老朋友单独谈话。”

“你知道黄如论先生和他谈话的内容吗？”

“我不在现场，只是事后听说了一点。”

“那也好嘛，说说看。”

“首先，我们老板严肃地指出国泰混凝土有限公司存在的问题，接着又严厉地批评了这位老朋友有负重托，把国泰混凝土有限公司搞得乌烟瘴气。”

“他一定不服气吧？”

“岂止是不服气啊，对老板的指控一条也不承认。”

“哈哈，黄如论先生一定被这位老朋友执迷不悟的做法激怒了吧？”

“看来，你对我们老板的为人太了解了！当时，我们老板作出决定：委派有关人员进驻国泰混凝土有限公司进行调查，写出报告，在福州金源房地产有限公司的大会上公布，听取全体员工的裁决。”

“按照性格逻辑的发展，黄如论先生的这位老朋友还会醉死不认那四两酒钱的。”

“你说的完全正确！那天，我们在公司大会上听了调查报告以后，认为这位国泰混凝土有限公司的总经理只有一条路好走，那就是向老板、向公司的同仁承认错误。没想到他当场表示不服，而且还说了一些伤害老板的话。”

“我想，黄如论先生虽然怒气难抚，但他依然不会开除这位老朋友出公司的。”

“不幸又被你言中！我们的老板当众宣布改组国泰混凝土有限公司，同时免去他的总经理职务，调回福州金源房地产有限公司当副董事长。”

“好心没有好报，接下来就上演了状告黄如论先生的好戏，对吧？”

这位同志沉重地点了点头，接着又告诉我：这位被免职的朋友被调回总公司以后，不但不思过悔改，反而采取极其不正当的手段——派他老婆来到公司，通过非法的途经拿走了之前写下的赠送管理股凭据，偷偷地将其复印了一份，并找了一位部队退役后在法院工作的战友，密谋策划一番后，就把材料递到了法院。大意谓：根据当初议定的赠送管理股条款，时下国泰大厦就要盈利了，在他离开福州金源房地产有限公司之前，应拿到一笔数目可观的钱。

在他的那位战友授意下，法院随即派人查封了公司的所有账目。然后又发话让他们“和解”，也就是让黄如论先生掏出一千多万元。如果不“和解”的话，就继续查封账目，封到黄如论先生答应拿钱为止。

真是一石击起千层浪啊！黄如论先生接到法院的传票之后，犹如五雷轰顶，一时真不知所为何来。可是当他的情绪逐渐平静之后，又不得不承认这就是残酷的现实！再和这位昔日的老朋友面对面地评理吗？现在的案子已经进入诉讼阶段，完全失去了再对话的基础；收下法院的传票和这位老朋友打官司吗？他又不得不审慎考虑，进入法律程序之后将会有一个什么样的结果？当他想到一旦法院开庭，福州金源房地产有限公司的门前聚集着前来采访的记者，他那颗愤怒且颤抖的心又开始犹豫了。

实事求是地说，这时的黄如论先生，刚刚回国不久，对国内相关法律条文不熟悉，也从未和人——尤其是和曾经做过朋友的人打过官司。再者，他创办的公司刚刚起步，也没有聘请专职的律师。当向商界的其他朋友做了一些咨询之后，几乎所有的答案都是这种官司往往因各种证据纠缠不清而旷日持久，而最直接的后果，则是冻结账户，从而严重影响公司的资金流动。因此上法庭，打官司，绝不是他的第一选项。怎么办？他陷入了矛盾之中！

同时，这石破天惊的消息在公司内部也引起了极大的反响！有的说“真是画虎画鬼难画人，知人知面难知心！”有的说“国泰大厦还在销售阶段，成本和利润还没有核算的情况下，他就抢先下手当摘桃派了！”有的气愤不过，索性叩开黄如论先生的办公室大门，一通大骂过后就力主和他打官司。但是，公司也有一些高管的态度却不尽相同，有的气愤不已，有的劝黄如论先生要慎之又慎，有的甚至在底下私语：“白纸黑字，铁证如山，这桩案子很难打赢……”简之，面对“利”字的诱惑，当年这些高喊“义”字为先的朋友开始分化了！

黄如论先生不愧是一位拿得起、放得下的企业家，他很快就作出了理智的抉择，并公开宣布了他的决定：

“同仁们！朋友们！这个官司不能打，一旦进入法律程序，福州金源房地产有限公司的财物必须冻结，已经开盘的国泰大厦也要停止销售，今后的业务也将无法开展，结果，福州金源房地产有限公司的名誉不仅受到了损害，而且还等于变相地宣告我们的公司破产了！”

“那我们该怎么办呢？”同仁们不解地问道。

“经过法院的合议，给他1300万元！”黄如论先生沉重地答说。

“我们公司哪有这样多的流动资金啊？”

黄如论先生深知这句问话的丰富内含：一是说国泰大厦尚未销售完毕，拿不出1300元给他；二是说给了他1300万元之后，国泰大厦的运作和利润就必然受到影响，他们每人应该分得的利润股份也就会少了许多。而且，当时公司已经预收了很多客户的定金，如果账目继续被封，就无法按时交付，届时势必给公司造成更大麻烦，搞不好还会带来一系列社会问题。对此，黄如论先生通盘考虑，一再斟酌后，掷地有声地说道：

“请诸位放心，我是公司的法人，自然损失由我个人承担。今天，我要告诉大家的是，我以二分五厘的高息向私人借了1300万元高利贷，一次性给了他！”

黄如论先生的肝胆和气魄震撼了每一位同仁的心！

然而，这并不等于说黄如论先生认同此案的判决，更不赞成他的这位朋友以怨报德的行为。他只是基于对大局的考虑，不希望因为打官司而拖累整个公司的经营，也不愿意与那种人多作计较，于是筹借高息巨款给他，以息事宁人而已。多年之后，他仍然带着极大的情绪对我讲了如下这段话：

“他当年诈了我1300万元钱，虽然当时影响了公司的发展，但我为了息事宁人，避免公司受到更大的损失，也是出于朋友情谊给他留一条出路，并不和他计较，也没有和他打官司。”

“但是，您的部属却对我说：人不报天报，他日后没有什么好的结果，他的儿子、孙子也都没有什么好的结果。”

“我不赞成这种说法！这有悖老祖宗留下的古训：君子绝交，不出恶言！”

这就是黄如论先生的为人！

事后追论，黄如论先生如此而为的目的至少有二：一是他坚信“有舍才有得”的经商理念。事实上，他很快就从国泰大厦的销售中获得了3500万元的盈利，这也就是他回到福州以后淘得的第一桶金；二是希望通过自己这种大舍的行为，进而获得全体公司同仁的人心，继续把福州金源房地产有限公司这种朋友式的企业办下去。

但是，黄如论先生的这种大舍的行为，并没有获得他要大得的人心，相反，在各种“利”的引诱下，又有三位和他一块打天下的所谓朋友离开了他，并影响到他独资创办的福州金源房地产有限公司。每每说到此事，黄如论先生总是感慨万千。其中，尤其讲到一个姓王的所谓朋友，他则更是摇头喟叹。请看他给我讲的如下这段话：

“早期和我打天下的八个人，有个叫王×的，是江西人，他早先有工作单位，但由于他贪污挪用公款被单位处分，之后在我的帮助下，他就到我们这边和大家一起工作。后来，他听了其他公司的话，就把我们公司的材料复印带走，借以在新的公司谋个高位多赚几个钱。又过了一段时间，他在那个公司里做不下去了，就再回来找我，希望再回到我的公司工作，我因念旧情就答应了他的要求。但是，这个心术不正的朋友工作了一段时间以后，又离开了我的公司。他后来的结局也不好。”

黄如论先生伴随着淘得第一桶金的前后，他所独资创建的福州金源房地产有限公司——作为朋友企业的历史任务，实质上已经完成了！但是，他接下来的路应该向何处走？似乎又到了一个十字路口……

五

黄如论先生自携款回国投资，到建成国泰大厦淘到第一桶金，前后历经将近三年，真是太难、太难了！下一步该怎么走——或曰向着什么方向走，他真的是有些犹豫了。

在我和黄如论先生的交往中，他不止一次地说过：“当时就想赚两三千万的钱，组建一个幸福的家庭就算了。”说句老实话，我对他讲的这番话一直是存疑的。在我看来，如果是在回国前后说的，则比较真实地反映了他回国投资的一些想法。据我的了解，他不是一个理想主义者，既然是回国投资，就有不可预测的风险，能赚到两三千万的钱也不错了。如果是在盖成国泰大厦并淘到了第一桶金后说的，那我就有了另外的一种解读：一方面，他历尽创业初期的种种艰辛，深知回国造就事业的不易；另一方面，他通过亲自创建的福州金源房地产有限公司——即所谓朋友企业阶段的解体，看清了在利益至上的社会中的友情、人性是那样的脆弱，遂于瞬间萌生了一种无可奈何花落去的情愫，或曰仅仅是瞬间产生的某种隐退之意。一句话，这并不完全代表黄如论先生内心深处的真实想法。为了验证我的这些看法，我们之间曾经有过这样一段对话：

“那时，您是不是想学我国第一位激流勇退的商圣范蠡的样子，或在国外菲律宾、或在故乡连江县马鼻乡过着与世无争的生活，幸福地终老一生啊？”

黄如论先生微微地点了点头。

“如果说性格即命运的话，我认为这种想法不符合您的性格。事实上，您后来在事业上的选择和发展，就是对这种想法的一种否定。”

黄如论先生笑了，遂赞同地点了点头。

“您能给我讲讲这前后的想法吗？”

“可以！”黄如论先生想了想，又说道，“我记得曾给你讲过这样的话：在菲律宾的时候，我想的是组建一个幸福的家庭；回到福州的时候，我是想帮助我的家族、我的乡里乡亲脱贫，把日子过得好一些。”

“您现在决定继续干下去，又是为了什么呢？”

“我是想帮助社会多作些贡献！”黄如论先生说罢沉默了一会儿，分外沉重地说，“我看到家乡的孩子像我当年一样，没有钱进学校念书；我看到家乡的老人生病以后，就像我的爷爷那样没有钱进医院看病。这时，我就想能不能通过自己的努力，帮助社会作些贡献呢？”

“我非常赞赏您的这些想法！可您当时想过没有，这是一条不归之路啊！另外，您想没想过，一旦踏上这条不归之路，您就会遇上更多的困难！”

“说全都想到了，那是骗人；说一点也没想到，那也不是实话。当我决定用自己的一生再拼一把的时候，我就只想到了这样一句话：没有过不去的火焰山！”

这就是黄如论先生！

诚如前文所述，黄如论先生不仅有着坚韧不拔的创业性格，而且还有着向强权或恶势力挑战的气魄。那时，他面对一个又一个朋友式的合作者相继离去，可能瞬间会产生心灰意冷的念头，但是他决不会就此消沉下去！相反，他会很快扬起头，挺起胸，继续大步朝前走去，让离他而去的人看一看，黄如论是一条打不垮、难不倒的汉子；同时，他还要用实际行动向世人宣告：福州金源房地产有限公司不仅现在岿然不动地屹立在福州，而且在不久的将来还要走向全中国！在这期间，他还要尽自己的一切力量，实现他人生的一个梦想：给天下的穷人盖房，让更多的像他当年一样的孩子们有书念，让更多的像他爷爷一样的老人们能进医院看病！

然而梦想毕竟不是现实，前进的路也要一步一步地向前走。正当黄如论先生独自思索如何才能梦想成真的时候，他从自己的故乡——马鼻带出来的建筑子弟兵找上门来，一个个义愤填膺地痛斥那些不义之人，并坚定地表示跟他搞建筑。我想，这时的黄如论先生一定会想到《霸王别姬》的故事，同时也会为这些子弟兵的正义举动为之动容。就常理而言，他的内心深处，一定还会涌动着一股难以言述的情潮！多年之后，我曾问过他：

“黄先生！您能给我讲一讲那个时候的真实感受吗？”

“不记得了！但是，我对他们讲的一番话是永远也忘不了的。”

“可以给我再复述一遍吗？”

黄如论先生微微地点了点头，遂又说了如下这段话：

“请相信我黄如论吧！我不会被困难吓倒，我会挺起胸膛，带着你们搞房地产！带着你们学好建筑知识，带着你们在建筑界创出一番名堂来。”

黄如论先生是位“一言既出，驷马难追”的汉子！同时，他又有着所有成功人士所具有的聪明和智慧。用他部属的话说，无论遇到什么困难与挑战，他都会冷静地想出战而胜之的办法。请看如下事实：

首先，黄如论先生镇定地处理了一个又一个离他而去的所谓朋友的同时，又冷静地分析了所谓朋友企业所存在的各种弊端，遂暗自下定决心：立即改组福州金源房地产有限公司。换言之，由过去的朋友企业逐渐向家族企业转型，并建立一套严格的适合家族企业发展的规章制度。这时，他清醒地知道，虽说福州金源房地产有限公司是他的独资企业，但要从朋友企业的种种弊端中解脱出来还是需要时日的。或许是残酷的教训使他变得聪明起来，也或许是为了适应企业发展的运转，他明确地宣称：

黄如论是福州金源房地产有限公司的唯一法人，不仅拥有公司发展的财权，而且还握有公司干部的任免大权。从现在开始，他是福州金源房地产有限公司的唯一中心，他和公司中的其他同仁都是雇佣关系。

这样，他就确立了家族企业应具备的首要条件：黄如论是福州金源房地产有限公司的唯一掌门人。

接着，黄如论先生为了彻底改变朋友企业中的干部结构，他又有目的地从黄氏宗亲中选拔德才兼备——尤其是对他无限忠诚的亲属进入公司任职，让其在实际工作中得到砥砺和提高，逐步成为公司中各个部门握有实权的负责人。

这样，他就一步一步地建成了以黄如论为核心、以黄氏家族的亲属为主要骨干的家族企业。

对此，后面还将详述，略。

黄如论先生在近20年的商海沉浮中，他懂得古今中外的企业家有着共同发迹的规律，那就是必须首先完成原始资本的积累。或许他是盖房子出身的企业家，他经常借用建筑来比喻原始资本的积累：

“你们知道什么叫原始资本的积累吗？它就像是我们盖房子那样，需要先打好地基。要想把房子盖得高，就必须把地基打好。换句话说，我们福州金源房地产有限公司要想又快又好地发展，就必须先完成原始资本的积累！”

与此同时，黄如论先生还清醒地知道，国泰大厦的建成，为福州金源房地产有限公司淘到了第一桶金，但这仅仅是原始资本积累的开始。换言之，要想完成福州金源房地产有限公司的原始资本的积累，还需要金源人付出更大的努力。

在我与黄如论先生的交谈中，知道他曾看过许多外国知名的大企业家是如何发迹的书籍，而且非常清楚这些不同国籍的大企业家在起步的时候，都是通过各种不同的异常残酷的手段，完成他们的原始资本积累的。对此，我也曾向黄如论先生说过这样一段话：

“我记得有一位外国的大学者，曾经说过类似（不记得原文）这样的话：资本来到世间，从头到脚，每个汗毛孔都淌着血和肮脏的东西。今天，我还要再加上一条：那就是包括企业家之间的相互欺诈、争斗的手段和劣迹。”

黄如论先生非常赞赏我的这一看法。

但是，我又从黄如论先生那疑惑不解的眼神中看出，他难以理解像我这样的一个作家，为什么会对原始资本的积累有这样的见识，故微微地摇了摇头。对此，我先是以玩笑的口气对他说了这样一句话：“我是遵照毛主席的教导办事的，没有调查就没发言权嘛！”接着，我又对他讲了自己人生之中不为外人所知的一些经历……

我作为一个作家，在改革大潮的冲击下也曾数度南下深圳、海南等沿海特区。开始，是应朋友的邀请要我下海经商，还亲自封我为副总经理；后来，我发现自己不会骗人、说瞎话，也不习惯商海之中那种走马灯似的“你方唱罢来我登场”的生活，遂以自己不是经商的料，还是当作家的好为借口，婉谢了朋友的好意，继续留在商海的岸边当一名看客。从此之后，我每次再南下特区就美其名曰，为了准备未来创作的素材，继续深入各种类型的大中小企业生活。事后，我也曾给自己作过这样的小结：虽说特区如此丰富且极具内涵的生活，没有使我孕育出一部有生命力的作品，可我却有了类似北方农民说的搂草打兔子——捎带脚的收获，那就是不仅认识了一些新型的资产阶级（这是我对企业家的习惯用语），而且还亲眼目睹了所谓具有中国特色的各种原始资本积累的情况。在我看来，这是在特定的全民经商的大背景下，突然兴起的一场无序竞争的原始资本积累。从某种意义说，这种原始资本的积累不但有着极其鲜明的时代特征，更为重要的是，在其原始资本积累的过程中，还显示出它独有的不择手段的残酷性。请看如下事实：

有的是刚刚从监狱中放出来的罪犯，为了完成他的所谓原始资本积累，像个赌徒似地进行各种金融诈骗；有的表面上是国家权力部门的干部，为了谋取极大的个人私利，在暗地里靠出卖商机等非法手段，悄然地完成了他所需要的原始资本积累；有的是国家的高级干部，有的则是一些高衙内式的所谓高干子弟，他们相互勾结，利用手中的特殊权力，通过国有企业的转型、重组，明目张胆地化公为私，一夜之间，这些社会的蛀虫就像是变戏法似的改变了自己的身份。把话说白了，这些社会的蛀虫不仅轻而易举地完成了所需的原始资本的积累，同时还堂而皇之地变成了所谓新兴企业的大老板。等等。需要说明的是，我看到的大多数中小型企业家的起步，是通过自己的艰苦奋斗完成原始资本积累的。自然，我也看到了一些昧着良心的中小型企业，他们是通过非人道的手段，靠着盘剥打工仔——甚至是喝童工的血，来实现他们的原始资本积累的。

我在讲述自己这段不为外人所知的经历的时候，还有意地察看黄如论先生的表情变化。他给我的感觉是，不仅在认真地听，似乎还想从我的谈话中能悟出一些什么。突然，我把话锋一转，开门见山地问道：

“黄先生，当您在福州淘到第一桶金以后，又是如何乘胜前进，继续完成金源集团的原始资本积累的？”

“搞房地产。”黄如论先生淡然地答说。

“容我直言，您在搞房地产的过程中，是否也像世界大多数的企业家那样，是通过残酷盘剥的手段，完成原始资本积累的？”

“我绝对没有！”黄如论先生以断然的口气否决了我的提问。接着，他又有些生气地说，“我曾多次给你说过这样的话：我认为我能成功就是因为不欺人，不骗人，不哄人，不诈人，不害人，我要在持续的工作中和辛勤的劳动中取得回报。”

“请问您是如何在持续的工作中和辛勤的劳动中取得回报的？换句

话说，您讲的所谓回报，是否也就是完成您的原始资本积累？”

“一言难尽啊！”

“没关系，慢慢讲。比方说，您通过搞房地产，前后用了多少时间才完成原始资本积累的？”

黄如论先生沉吟片时，低沉地说：

“如果从我回国投资算起，整整八年。”

“啊！一个抗日战争所需的时间哟。”我看了看黄如论先生那极其严肃的表情，又有意地问道，“您是知道的，中国的八年抗日战争，一共经历了三个不同的历史阶段。请问，您在完成金源集团原始资本积累的八年之中，又经过了几个不同的阶段？”

“恐怕也是三个阶段。”

“第一个阶段，应该是建设国泰大厦，淘到回福州的第一桶金，对吧？”

“对！一共用去将近三年的时间。”黄如论先生有意停顿片时，转换一下情绪，分外郑重地说道，“接下来，我集中全部的精力和财力，投资开发了民安新村、晋河新村、金辉新村、金源花园、金源大广场，完全打胜在福州的战役，算是第二个阶段，又耗去了两年多的时间；在第二个阶段的中后期，我又分兵移师江西南昌，同时在福州、南昌两地分兵作战，最终完成了原始资本的积累，算是第三个阶段，又用了三年多的时间。”

“前后相加，整好是三个阶段，八个年头。”

黄如论先生深深地叹了口气，遂又微微地摇了摇头，有些怆然地说道：

“柱子哥，请你告诉我，当代中外知名的企业家，有哪一位像我一样，前后用了八年的拼搏和血汗，才得以完成原始资本积累的？”

我自然明白黄如论先生讲这番话的用意，也十分清楚他的潜台词是：如果我黄某人走外国企业家发迹的老路——或者是采取当今中国某些企业家发迹的卑劣手段，我早就完成原始资本的积累了！至此，我认为不应再探讨原始资本积累这一话题了，遂有意地问道：

“在您原始资本积累的第二个阶段，福州金源房地产有限公司已经完成向家族企业的转型，在这两年多的时间里，所遇到的困难会少一些吧？”

“不！只是困难的性质不同罢了。”黄如论先生说罢又惨然一笑。

“那就给我讲一讲这不同性质的困难，好吗？”

“好吧！”接着，黄如论先生给我讲起了他在第二阶段前后合计两年多的创业经历……

国泰大厦的建成以及火爆的营销，在福州不太景气的房地产界掀起了一股不小的旋风。由此，福州金源房地产有限公司在榕城名声鹊起，作为该公司独资法人、侨商黄如论先生也今非昔比。换言之，有了良好的声誉就有了无形的资产。从此，黄如论先生在福州选地建房、融资贷款等关键的环节，不仅无需自己再辛苦地四处奔走，八方求援，而且还有出售土地的部门、贷款的银行家主动地找上门来，和他谈土地的价钱以及贷款的利息。自然，某些“送货上门”的官员、银行家，绝不会轻易地让利给房地产商的，在他们每个人的心里，都有属于自己的一本账。但是，这对黄如论先生而言，无疑等于这些存有私心的官员，自觉地拆除了私设的一个又一个路障，对迅速拓展福州金源房地产有限公司的业绩不仅提供了方便，而且也赢得了时间。

黄如论先生几经筛选，终于选定位于福州南北交通主干道六一路与温泉支路交汇处的一块地皮，占地面积总计6688平方米，所建房子的性质依然是高级公寓。

不久，工程技术人员根据黄如论先生的整体建筑构想，很快就设计出了地下2层、地上31层公寓大楼的图纸，总建筑面积为9万平方米。黄如论先生为了有意打造金源集团的品牌，亲自命名这座33层的高级公寓叫金源花园。为了写作《我心目中的黄如论》一书，我曾亲自参观了这座高级公寓，第一眼看到的就是高高悬挂在公寓中央的“金源花园”四个字，一看便知，仍然出于福州的女婿——老一辈无产阶级革命家薄一波同志的笔下。

多年之后，黄如论先生和我谈起“金源花园”所处位置、建筑规模和公寓样式，依然是非常满意的。但是，我在采访有关人士的时候获悉，黄如论先生当时没有立即开工，让大家再等一些日子。为此，我有意问道：

“黄先生，你为什么还让大家等一些日子，再破土动工兴建高级公寓金源花园呢？”

黄如论先生习惯地眯起了双眼，又有些狡猾的一笑，操着调侃的口吻说道：

“在当时说来，让大家等一下是商业机密，不能说。”

“已经过去十多年了，可以给我说了吧？”

“当然可以！用老百姓的话说，有多少钱就办多少事。用商人的话说，第一要计算建筑周期，第二要看自己手中有多少钱，如何运用才合算。”

黄如论先生这番话等于给我泼了一头雾水，似明白又似不明白，因而我有些焦急地问道：

“这和建筑金源花园有什么直接关系呢？”

“当然有了！”接着，黄如论先生如实地讲出了他当年的苦衷，“正当全体金源人摩拳擦掌，准备杀上金源花园工地的时候，我对其建筑周期作了科学的评估，预计两年。同时，我又认真地核算了建筑成本，需要预先投资3.6亿元人民币，除去我自己需要先期投入的资金以外，还要向银行贷款2亿元。我想，你应该明白了我为什么暂缓上马金源花园的工程了吧？”

我从中听出了一些门道，但我还是想请黄如论先生讲出其中的原委，故微微地摇了摇头。

接着，黄如论先生就给我讲了如下这段记录在案的话：

“因为开发投资高层房子，周期都在两三年，这期间就没有现金流动。当时金源花园，需要两个亿先投进去，两年后才能卖，光利息就背不起。”

“那您如何解决这两难困境呢？”

“我当机立断，首先开发普通的商品房，在最短时间内取得流动资金。”

黄如论先生看着我点头称道的表情又指出：为了取得建筑金源花园所需的流动资金，他在位于福州市区对外交通枢纽地段福新路与长乐路交汇处，购得25亩土地，由他亲自领导、设计了10栋高尚住宅，总建筑面积为13.5万平方米，并亲自命名为民安新村。

如果说一个知名作家的学步之作，也会折射出他日后扛鼎力作的某些光辉，那么黄如论先生回国以后建筑的第一个民安新区，也理应体现出他在未来提出的“我们造城”的某些建筑理念。为此，我在最后一次去福州的时候，有意私访了民安新区。令我惊诧的是，麻雀虽小，五脏俱全，在这个只有10幢住房楼的小区内，依然配有车位、商场。远远望去，布局合理，设计新颖。再一看居住在民安新区的老人和孩子们，一个个在那如茵的草地上各寻其乐的样子，竟然使我想起了在北京世纪城小区中的家。这时——也只有这时我蓦地想起了一句话：啊！一滴水可以透视出太阳。

黄如论先生不可能猜到我在这时候想些什么，他依然按照他的思路滔滔不绝地说道：

“民安新村，共计投资2.7亿元，为了尽快实现资金的流动，我限令当年施工，当年建成，当年销售，前后总计半年多一点的时间必须完成。”

我听后愕然，脱口说了一句：“天啊！半年盖10幢高尚住宅楼，行吗？”

"行！"黄如论先生说罢又看了看我的表情，非常自信地说，"实践证明，是年年底，民安小区的10幢高尚住宅楼如期建设完成。除收回资本以外，我还赚了几千万元。"

这就是黄如论先生雷厉风行的作风！

"当时，我的资金不足，又必须尽快完成原始资本的积累，怎么办呢？我只有采取以小至大、以快制胜、以小发展高的策略。"黄如论先生说罢沉吟片时，又笑着说道，"与此同时，33层高的金源花园也如期建成，并顺利地销售一空。"

"至此，前后历经两年多的时间，您胜利地完成了福州战役的第二阶段。对吧？"

"对！到这时，我在福州的名声就有了，福州金源房地产有限公司的品牌也就完全地确立了。接下来嘛……"

"停！"我第一次打断了黄如论先生的讲话，遂有意地问道，"您如此顺利地完成第二阶段的战役，和福州金源房地产有限公司改成家族企业有关系吗？"

"有！我在指挥第二阶段的战役中，上下齐心，全都服从我的命令，没有出现过去朋友中那些扯皮的事，也没有任何人敢向我挑战。"

"谁要敢奓刺，你就当即把他给开了！"

黄如论先生听后开怀大笑起来。

或许我是研究中国近现代史的，不仅深知皇室中的兄弟姐妹经常为嫡出、庶出发生矛盾，而且还知道在中国共产党领导的军队中，也经常会听到这样的话："我们是井冈山头的！"就说同是井冈山头的吧，也会有人不无骄傲地说，"我们是毛主席的嫡系第二十九团的！"这说明无论是皇家的锦衣卫，还是中国人民解放军，或多或少地都存在着封建思想的影响。如果说规律是不可抗拒的这句话是真理，那么黄如论先生改组后的家族企业——福州金源房地产有限公司，一定也深受封建宗亲思想的影响。为此，我问道：

“黄先生，在您的公司中，尤其是在由您的子弟兵组成的房地产队伍中，有没有因为和您是老乡，或者是亲戚，就想称王称霸的啊？”

“有！准确地说，在开始阶段还不少呢！”

“对此，您有何感想啊？”

“我的感想实在是太多了！简单地说，这种盘根错节的宗亲观念是封建思想的反映，从某种意义说，是阻碍建立现代企业管理制度的精神枷锁！”

由此，我与黄如论先生又说开去，从孙中山先生在广州观音山蒙难，讲到毛主席在福建古田召开有名的古田会议，都说明要取得中国革命的胜利，就必须肃清革命队伍中形形色色的封建落后的思想。最后，黄如论先生感触颇深地摇了摇头，说了一句：“难啊！”接着又说道：

“为此，我学着毛主席办军事学校的办法，每年都要开办几期干部培训班。虽有收效，但仍有新的问题发生。”

“你应该知道吧？当年，毛主席在延安曾经学着诸葛亮挥泪斩马谡的样子，枪毙了井冈山时代的子弟兵、长征中的英雄黄克功团长。”

黄如论先生微微地点了点头，遂又低沉地说道：“你知道吗？我也曾亲自处理过违纪的亲娘舅舅啊！”他凝思有顷，心情有些沉重地对我讲起了这段往事：

俗语说得好：穷住闹市无人问，富住深山有远亲。随着黄如论先生在福州房地产界的红火发展，有不少亲戚朋友找上门来或求职、或要钱，他都根据不同的情况一一帮助解决。一天，他远在家乡的舅舅来到福州，直言要黄如论这位外甥给他安排个混饭吃的工作。黄如论先生看着年迈的舅舅怪可怜的，自然会动恻隐之心，当即就把舅舅安排到国泰混凝土有限公司当门卫，并再三叮嘱：

“舅舅！这里不是农村，一定要遵守公司的制度，服从公司经理的领导，千万不能出事。”

“放心！我这个舅舅啊，绝不会给你这个外甥丢脸的。”

黄如论先生的这位舅舅上任之后，还算老实、尽职。随着时间的推移，公司中的同事们，很快都知道了他是公司老板黄如论先生的舅舅，从此之后，有的亲热地叫他“老舅”，有的给这位老舅递烟送酒，有的下班以后还请这位老舅去吃饭。不久，这位乡下的老舅也找到了进城后的感觉，那就是宰相门前七品官，一人得道，鸡犬升天。结果，他很快就忘了自己是个门卫，至于自己应负的责任，就更是放到脑后边去了。一天，国泰混凝土有限公司的保险柜被人撬了，黄如论先生立即查明原因，十分严肃地对公司经理说：

“我的舅舅是门卫，应负全部责任，按照公司的规定，罚他三百元钱，从下月的工资扣除！”

这位舅舅听后火了，找到外甥黄如论，大声质问：

“外甥处理舅舅，天下哪有这个道理？”

黄如论先生听后也来了气，非常严肃地说：

“在私人关系上，你是我的舅舅；在公司里，你是我的员工。你违犯了公司的纪律，我照罚不误！”

“不行！”

“行！我言出法随，令行禁止，我一定要扣你下个月的工钱。”黄如论先生看着舅舅无理取闹的样子，把右手一挥，以命令的口吻说道，“从今以后，你要再敢违犯公司的纪律，我就开除你！”

舅舅感到失去了面子，说了一句“你不用开除，我自己走，饿死也不来福州找你要饭吃！”卷起铺盖就回家乡了。

过了几天，黄如论先生取出一笔钱交给秘书，说道：

“把这些钱给我舅舅送去，就说，在公司里我是总裁，你是员工，你犯了错，我开除你，是总裁开除员工；现在，你是我舅舅，是外甥给舅舅的生活费。同时，还要告诉我舅舅，每年我都会如期给他两万元生活费。”

我听后五味杂陈，一种说不出的情潮在心底翻起。

六

黄如论先生在福州打胜第二阶段的战役之后，其原始资本积累足以支撑在福州地区的发展。为此，他为了进一步拓展自己的事业，在完成“民安新村”的营销之后，又陆续成立了福州民安建筑公司、福州金辉装饰装潢有限公司、福州金源物业管理有限公司、福州金源生物技术有限公司。细心检点，可知这些新建的公司，都是为了开发、完善他未来的房地产业服务的。

不久，在福州具有标志性的建筑“金源花园”就要落成了，黄如论先生不仅看到了触手可及的业绩，而且还感到了福州金源房地产有限公司已经不能适应发展的形势，遂决定在原有事业的基础上，成立福建金源实业集团有限公司，他自任董事局主席。从福州金源房地产有限公司到福建金源实业集团，虽然从地域上讲只有一字之差，但我们可知黄如论先生的企业已经由福州市走向福建省了。

接着，黄如论先生还在浙江成立佳利大酒店有限公司，在广东成立珠海金源制冷设备有限公司等。由此可知，黄如论先生有意把商业的触角由福建省伸向外地，向着跨行业、跨地区、综合型的大型集团发展，希冀拓展金源集团的发展空间。另外，根据我事后的推测，黄如论先生如此而为，还有一个不愿示人的目的，借用军事术语说，为了未来向外地发展，先搞它一个火力侦察。

综上所述，我们可知这时的黄如论先生，已经是一位具有前瞻性的企业家了！

同时，黄如论先生又是一位深谙毛泽东军事思想，并遵照“没有重点就没有政策”行事的实干家。换句话说，他在此时此刻虽然有着各种各样的想法，可是他非常清楚自己的根据地是福州，努力打造的主体企业依然是房地产业。为此，他在1995年，亲率福建金源实业集团重磅出击，投资人民币4.8亿元，在福州市万商云集、寸土寸金的五一广场南翼，兴建33层、总建筑面积达12万多平方米的高级写字楼“金源大广场”。

从“国泰大厦”到“金源花园”再到“金源大广场”，从现象上看，他精心设计、组织施工的建筑一座比一座大。自然，这一座比一座大的建筑投资也随之增加。同时，也说明黄如论先生通过盖房子，实现原始资本积累的目标也越来越接近了。作为写书人，我更关心黄如论先生在完成原始资本积累的过程中，他的建筑理念——或曰建筑风格又是如何完成的呢？为此，我曾直截了当地问道：

“您实现原始资本的积累，必须通过盖房子赚钱；可是您在赚钱的过程中，又是如何完善您的建筑风格呢？”

说到建筑风格，这是黄如论先生的长项。在我的想象中，他一定会洋洋洒洒地大谈特谈有关建筑风格的时代特点、民族特色以及中西合璧、融会贯通，方能形成一家建筑风格等专业问题。然而出我所料的是，他竟然如此平淡地说道：

“柱子哥！我记得你说过这样一句话：风格即人。对此，我是十分赞成的。因此，要想弄明白我的建筑风格，必须先认识我黄如论这个人。”

我有些愕然地望着黄如论先生点了点头。

“我黄如论是一个什么样的人呢？是一个有霸气的人！这种霸气，是洞察现状，胸有成竹，放眼未来的气概，是建立在正气基础上的阳刚。人，只要有了这种霸气，或曰阳刚之气，他就一定要体现在你的书法、绘画、音乐、文章以及建筑之中。这就是属于你独有的风格。”

我听了黄如论先生这番宏论不能说不对，但我仍然感到解决不了我提的问题，遂微微地摇了摇头。

对此，黄如论先生似乎猜到了我的疑惑，又以反问的口气问道：

“柱子哥，你参观国泰大厦、金源花园、金源大广场后有什么感想？”

“最突出的感想是敢为人先。”

“对！国泰大厦，为提升福州的商业面貌，做出了贡献；金源大广场，为树立金源品牌、铸就高尚典雅、有金源特色的建筑风格打下了坚实的基础。这也就是我黄如论的建筑风格！”黄如论先生说罢得意地一笑，很是自信地说，“请你想一下，有哪一个靠着自己的实力起家的房地产商，有这样敢为人先的大手笔？”

我信服地摇了摇头。

“换句话说，我的霸气体现在建筑上，就是所建房子大气，敢为人先。唯有如此，我才会有后来的‘我们造城’的理念，才有全世界最大的单体购物中心。”黄如论先生说罢平静片时，又笑着说道，“详情待下回分解吧！”

根据以往的经验，我与黄如论先生关于建筑风格的谈话到此结束了，遂不太情愿地说道：

“好吧！客随主便。”

据我所知，黄如论先生大体上是属于定向型的思维，但有时也会冷不丁地出现跳跃型的思维信号。换句话说，在我们二人交谈的过程中，他偶然也会偏离主题，出其不意地提出一些问题让我回答。今天，就是一个最典型的例子，他突然话锋一转，出我所料地搞了一次突然袭击，他分外认真地问道：

“柱子哥，请你告诉我，当年毛主席下井冈山的真正目的是什么？”

或许是我的情绪依然留在关于建筑风格的交谈中，所以十分简单地答说：

“为了红军的发展。”

“是真的吗？可不能拿教科书上的结论对付我哟！”

“教科书上的结论可不是这样写的！”

黄如论先生深知我对待学术问题的严肃性，他再一看我一脸认真的样子，遂笑着说：

“那就请柱子哥把你的结论告诉我吧！”

我沉吟片时，随手拿起茶几上的三只茶杯，按着由南向北的方向平行摆开。接着，我伸出右手指着中间的一只茶杯说：“假设这就是井冈山！”旋即，我用右手指着右边的一只茶杯说：“假设这就是湖南的潇水！”然后，我又用右手指着左边的一只茶杯说：“假设这就是江西的赣江！”我抬起头，看了看黄如论先生那紧蹙眉头的样子，遂又指着茶几上的三只茶杯，像是指挥员在推演沙盘那样说道：

“井冈山位于罗霄山的中段，南北长数百里，真可谓是山道崎岖，难于通行；再加上满山遍野的茂林修竹，没有种植粮食的农田。因此，井冈山上人烟稀少，只有山下各县才有种植粮食的老百姓。”

黄如论先生深思不语，似在琢磨我讲的内容，又似在等待我继续讲下去。为此，我郑重其事地说道：

“从军事战略学上讲，打仗，一要有兵源补充，二要有粮仓供给。这就是当年诸葛亮为了争夺汉中这个兵源、粮仓之地，一而再、再而三地出岐山、伐北原的真正原因。精通历史的毛泽东，他不仅知道诸葛亮用兵的历史掌故，而且从现实出发，他也绝对不会靠着下山挑粮来维持井冈山革命根据地的。”

黄如论先生微微地点了点头。

接着，我又指着茶几上左右两只茶杯，严肃地说道：

“您来看，井冈山西有潇水，东有赣江，它被夹在这一江、一水之间。一旦遇上敌军大规模进剿，向东面转移，有赣江拦路；向西面出击，有潇水阻隔。换句话说，没有‘打得赢就打，打不赢就走’的回旋余地。因此，中国工农红军要发展，中国革命根据地要扩大，就必须走下井冈山，向着赣南、闽西前进。”

黄如论先生是一个率性而为的人，他不由分说就一挥右手，非常兴奋地说道：

“你讲得实在是太好了！也太对了！”

我就像是丈二的和尚——摸不着头脑那样望着兴奋不已的黄如论先生，似乎是在问：“我讲的好在什么地方？又对在什么地方？”

黄如论先生很快平静下来，他看着我无限感慨地说了这样一段实出我所料的话：

“柱子哥，你知道吗？我在动手兴建‘金源大广场’的时候，也碰上了同样的问题。”

我一听黄如论先生这番话语，敏感地猜出一个新的采访题目就要登场了。遂有意地问道：

“黄老弟，您能讲得更清楚一些吗？”

黄如论先生依然沉浸在兴奋之中，他连声说罢“可以！可以。”接着，又对我讲了如下这段记录在案的话：

“后来，我认为在福州的发展，很快就到阶段性的顶峰，再向前发展就有局限了。我当时就想，要把企业发展大，就必须到外面去。再后来，我看了毛主席的书，懂得了‘星星之火，可以燎原’的道理。因此，我就确定了以福州为根据地，向外发展壮大企业的方针。”

“向何处发展？”

“南昌！”黄如论先生说罢有些得意地说，“当年，毛主席下了井冈山，向我们福建闽西发展；如今，我黄如论走出福州，要向江西南昌发展。”

“当年，您确定走出福州的发展方向，为什么不选择南下深圳、珠海，北上温州、宁波、杭州或上海呢？”

“当时，你所说的南下或北上的这些城市，房地产开发已经有了相当的规模，在我没有完成原始资本积累以前，我是没有实力去和人家竞争的。”

我非常赞赏黄如论先生这种实事求是的精神。

事有凑巧，就在黄如论先生到南昌投资房地产前后，我为写作史传文学《毛泽东周恩来的长征》也来到江西深入生活。那时，由于各种主观和客观的原因，革命老区的很多男女青年都南下深圳、海南等特区打工去了，似乎改革开放的脚步显得慢了很多。为此，我曾向江西省的一位作家求教，他操着自嘲的口吻说了这样一句话，令我难以忘怀："大作家！您知道吗？我们江西省的东边是福建省，西边是湖南省，我们江西位处中央，不东、不西，不是东西嘛！"一句话，那时的江西省在政治上是比较闭塞的，在经济上也落后于周围其他的省市。

"黄先生！对于您去南昌投资房地产，江西省有关负责同志一定鼓掌欢迎吧？"

"欢迎！但他们还是派人到福州调查我们的家底，结果认为我们的名声不错，才让我们到南昌投资。"

"您初到南昌的投资方针——或发展策略是什么？换句话说，是大干，是中干，还是小干？"

"简单地说，我在南昌发展的策略是短兵相接，速战速决。用毛主席的话说，用以战养战的办法，要求很快就打胜在南昌的战役。"

黄如论先生讲得头头是道，我听后如入五里雾中。接着，他又给我讲了如下这段记录在案的话：

"我刚到南昌的时候，先买了一座烂尾楼，然后马上装修、加层、立即出手，等收回资金再盖一座'南昌金源国际贸易中心'。这个贸易中心21层，12.5万平方米，是南昌标志性的建筑。我当时的这种策略，也是以快制胜，以短带长。我买烂尾楼，是为了马上收回现金，盖'南昌金源国际贸易中心'，是为了打品牌。"

我终于听明白了：黄如论先生在南昌采取的发展策略，和当初在福州搞开发如出一辙。事后追论，这是在原始资本积累尚未完成之前，或者流动资金受到限制的时候，主动采取的一种灵活变通的策略。

黄如论先生指的烂尾楼，就是现在位于南昌市风景宜人的抚河公园旁边的“南昌桃苑大厦”。占地面积16亩，总建筑面积3.2万平方米，楼高九层，一、二层为大型商场，三至九层为现代专业写字楼。大厦内三菱空调可以分区随意享用，漂亮的流线草幕墙引领城市建筑新风尚，直到今天，还是南昌市一道美丽的风景线。

“请问，这座‘南昌桃苑大厦’总投资是多少？回报率又是多少？”

“总投资不到1亿元，回报率嘛，不到一年，我也赚了它一两千万元。”

黄如论先生把建筑“南昌桃苑大厦”的资金以及赢利的钱，用来支持建设“南昌金源国际商贸中心”。该项目占地40亩，总建筑面积12.5万平方米，地下停车场1万平方米，是一座21层星级酒店兼高级写字楼和两座19层的高档公寓，巍然耸立在长跨二百多米的四层裙楼上，气势磅礴，堪称在江西轰动一时的建筑典范。值得一提的是，至今仍然稳居南昌市单体建筑面积之最。可以想见，它不仅为金源集团打出了品牌，也为金源集团积累原始资本立下了汗马功劳。

与此同时，黄如论先生为了拓展自己的事业，自然也是为了加快金源集团原始资本的积累，他在福州相继设计、开工了“金晖新村”、“晋河新村”、“乌山大厦”以及在南昌兴建“海联大厦”等。笔者不可能——也没有必要一一展现上述建筑的全貌，以及在兴建中的各种故事。为了让读者了解黄如论先生在建筑行业中前进的步伐，容我扼要地解剖一下“金晖新村”吧！

“金晖新村”位于福州市连江路，投资4.7亿元，总建筑面积达28万平方米，由37幢高级商住楼组成。日后，我到福州曾光顾过名震一时的“金晖新村”，留给我的整体印象是：新村内丛丛翠竹弯腰迎客，片片细草随风摇曳，绿化率超过30%，自然空气清新宜人。另外，小村内还配有商场、幼儿园、文化中心、医院和大型娱乐场所，处处体现以人为本的建筑理念。从某种意义说，它就是北京世纪城中一个小区的缩影。像这样一个功能齐全的成熟社区，必然一开盘就会出现抢购热销的火爆场面，并在年内全部售罄结案。自然，“金晖新村”等建筑的热销，又加速了金源集团原始资本的积累。

随着金源集团投资规模、建筑面积越来越大的走势，黄如论先生也尽显其指挥的才能。他忽而飞到南昌查看“南昌金源国际贸易中心”的质量，忽而又回到福州督促“金晖新村”等建筑的进度。他虽然刚过不惑之年，但却能做到处变不惊，笑迎困难，已经显现出了运筹帷幄内，决胜千里外的才干。同时，他也初步具备了“临大战而不乱”的优秀房地产商的素质！由此反观今天的黄如论先生，他能够从容不迫地指挥金源集团旗下的昆明、贵阳、长沙、合肥、腾冲等公司，并在同一时期兴建近2000万平方米的建筑，完全是从实干中一点一滴地积累起来的！

黄如论先生如此顽强的拼搏，不息的奋斗，在福州、南昌一干就是八年，难道仅仅是为了金源集团的原始资本积累吗？否！诚如前文所述，他是为了给社会作贡献。为了说明在这八年当中，黄如论先生为社会作了哪些贡献？我扼要地摘录了他做的一些善事，抄写如下：

第一，为了促进福州国际招商、增进福州世界经贸文化交流，黄如论先生应福州政府的请求，自愿无息为市政府垫资人民币2.3亿元，承建具有福州标志意义的“福州国际会展中心”。接着，他亲自坐镇指挥，以雄厚的实力和惊人的速度按市政府的要求一年建成，并交付使用，再一次引起世人的瞩目和盛赞。同时，也证明了黄如论先生赚钱，是为了给社会作贡献的允诺是真诚的。

第二，慷慨捐资，无私回报桑梓。为了简明扼要地说明问题，我抄录了如下这组数字：

1993年，捐赠400万元兴建福建省连江博物馆、连江陈弟公园、连江民兵训练中心；

1994年，捐赠638万元，分别用于拓宽福州市福新东路，改善福州的交通面貌；兴建连江四中黄云钦教学楼；铺设连江马鼻至拱头水泥路，设立马鼻中心小学教学基金，以及设立连江马鼻辰山村老人赡养基金会；

1995年，捐赠200万元建设罗源县一中格致楼。为追宗溯祖，成立黄氏老人基金会，从1995年起，发给云楼黄氏60岁以上的老人每人每月50元生活补助费，直致逝世为止；

1996年，捐赠78万元，给福州公交公司用于添置新的公交车，进而提升城市品位；

1997年，捐赠2590万元给社会各界，分别捐赠于福州市国际会展中心，捐资兴建筱埕村希望小学、连江一中教学科技楼、福建省统战部“海联中心”，修缮福建省政协委员会友谊之家、连江环境绿化工程、连江医院门诊部以及福建省见义勇为基金会等社会团体。

第三，为职工分利，为部属解忧。

在我与黄如论先生的多次交谈中，他多次讲到公司赚钱不仅是为了发展事业，而且还要让公司的职工能够得到实惠的利益。为此，他修正了原来不科学的股份赠送办法，从项目的利润里拿10%送给公司部门副经理以上干部。有鉴于那位副总经理诈骗股份的教训，遂开始了有条件地赠配送股，一年结算一次。前提是，只要在工作期间没有犯错误，都可以享受这种权利。这样，公司的职工除去工资、奖金以外，还要拿到一笔可观的股份。

需要说明的是，那时我们国家尚未实行股份制，仍然处于经济学家撰文呼吁的阶段。

稍微年长的同志都知道这样一个事实：在吃大锅饭的年代里，住房是天字第一号的难题。对此，黄如论先生也了如指掌。他为了帮助部分职工解决住房难的问题，决定从商品房中拿出一定数量的住房，按照在公司职务的高低，无偿地分给有关的职工。举例说，当高尚住宅“民安新村”落成之后，他一次就拿出了13套商品房分给了职工。

如果说见微知著是真理的话，那么黄如论先生日后能成为全国知名的慈善家，是因为他一步一个脚印地实践着为社会作贡献的允诺！

花开两朵，各表一枝。黄如论先生历经八年艰苦卓绝的创业，终于在家乡福州市的房地产界打出了一片天地，也超额完成了原始资本的积累。日后，我曾经半开玩笑地和他说过这样一段话：

“当年，毛主席在延安生活了13年，从政治、军事和组织诸方面，都做好了与国民党进行战略决战的准备。因此，他毅然率部东渡黄河，不失时机地进驻西柏坡。阁下在福州打了八年天下，有了钱，有了队伍，也有了指挥更大战役的经验，难道您就不想动一动吗？”

“想啊！但是，搞房地产的人都懂得这样一个道理，去什么地方发展，必须先要评估天时、地利、人和，方能较为准确地预测未来的成败。换句话说，你到那里盖的房子能不能卖得出去。”

黄如论先生所说的天时，就是国际政治、经济发展的大背景，以及国内政坛的态势和即将出台的经济政策；所说的地利，就是要预先调查清楚要去的城市有多大发展的空间；所说的人和，就是金源集团这个团队中绝大多数骨干所持的态度。把话说白了，作决定之前，一定要讲民主，不能一个人说了算。对此，我是赞成的，遂又近似调侃地说道：

“看来，你黄某人是要集占天时的曹阿瞒、得地利的孙仲谋、讲人和的刘皇叔于一身啊！怎么样？按照天时、地利、人和的顺序讲给我听听，好吗？”

“好！”黄如论先生轻轻地叹了口气，说道，“那时，所谓天时，最糟糕！东南亚各国相继出现了金融风暴，通货膨胀导致了经济大萧条；说到地利嘛，也不很好。就福州而言，受东南亚金融风暴的影响，许多侨商从中国撤资，回国救市，房地产业很不景气；恰在这时，我们公司又因‘乌山大厦’与中介公司对簿公堂，大家的情绪也受到了影响。”

“乌山大厦”，是福州金源房地产有限公司与福州市政府合作的项目，是座11层的高级写字楼。由于该建筑背山面水，环境清幽，再加之有市政府的牌子，因而建成以后一定会热销。这时，黄如论先生分兵南昌，同时在两个战场上作战，一时间公司的人手顿感不足。他和福州市政府机关事务管理员几经磋商，决定委托中介公司“龙宇集团”总代理“乌山大厦”的销售。但是，出所有金源人所料的是，中介公司“龙宇集团”销售完“乌山大厦”所有的房子，把大量的钱转入自己的账户里，梦想去开发自己的项目，借以赚得更多的钱。与此同时，他们又编织各种美丽的谎言，就是不偿还福州金源房地产有限公司和市直房地产公司应得的钱。

很快，所有金源人都知道了中介公司“龙宇集团”赖账的事情，为了维护金源集团的利益，相继找到黄如论先生，坚决要求把中介公司“龙宇集团”告上法庭，追讨欠款。对此，黄如论先生却显得异常冷静，说道：

“请大家放心！我一定会以法人的身份和中介公司‘龙宇集团’打官司。但是，我更希望你们多花些心思想一想，我们公司下一步的出路在何方？”

对此，很多金源人想不通，欠债还钱，天经地义，为什么不尽快追回“龙宇集团”的欠款？这其中有没有难言之苦？对此，黄如论先生讲了这样一段话：

“急是没有用的！一句话，我们不能让‘龙宇集团’的不义之举牵着我们的鼻子走，相反，我们要笑看‘龙宇集团’是如何一步一步地走向灭亡的！”

“行吗？”

“行！我们一定要相信这句古训：善有善报，恶有恶报，不是不报，时间未到，时间一到，一切都报！”

黄如论先生的预言很快得到了应验。请看，他当时的秘书林褚先生讲的如下这段话：

“本来说你拖欠人家的钱，一两年应该还给人家了，但‘龙宇集团’不这样想，他就想拿着这笔钱去开发。但他没想到诉讼程序一启动，‘龙宇集团’公司的财产全部被查封，后来他就调不动资金，社会名声也就臭了，最终在社会上彻底失去了信誉，一事无成！”

黄如论先生在与中介公司“龙宇集团”打官司的时候，他一面结算回国后八年以来的原始资本积累——在福州、南昌总共赚得了多少钱，一面悄然北上搞调查研究，很快就作出了这项重大决定：

向北京进军，在首都房地产界干出一番更大的事业来！

……

第四章 进军北京

天道酬勤

一

北京，自元朝定都开始，除明朝初期、中华民国等几个短暂的历史时期以外，都是我国政治、经济、军事、文化中心。在七百多年改朝换代的历史长河中，又多次展现出这样一条规律：历代的政治家想获取九五至尊的地位吗？就必须先占领北京，方能号令天下；各地的商人想发迹和操控全国的经济命脉吗？就必须先不惜血本，用钱打通和京城达官贵人的关系，方能达到所谓携手共荣、进而取得互惠互利之目的。用老祖宗的话说，钱能通神，或曰有钱买得鬼推磨；用当代一个特大走私犯的话说：在当今的社会中，没有用钱打不通的关节（大意）。至于军事、文化等，与拙作无关，略。

我国自改革开放以后，由于思想观念、国家体制等处于极大痛苦的变革中，因而北京既是领导这场革命的火车头，也是中外豪商大鳄翘首攀附握有实权的新贵、进而达到官商勾结并获取暴利的中心。用老百姓的话说：有权就有钱，有钱好用权。或许是北京是全国政治、经济的制高点，所以大小商人都想到北京做发财梦。自然，在北京占有所谓天时、地利、人和的商人是极少数，登龙门而身价百倍者就更少之又少了！

对此，我从未和黄如论先生谈议过。

或许是我出自作家那特有的敏感——本能地认为对于写作《我心目中的黄如论》有所助益，有关黄如论先生挥师北上、进京发展这个议题，我们二人却进行过多次探讨。

在我与黄如论先生的交谈中，曾经郑重地指出：东南亚金融风暴不仅影响了福州房地产业的发展，而且对北京也产生了巨大的影响。我清晰地记得那时京城的房地产业十分萧条，盖好的楼房少有人问津，说到价钱，只有当今的五分之一，就说城内城外准备建房的大片空地吧，也长出了齐腰深的野草。因此，我有些不理解地问道：

“黄先生！您当时应该知道北京的这些情况吧？”

“当然知道！”黄如论先生说罢又微笑了一下。

“您这不是明知山有虎，偏向虎山行吗？”

“是的！”

“为什么呢？”

“你还记得我回国投资的事吗？”

“当然记得！对此，我曾经对您说过这样一句话：这是逆势而上并取得成功的范例。”

“我这次挥师北上，也是逆势而上啊！”黄如论先生说罢有些得意地笑了，“柱子哥，你是研究毛泽东的，怎么样？讲一讲‘势’在战争中的作用好吗？”

我听后愕然一怔，因为我们二人在交谈中经常讲到这个“势”字，就在不久之前，他还曾就《孙子兵法》中这段话谈过自己的看法：“激水之疾，至于漂石者，势也；鸷鸟之疾，至于毁折者，节也。是故善战者，其势险，其节短。势如彍弩，节如发机。”我沉吟片刻，很快就明白了黄如论先生问话的目的，那就是借我讲解“势”字在军事上的作用，进而证明他挥师北上、进军北京的聪明。我微微地点了点头，遂有意地说：

“这是一门大学问，留待以后再说。今天嘛，我从实用主义的角度说一下。势，对于军事的角逐、商战的胜负都是不可或缺的。为了胜利，一要借势，二要造势。”

“今天就只谈借势，好吗？”黄如论又有意地说。

“好！”接着，我指出从军事态势的发展看，借势应分为顺势和逆势两种。例如：抗日战争爆发之后，毛泽东顺势提出红军改编八路军，并打出到敌人后方去的旗帜，这样不仅堵住了蒋介石妄想消灭中共和红军的嘴，而且也为未来建立敌后根据地、发展革命武装抢占了先机；再如：皖南事变之后，全国的民心都在中共一边，就说八路军和新四军吧，主张与蒋介石兵戎相见者也不在少数。但是，党中央为了抗日的大局，自然也出于自身利益的考虑，遂决定采用逆势而上，变军事反击为政治进攻。结果，不仅取得了粉碎蒋介石第二次反共高潮的胜利，而且也有利于抗日大局的发展。最后，我把话题一转，反问道，“您当时想没想过，逆势北上就一定会获得胜利吗？”

“不敢说一定会胜利，但认为胜算的把握还是有的。”

“为什么？”

“因为我在作出逆势而上的决定前，还考虑到了顺势发展的大格局。”

我听后一怔，顿感在黄如论先生的内心中，还有不被我所知的东西。正当我暗自思索做何提问的时候，他竟然侃侃而谈地讲了如下这段话：

首先，他讲自己为什么敢于逆势回国投资，他坚信党的改革开放的政策不会变；他为什么敢于顶着福建省八部委不支持外商开发房地产的通令，坚持负债也要把“国泰大厦”盖完，那时因为他知道邓小平在南巡讲话中明确地指出：“多搞点‘三资’企业不要怕……是社会主义经济的有益补充，归根到底是有利于社会主义的。”接着，他也突然把话锋一转，说道：

“柱子哥，你应该记得吧？1997年还有一件大事，那就是邓小平同志逝世。”

“记得！同时，我还记得，由于邓小平同志逝世，各国政要、商界的老板，都在观看中国政局朝着哪个方向变。”

“说句老实话，外商投资锐减，和这件事有关。”

“那您为什么敢于逆势而上，到北京开发房地产呢？”

“你应该知道啊，就在邓小平同志逝世不久，我就有了一个顺势而上的政治大背景啊！”

我当然知道这个政治大背景，那就是中国共产党第十五次全国代表大会于9月12日至18日在京召开。全会提出“坚持十一届三中全会以来的路线不动摇，就是高举邓小平理论的旗帜不动摇。强调……一定要以我国改革开放和现代化建设的实际问题、以我们正在做的事情为中心……着眼于新的实践和新的发展。”这在黄如论先生看来，邓小平同志虽然驾鹤西去了，但他所开创的改革开放的事业仍然会坚持下去的。至此，我不得不感慨地说道：

“黄先生！您的所谓逆势而上，是建立在顺势不变的政治大背景上的。因此，这种逆势而上的借势是万无一失的。另外，等其他商人醒过味来，您在京城的楼房已经拔地而起。一句话，钱应该您赚。”

黄如论先生听后不无得意地笑了。

对于黄如论先生是如何靠盖房赚钱的，我历来有着自己的看法。今天，我们之间的谈话气氛不错，我认为有可能把问题谈得更深入一些，遂又借势指出：华人世界中最富有的港商，以及国内各种行业中的所谓领军人物，无一不是借着中国政治发展的大势而发迹的。自然，也有不少企业家的倒闭和关张，也是被中国滚滚向前的政治大势所摧毁的。最后，我一针见血地说道：

“黄先生！如果说成也萧何，败也萧何是正确的话，那么中国在改革开放后兴起的企业家就是成也在‘势’，败也在‘势’。您说对吗？”

“对！”黄如论先生断然地说道。

“由此看来，您不单单是一位只会埋头苦干搞房地产的实干家，而且还是一位善辨政治风云的房地产商。从某种意义上说，是政治智慧和政治胆识帮着您赚了大钱。”

对此，黄如论先生微微地点了点头，遂又以调侃的口吻说道：

“柱子哥，你不是说过吗？聪明的商人一定要懂政治，但不能玩政治。”

“对！我想说的是，在玩与不玩政治的问题上，吕不韦、范蠡这两位商圣都不足为师。”

黄如论先生沉思片时，遂赞同地点了点头。

当我获悉黄如论先生挥师北指去北京发展房地产业的同时，我就很自然地想起当年毛泽东告别西柏坡率领党中央挺进北平的往事。那时，毛泽东等共产党人已经完成了带有战略决战性质的三大战役，蒋家大厦的倾覆只是朝夕之事了。可是，毛泽东依然忐忑不安地向共产党人提出进京赶考说，会不会考不及格？会不会做当代的李自成？等等。为此，我也曾向黄如论先生发出这样的提问：

“那时，您的同事、部属同意挥师北上吗？”

“不同意！再说得具体些，绝大多数的同事、部属都坚决反对去北京。”

“那您为什么还力排众议决定北上呢？”

“第一，我曾对你讲过，我认为在福州的发展，已经到了阶段性的顶峰，再发展就有局限了，要发展就要到外面去；第二，北京是中国的政治、经济、文化中心，我认为发展的空间非常大。当然，董事会开会的时候，很多人反对，认为北京井深水大，问题复杂，以不去为好。”

“那您为什么还执意要去北京创业呢？当时去其他的省市发展不少些风险吗？”

“把话说白了，我经过反复计算以后，同时又想到在福州、南昌两个省会干了七八年，我的欲望不能局限在省会城市里，一定要去北京发展。说得好一点，是人往高处走；说得白一些，就是我的欲望使然。”

这就是绝不甘寂寞且想做大事的黄如论先生！

接着，黄如论先生十分自信地指出：世上无难事，就怕有心人。别人在北京能做到的，我们也能做到。前提是，我不仅有了七八年房地产开发的经验和积累，而且在这期间还学习了《易经》、佛家和儒家的学问，对世间万物的看法有了新的认识。最后，他伸出四个手指头说道：

“最为重要的是，我至少可以带着4个亿的现金去北京搞房地产开发。”

“4个亿……”我愕然一怔，脱口而出。

“对！当年，我带着3000万人民币回福州创业，完成了原始资本的积累；今天，我要带着4个亿闯北京，一定要在京城搞出点名堂来。”

“您就这样率部北上了？”

“不！不是……”黄如论先生边笑边摇着头连声说道。

“这又是为什么呢？”

“为了确保在北京的投资胜算在握，我只身北上，在北京搞了8个月的调查研究。”

我猛然一听，感到有点新鲜；再仔细一想，又在情理之中。这证明黄如论先生还有着胆大心细的另外一面。

由于我与黄如论先生都是贫寒的农家子弟，所以他说罢“只身北上，在北京搞了8个月的调查研究”以后，我就禁不住地想起50年前只身来北京读书的往事……

1958年夏天，我如愿考上中央音乐学院附中。是年9月初，我告别了生养我的故乡，背着用蓝包袱皮包的各类书籍，怀着难以抑制的喜悦登上北去的客车，一路上听着《社会主义好》、《大跃进的歌声震山河》等歌声，不知不觉地到了北京。当我走出前门火车站以后，映入我眼帘的是熙熙攘攘、接踵擦肩的人海。或许是中央音乐学院刚刚从天津迁到北京，没人知道准确的校址在什么地方；也或许是我一身农村孩子的打扮，和中央音乐学院挂不起钩来，几乎所有的路人对我打听校址先是漠然一笑，继之又说声“不知道！”转身就离去了。谢天谢地，我从清晨问到中午，终于背着用蓝包袱皮包的各类书籍走进了中央音乐学院。可以想见，我这个来自农村的穷学生，又一定会在这所贵族学校中闹出不少的笑话。但是，令我至今难以忘怀的，是各种冷眼相视的面孔，还有那不同的讥笑声。这时，生性刚强的我没有资本回以眼色，只好默默地说着这样一句话：

“骑驴看唱本——走着瞧！”

时下，黄如论先生就要进京赶考了！虽说他现在已经是腰缠亿万的房地产商，可他的着装和气质依然是那样平朴，丝毫与富甲一方的商贾联系不起来。另外，我久居北京，深知这座天子脚下的古城，不仅留有八旗子弟的遗风，而且重官轻商的观念还深深刻在一些人的心中。因此，无论是赶考的秀才，还是升官发财的政客和商贾，只要他们一进京城，都会生出见人矮三分的感觉。为此，我很想知道黄如论先生走进北京时的样子和心态。

但是，我碍于所谓的面子，没有直言询问黄如论先生。

事有凑巧，我在采访一位当事人的时候，他却不经意地满足了我这一好奇心。

这位先生姓蔡，时任福州驻京办事处主任，中等身材，办事干练，再加上他那慈眉善目、未语先笑的形象，给我的第一个感觉就是一个训练有素、善于交际的同志。自然，也应是一个称职的驻京办事处主任。

时下北京的官场、商海无人不晓，各地驻京办事处有大小之分，穷富之别，可他们都有相同的两大功能：一是接待家乡来京办事的有关人士，再是利用具有地方特色的“糖衣炮弹”打通京城各种关节，为家乡的官员、商人以及老百姓谋取完全不同的福利。因此，黄如论先生只身进京考察商机，自应求助于福州驻京办事处。

据这位蔡先生说，黄如论先生进京之后下榻昆仑饭店，他穿着一身极其普通的休闲服装，如果再加上他那一脸的沧桑，就像是一位进京赶考的穷秀才住进了大观园，与身着西装革履的中外人士显得是那样的格格不入。或许是出于财大气粗的原因，他走起路来目不斜视，疾步如风，从不侧目那些冷眼旁观的路人；就说他设宴请客吧，更是随意、平常，绝无刻意的铺张和浪费。简而言之，不了解底细的人，一定会认为黄如论先生是一位土包子式的乡镇企业家，绝对无人相信他是一位身价亿万的房地产商。对此，这位蔡先生十分感慨地对我说了这样一句话：

“没想到啊，黄先生是如此低调的人！”

随着改革开放的深入发展，古老的北京也渐渐地躁动起来。那时，五星级饭店人满为患，饭桌上摆着所谓法式、俄式等国的大餐，也就是在这种灯红酒绿的包间中，神不知、鬼不觉地完成了各种签约，有的甚至还拿到了各类批件。当时，有人就曾公开地发过这样的牢骚：“北京改革开放的速度比深圳慢好几拍，但有权不用、过期作废的贪官污吏却出了不少。”虽说时光流逝了十年，但我至今还记得当时有这样一句流行语：

“北京的改革停在嘴上，深圳的开放表现在行动上。”

随着靠嘴皮子发财的人应运而生，在全国——尤其是在北京形成了一个新的人群，美其名曰玩空手道的。这种人开口就是我认识某某领导，闭口就是我和某某领导的公子是多年的铁哥们、铁姐妹，似乎一个大千中国就玩于他们的股掌之中。细心检点这些人，他们还有着一个共同的特点：看人下菜碟，逢人吹牛皮。

黄如论先生住进昆仑饭店以后，成天忙着接待这些玩空手道的所谓中介人。这些年来，他在福州也曾见过这种人物，但从没见过像北京这样能神吹海侃的牛皮大王。好在时下的黄如论先生已经是久经沙场、见过各种世面的房地产商了，绝不会被吹牛者的谎言所欺骗。他以静制动，以低调应对吹牛，用一句俗语说：你有千条妙计，我有一定之规。这个“规”就是不见兔子不撒鹰。更为有趣的是，有的中介人一看黄如论先生的衣着和谈吐，就十分主观地认为没有雄厚的资金，蹭一顿饭吃就不再露面了；有的中介人听说了一些黄如论先生的经济实力，遂为实现自己不可告人的发财梦，就添油加醋或无中生有地吹嘘自己，有多么了不起的人际关系和土地资源；更有甚者，竟然开门见山、大言不惭地说，只要满足其物质需求，就能很快拿到土地签约书，等等。开始，黄如论先生是热情待客，继之则是漠然对之，几天过后，他就完全识破了这些所谓中介人的庐山真面目，遂躲在房中闭门谢客，独自思索下一步棋该如何走。事后，这位蔡先生曾经对我讲了这样一段话：

“这些中介人牛哄哄地吹自己有多么厉害，我们的老板很快就识破了这些人，对我说：搬家，一定要绕过这些玩空手道的二手家伙。”

就这样，黄如论先生搬进了距离福州会馆（即福州驻京办事处）很近的国务院第二招待所。

接下来，黄如论先生又像是从菲律宾回到福州创业初期那样，在蔡先生的陪同下，亲自对北京的房地产业进行实地考察。有时，他以购房者的身份走进售楼处，询问不同地段的楼房价格，以及购房群体属于哪个阶层；有时，他跟着蔡先生察看那些准备开发、计划出售的地皮的位置，以及每亩的价格等。毫不夸张地说，黄如论先生历经长达八个月的“私访”，北京房地产业方方面面的情况全都了然于胸。借用一句军事术语来说，完成了战前实地侦察工作。多年之后，他对我说起这段“明察暗访”的经历，仍然喟叹不已地说了如下这段话：

“北京的情况真是复杂！但我认为世上无难事，就怕有心人。我自己亲身在北京住了八个月，反复调查，终于定下这样的决心：在北京别人能做到的，我们也能做到。那时，驻京办的蔡先生帮了我不少的忙。”

同样，这位蔡先生在长达八个月的陪同考察中，也较为全面地了解了黄如论先生的为人品格和经商理念，并得出这样的结论：黄如论先生是一个可以信赖的房地产商，他在北京的事业一定能获得成功。不久，他因为到了退休的年龄，正式向福州市委提出请辞驻京办事处主任，自愿来金源集团做黄如论先生的助手。

黄如论先生是个重情重义的人，更何况在京发展也需要一位尽快打开局面的得力助手，因而他欣然接受了这位蔡先生的请求，并在金源集团安排了合适的工作。从住房、轿车、薪金等方面也给了这位先生相当不错的待遇。

诚如前文所述，这位蔡先生是福州驻京办事处主任，他不仅熟悉福建方面的情况，而且还和在京工作的福建籍的官员——乃至中央机关、国务院各部委、北京市委属下的各单位等都有着纵的或横的关系，随着他加盟金源集团，就等于全盘接收了这些人际关系。也是在此前后，还有一位时任福州市常务副市长的同志弃官从商，自愿加盟金源集团。明眼人一看便知：黄如论先生尚未进军北京房地产界，他就完成了在北京发展的人事布局。对此，我曾对一位和黄如论先生稔熟的文友说过这样一段话：

“这就是黄如论先生的聪明之处！他不仅懂得刘邦的用人之道，更清楚自己在北京发展的不足之处。得这位蔡先生等政府官员，就等于得到了在北京发展所必需的人际关系。”

此乃题外之事，略而不述。

中国人是最讲乡情的，尤其是在闯荡江湖、出海经商等领域，更是把乡情、义气放在很重要的位置。我的老家是杂技之乡吴桥县，至今仍存有“江湖义气第一桩”的遗风。过去，北京设有各地的会馆，其性质就像是今天的驻京办事处一样，虽美其名曰为家乡人服务，但实际上还有通过在京为官、经商的同乡，进而达到窥视政情和商机的目的。对此，称职的驻京办主任蔡先生也是心知肚明的。他在陪同考察期间，经常利用职务之便，邀请在北京工作的福建老乡聚会，帮着黄如论先生了解北京的政情和商机。说起这段往事，蔡先生还对我讲过这样一段话：

“我们在北京的老乡很得力，当时文化界、企业界等业内外的老乡，出于乡情观念，提供了不少行业信息，不仅使我们的老板准确地掌握了北京房地产业的行情，而且也对未来在北京开发房地产提出了很好的建议。”

这对焦虑求助的黄如论先生而言，似乎又找到了当年初到菲律宾的感觉：他乡遇故人，不亲也是亲啊！多年之后，当黄如论先生再次谈起初闯北京的情景，他依然是真诚地感激这浓浓的乡情。或许我也曾经有过类似的人生经历，曾饱含深情地对黄如论先生说过这样一句话：“老乡见老乡，两眼泪汪汪！”自然，还有一句讽刺官场、商海中人假借乡情进行交易的话语，“一个老乡，赛过十个公章！”我没有放言讲出来。

说到商机，当时北京的房地产业虽然很不景气，然而却存在着极大的潜在市场机遇。自1996年以后，中央和国务院连续下发了几个文件，要求部署企业与中央各部委尽快脱钩。恰在这时，有很多部委因着急和旗下的企业脱钩，遂又引来资产重组和福利分房等问题。不久，中央又下达了有关文件，明令取消福利分房，采用货币购房，并开始实施银行按揭。虽说这一系列的房改政策引来了各个阶层——尤其是老革命们的非难，但是却为中国房地产业的发展打开了大门。所以，在可预期的时间内，中央各机关、国务院各部委、大学林立、文化科技精英云集的首都北京，必将出现一个前所未有的购买住房的热潮。这对房地产商而言，就是天赐的潜在商机！

商机，在我国传统的文化里，应当包含在广义的机缘之中。按机缘说，有的商机与你擦肩而过，是缘分没到。然而在我看来，机缘对任何人都是平等的，只是因为有些人不懂得机缘有两个层次：一曰识缘，二曰善断，所以他们要么不识机缘，要么识缘不断，白白丢掉了商机而抱憾终生。换句话说，只有识缘善断的人才能抓住商机，做成事情。就这个意义上讲，我认为黄如论先生是一位识缘善断的房地产商。请看如下事实：

黄如论先生来北京考察的目的，只是想把房地产业做得更大、更好和更有影响，并没有想建世纪城、时代购物中心等这样宏大的建筑和一些具体的想法。换言之，如果在其他城市能够实现他于茫茫然中的这些想法，也不一定非要到北京闯天下。因此，就在他整装待发去北京的前夕，山东省委省政府通过招商引资，希望黄如论先生能来济南投资房地产业。他收到邀请之后，立即飞赴济南进行考察。在有关人士的陪同下，他用心地在济南看了三天，发现“只有二十多亩地像豆腐干那样的分布，他就不愿意干了。”说起原因，他对我讲过这样一段话：

“我经过反复的计算后，想到在省会城市我已经做了福州和南昌，济南的项目都搞好了，也好不到哪里去。但是，我于冥冥之中感到，北京的项目搞好了，发展的空间就会非常大。因此，我决定放弃济南现成的项目，毅然只身飞赴北京进行实地考察。”

由此可见，黄如论先生是何等地识缘、善断。

黄如论先生在北京考察期间，也曾经萌生过在长安大街盖一幢标志性建筑，借以在北京打出金源集团牌子的想法。但是，他经过缜密的调查研究之后，很快就发觉北京不是福州，走先盖标志性的建筑“国泰大厦”的老路是行不通的，遂又断然地否决了这一想法。

这说明黄如论先生不是一个教条主义者，他在选择商机的时候是实事求是的，也是因地制宜的。

然而，当黄如论先生的思路回到取消福利分房、采取货币购房以后，他的脑海中渐渐出现了这样一幅画面：北京数以百万计的大小官员、大中小学教师、科学家、文艺工作者，还有收入很低、数不胜数的工人、市民等都在为住房呐喊、为购房筹钱四处奔走……这时——也只有在这时，他的职业良心就很自然地向着弱势群体倾斜。随着在北京考察的不断深入，他不仅看到了这是北京——甚至是全国最大的潜在商机，而且也逐步地确立了为北京中、低收入者盖房的念头。或许是黄如论先生出身贫寒使然，他又进一步地想到建什么样的楼房和小区，才能让北京中、低收入者一是买得起，二是还能过上起居衣食都很方便的好日子。

这说明黄如论先生在选择商机的时候，是融入了个人情感的，那就是不以赚钱为终极目的，坚定地为北京中、低收入者建房。也就是在他的心灵与客观存在的商机碰撞出火花之后，一个了不起的建筑理念渐渐地生成了：

我要造城!

……

二

毛泽东曾经说过：“人的正确思想是从哪里来的，是从天上掉下来的吗？不是！”我也曾经多次想过：黄如论先生“我要造城”的建筑理念是从哪里来的，是从天上掉下来的吗？也不是！我以为比较正确的结论，是从他长期生活阅历和建筑实践中逐步积累起来的。

我们以此反观黄如论先生在北京考察期间，从一开始为中、低收入者盖房、盖好房，到逐渐形成“我要造城”的建筑理念，也是经历了两个不同的阶段：一是感性的设想，二是理性的认识。就说他把“我要造城”的理性认识，化作未来在北京建成大型综合社区“世纪城”，也是在痛苦的建筑实践中逐渐完成的。

作为作家，我感兴趣的不是黄如论先生“我要造城”的建筑理念，而是他如何把“我要造城”的建筑理念，变成大型综合社区“世纪城”的。就说准备写作《我心目中的黄如论》吧，我不仅要了解这一具体转化的过程，而且更要关注黄如论先生在这一具体转化过程中的心路历程，以及他还有哪些鲜为人知的典型事例。为此，我曾经和黄如论先生进行过一次交谈：

“黄先生！当年，毛泽东为了取得三大战役的胜利，他曾有计划地设计了这样的顺序：先发起辽沈战役，继之再适时发起淮海战役，最后，才发动平津战役。就说每一个战役吧，他又分作不同的阶段，最终完成了与蒋介石的战略决战。请问，您是如何把‘我要造城’的建筑理念，一步一步地化做大型综合社区‘世纪城’的？”

黄如论先生听我讲完以后有点难为情地笑了，遂诚惶诚恐地摇着头说道：

“柱子哥！首先，一定请你把‘我要造城’改成‘我们造城’，因为这是全体金源人的理想和功劳；其次，你可千万不要把‘我们造城’

的理念，和毛主席当年的三大战役相提并论。虽然说我建‘世纪城’的时候也分为三个阶段，叫一期、二期、三期，但也不等于是淮海战役的三个阶段。”

我非常清楚黄如论先生此时此刻的真实心态，因而无需和他做些什么解释，遂又心照不宣地说道：

“当年，毛泽东在发起三大战役之前，不仅从军事、经济、组织等方面做了充分的准备，而且还为发起三大战役上演了一幕序曲，那就是‘济南战役’。请问：您为实现‘我们造城’做了哪些准备工作？在建筑‘世纪城’之前，上演过像‘济南战役’这样的序曲吗？”

“都有，都有。”

“请给我讲一讲，好吗？”

“好！”黄如论先生说罢凝思顷许，说道，“对于房地产商来说，他无论有着多么超前的建筑理念，想建筑什么样与众不同的楼房和社区，都必须一要有资金，二要有地皮。至于如何把‘我们造城’的建筑理念，化做未来大型综合社区‘世纪城’的，那也要视资金的运作、地皮的选择而定。还是毛主席说得好，吃饭要一口一口地吃。我们建房嘛，也要一幢一幢地建。”

“您的第一口饭是从哪里开始吃的呢？”

“在北京选地皮。”

“您在北京待了八个月，为什么要选定‘世纪嘉园’和‘世纪城’这两块地皮呢？”

“一是感觉，再是缘分。”

我虽然很早以前就听说过，黄如论先生为了深入学习传统文化，经常有所谓精通儒、佛、道等学说的“高人”出没身边，他们谈到高兴处，甚至到了畅谈不厌、几乎忘食的地步。但是出我所料的是，他今天讲到选地皮的时候竟然‘一是感觉，再是缘分，’真是令我惊愕不已了！为了不破坏我们二人谈话的气氛，或者说我是另有所图——借此了解黄如论先生精神世界中的另一侧面，遂又说道：

“黄先生！您详细谈谈在选地皮的时候，有什么不同的感觉和缘分，好吗？”

黄如论先生并未发现我这细微的变化，遂又十分认真地给我讲了如下这段话：

“人的第一感觉很重要，人的缘分也很重要，有时候看到一个东西，血脉里就有一种相通的东西。北京的东西南北我都走了，有的看了也不止一次，但都没引起我的兴趣。当时，我看中了两块地，很满意的一块在奥体，就是今天的‘世纪嘉园’。另外一块是在四季青，就是今天的‘世纪城’。说实话，我一看就选中了！当然，我表面上还不能做出一定要买的样子。”

“为什么？”

黄如论先生又习惯地狡黠一笑，有些得意地说道：

“接下来，还有谈婚论嫁的事要做嘛！”

我清楚有关地皮的谈话到此应该结束了，不然就要触及黄如论先生不愿讲的所谓商业机密。

据蔡训善先生说，奥体中心这块地皮，黄如论先生已经反复看过好几次了。在他看来，这里的地理位置实在是不错，再过10年，中国就要在这个地方举行奥运会了，可以想见，现在建起来的楼房一定有升值的潜力。直言之，这对未来购房的老百姓来说，是有着巨大的诱惑力的。同时，对建筑商而言，他盖的楼房也可以卖个好价钱。另外，特别重视“感觉”和“缘分”的黄如论先生，每到奥体中心看一次地皮，就增添一分要在这里投资建房的信心。换句话说，他就像是一个带兵打仗的指挥员那样，仅仅看到未来作战的地形，就确定了在此设伏、打歼灭战的决心。等到黄如论先生仔细算过“用地面积2.8公顷，总建筑面积18万平方米”以后，他就用力一拍茶几，大声说了一句：

“好！定盘子了。”

有意思的是，黄如论先生完全忘记了现在是万籁俱寂的深夜，更没有想到的是，和他住在一起的蔡训善先生早已鼾然入梦了。对此，蔡训善先生给我讲了如下这段话：

“那天夜里，我被他惊醒了。接着，他又对我说：起来，起来！跟我出去找中房的总经理，到奥体中心的项目现场去看地。我知道他的脾气，只好开车带着他找到中房的总经理，深更半夜的，我们三个人来到奥体中心，他摸着黑又看了看这块地皮，说了一句，我觉得容积率可以比规划的多，就拍板定案做了这个项目。”

说起四季青的名字，我是有发言权的。早在1963年9月，我就随北京“四清工作队”进驻四季青人民公社。当天，我这个中央音乐学院作曲系的学生才知道，因为这里的农民一年四季靠种大棚蔬菜过活，所以得了一个好听的名字四季青。历经近三个月的“扎根串联”、“访贫问苦”，偌大的一个四季青人民公社都装进了我的心里。随着改革开放向着纵深发展，四季青人民公社的农民逐渐地变成了工人，原来种菜的土地也随之变成了厂房。但是，唯有“世纪城”这片土地却无人问津，用老百姓的话说叫“撂了荒”。对此，我不明其中的原因，遂向黄如论先生请教。他对我讲了如下这段记录在案的话：

“说起四季青这块地，据说早在1991年就列入了‘城乡改造’计划。到1998年为止，前后谈了几十批人，也没有人要。原因嘛，以前这里是脏乱差的一片荒地，走进去两边都是坑坑洼洼，蚊子、苍蝇满天飞，我来回走了几次，连脚上穿的皮鞋都沤烂了。这一块地，在当时不被商家看好，市政府规划原本考虑作为体育活动场地，但存有争议，所以就搁置下来了。”

为什么不被商家看好？其实主要原因有两方面：其一，此地块面积大，有6000户居民，拆迁任务繁重，而且整体环境较差，缺少市政配套，需要做大量前期工作；其二，地块规划容积率过低，规划绿化面积大。这样一来，无论谁开发，都会面临付出成本与未来收益不成正比的困境。

赔本的买卖没人做，别人不愿开发，黄如论最初也疑惑不定。

但是，几次考察过后，黄如论还是被这块“上风上水”之地吸引了。他觉得，或许可以通过他的设计和理念，改变这块地的旧貌，将这里打造成一个全新的居住区，既实现他造城的理想，也改善当地的整体环境，做一件好事。

经过一番准备之后，黄如论找到当时的规划局副主任（已故），进行了一系列沟通协调之后，取得了共识，并召集各路相关专家召开了评审研讨会。他向专家提出了一套解决方案。在方案中，黄如论从历史文化积淀切入，细致分析了地块周边的生态环境和人文氛围，并介绍了地理位置和土质构造，向专家们详细说明了他的大盘设计理念和人车分流的社区布局，最终提出“适当提高容积率，保证社区47%绿化率，保证户户朝阳，提高社区居住舒适性，最大限度保留地区文脉，促进区域城市化进程”的整体开发方案。最后，黄如论的方案得到了专家的一致认可，但是与会专家也提出这种开发模式，需要巨大的资金支持，同时存在一定的经营风险，希望黄如论慎重。对此，黄如论胸有成竹地对专家表示，为了同四季青乡一道改变这块土地的面貌，建成布局合理，与周边香山、颐和园等和谐的新社区，配合海淀区的城市化进程，他有决心、有信心实现这一宏伟蓝图。

在此之后，黄如论向银行贷来巨资，迅速着手拆迁和七通一平工作，他立志将这片土地改造为一个优美、宜居的新区，服务于北京市的城市开发进程。

在这之前，我也曾旧地重游过，看到当年种大白菜的地方撂了荒，心里很不是个滋味。尤其我看到散居在这片撂荒地中的老百姓的生活，还曾发过几句牢骚。因此，我认为黄如论先生讲的情况，基本上是符合事实的。与此同时，一个不小的问号又在我的脑海中浮现而出：黄如论先生出于什么样的目的，一定要选在这里实现“我们造城”的理想呢？

对此，他对我讲了如下这段有案可查的话：

“四季青这块地当时无人问津，许多人看了之后，都望而却步，因为这里基础太薄弱了，准确地说，什么基础都没有，‘七通一平’都要自己投资建设。但是，这个地方是北京的西北方向，从《易经》上讲属生门，所以皇家苑林都建在这个方向。我经过周密的考察，认为这个地方是属阳宅，不是阴地；这里有龙脉，有灵气。我在北京走的所有地方，就觉得灵气都没有这边好；有的地方看起来好，但是，究竟是三分好还是四分好，还是几成的阳地？都没有把握。四季青这块地，虽然给人脏乱差的感觉，由于基础差，先期投入资金就会非常大，可我认为这里是‘生升之地’，有潜质可培育，从骨气和涵养之中，我认为这里是可开发的。几经深思熟虑，我判断这里是好风水，于是断然决定在这里开发房地产，实现‘我们造城’的理想。”

对于《易经》——尤其是由《易经》推衍而出的风水学，我从未专门研究过。虽说我赞成荀子的观点“善易者不占”，但是有关“夜不推易”说，我就不得其门而入了。过去，为了装点自己的所谓学问的面子，或者说为了写作之需要，我也曾经读过有关《易经》的著述。说到风水说，在我看来，就是把《易经》玄学化的一个变种，用一种近似神仙化的观点，解释客观存在的山水大地。我记得曾经会过一位自称是风水大师的所谓“高人”，他大谈北京“上风上水”和“下风下水”说，并以此佐证“世纪城”适宜人居住的理由。对此，我不以为然，问他：

“您应该知道元大都的城市中心建在什么地方吧？”

这位“高人”相当聪明，他一听就知道我问话的核心是：当初元大都的中心在莲花池周围的地区，恰好是地处今天被称之为“下风下水”的地方，对此应该作何种解释呢？他不愧是一位“高人”，先是对我淡然一笑，接着又很巧妙地说了这样一句话：

“此一时，彼一时。”

“当年，元大都毁于战火，和地处下风下水没有什么关系吧？”

“是的，是的！”

“在清朝统治的时代，地处上风上水的圆明园、颐和园，也没能逃过八国联军的炮火，从风水学上看，有什么犯忌之处吗？”

“没有，没有！”

接着，这位“高人”为了摆脱我紧追不舍的尴尬局面，遂就王顾左右而言他了。

我嘛，向来遵从这样的格言行事：“和知识分子打交道，不满足对方的虚荣心，一个朋友也交不了。”因此，我也就顺势结束了这次有关风水学说的交谈。

话又说回来，我再重新品味黄如论先生的上述言论，遂又很快梳理出他文化的多元性，其中“生生不息”、博大精深的传统文化——尤其是《易经》已经溶进了他的血脉中。由此可知，黄如论先生的文化积淀，已经从单一的“文革”文化向着多元文化发展。为了验证传统文化——《易经》等学说对他的影响，我有意问道：

“黄先生，您认为‘世纪城’这个项目能够获得成功，主要原因是什么呢？”

“十分简单，是理念的成功！”

“您可以说得更明白一些吗？”

黄如论先生微微地点了点头，遂又滔滔不绝地讲了如下这段记录在案的话：

“北京‘世纪城’这个项目，我是先立好理念，打造氛围，结合《易经》的思想才盖起来的。我认为这个地方一定会再升值的。因为过不了多少时候，昆玉河景观走廊修好后，这里就更是大不一样了。我认为北京‘世纪城’的成功，还是佛、道、儒三教思想的成功。我记得刚刚开发北京‘世纪城’的时候，都说黄老头神经病，认为这里是多少房地产商搞不起来的东西，你一个外地企业能搞得起来吗？但是，我有感觉这里是追逐之地，这里山水相处，有地缘，一定能获得成功！”

“您除去先立好理念，打造氛围，结合《易经》的思想之外，难道就没有其他的因素了吗？”

“当然有了！”黄如论先生以斩钉截铁的口吻讲了如下这段话，“第一，这里靠近香山、颐和园、圆明园，名胜古迹众多，先天条件不错；第二，文化氛围不错，北京大学、清华大学、北京外国语大学、首都师范大学，都在这周边，在人文方面有发展前景；第三，昆玉河水从这里经过，用易经的理论来分析，这里是难得的风水宝地；第四，这里没有被开发过，就好比没有打扮的女人最值钱。”他说到此处有些得意地笑了。

我听后微微地点了点头，没有再追问什么。

从此，黄如论先生决定在这块“生生之地”、有潜质可培育的地方，实现“我们造城”的理想。这就是未来集大型购物中心、星级饭店、高级住宅、写字楼、学校、医院、市政基础设施为一体的超大型综合社区——“世纪城”！

诚如望梅不能止渴、画饼不能充饥一样，理想必须靠着智慧、靠着奋斗才能完成。黄如论先生在确定了“我们造城”的目标“世纪城”以后，他粗粗地算了一下，未来“世纪嘉园”和“世纪城”的建筑面积不下400万平方米，所需要的资金至少也要一百多个亿。时下，他可资调配的流动资金只有4个亿，真是相去远矣，远矣！怎么办呢？他必须开动智慧的大脑，默默地陷入沉重的筹划之中！

诚如毛泽东所说：历史的经验值得注意！黄如论先生初到福州开发房地产的时候，他采取了以小至大，以小发展高的策略，首先盖了“金源公寓”、“民安新村”，用普通商品房取得的流动资金，再保证大型品牌建筑“金源花园”的建设；同样，黄如论先生在南昌发展房地产的时候，他采取的是短兵相接、速战速决的策略，先买了一幢烂尾楼，然后马上装修、加层，立即销售，用收回的资金再盖一幢标志性的建筑——“南昌金源国际贸易中心”。黄如论先生历经多少个不眠之夜，终于决定在北京实现“我们造城”的理想，也必须采取当年在福州、在南昌获得成功的相近的策略，那就是分阶段实施，一步一步地完成“世纪嘉园”和“世纪城”的建设。在我看来，他的这种策略大体分为由小到大三个不同的阶段。请看：

第一阶段：倾全力打造总建筑面积为18万平方米的“世纪嘉园”；

第二阶段：利用“世纪嘉园”收回的流动资金，立即启动“世纪城”第一期、第二期总建筑面积为120万平方米的建筑工程；

第三阶段：利用“世纪城”第一期、第二期收回的流动资金，相继开工“世纪城”占地面积120公顷、总建筑面积为252万平方米的第三期，以及“世纪金源大饭店”、“时代购物中心”等建筑。

从全局来看，第一阶段打造“世纪嘉园”的战役，就是黄如论先生实现“我们造城”的理想——建设大型的综合社区“世纪城”的序幕。

至此，黄如论先生完成了实现“我们造城”的全部构想。

可是，这时的黄如论先生却没有一丝一毫的兴奋之意，相反，他的心情是相当复杂的。打个比方，他就像是一位大战前夕的指挥员，虽说已经完成了胜算在握的排兵布阵，但只要战役没有打响，他就一定是吃饭不香、睡觉不安，战前那高度紧张的精神状态，也是不为局外人所理解的。另外，金源人都知道黄如论先生的脾气不好，可是很少有人晓得他还有临大事而不躁的另一面。一天，他平静地对蔡先生说道：

“老蔡，应该请北京有关的领导，去福州考察我们金源集团了吧？”

“对！”

蔡先生立即安排中房领导、海淀区领导前往南昌、福州考察。不久以前，蔡先生对我说起这次去福州、南昌考察的往事，还很动感情地讲了如下这段话：

“北京的老乡很得力，当时文化界、企业界等业内外的老乡，出于乡情观念，提供了不少行业信息。我们回到福州考察的时候，当时的福州市委领导出面接待，他们看了我们的工地现场，也打消了一些顾虑，回到北京以后，他们也帮着我们做了一些宣传。就这样，北京有关部门就批准了我们进京开发房地产业。”

通过上述分析，我们可以得出这样的结论：黄如论先生在选择“我们造城”的地皮的时候，是以传统文化的视角为标杆的；当他初步确定“世纪城”的建设将分三个不同阶段来完成的时候，他又回到了行之有效的先易后难、分阶段施工的基点；当他决定动工兴建“世纪嘉园”的时候，他又要求自己和全体金源人必须做到初战必胜。

首先，黄如论先生在北京长达八个月的考察期间，深知北京居民都有喜爱阳光的住房习惯。为此，他在“世纪嘉园”的户型设计上，必须解决“户户朝阳”的难题。他经过反复调查研究，又费去了不知多少个日日夜夜，终于想出了打破传统楼房模式的格局，创造性地设计出蝶形结构，它不仅为新户形的设计提供了更多的条件，而且也开创了京城住宅的新纪元。

所谓蝶形结构不单是建筑形式的改变，更为重要的是，只有蝶形结构才能真正实现明厅、明卧、明卫。换言之，也就真正做到了“户户朝阳”。另外，“世纪嘉园”户型的设计也是超前的，它以大厅面积布局，并组合出130到190平方米的多款户型，从而为不同层次、不同家庭状况的需要提供了多种选择的机会。同时，也为未来开创具有特色的“造城”模式，提供了可资借鉴的楼房样板。

另外，黄如论先生看到北京居民喜欢休闲的场所，因此他在设计“世纪嘉园”的时候，院子中的绿化率达到了47%，远远高于市政府规定的30%。这样，未来居住在“世纪嘉园”的居民不出社区，就可以享受到去公园休闲、健身的目的。

由此，我们可以看出：黄如论先生的建筑理念，始终是坚持以“民生”为导向，以“为民众盖房子”为宗旨。

其次，黄如论先生作为一个精明的房地产开发商，清醒地知道除去楼房所处的地段和质量以外，价格则是最大的竞争条件。因此，他把未来“世纪嘉园”、“世纪城”的楼房定价确定了一个标准，比周围的同类楼房每平方米减1000元左右。这样，不仅做到了让利于民，而且一定还会促进楼房的营销。自然，也就会实现资金周转的良性循环。

或许是出于作家的好奇心，也或许是感到写作《我心目中的黄如论》一书的需要，我曾直言问道：

“黄先生！您手中有什么秘密武器吗？是如何实现“世纪嘉园”、“世纪城”的楼房既确保质量、又要比周围的同类楼房每平方米减1000元左右的呢？”

黄如论先生伸出三个手指头，很是认真地说道：

“我的手中有三张王牌！”

“请问第一张王牌是什么？”

“依托我们金源集团的整体实力，在项目开发模式上，我们通过向社会公开招投标的形式，以规范的招标程序，将项目进行了外包。前来竞标的工程队大部分都有资质且信誉良好，其中还有一些是我们福建连江的建筑队。基于同为福建人的乡情和彼此间的信任，我们从中遴选出了一些有实力且管理规范的老乡的工程队，并最终以相对实惠的价格，实现了项目外包。在建筑过程中，我们自始至终实行严格、统一的质量标准，严把质量关。”

“是的！请问第二张王牌呢？”

“由于我们金源集团的麾下有着各种不同性质的公司，所以可以确保供应质量好、比外买便宜的所有建筑用材，这样就降低了建筑成本。另外，我还有一支与我合作、能打硬仗的建筑队伍，盖房的质量有保证，建设的速度也是相当快的。这样，又等于减少了不少费用。”

“那第三张王牌呢？”

“少赚老百姓点钱！”黄如论先生说罢笑了，而且笑得是那样的灿烂。

黄如论先生在北京长达八个月的考察阶段结束了！在他看来，只要回到福州一挥手，他的子弟兵就会立即开拔，浩浩荡荡地进驻北京，按着他预定的计划，到1999年年底以前，只需要半年多的时间，一个设计超前、规划齐全的高品质的商住楼群——“世纪嘉园”就在奥体中心拔地而起了。但是，令他始料不及的是，跟着他创业多年的绝大多数骨干分子，不愿意随他来北京发展，自然也不想为实现黄如论先生“我们造城”的理想继续奋斗下去。与此同时，福州市委又希望黄如论先生帮着建一座五星级饭店，不仅流动资金不够调用，而且那些不愿来北京的骨干分子又借口要求留在福州，指挥修建这座五星级饭店——即后来的“福州金源大饭店”。怎么办？黄如论先生再次摆在了两难困境之中！

我从未和黄如论先生谈过米勒的代表作《领导者的七次微笑》，自然也不清楚他知不知道公司从开始到结束，分为初创、成长、发展、扩张、成熟、衰退、结束七个阶段。按照米勒的划分，当时的金源集团至少处于“扩张”的第四阶段。令我不解的是，黄如论先生在智慧方面始终处在第一阶段，是公司的“先知”；在行动上一直是处于第二阶段，即“领导者必须转变为‘野蛮人’，带领群众冲锋陷阵，攻城略地”。这次，在解决去北京发展还是留在福州守摊的争论中，黄如论先生又采取了“权力必须集中，用独裁争取效率”的手段，以命令的口气说道：

“我去北京的决心定了，愿意跟着我去的，年薪和待遇不低于15万元！”

在当时，15万元人民币是一个不小的数目，对任何人都有着不小的吸引力。

或许是重赏之下必有勇夫，也或许是黄如论先生在金源集团中的威信使然，他很快就决定了去北京的名单，择日就搭乘飞机飞抵北京。从此，“世纪嘉园”的建筑工程也就正式动工了。

参加“世纪嘉园”施工的基本队伍，是经黄如论先生一手培育起来的，且又在福州、南昌打过许多硬仗。就常理而言，从建筑质量到施工速度，他还是应当放心的。但是，为了取得进京后的第一仗“世纪嘉园”的完全胜利，他就像是一位战地指挥员那样，白天拿着一杯热茶蹲在工地上，随时检查施工的质量；黑夜躲在简易的工棚中，用心地审视摆在桌面上的一张又一张图纸。对此，他身边的一位同志十分形象地对我说：

“白天，我们老板在工地上就是一位最有权威的监工，谁想偷工减料，都躲不过他那双厉害的眼睛；夜间，他又成了设计‘世纪嘉园’的工程师，随时调整不合理的设计，使我们的楼房更符合北京人民的需要。”

“据你所知，‘世纪嘉园’有开发模式改动的地方吗？”

“有啊！举例说，我们老板听说当时北京有内销房和外销房两种，外销房送家具，内销房是毛坯房，从不装修。我们老板为了打败竞争对手，抛开其他开发商既有的想法，变内销房既装修又送家具。这样一来，客户就蜂拥而至，抢购我们的‘世纪嘉园’了。”

“他这样事无巨细地工作，岂不太辛苦了吗？”

“是够辛苦的！我经常想，只有像他这样把工作当成事业，从中追求乐趣，才能够撑得下去。否则，就是一个铁人也会累垮的。”

“可以给我讲点具体的事例吗？”

“可以！我们的老板是个工作狂，他那种抓落实的作风是疾风暴雨式的，每走一步，都必须有结果，不达目的决不罢休。他为了完成工程，12月份在零下十多度的寒冬里，他还是呆在露天的工地上，皮肤都冻得粘起来了。建筑使用的水泥冻了，他就把铁桶放在煤气上加温。一句话，他绝不让不合格的水泥用在工程上。”

我听了以后，真是为黄如论先生这种超人的敬业精神所感动。接着，我又问道：

“‘世纪嘉园’按期完工了吗？”

“完工了！准确地说，在圣诞节前整体结构就完工了。正当我们准备开盘上市的时候，因为还差一个手续没有办完，盖好的‘世纪嘉园’就暂时不能上市了。”

我听后愕然一怔，下意识地问道：

“这是为什么呢？……”

三

建筑楼房的开发商和买房子的老百姓，都十分重视有关部门颁发的销售证。这是因为销售证在营销楼盘中的作用，就像是计划生育的准生证一样，有了它才可以上户口。否则，买卖双方都被视为非法。

按照法律的程序，房地产商在开盘之前，必须办齐全部手续，土地局才会核准颁发具有法律效用的销售证。但是，由于人所皆知的原因，某家银行说什么也不给金源集团做按揭担保，自然，土地局也因手续不全拒绝颁发销售证。这样一来，黄如论先生如期盖好的“世纪嘉园”，也就不能如期开盘营销了。

圣诞节就要到了，大家都等着在火爆的楼盘销售中过圣诞节、过新年。可是，“世纪嘉园”不能开盘、上市的消息，就像是一盆三九天的冰水，猝不及防地泼在了每一个人的心上，搞得大家顿时失去了过圣诞节、过新年的热情。就说跟随黄如论先生来北京的少数骨干吧，由于他们全部清楚“世纪嘉园”初战必胜的意义，所以他们一个个雾锁眉头，过着好不开心的日子。但是，当这些骨干想到“我们造城”的理想若要变成现实，唯有“世纪嘉园”快些收回资金。否则，不仅“我们造城”的理想化为乌有，就说大型综合社区“世纪城”吧，也要因此而停止开发。所以，他们又陷入了无计可施的痛苦之中。怎么办？他们就像往日遇到困难那样，把希望寄托在黄如论先生的身上！

黄如论先生或许是遇到的突发事件太多的缘故，他显得倒是平静了许多。白天，他一如既往地来到工地，检查即将开盘的楼房和不同户型的质量，和有关部门策划与人不同的营销方案；夜间，他独自一个人关在简易的工棚中，一边大口地吸着烟，一边暗自思索如何在圣诞节前，准时开盘销售“世纪嘉园”的办法……

那时，北京——乃至全国各地的开发商，他们销售楼房的办法大致分为两种：一是开发商仅仅拿到了批准开发项目的证明，他们就立即打出广告，招来买主，请买房的人先期注入部分资金，然后再动工开发。我记得当时的开发商，还给这种营销楼房的方式，起了一个看似合理的名字，叫卖项目。自然，这种所谓“卖项目”的楼房是无需销售证的。二是开发商拿到准许开发的证明以后，他们的楼盘刚刚破土动工，就开始大肆炒卖，美其名曰叫炒楼花。当然，这种“炒楼花”式的营销也无需销售证的。

黄如论先生是一位很有灵性的开发商，他举一反三，很快就想出了解决的办法。虽说夜深了，但他依然忍不住内心的激动，立即召集会议，掷地有声地说道：

“他们既然可以卖项目、炒楼花，我们为什么就不可以卖盖好的准现房呢？具体地说：我们如期开盘，让选中户型的顾客先交两万元，给他办一个认购书。一旦我们拿到土地局颁发的销售证以后，再给他们办理合法的契约。”

事后，当我问起这段往事的时候，林褚先生十分感慨地讲了这样一段话：

“我们老板采取变通的办法，让顾客交两万元办理一个认购书，由此改变了北京房地产出售准现房的格局。这种变困难为机遇的案例，堪称危机公关的范例。”

在我看来，黄如论先生这种变困难为机遇的公关范例，不仅把营销“世纪嘉园”这盘死棋给盘活了，更为重要的是，他还因此为金源集团注入了资金活力，为进一步实现“我们造城”的理想——建筑大型社区“世纪城”打下了坚实的物质基础。

黄如论先生不愧是一位懂得军事辩证法的开发商，他深知在营销“世纪嘉园”的过程中，没有借势而上的条件，随即他又改变策略——通过人为地造势，借以达到逆势而上的目的。用他自己的话说：“我要在天地逆旅中自拔于流俗。”为此，他利用精心设计的“怪事广告”，于1999年圣诞节前三天，同时刊登在《北京晚报》《北京青年报》等平面媒体上。所谓“三怪”：一“怪”户户朝阳，二“怪”准现房销售，三“怪”内装修送家具。一时间，消费者趋之若鹜，认购楼房者盈门，在不算大的销售部中，突然形成了京城房地产界一道亮丽的风景线。

历史竟然是如此的相似！七年前，黄如论先生在修建“国泰大厦”的时候，因政府出台的政策发生改变，他只好借高利贷给属下发放工资，一个人十分清冷地留在住处过年；七年后的今天，由于银行不给担保按揭，致使盖好的“世纪嘉园”无法正常销售。结果，他的手中已经没有多少可供使用的流动资金了！但是，他没有忘记来北京前夕的许诺：到年底给15万薪金。怎么办？他为了兑现自己的许诺，只好故技重施，再向私人借高利贷发放工资！对此，林褚先生颇动感情地讲了如下这段话：

“当时资金周转十分困难，我们的老板也没有忘记员工。当时他曾答应过年底要给我们年薪15万，手头没有钱，就借了100万元高利贷发给我们。对此，我不仅学到了什么叫诚信，而且还懂得了诚信是立身、立业之本。”

圣诞节到了，囊中羞涩的老板——黄如论先生依然扮成圣诞老人，笑容可掬地拿着一个布袋，把礼品和糖果分给自己的员工；圣诞之夜到了，他就一个人回到简易的工棚，微微地合上双眼，静听上帝传报的佳音；新年到了，他买来了很多爆竹，和员工们一起来到“世纪嘉园”的工地上，迎着呼呼作响的朔风，又说又笑地放起了爆竹。也就是在这风声、笑声和爆竹声化做新年交响曲的时候，黄如论先生却突然离去了，他默默地暗自祝福：

“新的一年就要来临了，它是世纪之初的第一年！祝愿2000年开年大吉，‘世纪嘉园’营销顺利；祝愿新的世纪带来新的气象，我们的‘世纪城’如期完成！”

黄如论先生的新年祝福很快就得到了应验：新年一过，喜事连连。首先，京城的另外一家银行愿意为金源集团做按揭担保，随即土地局就颁发了准予开盘“世纪嘉园”的销售证；接着，一个月内的成交额达人民币2亿元；全年销售额达7.5亿元，并进入京城“十大热销楼盘”之列，还获得亚运村地区楼房销售额第一名的殊荣。多年之后，黄如论先生谈起这段往事的时候还是喜形于色，颇有些动容地和我讲了这样一句话：

“当时，‘世纪嘉园’的营销一炮打响，一年我就赚了好多的钱。”

今天，金源集团一年赚了好多的钱算不了什么。但是，在那个特定的历史时期，这么大的利润就非同一般了。第一，它标志着“我们造城”的第一阶段——初战必胜的目的达到了；第二，也就等于为打造“我们造城”的第二阶段——“世纪城”一期、二期工程准备了资金。

说到北京的“世纪城”，黄如论先生有着说不完的话题，单单讲“世纪城”在建筑上有哪些创新，就对我讲了整整一个下午。说老实话，我听了以后非常感动，认为很有必要把黄如论先生的这些建筑理念、创新成果加以总结，并推而广之。遗憾的是，我对建筑这门学问是一窍不通，难以完成这一重任。

与之同时，关于黄如论先生在北京开发大型综合社区“世纪城”的情况，我也听到了一些不同的声音，如有些房地产商对北京“世纪城”一直耿耿于怀，议论不休；就说我为写作电视连续剧《船政风云》到了福州，也听过当地一些人有鼻子有眼地讲个没完没了。仔细想来，大多是对着“世纪城”这块地皮说三道四的。

诚如序言所述，我写作的对象是毛泽东、蒋介石等这些历史人物。这些年来，两岸三地不仅对他们有着各种各样的议论，而且还煞有介事地编织了一些无知的谎话到处传扬。对此，我不予以置评，照旧坚持凭事实说话、写书和创作电影、电视剧。何为凭事实说话呢？那就是站在历史唯物主义的立场上，评判这些历史伟人已经做过的事情，从整体看是推动了历史的前进，还是阻碍了历史的发展。在我看来，前者是进步的，后者就是应该批判的。至于那些具有政治歧见的好事之徒编织的谎言，我只是一笑了之。

现在，我写作《我心目中的黄如论》，依然是坚持这样的原则：黄如论先生在北京建造大型综合社区“世纪城”，是给中、低收入者造福，还是单纯地为他自己积累财富？当初，我并不认识黄如论先生，就像是其他的购房者一样，是通过与“世纪城”周围的楼房价格比较，独立自主地选购了“世纪城”的房子。这说明“世纪城”是受广大中、低收入的业者欢迎的。不久，我们一家搬进了“世纪城”，感到生活十分方便，这又说明黄如论先生“我们造城”的理念是正确的。因此，我即使是作为一位普通的业主，也应对“世纪城”大书一笔。

需要说明的是，房地产商购买地皮属于商业机密，根据我与黄如论先生相约的君子协定，我也不去过问此事。

或许是我想起了“曾参杀人”的故事，也或许是我出于人所皆有的好奇心，在采访蔡训善先生的时候，我知道他当时是福州驻京办事处主任，遂策略地向他问起了购买“世纪城”这块地皮的事情。对此，蔡训善先生坦然地讲了如下这段记录在案的话：

“我们当时与四季青的合作方式是对方出地，我们来盖房，根本不存在用钱拿地的情况。四季青当时也觉得很合算，因为他们当时拆迁任务也很重，另外京密引水渠的建设、绿化、四环改造都需要有人投资，都需要合作者。当时的情况就是如此，你现在再回头去评价这个项目，就不能用现下的眼光去说不能这样不能那样。现在的评论有好有坏，也有人幸灾乐祸，因为你把周围的对手（房地产商）都打垮了，他们就难免说些坏话。”

谣言止于智者。是真，是假，拿出当年金源集团和四季青签订的合作建房的合同一看便知。再说，九年过去了，有关职能部门不仅没有追究这块地皮，而且还给予了“世纪城”很多荣誉，这也就说明问题了。另外，关于金源集团和四季青联合开发“世纪城”，下文还要论及，略。

从纯军事的角度出发，军事战略家与战地指挥员之间最大的区别，前者是统筹、指挥战争的全局，其中最难的是部署好战役与战役之间的衔接；后者则是负责指挥局部战争的胜负。因此，前者是统帅，后者是将军。

我们以此反观金源集团的指挥系统，黄如论先生理所当然地就是负责统筹、指挥实施“我们造城”的统帅。但是，他这个“统帅”实在是有点特殊，既不同于当年摇羽毛扇的诸葛亮，也和指挥三大战役时期的毛主席不一样，他同时还是打造大型综合社区“世纪城”最有权威的现场指挥员。为此，我曾和他半开玩笑地说过这样一句话：

“黄先生！您既是金源集团的统帅，又是负责实施具体工程的将军，最后一定是金源集团的皇帝。”

但是，我们评定黄如论先生功过的标准只能有一个：那就是看他这个“统帅”在金源集团发展过程中的作用。举例说，他在胜利完成“我们造城”第一阶段的任务——“世纪嘉园”的营销之后，他是如何平稳地过渡到第二阶段——总投资50亿元、总建筑面积120多万平方米的巨无霸楼盘——“世纪城”一期、二期的。为此，我曾有意地向他提过这样的问题：

“黄先生！据我所知，‘世纪城’第一期工程是在1999年9月份开始动工的，那时‘世纪嘉园’还没有封顶，请问您是在什么时候完成准备工作的？”

“几乎是与‘世纪嘉园’同时。开始，与四季青商签合作开发‘世纪城’的合同；接着，我就带着有关人士到现场考察，很快，我就有了全部的设计思想，并亲自主持‘世纪城’的所有规划设计。”

“请问‘世纪城’第一期工程开工的时间，应是1999年9月9日吧？”

“谁告诉你的？”

“是《易经》上说的，九五至尊嘛！”

黄如论先生听后笑了。接着，他又绘声绘色地讲起了他对“世纪城”所倾注的全部心血……

随着黄如论先生的述说，我的脑海中闪现出一位曾在黄如论先生身边工作过的女士，她和我讲起这段往事的时候是那样的神采飞扬，至今，我还记得她讲的这段话：

“那时，我们紧紧跟在老板的后边，走在坑坑洼洼的荒地上，他指着右边的荒地说：这里是‘世纪城’的四区和六区；他转而指着左边的荒地又说：这里是‘世纪城’的五区和二区……当时，我们多数人都认为是天方夜谭。可是，仅仅用了三年的时间，他说的一切都变成了现实。这就是我们的老板！”

我作为从四季青到“世纪城”变迁的见证人，亲眼看到了那数十台高耸入云的吊车，在工地上不分昼夜施工的壮观场面；也目睹了那一幢又一幢不同形状、错落有致的板楼、蝶形楼等是如何拔地而起的。但是，我作为作家更为关心的是，黄如论先生率部来到北京不到一年的时间，是如何完成到北京发展、我们造城、建设“世纪城”这三个不同阶段的转换和飞跃的。与之同时，他的思想又有什么变化？对此，黄如论先生给我讲了如下这段话：

“在北京也是我思路大长的时候，一个人的思路和抱负是连在一起的，也是相辅相成的。抱负大的时候，思路也开阔，思路扩展的时候，也会扩展自己的抱负。总之，我认为思想、抱负、行动是三位一体的。一句话，我在福州、南昌继续发展，不会产生‘我要造城’的理念，更不会在这样短的时间，就把‘我们造城’的理想，转化为北京‘世纪城’的建设。”

黄如论先生这段深入浅出的谈话是十分精彩的，不仅为我解惑释疑，而且还让我不得不提出这样的疑问：黄如论先生进北京的时候，他带来数亿投资资金；“世纪嘉园”为他赚了一些利润，但在此基础上，即使就算加上银行合理的贷款额度，也无法完成这一百二十多万平方米楼房建设所必需的巨额资金啊！直言之，他在完成“我们造城”第一阶段向第二阶段平稳过渡的时候，又是如何运转流动资金、确保“世纪城”第一期和第二期的建设呢？对此，黄如论先生幽默地笑了，说道：

“柱子哥，饭要一口一口地吃，钱也要一块一块地花，一块一块地挣，先拿一块钱赚来一块钱，再拿这两块钱赚四块钱，四块钱赚八块钱，如此下去雪球越滚越大，资金越来越充裕，项目就会很自然地顺利推进下去，而不必要等到所有的资金和材料都齐备了，再着手去做，这样不仅争取了时间，还赢得了更难得的商机。什么叫运作？这就是所谓的‘运作’，是一种对外在资源的综合掌控能力。这就像你写书那样，构思成熟了，写书的条件、时间也无需全都齐备了再动笔嘛！”

“那您是如何分解实施‘世纪城’第一期、第二期的建筑任务的呢？”

“第一，先盖四幢板式楼，让散居在这里的老百姓搬家，做到无后顾之忧；第二，集中优势财力、物力打歼灭战，一年之内盖好第一期的主体建筑四区、六区的所有楼房。等第一期工程即将结束的时候，我再启动第二期的主体楼房建筑三区和五区。”

黄如论先生采用以战养战的办法，不仅如期完成了“世纪城”第一期、第二期的建设，同时还如愿建成了更大规模的第三期以及其他宏大的建筑。用建筑业的行话说：聪明的黄如论先生就像是滚雪球，钱越滚越多，楼房的规模也越滚越大。很快，金源集团以北京为基地，步入了全国知名的房地产行列了。自然，作为金源集团的“皇帝”——黄如论先生也一步一步地变成世人关注的房地产商了！

在与黄如论先生的交往中，我感触最深——也是他引以为自豪的是在京城所取得的成绩。尤其对创建大型综合社区北京“世纪城”，他更是情有独钟。其一，他认为大型综合社区北京“世纪城”，是实现“我们造城”建筑理念的成功样板；其二，他在设计大型综合社区北京“世纪城”的时候，创造性地提出了很多为民谋利益的设计理念，这不仅给客户带来了实实在在的好处，而且还为未来在昆明、贵阳、长沙、合肥等地相继建成的“世纪城”提供了可资借鉴的经验。

也许是隔行如隔山吧，我们全家入住北京“世纪城”某小区已经有些时日，虽然居住质量告诉我，“世纪城”的房子不错，堪称物美价廉，但是我对着居住的小区和房间左看右瞧，也不曾发现有哪些地方展现出黄如论先生创造性的设计理念。为此，我直言问道：

“黄先生，我真的看不出在小区和室内，有哪些为民着想的设计是由您提出的。具体地说，大型综合社区‘世纪城’如何才能做到价位低、质量好的？在小区、户型的设计上，还有哪些像‘户户朝阳’这种创新？”

“那就太多了！”黄如论先生沉吟片时，又说道，“这样吧，我让他们给你一份材料，是专门讲北京‘世纪城’有哪些突出创新的，你看后就知道了。”

不久，有关人士给我送来了关于北京“世纪城”突出创新的材料，我看后颇受启发，选其要点摘录如下：

第一，在北京“世纪城”的开发建设中，我们按照规范的流程，向社会公开招投标，众多有资质且信誉良好的工程队前来竞标，其中不乏一些福建连江的工程队。基于乡里乡亲的情意和相互信誉，我们从中选择了一些管理规范、实力雄厚的老乡的工程队，并以相对优惠的价格实现了项目外包，且自始至终实行严格、统一的质量标准，确保了商品房的高品质和高性价比。

第二，黄如论先生从功能实用角度与美学角度出发，在北京“世纪城”的设计过程中，将“户户朝阳”、“蝶形结构”、“动静分离”、“主客分区”、“洁污分区”、“人车分流”、“南北通透”等先进理念成功加以实践。北京“世纪城”一、二期在板楼和塔楼（即蝶形结构的楼）结合的基础上创造了400多种户型，满足了各种客户的多种需求，并以阳光室、厨房中西分区、有烟无烟分区、卫生间干湿分区等新型设计，给北京商品房市场带来了强劲的户型风暴。三期的折板设计较以往的平板增加了采光、通风面，外加独有的270度景观阳台设计，给人以豁然开朗之感。同时，内部户型的设计也相当完善精巧，别致新颖，动静有别，贴合人性，实现了非常优良的楼盘生态功能。

第四，通常，北京商品房地下都有两层。黄如论先生在设计北京“世纪城”的时候，细致考察当地土质，并结合地质条件，在设计上果断创新，通过提高负一层的标高，使有的B1层露出地面，有的B1层露出一半，成为通风、采光良好、适合居住的空间。由于这一层不计入土地使用的成本，只有建筑成本，从而有效地提升了项目的综合收益，提高了土地使用率，而这种先进的做法，也为行业注入了崭新的设计思路。

第五，黄如论先生在北京“世纪城”的设计中，充分发挥地处京西，上风上水的优势，利用社区里弥足珍贵的土地资源，实施了近乎奢侈的全景立体式绿化，在所有的小区中，绿化率全部达到47%，远高于政府对该类规模社区所规定的30%。特别是三期405亩150米宽的工字形绿化带，实现了乔木、灌木、草坪相结合，三季有花，四季常青。总之，大型综合社区“世纪城”实现了大区套小区的移步换景的绿化特色，改变了北京当时房地产项目园林的做法，带来了一场崭新的地产景观环境的革命。“世纪城”最具特色的是，在与四环相接的狭长地带，备有9个洞，27杆，6.7万平方米的普及性高尔夫练习场，以及其他体育健身设备和设施，共同组成了综合活动空间，为净化社区环境，方便业主健身休闲创造了绝好的条件。

第六，由于北方气候变化大，建好的房子墙壁表面常会出现裂缝，这不仅是建筑上的通病，而且也是北京建筑行业多年来都没有解决的一个课题。黄如论先生在建设北京“世纪城”的时候，经过多方调查研究，并听取有关专家、群众的意见，遂决定采用保温墙板，并买来几十万米的‘的确良’布贴到墙上，最终使裂缝率降到10%以下。

……

聪明的读者一定会发现，我在抄录黄如论先生创新设计材料的时候遗漏了第三条。对此，我要郑重说明是我有意而为。在我看来，第三条设计的出炉与付诸实施，并不是黄如论先生首倡的创意。请看原文：

“在北京‘世纪城’一期工程中，一位已购房的客户在看房的时候，小声嘀咕了一句：‘这里什么都好，就是窗台高了点儿，用餐时看不到四周的风景了。’黄如论先生得知此事，赶忙到现场体验，觉得客户说得有理，于是下决心把已经建好的三幢楼的窗台全部打掉，一律降低到离地面15厘米高，重新装修，仅这一项举动就增加成本几十万元。提意见的客户没有想到，自己的一个小小意见竟受到开发商如此重视，并很快付诸实施，真是非常感动。自然，其他购房的客户也因此而受惠。”

我相当认真地审阅了这份材料，心悦诚服地赞同了黄如论先生讲过的一句话：“我在房地产开发中始终坚持以‘民生’为导向，以‘为民众盖房子’为宗旨。”我作为一位作家，掩卷自思，遂又产生了这样一些问号：建房赚钱，天经地义。可是黄如论先生为什么会产生有钱不赚——甚至是白白扔钱的事情呢？就说他坚持的“民生”为导向，以“为民众盖房子”为宗旨吧，是凭空产生的吗？思之良久，我认为在

《我心目中的黄如论》一书中，这些问号自应有个结果，我才好向未来的读者有所交待，遂请黄如论先生解惑答疑。然而出我所料的是，黄如论先生竟然使用极其朴素的语言讲了如下这段话：

“只有对人、对社会充满着爱，才能做出好的东西。换句话说，作为房地产商，也就会产生为百姓所欢迎的设计了。我多次讲过，爱要大于恨，鱼要融于水。只有融于社会才能了解社会，只有知道老百姓是自己的衣食父母，才能处处想到为他们盖房，而且为他们盖所需要的好房。”

“您这些近似泛人道主义的思想是从哪里来的呢？”

“是我的经历告诉我的，是向社会学来的，更重要的是老百姓教给我的。”黄如论先生真的有些激动了，他凝思有顷，又很动感情地说道，“也或许是思想决定行动吧，我经常对我的部属说：我们做事情要有感恩之心，一定不要忘了我们的衣食父母。在一般老百姓的心中，房子是一个财产，不是一个简单的财物。我们盖的房子能不能帮着百姓保值、升值，能不能改善民众的工作和生活环境，这是每一个房地产商所必须坚持的正确抉择！”

“事后而论，大型综合社区北京‘世纪城’取得了预想的效果，请问您取得胜利的原因是什么呢？”

黄如论先生听完我的问话之后，不知是出于什么原因，他的情绪突然变得有些反常，似乎是有所指地讲了如下这段有案可查的话语：

“从某种意义上说，北京‘世纪城’的胜利，不但是‘我们造城’理念的胜利，最重要的是我们建房要大众化的胜利。我不是为富人盖房，我明确反对某些房地产商的盖房理念。我抱定决心为老百姓盖房子，为穷人盖房子，我们金源集团追求的是产品大众化。我经常想，旧时代的国民党为什么被打败？因为他们只是为了少数人谋福利。而共产党呢，是为大众谋利益的，所以他们就成功了。总结起来说，我们金源集团立业、立世的原则是：控制成本，规模制胜，薄利多销，追求质量，产品大众化。”

我们从这段谈话中明显地感到，黄如论先生在建房的理念上和某些房地产商发生了分歧。据我的推测，虽未有过“明枪”式的辩论，但一定发生过那种“暗箭”式的不愉快。由于这种争论远离了《我心目中的黄如论》一书的主题，我有意结束了这次交谈。

不久，我又与黄如论先生见面了，交谈的内容是关于大型综合社区“世纪城”第一期、第二期工程的建设。首先，我十分轻松地问道：

“黄先生！您有了‘世纪嘉园’提供的流动资金，又有一支打硬仗的建筑队伍，‘世纪城’一期、二期的工程，自应是一顺百顺、大获成功吧？”

“这让我怎么说呢？”黄如论先生想了想，遂有些沉重地说道，“开始，所有的人——包括我在内都认为，‘世纪城’一期、二期是顺势而上的工程，不要一年，就会开盘营销，大获全胜。但是，没有想到，建筑工程刚刚破土动工不久，工地上突然发生了300多建筑工人中毒的事件。人命关天，影响极坏，政府派来了公安人员，立即封闭了工地，连中纪委都派人过问此事……”

我听后愕然一怔，遂禁不住地暗自问道：

“黄如论先生又是如何渡过这一难关的呢？……”

四

对于“世纪城”工地三百多人中毒事件，当时有着各种传言。其中，还有某些建筑同行幸灾乐祸地说：“这是黄如论得意忘形的结果，让他知道什么叫乐极生悲！”为此，我查了“世纪金源集团”的大事记，黄如论先生在这期间的确是够“得意”的了！请看：

黄如论先生于1999年9月宣布“世纪城”破土动工不久，中华人民共和国就迎来了50周年的国庆大典。他作为华侨代表于10月1日登上天安门，与国家领导人一道参加国庆50周年的庆典活动。他站在天安门城楼上，望着迎风招展的五星红旗、人民英雄纪念碑、毛主席纪念堂，内心涌动着难以言述的情潮！他或许想起了为革命牺牲的先烈，也或许想起了自己奋斗的坎坷之路，当他把个人的命运与祖国的发展相联系之后，遂百感交集地说道：

“月是故乡明，我爱祖国，思念故乡，能为国家为家乡尽点绵薄之力，我是引以为荣的。”

同年12月31日，是不平凡的20世纪走到了最后的一天，一旦子夜钟声响起，它就打开了伟大的21世纪的大门！在这世纪之交的重要时刻，全世界人民以不同的方式举行隆重的庆祝大会。为了向全世界宣示中华民族的复兴和崛起，我国政府决定在中央电视台的东北角建立中华世纪坛。当天晚上，中华世纪坛揭幕仪式开始，党、政、军、民、学以及各族人民代表、港澳台代表、海外华侨代表齐聚一堂，为中华世纪坛开坛。在这如此庄严的时刻，黄如论先生荣幸地入选首都各界13位精英之一，为象征中华民族觉醒的醒狮点睛。事后，他感慨万端地说：

“中华民族是伟大的民族，21世纪是属于中华民族的。作为中华民族的儿子，一定要为中华民族的复兴和崛起贡献力量！”

与此同时，黄如论先生深知北京“世纪城”一期、二期工程的重要性，从破土动工那天开始，他就日夜奋战在第一线。他身穿普通的建筑工作服，头戴一顶柳条编的工作帽，没白天没黑夜地奔波在工地上。据一位黄如论先生的朋友告诉我：他除去比一般的建筑工人高半头以外，你是很难辨认出哪个是工人，哪个又是黄如论先生。对此，有一篇文章是这样描写的：

“黄如论先生为确保‘世纪城’一期、二期工程如期完成，他坚持现场主义与走动式管理，亲力亲为，每天坚持清晨下工地直到晚上12

点，全程指导，狠抓质量关与效率关。每星期开会讨论研究工期安排，监督工程质量，遇到问题现场拍板，现场解决。他就是这样一位不知疲劳、不知寒暑，一心扑在工程上的老板。”

在这个时期，我还不认识黄如论先生。但是，根据我在一年以后——尤其是现在所熟悉的黄如论先生，我认为这段文字至少是不全面的。从某种意义上说，我作为一个作家，更想知道工作以外的黄如论先生。事有凑巧，我碰到一位福州电视台驻京的记者，对我讲了如下这段话：

“我在福州的时候就认识黄老板。后来，我们二人相继来到了北京，住的地方又相距不远，经常在夜里见面。那时，为了减轻他一些压力，我们就主动提出一块打扑克。他或许生来就是一个认真的人，玩扑克也要兑现输赢。他要是输了，该顶枕头就顶枕头，该钻桌子就钻桌子。但是，给我印象最深的是，无论是谁输谁赢，最后由他掌勺，做一餐纯闽菜风味的夜宵。当他听到我们夸他手艺好的话后，就笑着说，明天晚上再来，我还有更拿手的家乡菜呢！”

我虽然没有和黄如论先生打过扑克，也未见过他顶枕头、钻桌子，但我却亲眼见过、亲耳听过他和员工们一块唱卡拉OK。从纯音乐的角度评判他的歌声，谈不上有多高的水平，但是他唱歌时那种如醉如痴的样子，给我这个曾是专业音乐工作者的作家以深刻的印象。另外，我吃过黄如论先生亲手做的夜宵，水平倒是蛮专业的。由此可知，我这个记者朋友讲的话是可信的。

话再说回来，黄如论先生的主业是指挥盖房子，他在建筑工地上忽而是统帅，忽而是将军，忽而还要当一下搬砖头、拿工具的小兵，我们完全可以想得出他那不知劳累的样子。冬去春来，春尽夏至，“世纪城”一期建设中的楼房，绝大多数都看出个模样来了。就在这时，他急需回菲律宾处理一些私人的事情，就在他刚刚飞抵马尼拉不久，突然接到了北京打来的国际长途电话：“世纪城”工地发生了三百多名建筑工人食物中毒的事件，政府指示武警于当天封锁了工地，一个如火如荼的“世纪城”建筑工程全都停工了。一句话：黄如论先生必须赶快飞回北京，想方设法解决食物中毒事件引起的一切后果。

黄如论先生被这道万分紧急的“金牌”追回了北京，他大步流星地走下飞机，立即驱车赶到“世纪城”发生食物中毒事件的现场，当即作出三条指示：

其一，立即把食物中毒工人送往医院，想尽一切办法抢救工人的生命；

其二，做好食物中毒工人的家属工作，一定要稳住建筑队伍；

其三，自己向政府承担全部责任，搞清食物中毒的原因，制订严格的制度，坚决杜绝食物中毒事件再次发生。

接着，黄如论先生又马不停蹄地赶到医院，亲自探视食物中毒的工人，并帮助他们解决存在的困难。因此，方方面面对黄如论先生的态度是满意的。

谢天谢地，三百多位食物中毒的工人无一死亡，很快就从医院回到了工地。接着，封锁工地的武警战士奉命撤走，冷清的“世纪城”建筑工地又恢复了活力。

但是，黄如论先生却陷入了更深层次的思索，那就是如何才能防止类似食物中毒事件的发生。在他看来，之所以发生三百多位工人中毒、建筑工地被封的严重事故，一是对员工关爱不够，再是缺少严格的规章制度。由此及彼，举一反三，他认为正在发展壮大的“金源集团”必须建立行之有效的规章制度，方能保证前进的航程不偏离正确的方向。对此，我在后面会有专门论述，略。时下，吃一堑、长一智的黄如论先生想到了如下几条措施：

一是要求所有的管理人员要有爱心，及时发现、解决建筑工人的需求和困难；

二是建立严格的卫生管理制度，改善建筑工人的住宿条件，确保用餐卫生，把事故消灭在萌芽中；

三是如期发放工资，绝不允许包工头克扣建筑工人的薪金。

黄如论先生是一位知行合一的老板，又有着雷厉风行的工作作风，他就像是一位令行禁止的指挥员，很快这三条措施就化做了行动。从此，“金源集团”不仅没有发生像食物中毒这样大的事故，而且从制度上也稳定了这支不怕吃苦、能打硬仗的建筑队伍，这对未来“金源集团”为穷人盖好房、建设更多的“世纪城”起到了重要的作用。

黄如论先生虽然有着身先士卒的领导作风，但他又十分清楚，为了确保“金源集团”的发展，还必须有一个坚定执行他的意志的核心团队。首先，他要求自己和总经理级以上的骨干分子建立良好的工作关系。其次，他非常关心这个核心团队中每一位成员的发展和使用，甚至于他们的私人生活。在我的采访中，有十多位高级管理成员都对我讲了他们的切身感受，也不乏感人的例子。昔日黄如论先生的秘书、今天世纪金源上海集团的总裁林褚先生，对我讲了如下这件事情：

“在我们老板风光的背后，其实也是很心酸的。有时他忙的时候还半夜起来画图纸，有时他还帮着给员工谈朋友，当媒人。比如说我老婆生孩子的时候血崩，医院挂电话说血崩非常危险，问我是要保住老婆还是要保住孩子。那天一早，我就亲自飞回福州，老板知道后不停地往福州挂电话请人家帮忙，体现了亲人般的关心。最后，我的老婆和孩子都活下来了。因此，我经常说，金源集团的工作是我找到的第一份工作，也是我的最后一份工作。”

但是，黄如论先生的性格中还有另外一面，那就是粗暴、不讲人情。有一次，他当着我的面训斥——甚至用粗话骂他的属下，搞得我这个老童生不知如何应对。对此，蔡训善先生向我道出了这其中的原委：

“他很少在会议上表扬某个人，因为他觉得，过多的表扬会使人骄傲自满。他长期在工地上，性子就很急，因为工地上的工头不骂不行。任何人和他接触，一开始都会受不了他的脾气，他一发现工程问题，开口便骂，这有好有坏：好的是让人时时提心吊胆，把工作放在心里；坏的就是不能集思广益，人家都不敢说话了。但是，他的出发点是为了把建筑工程搞好。”

或许是黄如论先生的性格使然，也或许是出于财大气粗的原因，他骂过人以后很快就忘了，依然和你谈工作，甚至开玩笑。就说我们之间的交往吧，他曾动感情地说过这样一句话：“我和你的交往，如果没有友谊，哪有这样的投缘。”公平地说，他对我是十分尊重的，并以兄长相待——甚至是无微不至的关爱。但是，在某种特定的情况下，他也偶然会说有伤我自尊心的话，作为一个重浮名的作家听了以后，自然会产生一些想法。但是，等我们二人再相见的时候，他还是那样热情地对待我和尊重我。因此，我相信林褚先生说的这句话是公允的：

“我们的老板性子急，有时也会骂人，但他骨子深处却是慈祥的，是与人为善的。”

事后而论，黄如论先生一是出于爱心，再是以身作则，没有老板的架子，三是在实际工作中恩威并举，所以，他不仅创造了独特的“黄氏”领导艺术，更为重要的是，他把“金源集团”的核心骨干紧紧团结在自己的身边，带领全体金源人务实、高效地完成了“世纪城”一期的建筑任务，并于2000年8月准时开盘，并以“我们造城”这句平凡却掷地有声的口号，轰动了京城。

一分耕耘，一分收获。黄如论先生带领全体金源人历经近一年的打拼，终于在“世纪城”这个项目上获得了巨大的回报。请看如下这组数字：

在2000年最后的四个月中，“世纪城”以13亿元的销售额，创下了北京市销售套数、销售面积双第一的记录；

2001年，“世纪城”以23亿元的销售额，勇夺北京市房地产界年销售额冠军。

同年6月2日，三百多名客户连夜排队抢购“世纪城”的楼房，当天以2.3亿元创下了北京市房地产界日销售额最高的记录；

2002年，“世纪城”在北京市房地产交易所统计的数据中，以20亿元的销售额再次获得年度住宅销售冠军；

2002年11月（“世纪城”二期已经封顶），“世纪城”一期、二期全部封盘告罄。遗憾的是，我手中没有销售总额的准确数字，略。

“世纪城”一期、二期热销的现象，再次证明“酒香不怕巷子深”这句话是真理。从另外一个视角去剖析，一是楼房的质量和价格是决定一切的，再是说明黄如论先生“我们造城”的理念也是正确的。

回首往事，感慨万千！黄如论先生仅仅用了三年多的时间，就带领全体金源人不仅在北京打开了局面，立住了脚跟，而且“金源集团”作为最有实力的私人房地产企业，在京城各界广为传扬。同时，黄如论先生追求的“我们造城”的样板——“世纪城”模式的成功，也引起广大开发商的震惊和兴趣，纷至沓来参观、学习。作为“世纪城”的创意人、“金源集团”董事局主席的黄如论先生，也因此连续两年入选北京最佳发展商阵容。自然，他也成了各种媒体采访的重点。为此，我曾经郑重地向他问道：

“当年，某些房地产商针对三百多位工人食物中毒的事件，说您是得意忘形，乐极生悲。如今，他们会不会认为您又是否极泰来呢？”

“不知道！”黄如论先生说罢开心地笑了。

“黄先生，一个成功的发展商，若想在同行林立的房地产界独领风骚，需要具备哪些条件呢？”

“必须具备五个条件！”黄如论先生说罢伸出五个手指头，他一边数一边自信地说，“一是要有雄厚的资金；二是要使房子质量过得硬；三是要搞好配套环境的建设；四是要坚持现房销售；五是制造具有深刻内涵的人文理念。”

“‘世纪城’一期、二期，不单单是为您、为金源集团赢得了很多的声誉，更为重要的是，也为您个人和集团创造了十来亿元的财富。接下来，是不是应该启动‘世纪城’第三期工程了呢？”

“晚了！晚了……”黄如论先生一边摆手一边手。

“您何时启动‘世纪城’第三期工程的呢？”

“在‘世纪城’一期破土动工以后，我就开始运作第三期工程了。”

我听后不得不佩服黄如论先生的指挥艺术，他在热火朝天地建设“世纪城”一期、二期工程的同时，又于不动声色之中完成了向“世纪城”第三期工程的平稳转化。等到一期、二期的楼房相继开盘，陆续收回几十亿元流动资金的时候，恰好这时三期工程又破土动工。不言而喻，他这时的手中，正好有着充足的资金可供使用。对此，我又习惯地说了一句：“钱该您赚！”接着，我又问道：

“您是如何启动第三期工程的？难道也是从商谈购买地皮开始的吗？”

“对！”黄如论先生沉吟片时，“你是知道的，第三期的地皮是蓝靛厂的，需要认真地一项一项地谈。”

“世纪城”第三期位于海淀区长春桥西北，与“世纪城”二期毗邻相望，位处西北三环与四环之间，中心位置距远大路东端北三环苏州桥不到一公里，东至蓝靛厂北路，紧依京密引水渠——昆玉河，西到西四环，南至远大路，北到空军指挥学院，占地面积120公顷，总建筑面积252万平方米。按照黄如论先生关于“世纪城”的整体设计，堪称规划完善，布局合理，三期与一期、二期隔远大路相望，浑然一体。其中，有182万平方米的住宅区，包括10个住宅小区和1个教育区（含有1个九年制学校，两个幼儿园），另有总建筑面积70.8万平方米的北京“金源时代购物中心”，以及其他商业服务设施。

由于这个三期区有中国人民大学的教师住宅区，因此，不仅需要与海淀区蓝靛厂有关单位商谈地皮的价格，而且还要和中国人民大学协商开发建设教师住宅小区“时雨园”的问题。这样一来，黄如论先生就要分别签署两份完全不同性质的合同。

中国人民大学有着光辉的革命历史，她诞生在抗战初期的延安，是有名的“陕北公学”。当年，许多投奔革命圣地延安的热血青年就读“陕北公学”，成为日后救亡抗日大军中的领导和骨干。后迁到晋察冀革命根据地，改名“华北联合大学”，又吸引了大批来自北平、天津、保定等大中城市的知识分子，为抗战取得胜利、为全国最后解放输送了大批的革命骨干。新中国成立后迁至北京，改名中国人民大学，是我国很有影响的文科重点大学。校长是老一辈无产阶级革命和著名的教育家吴玉章、成仿吾。

就是这样一所革命大学，也未能逃脱“文化大革命”这场劫难，学校被勒令解散，教职员工被强迫送到“五七干校”劳动改造，校园也被军事机关、工厂等单位瓜分。就这样，一所好端端的革命大学被“文革”革掉了，校园中再也听不到琅琅的读书声了！

“四人帮”被粉碎之后，中国人民大学又迎来了劫后重生。可以想见，不仅教学楼、实验室等严重不足，就说几千名大学教授、副教授、讲师以及为教学服务的职工吧，长期以来，全都挤在与身份很不相适应的既小又破的陋室中，这就与当时提出的教育要发展、学校要前进的要求形成了尖锐的矛盾。怎么办？只有把教职员工全部迁出校园，学校才有发展的空间。可是，有哪一位房地产商会挺身而出，大声说：“我愿意少赚钱，帮着中国人民大学解决困难！”

黄如论先生就是这样一位挺身而出的房地产商！

我在参阅《中国金源集团发展史》的时候，看到了一幅“世纪金源投资集团、中国人民大学合作建设蓝靛厂居住区‘世纪城三期’合同签字仪式”的照片，居中的黄如论先生举着酒杯，非常兴奋地和中国人民大学的领导碰杯。也就是从这一天开始，他就为“世纪城”三期教育区——“时雨园”的设计花费心血了！

黄如论先生在完成蓝靛厂这块地皮谈判以后，遂又全力投入到“世纪城”三期工程的设计。从整体策划设计的理念上看，他十分注重空间的完整性、灵活性与可用性，而且还提倡绿色环保与可持续发展。我作为“世纪城”的业主，曾经走遍“世纪城”三期的10个住宅小区，也曾经在450亩的绿化带——“金源运动休闲公园”从东到西走过多次，我的个人体验是：

“世纪城”三期计10个住宅小区，均冠于诗意的“晴雪园”、“观山园”、“叠翠园”等名字，并由黄如论先生亲笔题签，并刻在不同的怪石之上。最为难得的是，10个园中的设计各不相同，有的是以绿树、修竹取胜，有的是以小桥流水见长，但所有庭园中都是绿绿的草地和不同时令的花卉，给人一种颐养平和、安然自得的愉悦。

说到楼房与户型的设计，“世纪城”三期比一期、二期更加完美，大部分为折板楼，在防止夏日西晒、遮蔽冬日寒风、实现优良的生态功能等方面有着独特的创意。在户型的设计上，更加强调私密性和独立性。我每次回到“世纪城”的家后，都要站在客厅向阳的落地式的窗前，远眺“世纪城”各个小区不同楼房的造型，俯瞰150米宽的绿化长廊，有着一种心旷神怡之感；当我夜间驻足卧室的窗前，平视京城的万家灯火，俯视化成一条墨色长带的昆玉河，顿生飘然欲仙之感，遂情不自禁地发出这样的喟叹：

“物有所值，颐享天年！……”

“世纪城”三期最富特点的是“金源运动休闲公园”。从东到西，形成高低错落的超大型立体景观与森林走廊，彰显人居自然环境。整个运动休闲生态公园又分为生态慢跑园、运动休闲广场、水景嬉戏园、古建遗址园、儿童游戏园、探险园等片区。山水、湖泊、圆石广场、沼泽地、五岳文化园、森林、古建寺庙、城堡、篮球场……相互交错，融为一体，是自然与体育健身设备组成的综合性生活空间。我曾多次徜徉其间，看着老同志们领着孙子、孙女嬉戏追逐，休闲公园的上空不时生出欢乐的笑声。

与此同时，黄如论先生还投资6.5亿元，开发了一个别具情趣的“世纪新景小区”。该项目位于“世纪城”的东南方向，总建筑面积14.36万平方米。它东临北洼路，西靠北洼西里住宅小区，南至银泉大厦，北依京密引水渠长河段双紫支渠。这个“世纪新景小区”采取分栋设计，从整体观看，布局紧凑合理；从局部细察，楼与楼之间距离宽，日照充分，社区花园步行道畅通，并有大面积绿地构成的公共空间。社区依然实行人车分流，再加上小区四周交通便利，风景宜人，出则享受闹趣，商肆繁华，入则静观古树，水岸清幽，为京城典型的水景项目。

为了确保“世纪城”三期工程以及“世纪新景小区”等工程的质量，黄如论先生大胆提出“打破自我，再创奇迹，因地制宜，想他人想不到的”口号，把“我们造城”的理想变成大型综合社区“世纪城”。

功夫不负有心人！大型综合社区“世纪城”历经三四年的努力，终于获得了巨大的成功。楼盘以“价位低、质量好”为有形和无形的号召力，继一期、二期之后，三期楼盘又创出了京城房地产界盖完、卖完的纪录。其中，“晴雪园”还没有开盘，小区中的楼房早已销售一空。

接着，各种荣誉如雪片似的飞向“金源集团”、飞向黄如论先生！自2000年荣获北京城市住宅学会、国家住宅中心与《精品购物指南》报社评选的“性价比精品奖”始，到2003年荣获“北京十大名盘”止，前后获得各界颁发的各种奖励数十种。同时，黄如论先生作为“金源集团”董事局主席，也被授予“十佳媒体人物”、“十大领袖人物”、“2003年十大人居财富人物”等称号。

世人皆知，如此风光的背后，一定是滚滚而来的财源。虽说黄如论先生想到了在北京一定能赚到钱，但是他绝对不会想到在短短的几年中，竟然会有数十亿的利润。也就是在这种前提之下，一个命题摆在了他的面前 ：是做金钱的奴隶还是做金钱的主人？那时我——包括带着各种目光看他的人都发出这样的自问：

“他应该如何看待和利用这样多的钱呢？……”

重庆世纪城

贵阳世纪城鸟瞰图

长沙湘江世纪城日景效果透视图

福州金源大广场

重庆华丽家族

北京世纪城三期航拍

昆明世纪城大场景

滨湖世纪城内部透视效果图

第五章 慈生我心

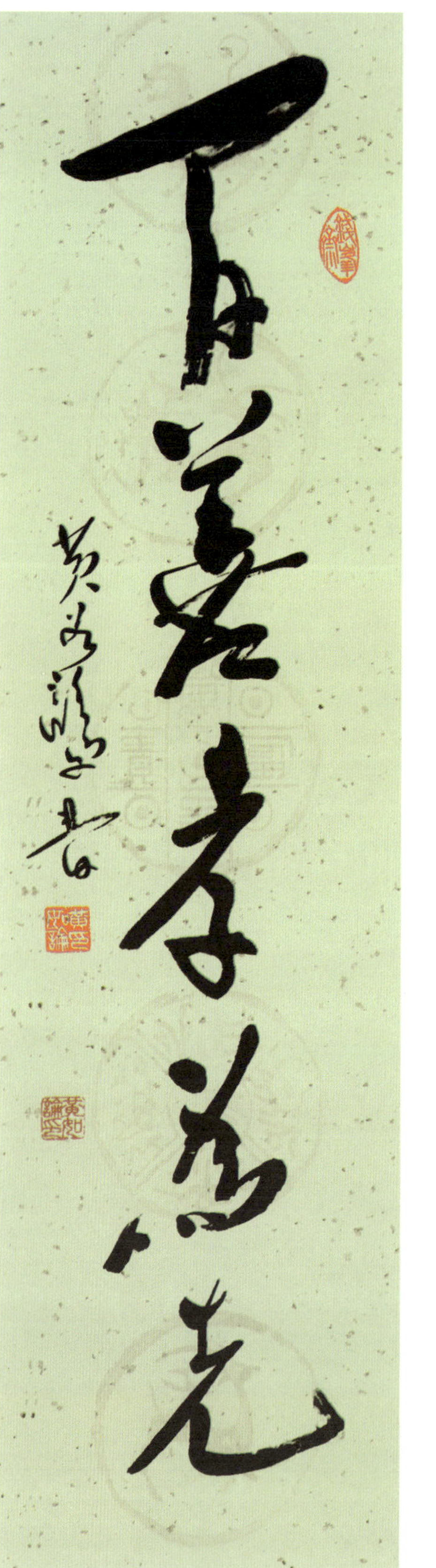

一

我从小就听说过这样两句话：会弄钱的人算不上什么英雄，会散钱的人才是真正的好汉。那时，我年纪小，只知道家乡话弄钱的意思是赚钱，对散钱一词始终不明白是什么意思，经常发出这样天真的自问：

“为什么要把辛辛苦苦赚来的钱散去呢？我呀，才不为了当散财童子去干这种傻事呢！”

随着年龄的增长和学识的加深，渐渐地知道了赚钱是什么意思，散钱又是什么概念。当我为了写作蒋介石与青帮的关系的时候，我研究了近代海上闻人、青帮大亨黄金荣、杜月笙等人，对旧社会的所谓赚钱和散钱又有了新的认识。用我的话说：

“这些黑社会老大为了所谓赚钱不择手段，毫不夸张地说，每一分钱都染有鲜血；他们晚年主动地铺路修桥、散衣分粥，是为了对自己当年那残忍灵魂的一种忏悔，希望到阴间地府免受上刀山、下油锅的酷刑。”

伴随着改革开放的大潮向着纵深发展，一批暴发户靠着“坑、蒙、拐、骗、偷”等不法手段，全都弄到了多少不等的钱，对外还美其名曰：靠政府的政策赚了钱。这些人对社会既无善举，也谈不上对国家回报，有的只是在女人面前显摆自己拥有财富的本事。说来也十分可笑，他们就像是章回小说大家张恨水先生笔下的人物——“袍哥老大”搞钱的目的是为了“捧角”那样，天天过着醉生梦死的生活。用老百姓的话说：

“他们的钱来得容易去得快，靠‘坑、蒙、拐、骗、偷’赚钱，靠‘吃、喝、嫖、赌、抽’散钱。骑驴看唱本——走着瞧吧，没有几个死在椓床上的！”

自然，在五千年中华文明的长河中，也不乏赚了钱以后就做善事的先贤。但是，从经商赚钱开始就关心慈善事业的商贾却少之又少；像近代的武训那样，终其一生为了兴办教育的人则更是凤毛麟角。

说到我国现在的教育情况，我和朋友们多有贬斥，尤其是对贫困学生上学难，教育乱收费，许多学校热衷于扩招创收——却无法保证教育质量等三个老大难问题恨之入骨！对此，我就不只一次地说过这样一句话：

“按照现行的教育办法，我这个穷孩子就无法读书，更无可能学习作曲，当作家！”

对此，黄如论先生不仅有着同感，而且还身体力行地帮助家乡的穷孩子念书。

我记得在一次朋友式的聚会中，从农村走出来的大评论家李准同志听了大家的发言之后，曾经引经据典地讲了如下这番话：

“科学家门捷列夫说得好：‘教育是人类最崇高、最神圣的事业，上帝也要低下至尊的头，向他致敬！’大文豪雨果讲得同样深刻：‘多办一所学校，可少建一座监狱！’毫无疑义，对教育的崇敬和献身教育事业的神圣使命感，更应当是教育从业者所必备的首要职业操守。”

由此，我们这些出身贫寒的知识分子相继发起了牢骚，大意谓：“如今，在某些人看来，从事教育工作仅仅是一种谋生甚至敛财的手段，教育的崇高感已经丧失殆尽。更有甚者，不少从业者在实际上已经用经济创收指标取代了教书育人的首要地位。既然经济创收成了最高目标，那么，招收富有子弟当然比收穷孩子要划算得多，扩招是越多越好，巧立名目收费更是多多益善，其结果，教育质量怎么能得到保证？”最后，我也有感而发地说道：

“我认识一位房地产商黄如论先生，他出身贫寒，小时候全家人节衣缩食供他上学的艰辛，深深刻在他的记忆中，后来的经历更使他牢牢记住，是教育引领他走上广阔而又美好的人生舞台。如今，他生意做大了，但教育在他心中至高无上的地位却从未动摇。值得说明的是，他的捐助教育决非一时心血来潮；从某种意义说，他是偿还夙愿，是由衷地向教育回报。”

接着，我又讲了黄如论先生捐助教育的特点，即赚钱少的时候就少捐，赚钱多的时候就多捐。例如，我在前文讲的他在福州、南昌创业初期捐助教育的事例，就属于赚钱少就少捐的情况；后来，黄如论先生移师北京，亲率金源人艰苦创业六年，在打造大型综合社区“世纪城”等建筑项目中，的的确确地赚了很多的钱。因此，他捐助教育的投入也就一年比一年多，对教育事业的影响也就越来越大。请看如下这组经筛选的数字：

1999年，捐资100万元，设立福建省福州市贫困学生助学金；

1999年，捐资150万元，帮助福建省连江一中发展教育事业；

2000年，捐资100万元，帮助福州市一家私立中学办好教育；

2001年，独资捐建福建省连江“黄如论中学”，计2300万元；

2001年，捐资100万元，设立中国人民大学黄如论奖学金；

2002年，捐资1691.8万元，帮助中国人民大学解决生活、教育问题等；

2002年，捐资1200万元，帮助福建省连江黄如论中学购置教学用具等；

2003年，捐资2.3亿元，兴办四年制本科大学福建江夏学院；

2003年，捐资2000万元给福建省教育厅；

2003年，捐资1500万元，由福建省教育厅捐赠农村义务教育建设；

2003年，捐资1000万元，帮助北京大学兴建政府管理学院；

2004年，捐资1300万元，帮助中国人民大学兴建“如论讲堂”；

……

我扼要地讲完黄如论先生捐资助教的情况以后，又向我的朋友们转述了福建省委主要负责同志讲过的一段话：

“黄如论先生慷慨捐资人民币2.3亿元创办江夏学院，创造了福建省解放以来捐资助学的最高纪录，也是福建省继陈嘉庚先生之后，捐资办学数额最多的华侨，充分体现了黄如论先生对家乡教育事业的赤诚之情，以及尊师重教、兴学育才的远见卓识。”

我的朋友们听后深受感动，都希望有机会去福州市参观一下“江夏学院”，或到连江县看一看“黄如论中学”。

机会终于等来了！2006年4月8日，我创作的电视连续剧《船政风云》在福州开机，北京的有关领导、各家传媒的负责同志以及与《船政风云》有关的朋友浩浩荡荡地飞到福州。开机仪式过后，我与李准、李硕儒等朋友随黄如论先生去他的家乡——连江县马鼻乡辰山村一游。也就是在这趟黄如论先生的故乡行中，他陪着我参观了建国以后政府帮着他家建的住房。中午，同行的十多位朋友在黄氏祠堂用过饭后，遂又乘车去连江县城“黄如论中学”参观。

或许是同命相连的原因，我竟然由生养黄如论先生的三间小木屋，感伤地想起了陪我度过童年、少年的三间破土屋。因此，我沿途一言不发，心情也是相当沉重的。但是，当我的思路由罗源湾想到与外相通的大海，想到菲律宾，想到福州、南昌，想到北京，想到“江夏学院”、“黄如论中学”以后，我又轻轻地叹了口气，暗自说道：

“这是一条曲折坎坷的路，这也是一条人生成功的路，我真的好希望走在这条成功路上的所有人，能为山里的孩子念书出把力！”

“黄如论中学到了！准备下车了！”我被同行朋友的喊声叫醒了，揉了揉双眼，准备下车参观“黄如论中学”。

诚如前文所述，连江县“黄如论中学”，是黄如论先生捐资几千万元为家乡建的一所中学。按照协议，一俟“黄如论中学”建成之后，他就无条件地交给政府，作为国立中学完全由县教育局管理。日后，如果教学遇到困难，黄如论先生视情再给予资助。因此，对于黄如论先生这种捐资助教的义举，全校的师生是心存感激的。

我们一行走进“黄如论中学”的大门，扑面而来的是清脆悦耳的喊声："欢迎！欢迎！欢迎黄如论先生来校指导工作！欢迎北京的客人多提宝贵的意见！"这是一所设备先进的中学，从教学楼到学生宿舍全都是新建的，绝不比北京的名牌中学差。等校方领导介绍完学校的教学情况以后，希望黄如论先生再捐助一些钱购买学校附近的地皮，再建一幢教师楼和一座有400米跑道的体育场。黄如论先生简单地问了一些情况，当即答应再捐资1200万元。接着，他又讲了如下这段话：

"第一，要优先让够条件的贫困家庭子女入学；第二，不搞乱收费，除国家统一规定的，不再收其他任何费用；第三，一定要保证教育质量，努力做到最好！"

那天，黄如论先生就讲了这样几句话，前后不过三分钟。我们同行的一位女士听后感慨万端，竟然脱口而出，说了这样一句话：

"这才叫真正的男人！三句话，1200万元，干脆利索，没有一点婆婆妈妈的！"

"看来，你是喜欢黄如论先生这种男人的了？"

"岂止是我啊！"

同行的朋友们为这位女士的坦荡情怀所感动，遂又发出一片啧啧的赞美声。

李硕儒先生是常年居住在美国的知名作家，经常和朋友们谈起西方有钱人捐资助教、兴办慈善事业等一些公益性的事情。因此，他对我们国家一些有钱人，对慈善捐助表现出的陌生和冷漠感到惊讶。过去，他曾经听我说过黄如论先生的慈善捐款，连续五年荣登中国排行榜之首，似乎感到有些震惊。今天，他亲眼所见、亲耳所听黄如论先生捐资助教的言行，颇有感慨地说道：

"应该着力宣传黄如论先生！让中国有钱人都知道：他们除了对教育的崇敬之外，还必须建立报效社会的责任感和慈善意识。"

"硕儒兄讲得好！"李准同志接着又说道，"中华民族是有着悠久的乐善好施的文化传统的，人们期待着慈善意识的普遍高涨和支教助教蔚然成风。”

我是一个乐观主义者，近似半开玩笑地说道：

“在中华民族源远流长的文化大河中，我相信为富不仁者是少数，乐善好施者是主流。只要有人登高一呼，支教助教一定会蔚然成风！”

不久，大评论家李准同志在《人民日报·人民论坛》上发表了署名文章《向捐助教育者致敬》，我读后感触颇深。现摘录一段如下：

“教育是发展的基础，教育连着国家和民族的命运。惟其如此，不仅政府要办教育，全社会每个公民都有责任为发展教育贡献力量。一个人掌握的权力越大，拥有的财富越多，责任也就越大。从某种意义上讲，民间对教育的慈善捐助状况是一个国家文明发展水平的标志之一，也是衡量这个国家富有人群社会责任感和慈善意识的一个重要尺度。”

我赞成比彻说过的话：“财富并不是生命的目的，只是人生的工具。”我也更赞同鲁迅先生讲的这句话：“无论贵贱，无论贫富，其实都是‘一双空手见阎王’。”因此，我认为李准同志的这段行文更耐人寻味：

“对教育的态度，对慈善捐助的态度，说到底是个人生观、价值观问题。只有真正懂得了人生意义之所在和金钱的作用，才能做金钱的主人，在物质上和精神上都堪称富有者。一旦发了财就只顾纵情挥霍和享乐，那是典型的暴发户心态，到头来只能做金钱的奴隶。”

此次福建省连江县之行，虽然没有时间参观黄如论先生捐资2.3亿元兴建的“江夏学院”，但是我却从生养黄如论先生的故乡，以及捐资兴建的“黄如论中学”感悟到这样一个真理：

只有慈生我心的人，才会自觉地捐资助教，才会自始至终以“民生”为导向，坚持“为民众盖房子”的宗旨，为“中、低收入者”盖房子，盖好房子！

黄如论先生为了实践所建楼房“价位低廉、质量第一、群众欢迎”的诺言，还特别重视倾听业主的意见。对此，除去我在“引子”中记述的退房事件，以及书中写到的重修窗台的故事以外，还有一件事情令我难以释怀：

我记得事情发生在“世纪城”三期，某个小区的楼房已经盖好并全部销售完毕，就说楼房的外包装吧，也用不同形状、不同颜色的瓷砖贴好，远远望去，煞是好看，就等着买房的业主高高兴兴地入住了！一天，一位准备搬迁入住的业主走进“金源集团”的大门，他拿着售楼时的宣传材料找到某位负责人，有点生气地指出：所住楼房一层的瓷砖颜色不对，而且瓷砖贴的高度也超过了原来的设计。对此，这位负责人解释道：

“您的投诉是对的！可是，我们在具体实施的过程中发现，原来瓷砖的颜色和高度与整体楼房的外观不相配，所以做了临时的调整。”

“我不同意你的说法！”买房的业主据理反驳。

由此，这位负责人和买房的业主话不投机，发生了不甚愉快的争吵。

这时，正在办公的黄如论先生闻声走出办公室，向这位业主问清了原委，遂果断地说：

“对不起！是我们的过错。请您放心，近期我们就派人全部铲掉未按广告贴的外墙砖，按照原来的设计再重新贴好。”

这位投诉的业主，并不知道这位断然行事的人就是“金源集团”董事局主席黄如论先生，对于这样的结果当然是满意的。但是，当他一想到这一铲、一贴的损失，遂又有些不安地说：

“这样一来，你们的公司就要赔几十万元啊！”

“是的！我们花几十万元买个教训——或者说让业主满意，是值得的。”

黄如论先生十分客气地送走了这位投诉的业主，接着又下达了重新铲、贴瓷砖的命令。数天过后，楼房的外包装完全恢复到原来的设计上。

对此，这位业主非常感动。我记得在《金源》月刊上登了这位业主的一篇文章，表扬“金源集团”以及黄如论先生对人民极端负责的精神。

同样，黄如论先生也是出于慈生我心的感悟，对主动卖给中国人民大学供教师住的楼房，也曾经做过一次较大的调整。由于我的夫人是中国人民大学的老师，对这次售楼前后知根知底。所以，我对黄如论先生重新调换楼房的做法是称道的。情况如下：

世纪金源集团与中国人民大学签订联合开发蓝靛厂的协议之后，黄如论先生出于对教育事业的关爱，立即作出决定：从“世纪城”二期五区中拿出临街的七、八、九、十共四幢商品楼，低价卖给中国人民大学的教职员工，以解燃眉之急。我记得这个消息传出之后，我的夫人和她的同事们真是高兴极了，先是兴致勃勃地奔走相告，继之又是三个一群、五个一伙地前来“世纪城”二期、五区，争相观看样板房。令人遗憾的是，这些穷得可怜的教授、副教授们绝大多数是乘兴而来，败兴而归。原因是简单的：这四幢商品楼多是大户型，最小的是130平方米左右，最大的是186平方米，虽说起价比同类商品楼房低六百多元，但能买得起这种户型的教授、副教授、讲师以及职工依然是极少数。据我所知，这四幢商品楼近500套住房只售出几十套。

黄如论先生知道这个情况以后，遂与中国人民大学的领导商定，在“世纪城”二期、五区的空地上，立即为人大的教师再盖两幢小户型的楼房。半年过去了，两幢小户型的大楼拔地而起，近300位教授、副教授、讲师以及职工从人大校园迁出，告别了既小又破且住了多年的陋室，相继搬进了“世纪城”二期、五区中“户户朝阳”的高楼中，他们那种高兴是难以用语言表达的。

中国人民大学把那些既小又破的陋室拆掉，遂又盖起了急切需要的教学大楼和学生宿舍。

为了解决中国人民大学住房难的问题，校方领导根据有关文件的精神，即：一是教职员工根据不同的职务、教龄的长短等条件补给购房费；二是原在校园的住房再给一部分折旧费；三是请求地方政府免收地皮费（只有居住权）；第四，如果房地产商再少收一些建筑费，绝大多数的教职员工就买得起住房了。换句话说，原教职员工的住房旧址也就可以变成教学区了。为此，中国人民大学的有关领导请黄如论先生帮忙，并希望“世纪城”三期的“时雨园”尽快破土动工，让住房困难的教师早一天搬进明亮的高楼大厦中。

对此，黄如论先生欣然应允。

“时雨园”位于“世纪城”三期西南方位，斜对面就是全世界单体面积最大的北京“金源时代购物中心”，生活、交通十分方便。“时雨园”由12幢住宅大楼组成，楼间有甬路区分，而路与路之间则是绿草如茵，花木葱郁，大小不一的绿色板块，共同构成了别有情趣——且又闹中取静的小区，很是适宜大学老师工作和休闲。对此，黄如论先生的一位部属十分认真地对我说：

“我们老板说了，‘时雨园’是当代圣人住的地方，一定要狠抓建筑质量。”

熟悉这一带环境的人都知道，在“时雨园”的旧址上不仅有百姓居住的民房，而且还有早已报废的破旧厂房，因此，在“时雨园”动工之前必须先完成居民的搬迁。为此，黄如论先生又为这些居民盖了几幢搬迁楼。

当地的居民一俟搬进新盖的搬迁大楼以后，黄如论先生下令拆房、清理现场，然后才宣布启动“时雨园”的建设。从此，建筑工人就不分昼夜地奋战在工地上。不到一年的时间，“时雨园”中的十几幢大楼神不知、鬼不晓地立在了“时代购物中心”对面的大地上。

黄如论先生又是出于慈生我心的缘故，他想到了一旦数以千计的教授、副教授、讲师等迁入“时雨园”之后，年长的教授、副教授们有了孙子、孙女，或外孙、外孙女怎么办？年轻的讲师们有了孩子又该怎么办？为此，他在“世纪城”三期同时建了两座幼儿园。或许是为了解决中国人民大学的孩子入托难的问题，也或许是为了提高“世纪城”的文化档次，其中一座幼儿园以中国人民大学幼儿园命名，并位于“时雨园”的附近。这样，不仅解决了中国人民大学教职员工的后顾之忧，而且也为“世纪城”一期、二期、三期的业主提供了方便。

我记得原来的中国人民大学幼儿园位于人大附小的旁边，是一所很有些名气的幼儿园。20世纪70年代末，我的二女儿就全托在这所幼儿园里。那时，我经常接送二女儿，对园中的设备是很满意的。日前，我曾到“世纪城”新建的幼儿园看了看，真是今非昔比了！再一看孩子们快乐向上的精神面貌，则更是感慨万千。为此，我对黄如论先生说道：

“老弟！如果您是为官的，我就夸您一声德政。”

黄如论先生还是出于慈生我心的缘故，他在设计大型综合社区“世纪城”的初期，为了方便业主的孩子上学，曾决定修建一座九年一贯制的学校。后来，他为了提高“世纪城”的文化档次，决定在普及性高尔夫练习球场的东侧，捐助修建一座中国人民大学附属小学。对此，黄如论先生对我讲过这样一段话：

“在‘世纪城’的社区规划中，我把人大附小、人大幼儿园都引了进来，这也体现了一个企业家要有品牌意识。”

按照教育部门的有关规定，在“世纪城”创办一所新的学校，必须与海淀区教育局协商办理。换言之，主动权就不完全操在黄如论先生的手中了。否则，就会与海淀区教育局发生矛盾。为此，黄如论先生曾对我感慨地说道：

“我们引进人大附小、人大幼儿园，就与海淀教委的关系弄得很紧张，并且在财力上受到某种程度的损失。但是，我坚持引进人大附小和人大幼儿园，是为了给这一片热土带来生机，也造福了这一方百姓。”

中国人民大学附属小学是一所有影响的学校，由于建校比较早，校舍已经显得很旧了。我记得在上个世纪70年代末送大女儿去人大附小读书，几百名孩子连个像样的活动场地都没有。如今，中国人民大学附属小学迁到“世纪城”之后，真可谓是鸟枪换炮了！红色的教学楼和学生宿舍，绿色的高尔夫练习球场，再加上宽敞的活动场所，就像是欧洲的贵族学校。

自从中国人民大学附属小学落户于“世纪城”，有不少购房的业主，是为了孩子能上人大附小才来买房的。所以，随着“世纪城”三期营销结束，人大附小的生源就多于学校的需求了。为此，校方对入学的生源，不得不做出条件苛刻的硬性规定。自然，有些不符生源条件的业主，就与校方发生了矛盾。

我记得随黄如论先生去长沙期间，收到一位老朋友自北京打来的电话，请我求黄如论先生和人大附小的领导打个招呼，让他的外孙子能进人大附小念书。事有凑巧，黄如论先生正在给人大附小的领导打电话，非常客气地说：“有位同事的孩子想进人大附小读书，希望能网开一面，破格录取。”出我所料的是，对方听完后说道：“黄先生，您这是第一次找到我们，还亲自打电话来，您的请求我们当然会慎重考虑的，但对这个孩子我们还是要按程序进行考核，条件符合才准予录取。”黄如论先生有点无可奈何地摇了摇头，遂挂上电话，向我说明原委。我听后不仅未提请他帮忙之事，反而善言相劝：

“算了，算了！您已经交出了人大附小的所有权，只好听任他们去搞了。”

中国人民大学幼儿园以及附属小学建成不久，“时雨园”也准时落成了！中国人民大学数以千计的教职员工喜迁新居。接着，我的夫人忙了起来，新搬来的教授请她去自己的新居“温锅”；同一个系的教师又到我们的家里参观、吃饭。从他们绽开出笑颜的脸上看得出，无论是年长的教授还是青年讲师，他们打心里是高兴的！

一天清晨，我从香山住地回“世纪城”的家，恰好路过“时雨园”，只见小区停着中国人民大学的班车，年轻的女老师亲了亲孩子的面颊，冲着抱着孩子的老人叮嘱几句，匆匆登上班车；退休的教授领着——或抱着学龄前的孩子朝着班车挥动小手，叫着“爸爸再见！”“妈妈再见！”有顷，班车缓缓地开走了，老教授们或领着、或抱着第三代朝中国人民大学幼儿园走去。接着，大小不一的小学生们背着书包，又从“时雨园”的大门口走出，他们又打又闹、又唱又跳地朝着人大附小的方向走去。这时，我触景生情，内心涌动着难以平息的情潮，遂在内心自语：

“中国有钱的企业家们，只要你们少赚一些钱，我国的教育事业就会有一个大的发展！”

与此同时——2004年，黄如论先生捐资1300万元，帮助中国人民大学兴建了一座“如论讲堂”。

不久，中国人民大学聘请黄如论先生为客座教授。

一天，黄如论先生驱车驶入中国人民大学的校门，在校方领导的陪同下登上“如论讲堂”，对着近千名莘莘学子发表了热情洋溢的讲话，赢得了雷鸣般的掌声，并挥动他的笔亲自为人大讲堂写出苍劲有力的“如论讲堂”四个大字。

事后，我为了解黄如论先生讲课的盛况，再次走进久违的中国人民大学，放眼望去，一座座形状迥异的科研大楼、教学大楼、图书馆、学生宿舍错落林立，我再也认不出我所知道的中国人民大学校园了！

应当说，黄如论先生也有着一份功劳！

……

二

自从改革开放以来，新兴的房地产商喊得最响亮的口号是：“为政府分忧，为人民解难。”

但是，他们为什么要“为政府分忧，为人民解难”呢？我个人认为，他们中的某些人还是为了一个“利”字。

由于市场上一度商品房供不应求，因此一些房地产商一方面喊着“为政府分忧、为人民解难”，大力生产、销售房屋，以满足市场需要；一方面面对商品房卖方市场和商人利润最大化的价值取向，高价出售房屋，从而获得了超过一倍乃至数倍的回报。最终的结果是，他们在“为政府分忧、为人民解难”，一定程度解决社会住房需求的同时，也把自己养了个肥肥胖胖。为此，我也曾不解地求教过一位工人朋友。他看着我那认真的样子，愕然地反问：

“您可是有学问的人啊，像这种事会不知道？”

“真的不知道！”

“那就应了毛主席说过的一句话，书读多了，越读越蠢啊！”他说罢摇了摇头，又说道，“这年月，谁和钱有仇呢！经商的全都懂得‘有钱能使鬼推磨’，当官的也明白‘有钱不要是王八蛋’，结果嘛……您就明白了吧？”

我是一位心地善良的作家，始终认为我们国家的主流是好的。就说是房地产商吧，也不能概而论之。俗话说得好，“常在河边走，怎能不湿鞋？”但是，绝不能说所有湿了鞋的商人，就是十恶不赦的奸商。况且，他们当中也有不少人是真的“为政府分忧，为人民解难”呢！例如：

陈嘉庚先生在新中国成立以后，捐资兴建了被国家评为十大建筑的“华侨饭店”；

李嘉诚先生在改革开放以后，为家乡创办“汕头大学”和捐资修建跨海大桥；

黄如论先生捐资创办“江夏学院”、自愿无息为市政府垫资人民币2.3亿元，承建具有福州标志意义的“福州国际会展中心”等。

福州国际会展中心坐落在福州市中心最繁华的五四路段，被200多亩的欧式温泉公园所环抱，比邻福州世纪金源大饭店，会展中心、公园、五星级饭店三位一体，周边交通便利，环境优美。会展中心建筑面积5.88万平方米，展厅可设置2000个国际标准展位，并设有同声传译系统的会议、接待、演示等设施，是集展示、会议和招商贸易为一体的多功能展馆。每年都有大量会展以及招商活动在这里举行，堪称榕城向世界介绍自己，让自己走向世界的一张光鲜名片。而这个会展中心的建成，背后的故事说来话长。

90年代中期，当时分管福州外经贸的副市长，和黄如论先生一道去厦门参加该市著名的“9·8”国际投资贸易洽谈会。在途中，这位副市长一直感叹厦门展览中心的磅礴气势。他认为，福州既然有志发展经济，又有很多外商资源，构筑良好的招商引资环境非常重要，而会展中心就像一个招牌。没有一个像样的会展中心，既不利于城市经济发展，更不利于福州市的整体形象。然而，市政府却也有实际困难，项目的经费和用地都尚无着落，于是，只能眼睁睁地羡慕厦门，在内心深感遗憾了。

当听到这位副市长的肺腑之言后，黄如论的心被深深触动。作为一个曾经谋生海外，见过世面的华侨，他非常清楚这座会展中心对于福州发展的重要意义。

稍加思索后，黄如论迅速作出一个决定：“如果市政府支持，我愿意尽自己的力量，承建会展中心项目，为故乡福州的发展作出力所能及的贡献。”

听到黄如论的一番话，这位副市长愣住了。他相信黄如论的真诚，但别的不说，单单土地问题，连支配全市土地的市政府都一筹莫展，难道黄如论真的能够“变”出一块地来？

这位副市长关切地问：“这可不是件容易的事，你为什么心甘情愿要这么做呢？”

黄如论看了看副市长，很平静地说：“福州是我的家乡，这里的山山水水哺育了我，是勤劳忠厚的父老乡亲抚养了我，我对家乡始终抱有深厚的感情。在异国他乡的日子里，我更加深刻地体会到这种感情。能为家乡的发展做点力所能及的事情，是我长久以来的一个夙愿。因此，我将尽己所能，全心全意做好这件事。”

时间仅仅过去了一个月，黄如论就又找到了福州市政府。这次，他带来了一个消息——会展中心的用地，他找到了！

黄如论选择的地块，在鼓楼区温泉路天福大酒店对面。当时，这片地是养猪、养鱼的沼泽地，脏乱差不说，天气稍热就会散发出极为难闻的气味，附近的居民都期待着对这里进行整治。可是由于种种原因，一直没有合适的用途，更谈不上进行综合房地产开发。

在听完黄如论的思路之后，这位副市长暗自赞叹起黄如论的独到眼光：开发这里，不仅符合福州市未来城市中心规划，而且可以变废为宝，造福周边的百姓，实在是一举多得！

副市长就此向时任市委书记的赵某作了专门汇报。赵书记听后，亲自登上天福大饭店的顶层察看。望着铺展面前的格局，对城市发展蓝图在胸的赵书记霎时顿悟了黄如论选址的精妙之处：

“正是这个地方，这里将是未来福州市发展的核心所在！”随即，赵书记当场拍板，将福州市的国际会展中心定址于此，并决定在这里同步兴建公园、饭店，打造一个功能齐备、硬件超前、环境良好的城市新核心，助推整个榕城的发展！

随后，这位副市长将赵书记的决定转告了黄如论。不过，他也提到市委市政府面临的另一个难题：政府财政非常紧张，一时拿不出那么多钱用于投资这一项目。同时，为了保证和“福州国际会展中心”配套饭店的未来经营层次，福州市委主要负责人出面，请黄如论先生投资建设相配套的五星级饭店（就是后来的“福州世纪金源国际大饭店”）。

这时，黄如论先生已经准备进军北京，扩大自己的房地产业。换句话说，他在福州创业的阶段结束了！可是，当他知道市委市政府终于决定兴建会展中心的时候，不顾手头上有没有多余的流动资金，毅然决定垫资并接下了饭店的建筑任务。

对市委市政府，黄如论的回答极为干脆：“故乡的发展，就是我的发展。市里没钱，我来垫资。为了故乡的明天，我义无反顾！”同时，黄如论还非常细致地介绍了自己的思路：“我将邀请专家负责设计会展中心，并保证在一年内，完成5万平方米的建设，同时建成五星级饭店，助推该地段形成高端商业氛围，为明年5月举行的福州市世界招商月献礼！”

实事求是地说，黄如论先生遵命建设这座五星饭店，从市政府那里是拿不到任何回报的。再如前文所述，他麾下的“金源集团”已经移师北京，福州再好的地段业已不在考虑之内了。换句话说，他如此而为，就是完全地“为政府分忧”！而且，虽然是与政府合作，但黄如论依然坚持了他一贯的风格，他出资将饭店所在地块买下，并按照各项法规，将手续办得清清楚楚，明明白白。

据我了解，由于人所共知的原因，福州作为省会城市，在中央对地方支持拨款中，几乎名列倒数。而当地华侨出于对故乡的一份深情，在福州的城市建设中，纷纷贡献着自己的力量。

可是，光会展中心的垫资，将高达2.6亿元人民币，在当时是一笔巨大的资金。当时黄如论回国不久，尚未达到今天的规模，依靠他一个人的力量，能在一年的时间内筹集如此巨大的资金，并完成5万平方米的建设任务吗?

“黄如论先生这么讲，是认真的吗？别是喝了酒后一时豪言壮语，说说而已吧？”赵书记曾经这样半开玩笑半认真地问过黄如论。

黄如论对此的回答，可谓一字一铆钉，有板有眼。他严肃认真地告诉赵书记：“为了促进福州发展，我保证一年完成，为此我将夜以继日地工作。”

时间就是效率，时间就是金钱，曾经在海外拼搏多年的黄如论对此有着非常深刻的认识，尤其是项目如果能在世界招商月前建成，福州必将以焕然一新的面貌，在海内外一举打响，从而极大促进招商月的成效。这些，对于亟待发展的家乡福州，都具有重大意义，他当然不允许自己有丝毫的放松和懈怠。

在这个项目上，黄如论最大限度地发挥了他的设计、统筹、建筑和管理才华，会展中心、公园、酒店同步开工了。为了保证工程进度，随时解决施工中遇到的问题，严格保证施工质量，黄如论几乎24小时蹲守工地，在粉尘和泥浆中不停地巡视。

有一天，时任福州市市长的翁某来到工地视察，当他看到正在指挥的黄如论先生时，不禁呆住了。那时的黄如论，正发着40度的高烧，手上挂着吊瓶，仍然坚持在一线，给工人讲着施工的注意事项。

风吹着透明的输液管一晃一晃，市长看在眼中，内心被极为强烈地感动了。

这次视察，只是福州市委市政府多次视察中的一次。从项目开始运作，福州市委市政府就对这里倾注了极大的关心。为了促成当地配套环境成熟，市政府挤出资金完成了鼓楼区温泉公园的配套建设，以及其他市政设施的施工，加速了这一区域的整体建设进程，使会展中心在建成后可以立即具备良好的软硬件条件。

一年之后，由黄如论垫资2.6亿元人民币的福州国际会展中心按时建成，福州世纪金源大饭店也拔地而起。两座崭新的建筑与同步建成的温泉公园，迎着东南吹来的海风，交相辉映，风景宜人，气势磅礴，不但向世界展示着福州发展的美好前景和决心，更实实在在地使鼓楼区乃至福州市的整体招商硬件上了一个巨大的台阶，为更好地让世界认识福州，让福州走向世界，搭起了一个崭新平台。5月份福州世界招商月如期召开，来自世界和全国各地的商家汇聚于此。其中，很多商家已经不是第一次来到福州，但他们没有想到，仅仅过去了一年，福州的整体投资环境就发生了如此巨大的变化，他们不禁由此想见福州未来日新月异的发展速度。不出福州市委市政府和黄如论的意料，这次招商取得了招商月启动以来的最好成果！

福州温泉公园，现在已经成了福州一个著名的旅游景点，不仅是市民们茶余饭后一个好去处，更有很多外地游客不断慕名而来，堪称一张福州的城市名片。在这个占地10公顷的公园里，每天都有数千人次在里面休闲放松，老人们散步聊天、唱歌跳舞，小孩子们嬉戏玩耍，还有很多成双成对的青年人在林荫小路上轻声细语，广场上白鸽成群，池塘中鲤鱼漫游，音乐喷泉美丽水景和着优美的旋律，引来人们流连观赏。黄如论先生每每回到福州，只要能抽出时间，就会经常去公园里散步，感受这种祥和融乐的气氛。有时遇到一些熟人，这些人都会向黄如论先生竖起大拇指，夸赞他为福州人民做了一件大好事。这其中凝结了黄如论太多的心血，永远地见证着这位八闽巨子与故乡福州的深厚感情。

面对这些，福州市委赵书记对黄如论说："福州人民不会忘记你，福州市政府不会忘记你！"

虽说黄如论先生的主要精力已经放在了北京，但是他清楚这座"福州金源国际大饭店"，是他亲手打造的第一座五星级涉外旅游商务酒店，所以，他决心做到"不出手则已，出手就惊人！"为此，他亲自审视地形、地貌，组织工程人员按照他的创意作了如下的设计：

饭店楼高28层，地下停车场80辆车位，拥有高级客房400多间套，84套酒店式公寓，为宾客提供高贵、豪华、舒适的商住空间。餐厅菜系丰富，风格各异，集中外菜系于一体，各式餐位2200个，各种娱乐和休闲健身的体育项目应有尽有。其中，国际会议厅配备6种语言同声翻译系统，大中小会议室13间，是商务谈判、新闻发布、商品展销和首长接见的理想场所。

事后，我曾在一家平面媒体上见到这样一则报道："'福州金源国际大饭店'外观雄伟挺拔，气势恢宏，室内装饰中西合璧，豪华气派，是目前福建省规模最大、设备最齐全、电脑集成管理最先进的现代化高智能饭店。”由此可见，“福州金源国际大饭店”在当时的福州市而言，的确是具有标志意义的建筑。

电视连续剧《船政风云》开机的时候，我作为编剧应邀来到福州，并有幸与黄如论先生一道下榻“福州金源国际大饭店”。为了写作《我心目中的黄如论》积累素材，我曾经有意地问道：

“黄先生！您能给我讲一讲有关‘福州金源国际大饭店’的事吗？比如说在设计、设备等方面有哪些创新？”

黄如论先生微笑地点了点头，说道：

“好吧！为了给你留有更深刻的印象，我们一边参观一边讲，好不好？”

“好！客随主使。”

首先，黄如论先生带着我来到南北通透的饭店大堂，他指着有关的建筑讲道：

“你看，饭店的大堂上下高达17米，相当于5层居民楼的高度，我不敢说是全国饭店大堂中最高的，但它的确是福建省内最高、最宽敞的饭店大堂。”

我用心地巡视了一遍饭店大堂，赞同地点了点头。接着，我又问道：

“这种创意有什么特殊的意义吗？”

“有！”黄如论先生一边指着大堂一边说，“这巨大的空间，会使步入大堂的客人在感受华丽的装饰之外，更能感受到一种磅礴的气势。为了响应这巨大的空间，我为大堂的装饰摆件作了特别的选择，那就是由5吨玉石雕刻而成的金玉满堂鱼缸，还有这株历经千百万年雕琢孕育的树化石。我的用意是简单的，就是要在这金碧辉煌与富丽堂皇中，注入一份来自大自然的古朴文化的韵味。”

我对建筑是个十足的门外汉，通过黄如论先生绘声绘色的介绍，使我体验到了为什么说建筑是一门综合的艺术。有顷，我又问道：

“在我的理解中，饭店建筑自应有规律可循。换句话说，各国对饭店的要求自应有规范的标准。请问，这座‘福州金源国际大饭店’有哪些突破呢？”

“首先，按照国际惯例，饭店附属设施的数量，是由饭店客房的多少和星级的高低决定的。”接着，黄如论先生就像是一个行家里手，如数家珍地和我说了一大堆数字，然后又说道，“我在设计‘福州金源国际大饭店’的时候，一是结合国内消费实际，再是考虑社会对饭店设施的需求，决定打破国际饭店业中附属设施必须与客房数量配套的定律，增加了桑拿、游泳池等诸多配套设施的数量，并公开对外营业。这样，既满足了住店客人的需要，又满足了社会消费者的相关需求。”他说罢笑了笑，不无得意地说，“这样一来，不仅提升了附属设施的利用率，而且还增加了饭店的经营效益。”

我真的佩服黄如论先生的经营之道，不无感慨地说了一句：“钱该您赚！”遂又跟着黄如论先生走进电梯，很快就登上了饭店最高的一层。

黄如论先生驻足玻璃窗前，鸟瞰饭店四周的景观，一种心旷神怡之感扑入心间。顷许，他指着饭店旁边一座草木丰盛的公园，得意地问道：

“柱子哥，这就是福州有名的温泉公园，你看后有何感想啊？”

对此，我当然明白：在中国传统园林建筑艺术中有一种技艺，叫借景。黄如论先生在设计饭店的时候，有意学习这种借景的技巧，把饭店四周的环境纳入规划视野。因此，我感叹地摇了摇头，说道：

“聪明啊！您采用借景的技巧，把温泉公园变成饭店的一方外部园林，不同客人住在不同的房间，就等于再进行多方位的借景，让客人如身在自然之中。”

“更为重要的是，并未增加饭店的绿化成本。”黄如论先生说罢开心地笑了。

可是，我听后不仅没有笑出声来，反而想到了这样一句俗语："真是卖啥吆喝啥，三句话不离本行哟！"

接着，我又随黄如论先生来到"福州金源国际大饭店"正门的前方，他指着门前矗立着的两个青石龙柱说道：

"你可不要小视这两个青石龙柱，它出于驰名世界的青石之乡惠安的著名艺人之手，柱高21.5米，直径1.3米，是国内目前最大的石柱之一。看后有何感想？"

我围绕着这两个青石龙柱认真地看了看，发现柱上蟠龙若飞，与巍然的饭店建筑融为一体，形状优美，线条流畅，青莹古雅的色调则与身后的建筑物色彩形成显明对比，有很强的装饰作用。但是，当我想到时下的黄如论先生止在向一些"大师"学习传统文化，遂又用心地体察和品味这两个青石龙柱的真实作用。很快，我就悟出了这其中的玄机，故做一本正经的样子，说道：

"老弟真是好大的胆子啊！饭店门前的这两个青石龙柱，与天安门前的两个华表何等相似乃尔！在我看来，它们的不同，就只有汉白玉和青石之分哟！另外，老弟用青石雕龙，是不是意在青龙……"

"不！不是……"黄如论先生急忙打断我的话语，一面不停地摆动双手，一面又十分认真地说道，"我的用意是非常简单的，只是选用国内最大的青石龙柱，开辟顶天立地的壮观景象。"

对此，我不想再说些什么，只是一笑了之。

我们二人又走进饭店大门，转到大堂中央的延伸处，只见有数十家东南亚风味的小吃店，挤满了福州各界的食客，有滋有味地吃个不停。是触景生情吗？我竟然想起了新加坡河畔那一个接着一个的风味小吃，吸引着来自各个国家、不同肤色的游客。我深有所感地说道：

"老弟！在如此豪华的五星级饭店中划出一个地方，造福于普通的老百姓，真可谓是慈生我心啊！"

"有这个因素在内。俗话说得好，在商言商，主要的还是从饭店的经营以及广开财路着想。”

我感佩黄如论先生如此坦荡的情怀。

参观“福州金源国际大饭店”就这样结束了，可是我与黄如论先生回到休息处以后，依然还是在谈论有关饭店的事情。最后，我又问道：

“听说，‘福州金源国际大饭店’建成之后，原本是拿出去转让的，是这样的吗？”

“是的！”黄如论先生沉吟片时，遂又摇了摇头说道，“按照原来的计划，我们在承建饭店的初期，就与‘成龙集团’签订了转让的合同。可是，就在饭店即将封顶的时候，‘成龙集团’又告之资金不够，所以转让未果。”

据《中国金源集团发展史》记载：北京“世纪城”一期、二期于1999年9月动工不久，“福州金源国际大饭店”于2000年春破土动工。恰好这时北京“世纪嘉园”营销正旺，得到相当的赢利；越年——2001年春，北京“世纪城”一期以23亿元销售额勇夺北京市地产界年销售额冠军，“福州金源国际大饭店”又于同年5月18日正式对外营业。由此可知，“福州金源国际大饭店”动工之初，正是黄如论先生流动资金短缺之时；等到“福州金源国际大饭店”封顶、开业的时候，黄如论先生在北京继“世纪嘉园”淘得第一桶金之后，又在“世纪城”一期赚了更多的钱。因此，他可以拍着胸脯说：

“‘成龙集团’没钱了，我们就另外想办法。”

或许是出于职业藏拙的原因，我从未与黄如论先生谈论过建筑理论问题。自然，也就不晓得他学没学过大数家华罗庚先生创建的《运筹学》。但是，从上述资金的运作来看，他是一位深谙运筹学精髓的聪明人。

接下来，“金源集团”围绕着“福州金源国际大饭店”的管理方法、定位，展开了一场多方争论。许多老金源人至今还记得，这场争论的焦点是：公司内外的许多人一致认为，“金源集团”长期从事房地产开发，与饭店经营毫无关联，贸然介入有很大风险。结论：应当把饭店承包给他人经营，或者与国际专业饭店管理机构合作，还有的人主张干脆卖掉，可以快速回笼一大笔资金。

事有凑巧，黄如论先生在台湾的舅舅正好回到了祖国，十分干脆地说：

“就凭你这火爆的脾气也不能经营饭店！”

对此，黄如论先生是不服气的，事后，他写下了如下这段文字：

“我舅舅在台湾，回来探亲时，听说我要介入饭店业，他着急地跟我讲，你性格急躁，不适合做细工出慢活的饭店行业，一定搞不好，会白白浪费时间和精力。当时我心里很不服气，难道我黄某天生不是开饭店的命？人家能开饭店，为什么我就不能开饭店呢？我暗暗下决心，一定要做，而且一定要搞好给舅舅看。但是，如果我按部就班，不能变化无穷，不懂得创新，不能跳出以往饭店的模式的话，我就无法成功，到时候我拿什么给舅舅看呢？让他笑话我！我拿定主意，就要跳出这个框框，去创造自己的特色。”

这就是黄如论先生的创业特色，同时，也是黄如论先生获得成功的诀窍。

但是，黄如论先生的决策并非是凭空臆想，而是建立在充足的经济基础之上的。请看：

这时，黄如论先生已经在北京取得逆势而上的胜利，他的房地产业蒸蒸日上，财源滚滚而来。换句话说，这是黄如论先生比较得意的时期。既然存在决定意识、意识支配行动是真理，那么黄如论先生在经商的路上发生改变也是十分正常的。他认为金源集团必须“建立现代企业格局，迎接新经济的挑战，进行产业结构调整和产业突围。”在他看来，“是否敢于不断突破产业局限的制约，是衡量一个企业发展境界的重要指标。”换句话说，金源集团必须变单一的房地产支柱产业为多种支柱产业。再说得具体一些，立刻从经营“福州金源国际大饭店”起步。

事后而论，虽说性格即命运是真理，但是黄如论先生的决策并非是心血来潮。他“认为企业经营脉络相承，道理相通，我们已经成功经营房地产业，具备有一定成熟的理念，只要再多付出一份辛勤，一份努力，也一样能办好大饭店”。另外，他认真地研究了古往今来的所谓红顶商人、大企业家的发家史，无一不是从经营单一支柱产业起家，向着经营多种支柱产业而发达的。最后，他郑重地宣布由自己经营“福州金源国际大饭店”之后，又掷地有声地讲了这段话：

“别人能做到的，我一样能做到；别人能做好的，我一定做得更好！”

话又说回来，只有黄如论先生这样性格的人，才能讲出改变“金源集团”经营命运的话。

这时，我突然想起了大诗人艾青送给友人的一句话：“蚕吐丝，没想到吐出一条丝绸之路来！”很多金源人也不曾想到，黄如论先生这一决定，不仅改变了“金源集团”单一支柱产业的模式，而且在中国大地上又逐渐形成了以金源为代号的饭店连锁企业。

我已经对黄如论先生在“金源集团”的定位作过这样的评述，他既是决策的统帅，又是具体指挥工程建筑的将军。因此，当他作出独自经营“福州金源国际大饭店”的决策之后，遂又像个“将军”似的进入了饭店的筹备工作。据当事人说，“他全力以赴，事无巨细，大到饭店设计装潢、人才引进、员工培训、宣传营销，小到采购碗筷、员工住宿安排、制服设计等等都一一过问，甚至为了确定洗手间铺设的地砖颜色，他都亲临现场，多角度反复比较，一丝不苟。其中最让人称道的是他对员工培训的重视，他认为金源的精神、金源的理念是经历现实锤炼而出的，虽不花哨却实实在在（后边详述），只要把这些传家宝有力地灌输到每一个干部员工脑海中，我们就会获得战无不胜的力量。”就这样，一个从未涉足饭店的门外汉，用自己的汗水和智慧，在中国企业经营史上，谱下了属于黄如论先生的传奇篇章!

我曾经数度住过“福州金源国际大饭店”，从客房、设施到服务、饮食，应当说是不错的，大有“宾至如归”之感。在住宿期间，我调阅了有关饭店的一些资料，上面记录着饭店开业以来的光荣范例，如“成功地接待了印尼总统梅加瓦蒂、泰国诗琳通公主、澳门文化司司长、英国投资局驻广州总领事、香港财政司高级官员等海内外贵宾，以优质的服务赢得了众口交赞，并给客人留下了深刻的印象”。

2002年6月28日，“福州金源国际大饭店”开业一年零一个月又十天，正式获得国家旅游局颁发的五星级称号。据业内人士说，“超常规打破中国饭店业有史以来的纪录，一举轰动整个行业。”

公平而论，“福州金源国际大饭店”是一座有相当水平的五星级饭店。在我这个外行人看来，尽管在设计上有不少突破和人性化的处理，但从整体建筑去分析，还没有完全形成黄如论先生所独有的饭店建筑风格。

有一次我在告别“福州金源国际大饭店”的时候，曾问过一位熟悉的部门经理：

“请告诉我：黄如论先生给你印象最深的一件事情是什么呢？”

“在饭店正式营业那天他讲过的一句话：你们不仅要做好服务工作，而且还要培训更多的接班人，不要几年，我还要建很多座‘福州金源国际大饭店’！”

也就是在“福州金源国际大饭店”正式对外营业一个月以后，即2001年6月18日，黄如论先生正式宣布：在北京“世纪城”动工兴建五星级“世纪金源大饭店”。这座饭店投资12亿元，总建筑面积18万平方米。实事求是地说，“世纪金源大饭店”已经形成了黄如论先生的饭店建筑风格。

黄如论先生为了打造国际化的涉外商务饭店，全部配套及装修都是以“顶级与超越”的标准来完成的。为此，他亲自出马，游走五大洲，考察世界各地知名的饭店，并结合当今世界——尤其是中国的消费观念，亲自设计出了这座独一无二的“世纪金源大饭店”。

“世纪金源大饭店”最显明的特点，那就是整体创意运用现代建筑科技。请看，该饭店共有554间套客房，长包商务客房99间套，酒店式公寓190间套，写字楼2万平方米，可容纳1200人同时就餐的1750平方米的无柱式宴会厅，8000平方米的各种国际会议厅等，这都需要现代建筑科技的支持。就说无柱式千人宴会厅吧，真可谓是费尽了黄如论先生的心思。他作为一位很有素养的建筑工程专家，十分清楚空间越大，就越需要有柱子从中间部分进行支撑。可是，他巧妙地运用力学原理，将楼板重量分散到周边的承重体上，形成巨大的无障碍空间，这不仅实现了在建筑上的突破，而且也方便了客人的各种需求。简之，这是黄如论先生最成功的运用现代建筑科技的范例。

同时，“世纪金源大饭店”还把中国的传统文化——尤其是“风水”的观念融于设计之中。请看如下事实：

由于“世纪金源大饭店”坐落于北京“世纪城”西南方位，恰在三环与四环之间，它北面毗邻中关村、大学区，南接长安街，交通十分方便。为此，黄如论先生在进行饭店主体设计的时候，采用了三段式设计，即：饭店的西部为酒店式国际公寓，中部为五星级标准饭店的主体，东侧为商务公寓及写字楼组成完整的现代商务办公社区，可以在满足旅行客人之外，更好地满足商务客人的需要。一看便知，这种设计理念来自西方，所不同的是，它集西方现代化酒店、商务旅馆于一体。

黄如论先生在整体设计的时候，还充分考虑了“世纪金源大饭店”所处的位置，那就是位处京城的西北方向，可以吸纳得天独厚的上风上水。为此，他将饭店主楼的建筑呈弧形延展状，东西展开面的长度为284米，高为47.5米，东西配楼稍稍突出，形成合抱形式。远远望去，给人以气势磅礴之感；走进一看，又有着很强的实用性。同时，这种呈弧形延展状的建筑格局，改变了自然风在该区域内的走势，一是起到阻挡冬天劲吹的朔风之效，再是无论外面风势有多大，只要一进入饭店前面的广场内部，风力即刻和缓下来，为八方来客提供更好的居住环境。不言而喻，这与传统风水中的所谓“风不外泄，聚气拢财”不谋而合。

为此，我曾经与黄如论先生进行过长谈：首先，我称道他把东西方建筑理念融会贯通，形成了独有的建筑风格。接着，我又从传统文化的视角发出这样的提问：

“黄先生！您为什么把饭店前的广场建得这样大？从风水学看，您有什么特殊的考虑吗？”

“准确地说，有。”

“为什么？”

一谈起《易经》和风水来，黄如论先生总是兴致勃勃地侃侃而谈。自然，这次也不例外。大意谓：饭店前的广场是门面，等于人的脸面。《易经》承认，万物都有交感。因此，一个人有多大的脸面，自应有多大的胸怀。再引申开去，饭店前的门面有多大，饭店里就有多大的包容。换句话说，客人一走进饭店前的广场，他就会自然想到饭店内一定有引人入胜的设施。最后，他笑了笑又说：

“从经营的角度出发，一个18万平方米的高档饭店没有大的停车场，那些乘车或驾车的贵客还会来吗？”

这时，我想起了一件往事：当初，黄如论先生曾和我谈起要在这里建一座五星级饭店，我坚决反对。理由简单，“香格里拉大饭店”位处三环边上，经营和效益并不理想，何况您建的饭店还在它的西面1000多米远呢！现在，经黄如论先生这样一说，我懂了“香格里拉大饭店”的缺憾所在，遂表赞同地笑着说：

“有道理，有道理。用老百姓的话说，竖起招军旗，才有吃粮人！过去的庙前为什么也要立根旗杆呢？就是为了吸引更多的香客前来烧香拜佛嘛！”

黄如论先生听后开怀大笑。

“黄先生，‘世纪城’三期的东面是昆玉河，你为什么不把饭店建在河边呢？”

黄如论先生微微地摇了摇头，有意地问道：

“你知道‘世纪金源大饭店’的前面是什么地方吗？”

“黄庄。”

“对！是我黄如论的庄嘛。”接着，黄如论先生对我讲了如下这段话，“我为什么把北京‘世纪金源大饭店’盖在这个位置，因为黄庄这个地名和我很合拍。从风水学去看，饭店的位置，就是黄庄地脉的头。”

我听后愕然，真的不知道该说些什么才好。有顷，我想起了“世纪金源大饭店”门前——广场的前端有五条用青铜浇铸的巨龙，无时无刻不在对天喷吐水柱。因此，我又有意地问道：

“黄先生，您在饭店前摆放这五龙闹水的景观，也是受《易经》的启发得来的吧？”

黄如论先生微微地点了点头。

“能和我谈谈您的真实想法吗？”

“我看就不去说了吧！”

“不！我很想知道。”

黄如论先生是个绝顶聪明的人，他从我的口气中已经知道我有自己的看法。为此，他采用以攻为守的策略，说道：

“柱子哥，还是你来说吧！”

“好吧！”

首先，我讲到《易经》有一个很重要的内容，那就是物极必反。以乾卦为例，共有六爻，从下往上为初爻、二爻、三爻、四爻、五爻，六为上爻，它标志着乾卦从初爻到上爻有六个层次，也就是有六种变化。以龙为例，也分为六爻。初九是潜龙勿用；九二是见龙在田，利见大人；九三是终日乾乾，奋斗不息，一直前进；九四是或跃在渊，无咎；

九五是飞龙在天。接着，我突然把话锋一转，说道：

“您的用意是清楚的，五条青龙意指九五是飞龙在天，希望未来的‘世纪金源大饭店’，在京城众多的饭店中取得九五至尊的地位。”

黄如论先生听后大笑开怀，真是高兴极了！

“世纪金源大饭店”的服务对象，主要是国内外知名的商人、社会活动家以及有钱的游客，因此，它的定位是商务、旅游、会议是准确的。但是，它会给“世纪城”众多的业主带来什么益处呢？我百思不得一解。对此，黄如论先生的答复竟然是如此简单：

“请柱子哥放心，我永远不会忘了慈生我心的！”

……

三

“世纪金源大饭店”与国内外众多的高档饭店相比较，最具特色的是：创新饭店配套设施观念，打造4.2万平方米地下不夜城。

据我所知，国内外高档饭店都有地下二层——或更多层的附属建筑，一般说来是为饭店自身服务的自由空间。但是，黄如论先生在设计“世纪金源大饭店”的时候，却别出心裁地设计了地下不夜城，将饭店的一部分配套设施如桑拿、夜总会、健身房等规划到这一区内。同时，还配备了标准的游泳池、迪厅、歌厅、酒吧、KTV、室内高尔夫球场、百货超市、美食街、精品街等，真是值得向所有客人推荐。毫不夸张地说，当你第一次置身于这座地下不夜城的时候，一定会被它的内部装修所吸引；如果你再驻足仰望或环视地下不夜城那极具特色的装饰情调，就像是置身于异国他乡之中。事后，我问过黄如论先生：

“您的设计理念，是否来自美国拉斯维加斯的活力与风范？”

“是的！感觉如何？”

“很不错！至少这美轮美奂的装潢，再加上这浓郁的异国情调，会吸引不少好奇的普通市民前来光顾。”

“如果这条地下商业街再24小时营业呢？”

“这钱嘛，又该您赚！”我习惯地说罢这句口头语之后，又问道：“您一共用了多少时间，把这座18万平方米的‘世纪金源大饭店’，还有这座4.2万平方米的地下不夜城建设完工的？”

“准确地说，2001年6月18日开工，2001年11月15日主体结构竣工，差三天就满五个月。”

我听后惊得不知所措，自言自语地说了一句：

“啊！不到五个月的时间就完工了？……”

黄如论先生冲着我微笑着点了点头，似乎是在说：“我还能骗你柱子哥吗？”

我从上个世纪50年代就在北京读书、工作，半个世纪以来，我亲眼目睹了京城各大型建筑的施工情况，留给我的印象，实在是太难了，没有一年、二年的时间，是难以竣工的。如果把当年人拉肩扛——被后人讥讽为人海战术式的施工，再和今天那吊车林立的壮观情景加以比较，就会很自然地颂扬：“科学是第一生产力！”但是，同是吊车林立的施工现场，也会有着截然不同的建筑质量和速度，这就是人的因素在起作用了！说起金源集团的施工速度和质量，那是有口皆碑的。我记得当时有一家平面媒体，是这样形容“世纪金源大饭店”的建设速度的：

“这座于2001年6月18日开工，至2001年11月15日结构竣工的饭店，几乎是一夜之间就耸立在中国硅谷中关村附近的紫竹院经济圈内，让过往的行人无不驻足仰视。”

大凡买过商品房的人都知道，最头痛的事情就是装修。一位年长的作家曾经说过这样一句话：“想死得快一些吗？那你就装修！”对此，我的夫人也有过同样的经历和感受。一次，我应黄如论先生之邀走进

“世纪金源大饭店”，我们二人在饭店大堂的茶艺居一边品茶一边随意交谈，好不惬意。其间，我指着“世纪金源大饭店”那富丽堂皇的内部装饰，有意问道：

“黄先生！这座饭店和地下不夜城的装修，前后总共用了多少时间？”

“具体的时间记不清了！我只记得地上的饭店和地下的不夜城是在2002年9月28日开业的，距饭店、不夜城主体结构全部竣工不到10个月。”

“装修期间生气了吗？”

“当然会生气！”

“您这个总指挥是如何在生气的前提下，既保质又保量地完成装修的呢？”

“一要有监督机制，二要亲临现场，让那些想偷工减料的包工头不敢胡来。”

“您的具体办法呢？是否像有的人说得那样，一骂、二罚，三开除啊？”

“还应当加一个前提，必须是真正的行家里手。唯有如此，你才会骂得在情，罚得在理，让他们无话可说。如果他们还不改正错误，我就炒他们的鱿鱼！”

这就是黄如论先生的性格和作风！

说到黄如论先生监督、领导“世纪金源大饭店”的装饰，他曾讲过不少生动的故事，其中有两个带有创造性的事情，给我留下了很深的印象。

其一，首创茶艺居包间，勾勒静雅环境。

人所皆知，一般饭店的茶艺居大都设在大堂的一隅，是开放式的，是商务交谈、访亲会友的地方，其功能很像外国高档饭店中的咖啡厅。黄如论先生经过缜密地调查和研究，决定“世纪金源大饭店”中的茶艺居打破传统的开放格局，创造性地增加几个隔断式的包间。虽说这一变化增加了装修的难度，可它却丰富了茶艺居的格局。更为重要的是，由于茶艺居采用的是棱式隔断，遂又造成了一种隔而不板、且风格十分统一的装饰奇效。近几年以来，我曾经数次在这种隔断式包间中与黄如论先生交谈，整体感觉是：犹如微型的谐趣园，闹中取静，别有情趣，为客人雅座清谈提供了必要的私密空间。

其二，创新床单花色设计，细节之处见精神。

在中外高档饭店中，所有床铺的布艺都是统一的，从装饰美学看，饭店的客室是休闲之地，唯有统一色调才能给客人一种安逸之感。或许是出于同样的原因，在筹备“世纪金源大饭店”的时候，按着开始的计划，所有床铺的布艺颜色都是一样的。可是，黄如论先生每次在审查这个方案的时候，总是觉得在视角上有着重复和单调之感。最终，他在反复思考的基础上，终于找到了既统一又不单调的解决办法，那就是将床上用品的花色进行小小调整，加入一些与基本色相融的线条与色彩。结果，客房的布置立刻变得富有活力，物品的本身也提高了档次。

就常理而言，像黄如论先生这样的大老板是可以不管这些事情的。但是，为了把饭店做得更好——达到他亲自审定的全部配套、装修是“顶级与超越”的标准，他不仅要事无巨细地过问每一个环节，而且还要动脑筋想出新的装饰方案来。请设想一下，面对黄如论先生这样的专家级老板，那些以赚钱为唯一目的的包工头，何敢偷工减料？

古语说得好：“精诚所至，金石为开。”黄如论先生精心打造的“世纪金源大饭店”，于2002年9月28日正式对外试营业。饭店的骨干成员是由“福州金源国际大饭店”提前培养的，一般的员工是在北京专门培训的，服务素质堪称一流。我记得为了庆祝“世纪金源大饭店”开张大吉，黄如论先生安排六个晚上在千人无柱式宴会厅中请“世纪城”的全体业主吃饭，他公开宣布：“世纪金源大饭店”确立以“争创金源品牌、追求特色、以特取胜”为饭店的目标，也是实现“赶超”和“跨越”的最重要的关键。同时，他还确定了在客源上以质取胜，着重开拓消费层客源市场，强调自然客源和常客的协调与融合的经营方向。为此，全体饭店成员对外加大促销力度，积极参加各级行业管理部门组织的宣传促销活动等，一时搞得热火朝天。

功夫不负有心人。“世纪金源大饭店”很快就取得了较为显著的业绩，于2003年12月6日获得国家旅游局正式授予的五星级饭店称号。

目前，“世纪金源大饭店”已经成为北京西部最具实力、最具现代感的涉外商务酒店，被某家媒体称之为“一颗京华大地上璀璨的明珠！”

诚如前文所述，我因为担心未来饭店的营业不佳，曾明确表态，不赞成建“世纪金源大饭店”。但是，出我所料的是，饭店的营业战绩非常之好，入住率经常保持在90%以上，全年的营业计划无一不超额完成。到目前为止，饭店每年上缴董事局的折旧与税前利润已经高达近亿元了！黄如论先生遵照按劳取酬的分配原则，经董事局决定，给饭店的每个员工增发三到四个月的年终超额奖。

与此同时，地下不夜城公开对外营业，其火爆程度令人难忘。那天，我和夫人一块逛地下不夜城，放眼望去，就像是全国各大城市最热闹的小吃一条街，真可谓是人头攒动，接踵擦肩，使我不由地想起了小时候赶庙会的样子！再者，几十家小吃店同时开张，商家的吆喝声，顾客的戏笑声，再加上“迪厅”传出“蹦迪”的音乐声，汇成了一支最为激情的商业交响曲！

公平地说，地下不夜城给“世纪城”广大的业主带来了生活上的方便。就我们家而言，早上去不夜城买几根油条和两碗豆腐脑；中午去吃不同风味的饺子或面条；晚上去喝碗有营养的不同品种的粥……不仅香甜可口，而且还十分的便宜。平时，我的夫人需要锻炼身体了，就去不夜城的标准游泳池游它1000米，回家的时候再顺路去一层、二层超市购买生活必需品；就说我吧，偶尔回家办事或取东西，花10元钱去不夜城打一个小时的台球，有着说不出的快乐！简之，住在“世纪城”的数万位业主几乎是众口一词地说：

“自从地下不夜城开业之后，生活真方便啊！”

据我所知，当代中外高档饭店对环境的要求是严格的，决不允许兼营超市的不夜城位列饭店之下。但是，黄如论先生却反其道而行之，仅仅以饭店开门朝南、不夜城出口向北，就很好地解决了动与静的矛盾。另外，我们从实践第一的观点来检验地下不夜城，它不仅成为住在饭店中的各类客人休闲生活的极好选择，而且还为住在“世纪城”一期、二期的业主提供了最大的方便。

这时——也只有这时我才醒悟到，这座地下不夜城的设计和建设，充分体现了黄如论先生的“慈生我心”！

据我所知，当年也有不少人像我一样，曾经公开地反对在“香格里拉饭店附近建饭店，一则表示难以理解，二则认为肯定会被其他大饭店挤垮”。但是，黄如论先生不为所动，坚持在这个地方建设“世纪金源大饭店”，并取得了很大的成功。可是，有些当年的反对者至今感到茫然，不知成功的奥妙在什么地方。为此，我也曾直言相问：

“黄先生，您为什么要坚持这样做呢？”

“因为我相信一定会成功！”

“根据呢？”

“第一，那时，我经常去香格里拉饭店用餐，去新世纪日航饭店谈项目，去西苑饭店举办宴会，通过对这三家饭店深入考察，博采众长，使我不仅对饭店业有了全面的了解，而且还偷偷地学会了如何经营饭店的本事。”

“有道理！第二呢？”

“第二，我认真总结了打开饭店局面的方法。简单地说，我们在饭店的软件上做到了三个取胜：一是我们的餐饮要有特色；二是我们的客房要宽敞舒适；三是我们的服务要细致到位。一句话，我们用这三个法宝取胜，用他们没有的特色经营。”

“完全正确！第三呢？”

“第三，在硬件设备上，我根据香格里拉、新世纪日航等饭店布局情况，有针对性地建造了具有美国拉斯维加斯风格的地下不夜城，里面功能齐全，设施完善，饭店前面还有三百多个停车位，这些他们全都做不到。因此，这是我们饭店硬件设备的胜利。”

“我赞成您的意见！第四呢？”

“第四，在客源定位上，我们的服务对象主要是以会议客人和商务客人为主。在价格定位上，我们首先和他们打价格战，用‘酒楼的消费，五星级的服务’为策略，和他们展开竞争。”黄如论先生说罢笑了笑，十分轻松地说，“现在，我们‘世纪金源大饭店’无论是在价格上还是服务上，均已赶超‘香格里拉饭店’了！”

我听后深沉地点了点头，遂又习惯地说了一句口头语：“钱该您赚！”

正当“金源集团”的事业如日中天之际，突然一位普通的员工叩开了黄如论先生的办公室大门，怒气冲冲地说：

“黄主席！我不干了，请批准我离职。”

这件事情来得实在是太唐突了，黄如论先生听后一怔，沉吟片时，说道：

“不急，先坐下，和我说清不干的理由好吗？”

或许是黄如论先生的态度实出这个员工的所料，转瞬之间，他又变得拘束起来了，一时不知该说些什么才好。

黄如论先生亲手把这位员工扶在沙发上，又送上一杯清香四溢的观音王茶水，关切地说道：

“是谁欺侮你了？不要怕，就是我的错，你也可以冲着我说。”

这个要求离职的普通员工真的被感动了，他动情地说了如下这段话：

“黄主席！世纪金源我认同，你这个大老板也好，公司领导也好，我都认同；集团的品牌在社会上也很响亮，但是我受不了我那个部门经理，受不了我们部门经理这种领导模式，所以我先告状，后辞职！”

“那你就当着我的面告他的状！”

这是一个年轻气盛的员工，当即列数了这位部门经理在工作中独断专行、随意骂人、处罚人，从不把员工当人看待等劣迹。黄如论先生听后非常生气，说道：

“你先回去，等我全面了解了情况以后，如果属实，我一定叫他当面给你赔礼道歉。”

黄如论先生是一位“君子一言，驷马难追”的老板，立即找有关人士进行全面调查，大量的事实证明这个辞职、告状的普通员工讲的全是事实。接着，他又把这位部门经理找来，严肃地说：

“一个不尊重他人的领导，就等于败坏了他自己的尊严，也等于破坏了公司的品牌。你现在就去向这个员工道歉，集团视情况再对你做出处理。”

不久，黄如论先生回到了福州，刚刚走进“福州金源国际大饭店”，一个被宣布离职的员工气呼呼地迎面走来，冲着黄如论先生大声骂了一句：“我恨死金源了！”遂大步走出“福州金源国际大饭店”的大门。

黄如论先生看着这个大步走去的员工，条件反射似的想起了北京“世纪金源大饭店”发生的事情，他迅即召集有关人士开会，发现事情出在一个姓郑的部门副经理身上。请看，黄如论先生对这位郑某总结的四大特色：

第一大特色是“不修边幅”。个人形象不检点，经常出言不逊，无礼无节，在同事、员工甚至客人面前做出拖衣拽裤、卖弄个人形象、不顾场合打二郎腿等失态的行为；

第二大特色是“狐假虎威”。他经常利用上级领导委托其办事之机，打着为领导办事的旗号，蛊惑人心，或夸大其词，或假传信息，以此标榜自我，为自己树立所谓的权威；

第三大特色是“嗜赌如命”。郑某在一年半的时间内，利用职权之便，以高压手段要求员工每星期都要到他家打扑克，参与赌博，次数高达150次。经常因为赌博，不仅影响饭店营业收入，而且给客户留下不良的印象；

第四大特色是“假公济私”。郑某经常利用职务之便，在上班时间指令司机开公车办私事，谁敢反对就给谁穿“小鞋”，甚至打击报复。等等。

黄如论先生当众宣布免去郑某人的职务。为了以儆效尤，他又激愤地讲了如下这段话：

“郑某人为什么会发生这样的问题呢？主要是素质太差，不知礼数。为此，你们要培养自己的道德意识，有德才会有礼，缺德必定无礼。要经常审视自己的领导观、权力观和得失观；要努力提高自己的思想道德修养！”

近几年以来，随着“金源集团”的事业越做越大，黄如论先生听到的多是“喜报捷传”，看见的是一笔又一笔收回的流动资金。时下，出他所料的是，竟然连续发生诋毁金源品牌、愤而辞职的事情，他不得不发出这样的自问：

“北京、福州相距数千里之遥，为什么却在这两家饭店中，发生了同类性质的问题呢？”

黄如论先生回到北京之后，又收到了一个更为惊人的消息：“一年内辞职的员工高达800人，离职的领班、主管级以上管理人员100人。其中，有的公司员工流失特别严重。比如，‘北京世纪颐和物业公司’共六百多人，部门副经理级以上干部仅9人，其余的基本都是员工，由于对员工不够重视，造成了员工严重流失的现象，仅今年年初公司就有63名员工离职；再比如，今年年初，北京‘世纪金源大饭店’也有76名员工辞职，这些都严重影响了企业的正常经营管理。”紧接着又有更为惊人的事情发生了，北京“世纪金源大饭店”销售部员工集体辞职，等等。可以想见，黄如论先生在这期间真是“心事浩茫连广宇”了！

一天深夜，黄如论先生拖着疲惫的身体回到了办公室，打开电脑，又在世纪金源论坛上看到了这样一个帖子：

“今年过年回来以后，我们公司已经有六十多人离职了，当然大部分是保安，公司保安才三百多人，这个比率正常吗？保安离职时从来没有说工资不够高，其实大家心里都明白，在这里工作得不开心，那还留在这里干吗！为什么不开心呢？除了工资，缺乏其他有效的激励和福利这是一个原因，食堂饭菜做好吃一点，没有肉没有关系啊，你不要做得难以下咽；宿舍环境好一点，没有席梦思不要紧，宿舍不要在夏天潮湿得像蒸笼一样啊；工作站岗累一点，回家以后没有爱人问候不要紧，不要整天搞个会议来折磨人啊！……”

黄如论先生看完这个帖子之后，越发地感到问题的严重性了！他躺在床上暗自思索，当年创业的时候才八个人，还搞得人仰马翻；如今公司已经发展到有数千名员工，问题自然会更多一些。不时，他又想到了防微杜渐这句成语，遂下定决心：

“一定要把这些苗头消灭在萌芽之中！“

但是，解决问题的突破口选在什么地方呢？黄如论先生历经深思熟虑，决定从“世纪金源大饭店”销售部开始。

黄如论先生发现销售部“内部搞不团结，员工犯同样错误却受到不一样的处理，领导印象好的人就免予处分，印象不好的人就加倍处分，把好好一个部门搞得乌烟瘴气”，按着他的性格和以往行事的作风，一句“撤职”就解决了。可是，当他冷静思考之后，认为销售部发生的问题不是孤立的，从某种意义上讲是带有普遍性的，因此必须当做一个典型事件去处理。或许是他认为集团出现这些问题，自己这个主席难辞其咎；也或许是黄如论先生出于“慈生我心”，应该允许部下犯错误，也应该允许改正错误。总之，他决定和公司有关的领导找这位销售部经理谈一谈，目的只有一个，希望这位年轻的女经理在今后的工作中改正错误。然而事与愿违，这位女经理不仅不检查自己的问题，反而理直气壮地说道：

“第一，销售部集体辞职事件不是领导管理不当，而是员工自身的原因离职的。”

黄如论先生听后火从心起，可他依然强压着火气，十分和善地反问她：

“不管什么理由，销售部一共十个人，就走了六个人，还有一个实习生也准备转岗，你作为部门领导还好意思讲这些话吗？”

黄如论先生讲这些话的潜台词是，如果你这种逻辑成立的话，那“世纪金源集团”60%以上的员工也都走了，那我们这家企业还办得下去吗？但是，这位女经理依然不领情，继续按照她的思路讲下去：

“第二，我年前刚通过集团人事管理中心的考核。”

这位女经理讲这句话的潜台词是，如果我有问题，集团人事管理中心为什么还通过对我的考核呢？

“你这话没道理！”黄如论先生强忍的怒火终于爆发了，他声色俱厉地说，“首先，我们集团仅部门副经理级以上的干部就有三百多人，人事管理中心只有四个人负责考核，他们负责的是宏观层面的考核；其次，人事管理中心对你的考核也是阶段性的，以前你的考核通过了，并不代表你永远是合格的！”

这次谈话到此结束了，黄如论先生立即宣布撤职。当这位女经理抗辩无效又说手段太狠的时候，黄如论先生说了这句记录在案的话：

“你说对了，我的手段很硬，我说撤你就撤你，没什么人情可讲的！”

通过这件事情，黄如论先生清楚地认识到：“用权力管人，只能管少数人，只能管一时；用制度管人，才能管无数的人，才能管得长久。”也就是从这时开始，他决定修订集团已有的《人事管理规范》《企业理念与管理规范》等条例，使之成为“金源集团”的根本大法。

黄如论先生坚定相信毛泽东讲过的这句话：政策制定以后，干部就是决定的因素。换句话说，在“金源集团”的根本大法尚未修订完稿之前，还得以霹雳的手段狠抓干部队伍的建设。原则是“优胜劣汰，适者生存”。事后，他曾沉重地对我说过这样的话：

“那时，我花了极大的心血，对金源集团的干部队伍做了清理，发现存在的问题的确是很多、很多。”

“您认为最不好办的问题是什么呢？”

“就是我们企业中的‘老革命’、‘老员工’。”黄如论先生说罢叹了口气，“他们跟随我多年，自认为经验丰富，墨守成规，死抱着小农经商的思想不放，对新的观念、新的规范置若罔闻。”

“您打算怎么办呢？”

“横下一条心，采取组织措施，免去一切影响金源集团向前发展的人——哪怕是我的老朋友也在所不惜！”

“涉及的‘老革命’一定不少吧？”

“对！”黄如论先生说罢伸出五个手指头，“我把五位副总经理级的‘老革命’，降级调整为部门经理级的干部。”

“影响很大吧！”

“大！但是，我还是硬着头皮在大会上严肃地指出：他们中有的人观念停滞断层，有的恃其资历长摆起老资格，有的缺乏岗位相匹配的技能深度，有的年高体弱缺乏活力，而无法适应精细繁重的工作与发展之需，所以集团一致决定：降级使用！”

规律是不可抗拒的。不仅在中国共产党发展的过程中，会出现老革命遇到新问题，而且在一个新兴企业前进的道路上，也会出现同样性质的问题。如果再推而广之，我们很多国有企业缺少活力，不也和这条不可抗拒的规律有着根本的关系嘛！虽说黄如论先生对降级的‘老革命’做了量才而用的安排，但我相信他“慈生我心”的情感深处还是矛盾的，甚至是不好受的。为此，我有意问道：

“您能给我谈谈当时内心的感受吗？”

“有什么好谈的呢！处理这样的问题，必须有菩萨的心肠，屠夫的手段！”

我听后竖起大拇指，赞同地说道：

“精辟！菩萨的心肠，屠夫的手段……”

四

黄如论先生真是忙极了！他一面完善大型综合社区“世纪城”尚未施工的建筑，一面深思企业管理和干部的培训，一面还要慎思资金合理的运用，以及“金源集团”下一步的发展方向，等等。这时——也只有这时他才真正明白文学名著《红楼梦》中的一句名言：家大有家大的难处！

一天上午，黄如论先生正在伏案处理集团有关的文件，桌上的电话铃声响了起来，他拿起电话，客气地：

“喂！你是哪一位？”

“我是侨联主席林兆枢。”

“林主席，您有什么事就尽管吩咐。”

“我想请你来侨联一趟，有重要的事情和你相商。”

“好！我这就去。”

中国侨联是全世界华侨的家，侨联主席就是这个大家庭中最有权威的“家长”。从侨联第一任主席陈嘉庚先生到现任的林兆枢主席，他们都为国外的华侨、国内的侨属做了大量的工作。因此，侨商黄如论先生听说林兆枢主席有重要的事情相商，立即放下手头上的工作，驱车驶往中国侨联。但是，他心里却又禁不住地自问：

“林兆枢主席有什么重要的事情和我相商呢？”

林兆枢主席遇到了麻烦，侨联属下的“华侨大厦”经营不下去了，要被法院强制拍卖。

世人皆知，位于王府井大街北端，与“中国美术馆”相毗连的“华侨大厦”建于20世纪50年代末期，由著名侨领、中国侨联第一任主席陈嘉庚先生出资两亿元人民币兴建的。周恩来总理在解放初期就向海外侨胞承诺，要在北京为侨胞建个家，华侨大厦的建成正是当时政府和海外侨胞多年的心愿。在建成后，时任国务院副总理兼外交部长的陈毅元帅还亲笔题写了店名。该饭店总建筑面积四万二千多平方米，地上十层，地下三层，拥有客房四百间，曾于国庆十周年之际被评为北京十大建筑之一，成为当时北京建筑的一张名片，参加国庆十周年庆典的侨胞即为它迎来的第一批客人。有的侨胞从这里看到建国十年的巨大成就，看到祖国的发展壮大，甚至禁不住热泪盈眶。改革开放之后，随着回国投资的侨商日渐增多，“华侨大厦”也曾红火一时，于1995年按五星级国际酒店的标准重新修建，并加入国际酒店协会。

但是，随着市场经济的不断发展，北京高端饭店市场的竞争日益激烈，而“华侨大厦”由于企业改制滞后，全体员工继续“吃大锅饭”，各方面负担沉重，渐渐地失去了经营活力，每年亏损达3000多万元。到林兆枢主席找黄如论先生相商的时候，“华侨大厦”连本带利负债整整10个亿。按当时的政策规定，如果限期内还不上这10亿元的债务，“华侨大厦”将被强制拍卖以资抵债。

林兆枢主席接到通知之后，先后找了许多位海内外知名的侨资企业家，希望能够买下“华侨大厦”继续经营。出乎他意料的是，这些海内外知名的侨资企业家，竟然以种种借口拒绝收购“华侨大厦”。理由嘛很简单，负债10个亿，卖也没人要，把钱投进去，收入和回报还不如把钱存在银行吃利息。自然，他们担心的，还有“华侨大厦”原有职工的处理等问题。正当林兆枢主席为“华侨大厦”奔波无果的时候，突然又收到法院发来的通告，如果中国侨联一个月内不偿还10个亿的债务，立即强制拍卖“华侨大厦”。也就是在这种危难的关头，林兆枢主席拨通了黄如论先生的电话。

黄如论先生听后十分不解，华侨之家的最高当家人林兆枢主席遇到了困难，为什么这些海内外知名的侨资企业家都不伸出救援之手呢？对此，林兆枢主席微微地摇了摇头，十分为难地讲了这段话：

“他们都用商业模式和成本原则对待‘华侨大厦’，觉得不合算，所以就没人解我的围哟！”

黄如论先生听后沉重地点了点头。

“黄先生啊！”林兆枢主席真的动了感情，几乎是含泪讲了如下这些话，“我兢兢业业为党工作十几年，快退休了，如果‘华侨大厦’在我的手上被拍卖，我就得千古骂名，这个帽子我一辈子也摘不掉，领导也会对我有意见。”

黄如论先生听后十分同情，当即说道：

“林主席，您先放宽心，等我回去和集团的同仁商量一下，再回答您好不好？”

“好，好！”林兆枢主席或许是真的怕黄如论先生一去不复返，遂又加重口气地说，“黄先生！告诉你的同仁，国务院的领导人对我讲了，如果有人买‘华侨大厦’，政府也会出来帮忙。”

黄如论先生十分沉重地告别了林兆枢主席，驱车赶回了“金源集团”，立即召集会议。不出他的所料，绝大多数的与会者都反对收购“华侨大厦”。理由嘛，还是从纯经济的角度出发，认为“华侨大厦总共负债10个亿，虽然国家会适当支援，但还是资不抵债”。结论：经商的哪有做亏本的买卖呢？放弃收购“华侨大厦”。

对此，黄如论先生不以为然。几年以后，他曾对我讲了如下这段话：

“当时，我对他们说，你们想过没有？如果‘华侨大厦’一拍卖，我们国家的政治名誉受不受损失？我们不是讲肝胆相照、不计得失吗？我们是侨商，侨联有困难该不该帮？再说，我做人的原则是，能帮助人的时候一定要帮。况且这个忙是帮中国侨联的呢！”

与会的同仁一听黄如论先生的口气，都知道他收购“华侨大厦”的决心已定，所以大家不再说些什么，会议也就这样结束了。

黄如论先生的大公子黄涛先生已经长大成人，并参加了“金源集团”的领导。等与会者相继离去之后，他对父亲说了这样一句话：

“爸爸！您买了华侨大厦肯定会后悔的！”

“为什么？”

“赔钱！”接着，黄涛认真地算了一笔账，“除去国家免去的4亿元，还负债6个亿，按1.2的利息算，一年就高达七千多万元。如果再加上饭店的折旧费，又是一笔为数不少的钱。再者，时下华侨大厦最好的年度营业额是2800万元，我们接过来，一定是稳赔不赚！”

“你讲的在理，可你为什么就不想赚钱的办法呢？”黄如论先生看着沉默不语的黄涛，继续说道，“你应该知道，坏的也可以变好的，关键是放在谁的手上做，这个很关键。就说万一暂时赔些钱，为国家分了忧，为华侨长了脸，那也值得！再说，‘华侨大厦’在经营方面一定有很多经验，只要有爱心，就一定能够让赔钱的‘华侨大厦’重生，回到当年北京十大建筑的水平！”

对此，黄涛先生也不再说些什么。

接下来，黄如论先生经过与林兆枢主席几次交谈，遂作出如下决定：“世纪金源集团”出资约4.3亿元，收购“华侨大厦”70%的股份。从此，“华侨大厦”由“世纪金源集团”控股经营。

黄如论先生控股收购“华侨大厦”之后，立即带着有关的专家进行实地考察，发现“整个华侨大厦已经整整10年没装修过，破破烂烂的。于是，我又投了5000万元进行装修，使之焕然一新”。

我听后越发坚定地认为：一个没有“慈生我心”的商人，是不可能为了国家的名誉担着风险收购“华侨大厦”的。但是，我作为一位作家，更加关注“华侨大厦”是如何重生的。因此，我率直地问道：

“黄先生，您经过几年的努力，‘华侨大厦’的确是重生了。请问，您先后采取了哪些措施呢？”

“一共四条措施！”

“请问。第一条措施是什么呢？”

“创新‘华侨大厦’的大堂布局，重现当年十大建筑的光彩。”

“请说得具体些，好吗？”

“好！经营饭店的人都知道，大堂是客人活动和经过的最为重要的一个场所，它向客人传达了饭店所追求的风格和创意，代表了饭店的形象和定位。”接着，黄如论先生指出，他根据“华侨大厦”原有的结构和布局，大胆创新，将过去的深色的玻璃，改为现在的透明玻璃，使大堂更加通透明亮。原来大堂的中心茶座移到大堂右侧，取而代之以造型优美的喷水池，不断喷涌流动的水花，带来勃勃生机，暗含水能生财的中国传统理念。使客人一走进大堂，不仅能感到现代开阔的宏伟和气派，更能感受一种古典传统的神韵和雅致，使“华侨大厦”在五星级饭店林立的王府井大街上，成为一道别致而亮丽的风景线。最后，他笑着说，“新的‘华侨大厦’，很快就赢得了海外华人和世界宾客的交口称赞。结果嘛，我不仅没有赔钱，反而赚了钱。”

“好！请问第二条措施是什么呢？”

“实施淡季低价策略，促使饭店经营再创新高。”

“您可否再说得通俗一些呢？”

“可以！”接着，黄如论先生指出，无论是什么档次的饭店，在经营过程中都有旺季和淡季。结果，在淡季就会出现客房出租率不高的现象。因此，他断然作出决定：饭店在淡季应主动降低房价，吸引客源。根据他的决定，饭店领导将房价下调300元（标间一昼夜）。这一优惠措施吸引了众多的住店宾客，就说那些住在王府井地段其他五星级饭店的宾客吧，也改住“华侨大厦”。最后，他有些得意地笑了，遂又说道：“可以想见，原来的淡季变成了旺季，饭店效益不仅没有受到影响，反而屡创新高。”

“请问您实施的第三条措施呢？”

“发展外卖，创京城移动的五星级饭店。”

我听后一怔，感到“移动的五星级饭店”这个名词新鲜，遂立即问道：

“华侨大厦本身就是五星级饭店，您怎么又变出一个移动的五星级饭店呢？”

“在华侨大厦之外，不可能再造出一个移动的五星级饭店。我所说的创京城移动的五星级饭店，是指经营而言。”

我听后越发堕入五里雾中，遂微微地摇了摇头，表示不明其意。

黄如论先生看着我茫然不知的表情，又意外地反问道：

“柱子哥，你知道什么叫龙头老大吧？”

“我当然知道！”我说罢看了看黄如论先生的表情，进而又说道，“同时，我还知道中国人历来都有老大意识。”

“很好！说得详细些。”

“所谓中国人例来都有老大意识，是泛指一些人只要成了某行某业的老大，就一定要摆出龙头老大的样子。换句话说，从登上龙头老大的宝座那天起，只有别人向他朝圣，而他呢，绝不去移樽就教。”

“一言中的！”黄如论先生突然来了兴致，说道，“在饭店行业中，龙头老大的意识更是严重。只要是五星级饭店，不管是赔是赚，都要静等宾客上门。否则，就丢了五星级饭店的面子。”

“这叫死要面子活受罪！”

“他们才不受罪呢！因为赔赚和他们没有关系。”

“您是如何打破这条饭店经营中的规矩呢？”

“首先，我对京城所有星级饭店的餐饮业搞了个调查，认为华侨大厦位处繁华的十字路口，非常适合开展高端的外卖，随即指示饭店立即开拓这一市场，把五星级的餐饮与服务推广出去，打造有华侨特色的‘移动五星级品牌’。”

“效果如何？”

“很好！接着，饭店先后承接了宝铂表故宫外卖，有西班牙国王和王后出席的中国美术馆西班牙艺术珍品展外卖，等等。生意兴隆，赚了不少外快。”

“您生财有方！第四条措施是什么呢？”

“改组原‘华侨大厦’的领导班子和经营理念。用时髦的话说，对‘华侨大厦’旧有体制进行彻头彻尾、彻里彻外的改革。从某种意义上说，这才是真正实现‘华侨大厦’体制转换的根本措施。”

自从改革开放以来，一个疑惑不解的课题笼罩在我的心头，那就是国有体制怎么了？为什么一定要改革呢？不久，我从实践中得出了结论：国有企业吃大锅饭，不适应市场经济的发展。但是，国有企业如何进行体制改革——并取得成功，我却没有一点基本的常识。为此，我问道：

“黄先生！您是如何对‘华侨大厦’这家国有企业进行体制改革的呢？”

“其一，彻底抛弃国有企业吃大锅饭的经营理念，按照我们‘金源集团’的经营理念重新打造‘华侨大厦’。把话说白了，就是让习惯吃大锅饭的原‘华侨大厦’的领导、员工换头脑。”

“他们如果不换呢？”

“简单，不换脑，我就换人！”

至此，我才明白“华侨大厦”已经从公有制变成私有制了，他们的上级主管单位，也已经从中国侨联转到“世纪金源集团”，决定他们是留下工作还是失业在家的老板，已经变成“世纪金源集团”董事局主席黄如论先生了。从此，那些习惯论资排辈、赔赚不管的原“华侨大厦”的领导和员工，也只好按照优胜劣汰、适者生存的游戏法则行事了。说来也怪，这种转换是很快的，也不会有什么阻力。

“其二，首先换掉原‘华侨大厦’的领导，我派林明清去当‘华侨饭店’的总经理。”

林明清，是黄如论先生一位朋友的公子，当年在福州是做物业的，后来到了北京，任物业公司的副总经理。“香山金源商旅中心酒店”建成以后，黄如论先生调他任该酒店的副总经理。也就是在这期间，我和林明清同志相识，给我留下了很好的印象。那时，黄如论先生告诉我：

“小林有畏难情绪，认为自己是做物业的，没有当过酒店的领导，也没有读过酒店的书，怕做不好。当时，我就教了他三招：第一招是告诉他说你去的时候，要多做事少说话，多观察少定论，多尝试少主观；第二招是先摸规律，先摸步骤；第三招是抓干部建设，抓部门副经理以上干部的头脑。一句话，三分做矮人，七分求学习。结果，他在‘香山金源商旅中心酒店’做得不错。”

对此，我是赞同的。接着，我又问道：

“黄先生，您调林明清去‘华侨大厦’之前，一定又教了他几招吧？”

“对！还是三招。”

“详细地说说看。”

“第一招是确立经营思路。‘世纪金源集团’的经营思路是什么？他们‘华侨大厦’原来的思路是什么？我们要去扭转；第二招是用锐利的眼光、谦虚的心态，去感化‘华侨大厦’的老员工、老干部；第三招，掺沙子，挖墙脚，抛石头，整合干部队伍。”

“效果如何？”

“很好！由于林明清百分之百地执行我的指示，三年后，他就取得了很大的成功。现在，‘华侨大厦’不仅不赔，而且连年业绩创新高，多次受到主管政府部门的表彰，年营业额达接手前最佳业绩的五倍多，每年还要上缴几千万元的利润。红红火火的经营发展现状，使其重新成为侨胞之家。现在，我又调他出任‘重庆集团’的副总裁，干得也不错。”

不久以前，我去重庆出差，又专访了林明清同志，请他谈“华侨大厦”改制的经验。他先是说了一句“百分之百地执行老板的指示”后，又非常简单地说了这样一段话：

“第一，全体员工必须换思想，以金源集团的经营理念指导工作；第二，我带去一批骨干参与领导工作，把原‘华侨大厦’的一批干部调离；第三，个别调皮捣蛋的，依照金源集团的管理法解聘。未经几个回合的较量，‘华侨大厦’的员工上下一心，团结一致，而长年赔钱的‘华侨大厦’，很快就变成了第二个‘世纪金源大饭店了’！”

通过解剖“华侨大厦”改制的经验，我终于悟出了这样一个普通的大道理：违犯社会主义多劳多得、按劳取酬分配原则的做法，一定会滞后社会主义经济的发展。

如果说黄如论先生收购“华侨大厦”是“慈生我心”的担当之举，那么对“华侨大厦”原有体制进行改革，使其起死回生，就是挽救一家国有企业的善举了。

我们套用毛泽东主席的一句话说，一个有钱的人一生做一件、两件善事并不难，难的是年年、月月都在为他心爱的祖国、养育他的人民做善事。毫不夸张地说，黄如论先生就是这样一位始终不渝地赚了钱就做善事的侨商。请看如下几个较为典型的例子：

当黄如论先生听说福州市遭遇特大的“龙王”台风吹袭，人民的生命财产受到极大损失的时候，他立即捐助300万元人民币，帮助家乡的人民重建；

当黄如论先生听说福建省宁德遭遇“桑美”强台风袭击，当地人民——尤其是渔民受到巨大的损失以后，他立即捐资460万元，帮助宁德的人民重建；

当黄如论先生听说福建省慈善总会有3000名无家可归的孤儿以后，他慷慨捐助600万元作为首期助养费；

当黄如论先生听说家乡贫穷的大学生无钱上学以后，他立即捐资2800万元，帮助2000名贫困大学生完成学业；

当黄如论先生回到穷困的山区调查研究，发现不仅孩子读书难，老百姓看病更难以后，遂与福建省有关单位洽商，决定拿出1亿元人民币，设立“福建省江夏百姓医疗救助基金会”，希望为得了大病或疑难重病的父老乡亲出点力，尽点心。

……

诚如前文所述，黄如论先生随着事业的拓展，他又对我国传统文化——尤其是儒学、道教、佛教发生了极大的兴趣，并从中感悟出很多的人生哲理。或许是他自身悟性的自觉，也或许是那些传道解惑的“高人”从中牵线，他还向有关的文化事业、宗教单位捐助了不少的钱。如：

出资500万元，帮助武夷山文化中心，借以发扬光大朱熹、黄榦等创立、发达的理学；

出资500万元，创建“中国华侨历史博物馆”，借以纪念、发扬华侨爱国、爱乡的精神；

出资260万元，在福建省长乐县举办“纪念郑和下西洋600周年元宵文艺晚会”；

捐资700万元，帮助福建省闽侯县南通万佛寺建立森林保护工程；

三度捐资近500万元，帮助万佛寺修复以及设在寺中的爱心敬老院。等等。

我和宗教没有任何缘分，但对比较宗教这门学问却有兴趣，因此在与黄如论先生的交往中，也免不了谈议佛理、佛法、佛经之间的关系。后来，我又曾陪同黄如论先生去南岳衡山烧香、拜佛，感到他在佛的面前是相当虔诚的。有一次，我还曾经有意地问过他：

“黄先生！我听说您到福建闽侯旗山寺烧香，曾经与当年以2.5利息借钱给您的某女士不期而遇。有这事吗？”

“有！”

“我听您同行的部属说，当时大家一见这位女士，有情绪地说了一句：‘放高利贷的也来了！’就拥着您走到举办佛事法场第一人的位置上。令他们不理解的是，您几乎是以命令的口气让部属让开，请这位女士过来和您一起烧香。是这样的吗？”

“是这样的！”

“您当时是怎么想的呢？”

“这位女士放高利贷对与否，是她的事。在我看来，是她借给我这笔高利贷帮我度过的难关，我就应该对她满怀感激之情。另外，要知道那是在佛的面前，既不允许交恶为敌，也不允许有意作秀，只能以诚相待。”

“说句题外话，这位女士是怀着一种什么样的心情来烧香的呢？换句话说，她是带着感激之情还是忏悔之意向佛烧香的呢？”

“我不明白你的意思。”

“把话说白了吧！她是感激佛保佑她放高利贷赚了钱，还是向佛忏悔自己赚了黑心钱，请佛宽恕她呢？”

黄如论先生听后没有立即回答我的问题，沉吟片时，对我说了这样一句话：

“我个人认为，虔诚的佛心也好，顽强的意志力也罢，必须经过人生无数次的‘锻打’，才能拥有一颗‘金刚’般的无悔之心，才能达到八风不动的圆满境界。”

由此可知，黄如论先生与佛结缘、修身养性已经达到相当的水平了。

在几千年滚滚逝去的历史长河中，经常可以发现一些大致相同的浪花。例如，那些荣登九五至尊的帝王，还有富可敌国的商贾，大多数是从穷困的乡村走向官场、走向商场的。但是，这些从村夫到荣登大位的帝王一旦衣锦还乡，大体上就像是当年刘邦那样高声唱着“大风起兮云飞扬，威加海内兮归故乡！”而那些富可敌国的商贾回乡，基本上是为了光宗耀祖，修建所谓的王家大院、孟家大院等等。极具讽刺意味的是，出了个皇帝朱元璋的凤阳县，老百姓依然是唱着《凤阳花鼓》四处乞讨，八方流浪，转眼又过去六百多年！

但是，黄如论先生本着“慈生我心”的观念，不仅没有在生养自己的故乡盖一间茅屋草舍，相反对有养育之恩的连江人民，以及曾经帮他起步的罗源人民却从未忘怀。我去罗源、连江深入生活的时候，听到很多关于黄如论先生不忘旧情的故事，使我久久挥之不去。后来，我见到了黄如论先生谈议往事的文稿，令我感动不已。为了再现黄如论先生的情操和胸襟，现摘抄几段以替代拙笔：

“我的人生起步之初在罗源……那段时间非常困难，得到过几位知心朋友的帮助，至今我还是很感谢他们。那年，我邀请央视‘同一首歌’栏目组，以及一些国家级的表演艺术家到罗源演出，我特意为他们留了几张最好的座位票，并借用罗源县委常委会议室请他们过来座谈，请他们一起吃饭。我对他们说：‘当年多亏你们的帮助，才有我今天的成长，当时我走的每一步路，都离不开你们的支持。如今我事业有成，为报答大家，特意宴请大家，另外为大家每人准备了一个红包，表达我深深的谢意。’我这些知心朋友中百分之八十都退休了……他们都禁不住感叹道：‘我们当年帮黄如论值得！’”

“在家乡连江，我把我父母亲所有的兄弟姐妹，以及我祖母的亲戚，全部诚恳地邀请过来，办了三桌酒席款待他们。这其中有三个并不是我的亲戚，我也请来同场感谢他们。为什么呢？因为在‘文化大革命’年代……我年少无知，经常帮镇里写大字报，有的时候写到晚上十一二点才能回家。我叔叔一个师兄弟的妻子对我很好，说：‘都这么晚了，一定肚子饿了，我煮碗面给你吃。’在我肚子饿时到她家吃了几次。每次我都牢记在心。还有我同族的堂姐，也无微不至地关心我，一看到我，便会跟我打招呼：‘弟弟啊，到姐姐这边吃些东西。’此外，我母亲是个童养媳，八岁时由我祖母养大，她的身体一向不好，长期卧床不起，也晒不着太阳，还患上了神经衰弱和传染性肝炎。当时我家里穷，没有钱给她治病。有一位好心的和尚告诉我：‘你母亲的病，不用请医生，吃白茅根就会好。’我听了他的话，买了好多白茅根。通过吃白茅根，母亲的身体果真一天天好起来。在我母亲患病期间，我在外地工作，有一位我母亲的老乡，经常来看护她。因为肝炎会传染，当时别人都不敢上门，可她一如既往地照顾我母亲的饮食起居。就是这三个人，给我留下了深刻的记忆，所以我也把他们当亲戚，不仅把他们请来当面道谢，还给他们每人包了一万元的红包，表达我的感激之情。”

多年之后，黄如论先生和我谈起这段往事，依然是非常动情地说了这段话：

“我经常告诫金源集团的员工，在平时的工作中，也要树立这种相互关爱、团结互助的精神，以此培养和教育我们的员工，来团结我们的同仁，只有这样才能在未来取得更好的胜利。”

虽说黄如论先生这几句话讲得平淡，在我看来却是字字重千斤。不知何故，我禁不住地又想起了黄如论先生说过的一句话：

“鱼融于水，爱大于恨，一定要有报恩的心……”

五

香山，位于北京西郊，地势险峻，苍翠连绵，近900年以来，以公园著称于世。

香山公园，占地180公顷，是一座具有山林特色的皇家园林。景区内主峰香炉峰俗称“鬼见愁”，其实海拔只有557米。

据史记载，香山公园始建于金大定二十六年，距今还不到900年的历史。从此开始，历代封建王朝——尤其是定都北京的元、明、清三大王朝的天之骄子，以及会享受的皇亲国戚就在香山营建离宫别墅，每逢夏秋时节，皇帝都要到此狩猎纳凉。因此，香山寺曾为京西寺庙之首。待到清朝乾隆十年，喜欢吹嘘盛世的乾隆爷屡屡下旨大兴土木，相继建成名噪京城的二十八景，并赐名香山一处名胜为静宜园。仔细算来，在京西著名的“三山五园”之中，香山公园就占了一山——香山，一园——静宜园。在这块风水宝地上，亭台楼阁似星辰散布在山林之间。其中，最负盛名的有燕京八景之一的“西山晴雪”；有集明清两代建筑风格的寺院“碧云寺”；有国内仅存的木质贴金的“五百罗汉”；有迎接六世班禅的行宫“宗镜大昭之庙”；有颇具江南特色的古雅庭院“见心斋”等等，真可谓是不胜枚举！

但是，这座有着历史、文化底蕴的皇家园林，却分别于咸丰十年、光绪二十六年先后两次被八国联军焚毁，既留下了帝国主义侵略者枪杀中国人的斑斑血迹，也让后人看到了清王朝的腐败和无能！

香山公园树木繁多，森林覆盖率高达90%。据公园宣称，“仅古树名木就有5800多株，占北京城区的四分之一，是北京负氧离子最高的地区之一。具有独特的‘山川、名泉、古树、红叶’丰富的园林内涵，是避暑的胜地，天然的氧吧”。或许是香山公园有着数不清的天赐美景吧，新的世纪——21世纪的钟声刚刚敲响，香山及其周围的地区便成了房地产商角逐的“战场”。据当时的媒体宣称：13家有实力的房地产商蜂拥而至香山，打着开发高档酒店、别墅、住宅等旗号，疯狂地占山圈地。黄如论先生旗下的“世纪金源集团”也在其中。

据后续媒体追踪报道，前来香山打擂台的13家房地产商，绝大多数是没有太大实力的。他们按照过去行之有效的办法，先通过某些所谓的内部关系，搞到一个意向性的土地批件，然后就通过媒体热炒地皮，一倒手先赚它一笔；接着，得到所谓第二手地皮的人如法炮制，或转手赚钱，或寻找有实力的房地产商合作建房，希冀赚更多的钱。因此，这些声称已经手握香山地皮批件的商人，天天在媒体上登广告、写文章，就是不见有哪一家房地产商进驻香山，安营扎寨，玩一把真格的。事后，香山开发现象成了业内的一句笑谈。对此，我也曾说过一句笑话：

“这是典型的具有中国特色的房地产开发事例，只打雷，不下雨！”

但是，黄如论先生根据商战的规律——不要过早亮出底牌行事。首先，他清楚香山在北京的特殊地理位置，绝不会允许“争相在香山盖酒店、盖别墅，破坏香山的自然风景和人文景观”。其次，他指示部属要默默做事，“遵照国家有关规定，把该办的法律手续都办完了。我们国家也是依法治国的，办好的手续，谁也不能把它停下来”。与此同时，他通过各种渠道准确地了解到，先期在报纸上宣传得很厉害的那些房地产商，“有的一个手续还没有办，有的只办了一半，只要政府出面一检查，那不是全都完了？”结果，不出黄如论先生所料，“国家为了保持香山的原貌不受侵扰，开始大的整顿……其他12家公司因手续都不完全，被政府责令停工或取消项目，哪家企业也动不了，一个个都束手无策。”结果，“在北京市政府的专项突击检查中，只有‘世纪金源集团’一家是经得起审查的项目”。对此，黄如论先生曾经对我说过这样一段话：

“在商战中一定要胸有全局，同时还要讲究策略。只有把我们自己都武装好了，什么都清楚了，再亮底牌也不迟，到那时我们已经是铜墙铁壁，谁也不能攻破我们了！”

黄如论先生讲的香山这个项目，就是“香山金源商旅中心酒店”。

黄如论先生为什么想在香山建一座酒店、且又看中这块地皮呢？他认为酒店位于北京三山五园之首、景色绝佳的香山东南麓，回首眺望“鬼见愁”，绿树掩映绵延起伏的香山，暮霭霞光浓抹覆盖在大山身上的植被，婉如一幅变化无穷的油画，真是美不胜收，令人神往；转身俯视未来的酒店依山傍水，到处都是片片桃林，地处两山环抱，腹地广阔，举目眺望正前方，恰好与对面的玉泉山遥相呼应。更为奇妙的是，在两山之间——未来“香山金源商旅中心酒店”的背后有一条山涧，顺山势俯冲而下，象征着香山蕴含的天地之正气锐不可当。用文人的话说：这里一年四季溪水潺潺，春、夏、秋三季鸟语花香。因此，在熟读《易经》、相信风水学的黄如论先生的心目中，这里是一块“风水宝地”。事后，他曾说过这样一段话：

“我对这块‘风水宝地’情有独钟，这里因山势而变，因水时而变，承传《周易》《理学》传统文化之精华，既有人气，又有财源，是最适合建酒店的地方。”

“香山金源商旅中心酒店”总建筑面积3万多平方米，地上有3层建筑，共有222间宽敞、舒适的豪华客房，间间窗含香山独有的如黛秀色；10幢单体别墅高低错落，掩映在山石绿树间，造成若即若离，有如一个个有灵性的流动的音符，似在默默地吟诵“陶令不知何处去？”凌空鸟瞰，别具一格的屋顶花园与1200平方米的人工湖泊相映成趣，顾盼传神；拾级而下，负一层以休闲健身的娱乐区、商务会议区和风格独特的餐厅组成，设备齐全，给人一种身心愉悦、流连忘返的感觉。

随着“香山金源商旅中心酒店”的落成，我即搬进酒店写作大型电视连续剧《邓小平》。空闲之时，我信步闲庭，用心地观察这座酒店的风格，也思考了它独有的设计理念。因此，我曾向黄如论先生请教：

“黄先生！您是如何设计这座酒店的呢？”

首先，黄如论先生把右手拿着的香烟轻轻地点了点，然后有些得意地说了这段话：

“我投资兴建这座‘香山金源商旅中心酒店’，就是想来这里试一试，先是从不同的方位审视这块‘风水宝地’，十多次来回看时都坐在这条小溪旁边的石头上，抽了六包香烟，用心思考，反复琢磨，最后就完成了这座集会议、商务、度假、旅游、休闲、养生为一体的五星级酒店的设计方案。”

“这座商旅酒店最大的特点是什么呢？”

“一是选址，独具慧眼，方才我扼要地讲了；冉是我刻意地打造得天独厚的唯美之境。”

“请说得明了些好吗？”

“好！我按照自己的风水观，在整座酒店的园林设计上可谓独具匠心。酒店原先地块是一片桃林，两山环抱，腹地广阔，眺望前方正好与对面的玉泉山遥相呼应，两山之间有一条山涧，顺山脉而下，溪水潺潺，鸟语花香，绿树成荫，堪称一块‘风水宝地’。考虑到这块绝佳的地理位置，我承传周易理学传统文化精华，在主庭院设置了‘中庭热带雨林’等精巧景观，让自然阳光，轻灵雨露与室内设计相结合；因水流而变，设计了小桥流水穿越别墅，汇集于酒店大堂前人工湖，形成湖光山色，静中有动的风光美景；因地势而变，设计有九栋别墅，整个酒店掩隐于林壑之间，错落有致，开合有度，再加上建筑外墙以天然本色的文化石装饰，上顶镶有琉璃瓦，更与外界环境完美融合。这些独具的特色，不仅使酒店‘春花夏虫秋叶冬雪，四季相宜皆入画’，而且还做到了古典文化与现代设计最完美的融合。”

我作为一位酒店的常客，十分熟悉黄如论先生讲的这些景观，因此，深表赞同地点了点头。接着，我又问道：

“从酒店的设计理念上看，有哪些地方体现了深奥的传统文化？”

“简单地说，酒店的创意，融合了易学理论，但整体设计的寓意，却是属于我黄某人的。”

我一听来了兴趣，急忙向黄如论先生请教：

“请问：酒店的创意，有哪些地方融合了易学理论？整体设计的寓意，又有哪些地方是属于您的？”

黄如论先生听后站起身来，一边用手示意酒店的方位和图形，一边认真地说道：

“这座酒店由主楼与九幢别墅、服务楼（即东楼）配套而成。从高处俯看主楼，整个饭店布局奇正相合，暗含八卦之象；另外，主楼建筑呈‘廿’形，恰好与东楼配成‘廿一’形，会意‘二十一’与‘金源’的笔画数相同，寓意‘世纪金源集团’在未来前进的大道上，必将集香山之灵气，春华秋实，成为行业的龙头典范。”

我听了黄如论先生的这番话后，禁不住地想起了有关刘伯温建造北京城的种种传说。话再说回来，黄如论先生这番非同一般的谈话，足以证明中国的传统文化已经深入到他的心灵之中了！

在我这个门外汉看来，“香山金源商旅中心酒店”的样式——尤其是那十幢不同形状的别墅，就是典型的欧式建筑；再说到主楼的建筑和内部的装饰，我感到又有着东南亚热带地区的风格。因此，我又问道：

“也许是您在菲律宾住过十年的原因吧，我感到这座酒店——尤其是大堂的设计和装饰，都有着明显的东南亚的风格。是这样的吗？”

“是的！目的嘛，是为了创新视觉感受。”黄如论先生边说边与我走进主楼大堂，他指着大堂上方那通透、明亮的吊顶说道，“为了完成整体的创意，我采用了千余平方米的透明玻璃作为屋顶装饰，只要顾客走进如此宽阔的大堂，就能尽情享受阳光和大自然的互动交流。同时，还能在顾客的心中产生典雅精致、蔚为壮观的美感。如果再加上四面屋顶绘画的各种热带作物的图饰，又会给客人带来一种东南亚风光的情趣。”

“香山金源商旅中心酒店”大厅的设计是很有些创意的，中央是一座上下通透的中厅，上面即是千余平方米的玻璃吊顶，下面是负一层的主体建筑，正中央有一座金象喷水的景观。我问道：

“这座金象喷水景观的创意来自泰国吧？这三尊喷水的金象也一定有什么特别的用意吧？”

“是的！这座金象喷水景观由三部分组成：其一是用红白相间的花岗岩制作的圆形贮水底盘；其二是三尊仿古青铜象直立底盘的周围；其三是在空中接收三个金象鼻子喷水的圆盘，就像是一支出水芙蓉亭亭玉立于空中。这样，就为豪华大气的酒店大堂，不仅注入了一份来自大自然的活力，而且也更好地配合了隐居香山这一生态人文主题。同时，‘象’同‘祥’谐音，取意吉祥。如果从佛教文化分析，那就有着一层更深的寓意在其间了！”

“‘香山金源商旅中心酒店’在局部设计上还有哪些创新呢？”

“创意利用自然光，让负一层的500米无柱式宴会厅也能阳光普照。”黄如论先生说罢沉吟片时，又说道，“毫不夸张地说，我将自然元素发挥到极致了！”

我十分熟悉这座无柱式大宴会厅，它设在负一层（即地下一层）靠近香山的一边，为了充分利用大自然恩赐的空间，人工修筑了一个与宴会厅并行的宽敞的广场，让宴会厅尽情地接收上帝恩赐的阳光。在那广场高高的人工墙壁上是飞流直下的瀑布，使得负一层的无柱式阳光厅与室外瀑布相辅相成。结果，自然阳光、轻灵雨露与宴会厅内的设计相配合，不仅改变了负一层的位置，而且还让用餐的客人犹如置身水帘洞之中。为此，我伸出大拇指赞赏地说：

“佩服！这是一件完美的艺术作品。”

“但是，我在‘香山金源商旅中心酒店’设计中也有两处败笔啊！”

在我与黄如论先生的交往中，基本上是听他讲过五关斩六将的所谓丰功伟业。另外，由于他为人处世的霸气，像我这样敢于品评毛泽东、蒋介石的作家，也从来没有问过他走麦城的事情。因此，我笑着说道：

“真是新鲜啊！您可以和我谈谈这两处败笔吗？”

“当然可以！”黄如论先生沉吟片时，说道，“中国的建筑，从富丽堂皇的故宫到简朴的民房，基本上是坐北朝南。我在开始设计酒店的时候，也是按照这个法则行事的。但是，在我认真地审视了这块地形之后，认为应该打破传统设计的规则，改为因地制宜，顺势起伏。因此，我决定酒店所有的房子都朝东南。”

我告诉黄如论先生，当年老佛爷住过的万寿寺就不是坐北朝南，而是顺着乘船去颐和园的小河自然流向修建的。一位有学问的长者告诉我：

“当年的老佛爷，是取顺势即福。”

黄如论先生很是赞赏慈禧太后“顺势即福”的理论，接着又说道：

“所以，为了酒店整体的设计规划，我把已经盖好的两座房子拆了，重新按着面朝东南的方向再建。这样一来，浪费了不少钱。”

“这种浪费是值得的！请讲第二件败笔呢？”

黄如论先生指着酒店前面的那座人工湖泊，还有那条顺着山涧流入湖泊中的小溪，说道：

“旁边的这个小溪也要改造，溪小湖大这个不妥，以后也要改。”

按照水能生财的理论，小溪是财源，湖水是聚财之地。如果财源小而聚财地大，岂不有悖于生财之道吗？由此，我想起了徽州的民间建筑，他们每家门前多有溪水流过，村头一定有一座全村共有的水池，其用意和黄如论先生是相同的。但是，自民国之后，随着徽商的衰败，徽州人民门前的小河照样日夜不息地流淌，可村边那座全村共有的水池再也聚拢不来财源了！

我从未向黄如论先生谈过这种看法。

或许是我以研究、写作历史伟人毛泽东起家的，每到一个地方，总要和毛泽东居住过的地方相联系。尽管我与《易经》——尤其是风水学无缘，但我还是要从地势、方位等方面加以比较，得出一些似是而非的结论来。随着年龄的老化，我似乎又多了几分迷信的色彩，有时还从迷信的视角揣度有关人物内心的灵动。基于这样的原因，当我第一次踏进“香山金源商旅中心酒店”的大门之后，我就下意识地想到了毛泽东居住过的“双清别墅”。

我清楚地记得：“香山金源商旅中心酒店”于2003年3月15日开业，我与夫人应邀走进这座酒店的大门，给我的第一印象就是，主楼就是一座放大数倍的“双清别墅”，门前那座1200多平方米的人工湖泊，俨然就是“双清别墅”门前扩大了的水池；当我再顺着酒店庭院那条小溪而上，又很自然地使我想到了那两眼注入池中的泉水（雅称双清）；当我和夫人沿着草坪中的甬路随意踱步的时候，一座木质的六角形的亭阁出现在湖边，当时我愕然一惊，暗自说道：

“这不就是‘双清别墅’门前的小亭子吗？”

由此引发开来，我又情不自禁地想起了当年毛泽东在亭子中休闲读报、于激情之中写出了名篇《七律·人民解放军占领南京》。接着，我由酒店的上方是毛泽东居住过的“双清别墅”，进而又想到了酒店的下面是传说中的曹雪芹落魄之所，遂萌生了这样的想法：

“如果我住在‘香山金源商旅中心酒店’，上可借得一点毛泽东的霸气，下可偷得一丝曹雪芹的仙气，过着所谓的资产阶级的生活，创作老一辈无产阶级革命家的作品。”

不久，我住进“香山金源商旅中心酒店”的愿望实现了，而且一住就是五年多的时间。在此期间，我总共完成了《邓小平》《八路军》《冼星海》《周恩来在重庆》《解放》等大型电视连续剧文学剧本的创作。

但是，关于“香山金源商旅中心酒店”与“双清别墅”在设计理念上有何关系，我从未与黄如论先生交谈过。

正当“香山金源商旅中心酒店”破土动工不久，一件意外的事情发生了！那就是“世纪城”一期四区、六区的部分业主，反对“北京世纪城物业管理有限公司”，甚至提出由业主委员会接管物业公司等过激的口号。简之，一度双方剑拔弩张，搞得沸沸扬扬。当时，我恰好住在四区的一幢楼中写作，知道这件事情的来龙去脉。多年之后，我有意和黄如论先生谈起这件往事，希望听听他的意见。出我所料的是，他却淡淡地讲了如下这段话：

“好像物业公司出事，本来只是一两个不良业主闹事，你不管，还若无其事地看他们，结果慢慢地发展为二三十个和你作对，你就不好处理了。这就应了那句老话：小火好扑，大火难灭啊！”

以此为由头，我又和黄如论先生谈起了物业公司和业主的关系问题。

随着房地产业的迅猛发展，物业公司在中国大地上应运而生。有人说，“业主和物业的关系就像是户主和保姆”。直言之，“物业公司以第三者的身份为业主们尽心尽力地服务，两者各取所需。”也有人说，“物业公司与业主之间更像是一对‘恋人’。我们物业已更多地融入到业主的日常生活之中，知其所需，想其所想，产生‘恋人’之间那种除服务与需要之外的爱与被爱的事实与情感联系”。在黄如论先生看来，“世纪金源集团”选择成立自己的物业公司，目的是“在‘造城’之后再开始‘守城’”。

但是，在我看来，这二者无论是“户主和保姆”的关系，还是“像是一对恋人”的热恋，一旦遇到难以解决的具体问题，“户主”就想解雇“保姆”，再热的“恋人”也会想到分手。就说黄如论先生提出的“守城”说吧，由于你造的城已经改为业主所有，因此作为经济实体的业主，有权请其他人来帮助“守城”。问题的关键是，物业公司如何处理好和业主之间的关系。举例说：

黄如论先生在打造大型综合社区“世纪城”的时候，提出了“人车分流”、“动静分离”等设计理念，建造了亚洲最大的地下车库，让所有车辆均在地下行走，使业主享受到“结庐在人境，而无车马喧”的诗意空间。但是，有为数不少的业主买得起房子买不起——或者就是不买地下车库的车位，他们下班以后，还非要把自己的私车停在楼前或小区公用的通道上。结果，就势必与物业公司发生矛盾，吵架是难免的，骂街也是常事。至于少数业主不交物业管理费，不交冬季取暖费等也是经常发生的。

另外，物业公司也有令人不满意之处，一是业主购置的住房难免有不尽如人意的地方，再是物业公司又没有这样一笔钱重新装修，三是物业公司的员工大多是新招聘来的，一个个年轻气盛，又没有管理物业的经验，再加之少数员工说起话来十分难听，就自然而然地容易导致业主和物业公司之间的矛盾升级，等等。

据我所知，“世纪城”一期四区、六区业主闹事的主要起因就两件事，一是嫌物业管理费高，再是原设在五区的露天游泳池改建成了人工湖泊，变成人们休闲、健身的场所。为此，少数懂法律的业主认为不合理，向物业公司提出了抗辩。双方随着矛盾的激化，少数懂法律的业主领头，又在广大的业主中开始了“签名运动”，还提出了强烈要求撤换物业公司的诉求。对此，物业公司也寸土不让，一时双方到了无法调和的地步。

说来也巧，业主一方的代表与我相识，物业公司的顶头上司黄如论先生是我的朋友，我既不能站在临时成立的业主委员会一边公然签名，也不能站在物业公司的一边指责所谓闹事的业主委员会，借用一句戏剧语言说，我陷入了两难困境之中。为了解决问题，我找了一位与我相识的同志寻求解决办法，没想到这位同志却十分动容地说道：

“王老师！我们把露天游泳池改在地下不夜城有什么不好？这样一来，业主不就一年四季都可以游泳了吗？说到物业管理费嫌贵，那是买房的时候就讲好的嘛，为什么搬进楼来以后，就又提出修改物业管理费的要求？”

“你们打算怎么了结呢？”

“简单，他们一定要取我们而代之，那我们就退出，交给他们去管理。”

“那现在物业公司办公的地方呢？”

“这是我们世纪金源集团的财产，当然要随着我们的退出全部收回。”

我完全明白了“世纪金源集团”的态度。接着，我又和有关的业主说道：

“‘北京世纪城物业管理有限公司’可以退出，你们计划由哪家物业公司来接管？先不说新的物业公司的收费是高还是低，就说他们进驻之后有没有办公的地方？”

有关的业主一问三不知，甚至像一些常识性的问题想都不曾想过。

恰好这时，一家电视台的新闻调查，正在播放业主和物业公司对簿公堂的节目。大意谓：一位律师出身的业主带头状告小区的物业公司，要求更换一家新的物业公司。法庭判业主胜，物业败，并限令原物业公司撤出小区。几天之后，一家新的物业公司进驻小区，刚刚亮相数日，业主们觉得不仅管理水平更差，而且还发现这家物业公司的老板就是那位闹事的律师业主。因此，业主们又把这位律师业主告上法庭，双方闹得不可开交。我记得看了这个节目以后，十分感慨地说了这样一句俗语：

“咳！真是树林子大了，什么鸟都有啊……”

不久，黄如论先生知道了发生在一期四区、六区业主闹事的事情，他没有责难业主，相反要求物业公司的员工找出自身存在的问题。也就是在此前后，他向“世纪金源集团”旗下的所有员工提出了“以情服务，用心做事”的要求。接着，他还撰文作了如下的注脚：

“以情服务，用心做事，是我们世纪金源集团中华传统文化的精髓，是融会贯通现代企业管理理论提炼而出的企业理念。”

但是，黄如论先生是如何解决一期四区、六区发生的问题呢，他曾经对员工们讲过这样一番话：

“中国有这样几句话：将心比心，易使人称心；以情换情，可使人领情。在激烈的市场竞争中，企业要想立足市场，站稳脚跟，实现长期可持续发展，需要一股能够凝聚人心的内在的原动力，方能力创服务特色，始终胜人一筹！”

“北京世纪城物业管理有限公司”全体员工，秉持黄如论先生的“以情服务，用心做事”的教导，分头深入一期四区、六区各位业主的家里，一是虚心地接受批评，再是诚恳地说明情况，很快得到了绝大多数业主的谅解，一场看来难以调和的纠纷就这样解决了。

“世纪金源集团”旗下的单位——尤其是各个物业公司的管理人员，逐渐感悟到“以情服务，用心做事”的真谛，遂真诚地和业主交知心朋友，送温暖到每一户业主的家。同时，他们还在每个小区竖立起旗杆，举行升国旗仪式；每年新年和中秋节都投入大量人力和物力，给每位业主送挂历，送月饼。随着物业公司的迅速壮大，不仅变成了“世纪金源集团”的支柱产业，而且还先后获得“北京市十大魅力社区”、“社会治安综合治理先进单位”、“金牌居住小区”、“北京市优秀管理居住小区”、“首都绿化美化花园式单位”、“消防安全工作先进单位”等光荣称号。

但是，成绩和荣誉丝毫没有减轻黄如论先生的精神压力，相反，他却对我说了这样一段话：

“事业发展得太快，新的人员扩充得太多，就说一些骨干成员吧，他们的管理素质也太差，是到了必须加强培训队伍的时候了！”

正当黄如论先生准备有计划、有目标地培训“金源人”的时候，就在“香山金源商旅中心酒店”开业不到一个月的时候，一场突兀而起的“非典”灾难袭击了全国。身处北京重灾区的黄如论先生不得不发出这样的自问：

“我们‘世纪金源集团’应当怎么办呢？……”

六

就在“香山金源商旅中心酒店”修建的过程中，黄如论先生已经在孕育一项震惊世界的商业建筑“销品贸”（Shopping Mall）——北京“金源时代购物中心”！

在黄如论先生看来，随着我国政府全面履行WTO条款，中国大陆正以前所未有的速度融入世界经济市场，国内竞争国际化，国际竞争国内化，已经成了不可阻挡的市场大势。同时，作为“世纪金源集团”龙头的房地产业，也由于行业性的供大于求和竞争日趋激烈，将呈现周期性震荡与螺旋下降趋势。怎么办呢？黄如论先生认为，“除了继续培育有金源特色的房地产开发模式，使之继续独居行业鳌头外，主动调整产业布局”，并“决定开展资产运营，进入商业房地产领域”。这就是建设一座目前世界最大的单体商业建筑“销品贸”——即北京“金源时代购物中心”。

黄如论先生为什么要创建具有国际特色的“金源时代购物中心”呢？他曾给我讲过如下这段话：

“我在菲律宾的时候，看到这样一个小小的国家，就有十几个购物中心。里面人山人海，非常方便群众。在当今的社会里，每个人都很注重时间，注重效率，在这样门类齐全的购物中心里面，花很短的时间就可以把需要的东西买全，是一种很先进的消费模式。我想这么大的中国，没有这样的购物中心，我感到很悲哀。我一定要搞个像样的购物中心，要有民族自豪感。”

我听后受到很大的震撼！一个没有强烈爱国情操的侨商，绝不会冒险去做增加民族自豪感的事业；一个没有“慈生我心”的事业家，也绝不会去做为广大的人民建“销品贸”这种善事。我沉吟片时，又问道：

“您为什么选在这个地方建设购物中心呢？”

“第一，世纪城所在地是规模很大的住宅群体，这里除去‘双安商场’以外，基本上没有像样的商业设施。从方便业主着想，需要有齐全完善的商业配套设施。”

“有道理！第二呢？”

“购物中心所在地恰好位于城市主干道上，如果建成商品房，既影响人们的出行，还影响市容的美观。”

“有道理！”

“如果建设一座大型购物中心，不仅解决了上述这些矛盾，而且还方便了世纪城——乃至北京西部地区广大居民的生活。”

我听后很为黄如论先生的建筑气魄所震撼，但也不无担心地问道：

“您在作出建设世界第一的购物中心之前，考虑到中国人的消费水平了吗？”

“我不仅考虑到了，而且还从宏观到微观作了多次的论证，最后才下的决心。”

“从宏观侧面上讲，您和您的同仁是怎么想的呢？”

“大家一致认为，随着中国工业化进程的加快，家庭汽车化和国家交通化很快会蔚然成风，购物中心这种在发达国家大行其道的复合商业态势，也必然会在中国迅速发展。”

“有道理！从微观侧面上讲，您和您的同仁又是怎么想的呢？”

“首先，我和我的同仁一致认为，大型综合社区‘世纪城’数万个业主是基本客户；其次，‘世纪城’周围还有‘万柳’、‘曙光’等众多高档、中档的社区，也有数万个业主前来购物；再其次，海淀区中关村科技城、大学区，以及北京各区县还有上百万个客户也会光顾购物中心……总之，客源是有保证的。”

“购物中心的定位呢？”

“定位于集购物、休闲、娱乐、餐饮等为一体的综合业态，汇国际、国内知名零售企业及知名品牌于一身，力图将国际化潮流与北京传统文化相融合。”

“您对这座世界最大的单体商业建筑——北京‘金源时代购物中心’有什么期望吗？”

“我希望它提供的服务，不仅要满足核心商圈居民的日常消费，而且还要为全北京市及其周边城市居民提供一种全新的商业体验，并进一步吸引巨大的旅游客源，使其成为人们乐于参观、游览、购物的旅游景点。”

“我在送上一份良好祝愿的同时，也期待着您的这些设想很快化为现实。”

我说这番话有两个用意，一是我认识的朋友——包括外国友人，对建造这样一座世界第一的购物中心是持疑义的，他们认为黄如论先生这种做法，脱离了中国人实际购买力的水平；二是我也有不同程度的担心，可我作为隔行的朋友又不想去说些隔山的话，只有把这种担忧化成良好的祝愿。因此，我有意把话锋一转，问道：

“您建造这座世界第一的购物中心，难道还是从购买地皮起步的吗？”

“对！”

“我在您的一份讲谈录中知道，洽商购买这块地皮的谈判是十分困难的，您不得不使用‘步步为营，各个击破’的策略，才拿下这块地皮的。您可以说得详细些吗？”

黄如论先生微微地点了点头，遂又扼要地指出，他在结束地下不夜城的项目谈判以后，又接着再谈建设“销品贸”（即北京“金源时代购物中心”）的事情。自然，谈判双方各有所图，开价还价也是正常的事情。至于谈判桌上出现一冷一热、一缓一急的局面，也是经常发生的。但是，黄如论先生却能始终稳如泰山。事后，我曾问过黄如论先生：

“您为什么会这样沉得住气呢？当时，您的胸中有破兵之计吗？”

“有！在我看来，对方在策略上是以虚虚实实来故布疑阵的，为此，我决定采用步步为营、各个击破的方法，来回应对方。这其中很重要的一点就是，不要急于求成，但要给对方留有诚意。”

黄如论先生讲的完全是军事术语，且留有很多的悬念。为了使读者了解这次谈判的经过，我把他亲笔写下的文章摘抄如下，以替代拙笔：

“第一点，我投资兴建的销品贸，与房地产不一样，你的土地80万元、100万元卖给我，我马上盖，盖完了，算完成本，我马上卖房子，马上受益，有赚没赚，一二年就见分晓。但我们的销品贸是长线投资，这个投资，起码要10年乃至20年以后才能收回来。第二点，我赚钱，你发展。我赚的是小头，你赚的是大头。我们是为你们的地区经济添砖加瓦，我们能拉动你们的地方经济，销品贸的开业你区当年能收回1亿到2亿元的营业税，10年就是15亿元左右的营业税。而且还能安排就业，提升当地的商业水准，是一件利国利民的大好事。我和他们讲了大道理，把远景说给他们听，但是不和他们讲价。为什么？纲举目张，大道理讲明白后，其他都好说。”“为了替政府分忧，黄如论先生还答应花费3000多万元，承担原本应由政府来做的拆迁工作。”

黄如论先生终于如愿拿下了这块地皮。多年之后，他不无得意地说了这句话：

“这就是谈判的技艺！一种‘无穷如天地，不竭如江河’的艺术与技艺。”

在黄如论先生看来，谈判技巧仅仅是完成目标的一种策略或手段。所谓策略，“就是为达到预定的组织目标，在洞察八极，高瞻远瞩，抓住事物发展规律的基础上，全盘统筹，抓住要害，因形造势……创造出绝对优势或者相对优势，以取得控制事物及其发展的主动权，进而达到目标的一个方法”。然而，对于一个房地产商来说，在完成谈判的基础上，决策艺术则是更为重要的。具体地说，在完成了建筑“销品贸”地皮的谈判以后，如何才能拿到有关部门的批件，同意在“世纪城”建造一座如此规模的“销品贸”呢？事后，我曾直白地问过黄如论先生：

“据我所知，当时，北京还有几个建设‘销品贸’的项目，其中亦庄、昌平的‘销品贸’项目都大造声势，报纸广告到处都是，结果他们至今也没有动工。请告诉我，你们的‘销品贸’为什么却不露一点声色地搞到了批件？”

“这就是决策技巧的高明与否的问题了！”黄如论先生凝思片刻，又淡然地说道，“姑且不论在昌平、亦庄建设‘销品贸’，有没有这样多的客源，符不符合北京市整体的商业点的布局，单从决策技巧来说，竞争这么激烈，你的报纸也登出去了，人家都知道你的底了，就会挑出种种毛病来卡你。比如亦庄‘销品贸’的广告登了两三年，到现在动也没有动。我们不一样，我们暗度陈仓，厚积薄发，老老实实地取得支持，把该办好的手续办齐了，那些居心叵测的人，要竞争的人，就插不上手了，一切手续符合法律法规，他们有什么办法从中插手呢？”

“高明！在这些方面，您还有什么经验吗？”

“要想有效避免无谓的竞争，就要清醒地认识到强中自有强中手的道理，要学会韬光养晦，待养好内功后，再以出其不意，以天降神兵之势造就成功。”黄如论先生十分自信地挥动了一下右手，继续说道，“这就是决策技巧，这也就是胜人于无形的决策艺术。”

接下来，黄如论先生又进入独自设计北京“金源时代购物中心”的阶段中。他像往常那样，习惯地来到建设“销品贸”的地址上，对着这片荒凉的土地用心“相面”。他忽而蹲在地上吸烟，忽而站起身来喝口热茶水，忽而又迈动他那特有的一步一米的步子，默默地丈量着未来“金源时代购物中心”东西南北的距离，测算着总共有多少万平方米，等等。数天过去了，总建筑面积87万平方米，首期单体建筑55万平方米——目前世界最大的单体商业建筑的蓝图腹稿形成了。接着，他又指示工程设计人员根据他的设计理念绘制成图。远远望去，北京“金源时代购物中心”的主体建筑为线状，东西长600米，南北宽120米，地上5层，地下2层，规模宏大、功能齐全，内设中央空调、豪华扶梯、直升客货梯，具备先进的通用照明设施、消防系统和给排水系统以及充足的仓库和车位。

数年之后，我的一位资深记者朋友从菲律宾归来，在一次聚会中对我说，她在马尼拉见到过一座“销品贸”，外观和北京的“金源时代购物中心”很像。当时，我就在猜想：会不会就是黄如论先生曾经和我讲过的那座“销品贸”呢？果然如此，这说明黄如论先生还是十分念旧的，愿把一份最美好的记忆留在北京“金源时代购物中心”上。为了不破坏这有或无的美好想象，我至今没有问过黄如论先生。自然，我还有一层意思，那就是也留给我们的读者一份最美好想象的空间！此乃弦外之音，略。

2003年2月14日，“世纪金源集团”通过决议，投资人民币38亿元，正式启动北京“金源时代购物中心”项目。

据时任世纪金源北京集团副总裁的黄如健先生回忆说，2003年3月15日，黄如论先生在庆祝“香山金源商旅中心酒店”开业之后，带领“世纪金源集团”有关的核心领导来到建筑场地，他指着一大片空地严肃地宣布：

“这里就是我们北京‘金源时代购物中心’的主体建筑，有五十多万平方米（实际上是64万平方米），从今天开始正式动工了！”

所有在场的人员都为之欢欣鼓舞。接着，黄如论先生又以命令的口吻大声宣布：

“你们全都记清楚了，今天是2003年3月15日，到明年——也就是2004年10月1日，我们的‘金源时代购物中心’必须建成开业！”

全体在场的人员听后都傻了眼，一时不知该说些什么，只好继续听黄如论先生讲话：

“我再说得明确些，五十多万平方米的主体建筑限期六个月建成；其他附属建筑和内部装饰、招商引资等限期一年完成！困难是不小的，这我不管，由你们去解决。一句话，明年10月1日必须开业！”

诚如当时在北京金源时代购物中心招商部任职的李伟先生所说，“当时，他不管我们是怎么想的，一边走一边指着一块空地说：到时候这里要盖起这个，那里要盖起那个，像玩游戏搭积木一样。我们和施工队都不敢想，向他诉说拆迁怎么困难。但是，他说叫苦、喊困难都不行，明年10月1日就要开业，到时候你们就是要把我们的‘销品贸’盖好，有困难你们自己想办法。”

“李先生！你们怎么办呢？”我问道。

“我们只能全力以赴。”

“你们为什么不向他提具体的困难呢？”

“没有用！因为他的性格就是这样。我们这些助手也习惯了，遇到困难，不要给他多讲，你自己去做就行了。所以，我们只有把困难放在心上，放手去做就行了。”

事后，我与黄如论先生谈起“销品贸”的建筑时，曾十分好奇地问道：

“黄先生！您事先为什么在建设时间表上卡得那样的死呢？万一完不成建筑任务又该怎么办呢？”

“实践证明，2004年10月1日准时开业了嘛！”

“事先，您想没想到困难呢？”

“我当然想到了！准确地说，集团的任何人都没有我想得多。就说北京‘金源时代购物中心’吧，在6个月里我们得使用2.7万吨钢筋，8万吨水泥，整个工程需要五千多名工人，单单装模板的工钱就得花一个多亿，这可是个天文数字，我全都计算出来了！最重要的是，必须在6个月中完成。”黄如论先生边说边看着我的表情，又补充说，“效率即金钱，多一天建设工期，就要多花上百万元啊！”

随着黄如论先生的诉说，我就像是在听一位战将在讲解自己最得意的战役那样，使我禁不住地暗自称道：“他的确有着运筹帷幄的才能！”接着，我又问道：

“您在修建北京‘金源时代购物中心’之前，还采取了哪些具体的措施呢？”

“简而言之八个字：把握进度，同步协调。”

“我希望听详而言之。”

接着，黄如论先生讲了如下这段记录在案的话：

“计划的完成，是要由不同部门按时间分段落分兵共进，全面合作而成。这方面的总体把握和同步协调一定需要干部本人深入基层才能落实，一个项目是一种系统工程与作业组合集，协同作战的部门通常都是平级。当出现问题时，没有一把手出面并及时协调则难以奏效。进度决定项目的生命，如果一个项目内有某一部分工程不能如时完成，那整个系统也将被拖垮。备受外界称道的‘金源奇迹’就是这种实干与落实的产物……世界最大的单体建筑——北京‘金源时代购物中心’，其施工难度，和整个工序规划、施工组织设计，以及人员的调配与组合，都是史无前例的……这些都要在六个月内同步完成，其间事情千头万绪，如果没有我一天三次亲临现场，没有领导部门坚守阵地，哪有可能保证六个月就能全面封顶。”

这就是黄如论先生对创造“金源奇迹”最好的理论总结。

那时，我偶尔从“香山金源商旅中心酒店”回“世纪城”与家人团聚，看见工地上到处都是忙而不乱的建筑工人，空中是一台又一台高高的吊车在旋转作业，泥泞的路上有序地奔驶着装满黄土、建筑材料的汽车，使我想起了当年修“人民大会堂”的情景。为此，我曾感慨地说过这样一句话：

“建设北京‘金源时代购物中心’，就像是一场没有硝烟的会战！

黄如论先生就是这场会战的最高统帅！”

正当黄如论先生“一天三次亲临现场”，指挥若定，雄心勃勃地要求六个月拿下北京“金源时代购物中心”的时候，一场震惊中外、影响全国人民生命安全的“非典”爆发了！那时，全国——尤其是北京完全到了谈“非典”而色变的地步！工厂停工了，学校停课了，机关工作的中心也都转向防“非典”传染方面来了。我记得那时的流行语是：“谁得‘非典’了吗？”“某某医院又感染了几个‘非典’病人啊？”“咳！又有几个‘非典’病人死了……”

随着“非典”疫情的不断扩大，人员的流动受到了极大的限制。那时，我正在组织拍摄大型电视连续剧《延安颂》，转场都遇到了极大的困难！每到一个新的拍摄地点，全体摄制人员就需要抽血化验；每天起床以后，第一件事情就是量体温，如果有发烧的演员，立即停拍送医院检查。也是出于同样的原因，北京上百家星级酒店不仅空空如也，而且还要天天消毒，确保无“非典”疫情发生。自然，“世纪金源集团”属下的“北京世纪金源大饭店”、“华侨大厦”，还有刚刚开业的“香山金源商旅中心酒店”，全都处在停业或半停业的状态了！对此，黄如论先生明确指示：

“全体员工提高警惕，要确保三家饭店的卫生达标，杜绝‘非典’疫情传入！”

那时，大型综合社区“世纪城”一期、二期，还有部分三期的业主已经搬进了不同的小区居住，一旦有人——哪怕就是一个人感染了“非典”，整个“世纪城”就会人心惶惶，时无宁日了！为此，黄如论先生严肃要求：

“物业公司的员工要提高警惕，全体动员，做好‘世纪城’各小区的工作，一定保证不发生一例‘非典’病人！”

随着“非典”在全国肆疟，搞得上下人心浮动，不知何处是安全之所。就说那些在北京打工的农民工吧，也纷纷逃回了各自的乡村。因此，有不少建筑工程被迫停工，昔日那热闹的工地，转眼就剩下横七竖八的建筑材料了！

黄如论先生面对“非典”疫情的发展，也不得不想这些既具体又实际的问题：北京“金源时代购中心”的建设怎么办？是完全停工防疫，还是继续大兴土木？再者，这红红火火的工地上那几千名建筑工人怎么办？是暂时礼送回家躲灾，还是继续留在工地上施工？万一在工地上发生了“非典”，又将会带来一个什么样的后果？等等。黄如论先生历经严肃而又痛苦的思索，毅然作出绝不停工，继续建设北京“金源时代购物中心”的决定。与此同时，他还要求“世纪金源集团”的领导和他一样走出办公室，和建筑工人一道战斗在工地上。一方面都要坚定有序地指挥施工，另一方面更要关心每一位建筑工人的生活，做好防疫、检疫工作，绝不允许工地上有一例“非典”病人出现。

凡是经历过“非典”的人都知道，像黄如论先生敢于作出这样的决定，那是需要何等的气魄啊！

随着“非典”在全国的蔓延，防疫、检疫成了全国工作的中心。因此，很多工厂、学校、旅游、交通等行业处于瘫痪或半瘫痪的状态中。为此，黄如论先生又作出两条决定，一是要求三家酒店、物业公司等单位的员工坚守岗位，继续工作；二是办培训班，分批轮训“世纪金源集团”的干部。这样一来，他不仅要在工地上指挥工程的施工，而且还要登上培训班的课堂亲自授课，真是忙得很难再见上他一面！

那时，我突然牙疼，搞得连吃饭都很困难。不知是谁告诉了黄如论先生，他乘车来到香山，说了一句“牙疼不是病，疼起来要人命。走！看牙去”，不容分说，就把我拉到一家口腔医院看牙。我客气地说道：

“谢谢您！我一个人看牙就行了。”

“这怎么行呢，我陪着你！”

我看完牙医之后，黄如论先生又意外地把我拉到“世纪城”三期工地，指着车外那宽150米长长的绿化带，还有那已经建好、或即将建好的小区，问我：

“柱子哥！说实话，晴雪园前边的绿化带怎么样？楼房盖得漂亮不漂亮？”

“还可以！”

“什么叫还可以？你就不能说个好吗？”

我听后一怔，再侧身一看黄如论先生的表情，感到他似乎真的有点生气了。但是，我不知道他为何生气，遂又有些固执地说道：

“还可以的评价就不低了！”

黄如论先生没有再说什么，冲着司机说了一句“去工地！”很快，那辆陆虎吉普车就开到了人潮如水的建筑工地。他打开车门，纵身跳下吉普车，命令地说了一句“把王老师送回香山去！”头也不回地向工地走去了。

自从我与黄如论先生相识之后，他一直视我为兄长，对我十分尊重。像今天发生的事情，在我的记忆中也只有这一次。事后——尤其是我决定写作《我心目中的黄如论》以后，我用心地研究了他那时的心态和情绪的变化，才知道他需要释放“非典”和工程带来的双重压力，下意识地希望我能说些令他开心的话。可是，我这个隔行且又十分自负的兄长却完全没有想到这些，真是有负“灵魂工程师”这一称谓了！

在党中央、国务院的领导下，全国人民发扬团结一心、众志成城、迎难而上、敢于胜利的精神，举国上下掀起了一场抗击“非典”的人民战争。为了把这场抗击“非典”的人民战争进行到底，首都各界人民又争先恐后地掀起了一场空前的捐献运动！

黄如论先生深知“非典”是人民的公敌，抗击“非典”是每一个公民应自觉履行的义务，也是广大华人、华侨义不容辞的责任。为了支持首都抗击“非典”斗争，他决定向北京市捐资1200万元，向海淀区捐资200万元，借以弘扬同舟共济的民族精神，表达对在抗击“非典”斗争中涌现出的先进单位、有功人士的赞誉和崇敬之情。

这是黄如论先生“慈生我心”最好的注脚！

为了感谢各界人民的支持，同时也是为了继续奋斗战胜“非典”，北京市委、市政府于2003年5月11日在世纪坛隆重举行大会，邀请黄如论先生代表海外华侨、港澳台同胞在大会上发言。这既是“世纪金源集团”的荣誉，也是对黄如论先生“慈生我心”最高的褒奖。同时，我们也从他的发言中看到了“人定胜天”的乐观精神：

“虽然抗击‘非典’斗争仍在继续，未来的任务还相当艰巨，我们港澳同胞、海外华侨华人始终坚信，有党中央、国务院的坚强领导，有北京市委、市政府的精心部署，我们一定能真正做到万众一心抗‘非典’，迎难而上谋发展，夺取抗击‘非典’和经济发展的双胜利！风雨过后的首都北京一定更加美丽、更加灿烂辉煌！”

很快，黄如论先生的乐观预言——“夺取抗击‘非典’和经济发展的双胜利”得到了完全实现。仅就“世纪金源集团”而言，更是取得了辉煌的胜利！请看：

“世纪金源集团”麾下的大型综合社区“世纪城”、“北京世纪金源大饭店”、“华侨大厦”、“香山金源商旅中心酒店”等单位，无一例感染“非典”的病人，创北京安全居住小区、合格星级饭店的荣誉。

同时，在黄如论先生亲自领导下，北京“金源时代购物中心”的建设正常运行，该项目指挥部充分领会黄如论先生的指导思想，进行更加周密的部署，面对工程量大、工期紧迫、工程项目繁杂、所需建筑材料数量庞大等困难，指挥部干部员工发扬金源人“务实高效、开拓进取”的光荣传统，互相协调、互相配合、争分夺秒、艰苦奋战，按照规定的六个月的时间，以高质量、高效率、高规格的要求，全面完成了北京“金源时代购物中心”主体结构工程的封顶，创造了世界建筑史上的奇迹。

接着，黄如论先生抓紧北京“金源时代购物中心”的内部装修，以及与之有关的配属工程的建设和招商引资，2004年10月1日全面正式开业！从那时起，历时三年的市场培育，人流与销售额逐年攀升，每天客流量达十几万人次，周末可达二十多万人次，在相当程度上改变了北京市的商业格局，促进了首都经济的发展，成为创新市场的领跑者。

功夫不负有心人！随着“北京金源时代购物中心”的开业，黄如论先生“我们造城”的梦想全都变成了现实。但是，他没有喘一口气，更没有歇一下脚，遂打开“慈生我心”的胸怀，又迈开了“善行天下”的脚步！

……

為人仁善
載厚家大
海闊天容

丁亥年冬
黃文論題

江夏学院捐款仪式

捐资云南师大1.2亿元

化素[illegible]花

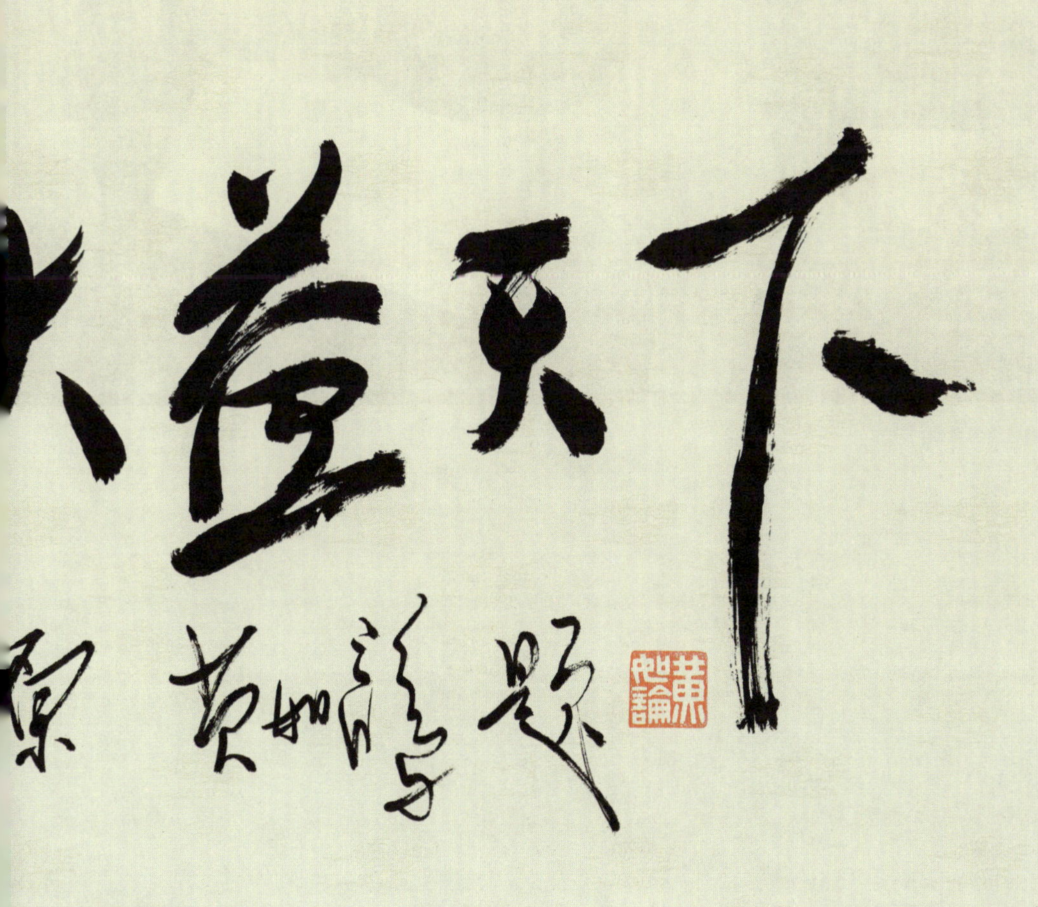

捐资福建省慈善总会600万元

福建江夏百姓医疗救助基金会捐赠签字仪式
兴业银行 转账支票
2005 年 12 月 28 日
收款人: 福建江夏百姓医疗救助基金会
兴业银行
人民币
壹亿元整
¥10000000000
用途 捐赠
世纪金源投资集团

资1亿元

捐资云南省公益事业和新农村建设1.816亿元

捐资潢川、固始、江夏文物保护

捐资抗击“非典”行动

（图片顺序：自上至下）

第六章 善行天下（二）

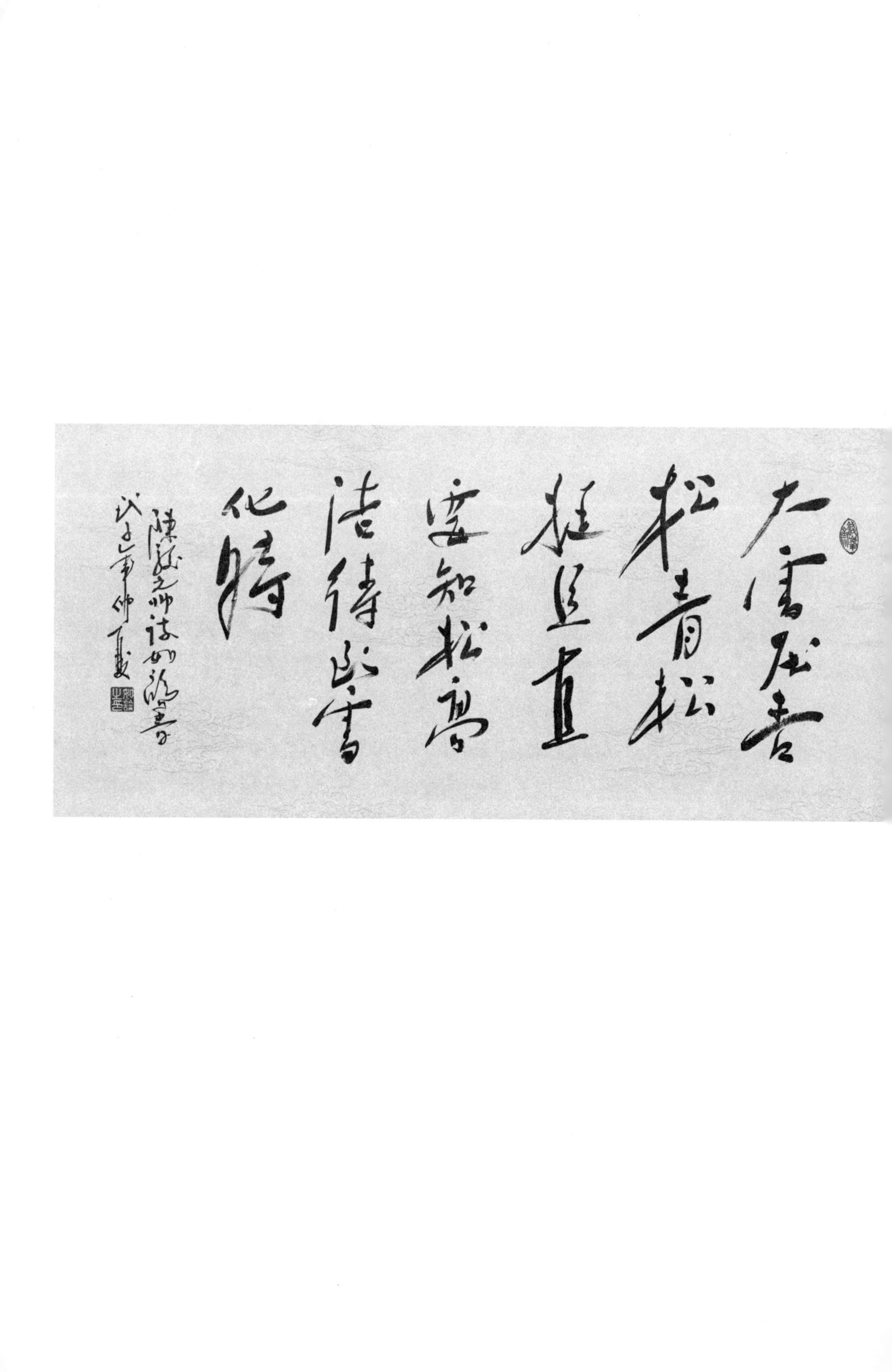

大雪压青松
青松挺且直
要知松高洁
待到雪化时

陈毅元帅诗[illegible]书
戊子正月[illegible]

一

在防疫“非典”传播期间，我一直住在“香山金源商旅中心酒店”。那时，我一边指挥大型电视连续剧《延安颂》的拍摄，一边为纪念邓小平诞辰100周年潜心创作剧本《邓小平》。

一天傍晚，黄如论先生驱车来到“香山金源商旅中心酒店”，把我请到供他休闲的三层别墅，很自然地又谈起了毛泽东的故事。我记得那天谈话的主要内容，是毛泽东为什么创办“抗日军政大学”。还是像过去那样，我讲他听。所不同的是，他偶尔还会提出一些问题要我回答。最后，我才讲出带有总结性的结论：

“毛泽东创办‘抗大’有两个前提。第一个前提是，红军长征到达陕北——尤其是东征山西返回陕北之后，这支能征善战的部队需要集中整训，中高级指挥员也需要提高理论素养；第二个前提是，在东征期间通过与张学良、杨虎城等爱国将领举行秘密会谈，毛泽东不仅预见到了国共第二次合作成为可能，而且还明确指出伟大的全民抗战即将爆发。为了迎接这即将到来的革命形势，必须尽快集中培训红军中的中高级指挥员。”

黄如论先生听后沉吟片时，问道：

“毛泽东创办‘抗大’，和蒋介石办‘黄埔军官学校’有什么关系吗？”

“有！需要说明的是，‘黄埔军官学校’的创办人不是蒋介石，而是孙中山先生。”我看了看黄如论先生沉静不语的表情，又说道，“孙中山先生创办‘黄埔军官学校’，是为北伐准备军事骨干；毛泽东创办‘抗大’，是为即将到来的全面抗战准备指挥员。当年，在‘黄埔军官学校’执教的有共产党人；如今，在‘抗大’执教的多是‘黄埔军官学校’的教员和学生。像毛泽东、周恩来等既执鞭于‘黄埔军官学校’，又多次登上‘抗大’的讲堂授课。”

黄如论先生微微地点了点头，遂又坚定地说道：

“我决定利用‘非典’期间，创办‘世纪金源集团’的‘黄埔’和‘抗大’，为迎接即将到来的大发展，我也决定亲自登台授课。”

对此，我是举双手赞成的。

为了写作《我心目中的黄如论》，我在黄如论先生授课讲稿中发现了如下这段文字：

“举办这个管理干部培训班的目的，是为了适应金源集团未来大跨度的发展，为了适应企业四大支柱产业齐头共进的新格局，而建立人才纵深梯队，培育更多的优秀人才，并让更多的有志青年能够脱颖而出，这就是我们金源的‘黄埔军校’。换句话说，这是我们金源干部的大本营。”

“世纪金源集团”的“黄埔军校”的校址，设在新建成的“香山金源商旅中心酒店”。

第一批参加培训的中高级干部如期来到了香山，翌日上午，就在“香山金源商旅中心酒店”的东楼正式宣布开课。自然，第一课的主讲人，就是“世纪金源集团”董事局主席黄如论先生。为了说明创办管理干部培训班的目的，他开宗明义，公然声称赞成毛泽东的一句名言：“政治路线确立之后，干部就是决定的因素。”接着，他又由此引发开来，冲着台下认真听讲的学员，大声疾呼：“治国需要干部，兴企需要人才。”令全体学员感到震撼的是，黄如论先生当众宣布：2003年定为“世纪金源集团”的“人才年”。为此，他特意量身打造了“金源人十大准则”，发给每一位学员，按照“干部先行，员工跟上”的原则，要在集团上下掀起一个学习“金源人十大准则”的热潮。最后，他大声讲道：

“我为什么要如此而为呢？就是希冀借以约束、凝聚‘金源人’的行动规范，确保‘世纪金源集团’沿着正确的道路前进！”

与此同时，黄如论先生清醒地认识到，金源集团从单一的建筑业、房地产业、物业起家，到今天已经发展成为以“房地产开发、星级大酒店、大型购物中心、金融资本运营”为四大支柱产业的企业格局，并朝着规范化、技术化、专业化、知识化的现代企业方向发展。但是，最突出的问题是中高层管理人才青黄不接，管理观念滞后，严重地桎梏着企业向前发展。为此，他在管理干部培训班上发表了有名的“不换头脑就换人，不转观念就下岗”的演说。他大声呼吁：

“什么是我们金源人应有的新观念呢？第一，树立‘务实高效、开拓进取’的企业精神；第二，建立‘以情服务、用心做事’的企业理念；第三，学习‘老实做人、脚踏实地’的企业作风；第四，培养‘敬业爱岗、廉洁自律’的企业人格！唯有如此，大家才能以全新的面貌与企业同命运、共呼吸，在风起云涌的商品经济战场与企业大舞台中，愈战愈勇，永远立于不败之地！”

黄如论先生在论述了为人处世——也就是做人的道理以后，他又花了很多心血阐明了企业管理的准则。为此，我曾坦然地向他请教：

“黄先生！从古今中外的企业发展来看，您认为管理的理论应分几个阶段？”

“我认为大致经历了农业时代的经验管理，工业时代的科学管理，到后工业时代的行为科学管理，再到当今知识经济时代的人本管理等四个阶段。”

“您是如何看待我们国家管理理论的发展呢？”

“从中华人民共和国成立到今天，我认为企业管理的理论，大致也经历了四个阶段。”

“第一个阶段从何时算起呢？”

“从新中国成立算起。那时，由于革命刚刚成功，百废待兴，千头万绪，毛泽东提出的方针是‘领导就是出主意、用干部’，比较策重的是刚性领导。”

“第二阶段又从何处算起呢？”

“从改革开放算起。邓小平根据当时的历史任务，提出的方针是‘领导就是服务’，侧重的是领导的造势功能、服务功能。”黄如论先生讲罢沉吟片时，又继续讲道，“到了第三代领导人江泽民时代，他根据当时的环境，提出了‘各级管理干部都要研究管理学’，侧重的是管理的科学化。如今，以胡锦涛为核心的党中央顺应时代要求，提出了领导要‘亲民’，并强化‘执政能力’的具体要求，侧重的是以人为本。这就是第四个阶段。”

“容我直言，您领导的‘世纪金源集团’到今天经历了几个阶段？”

“我们经历了十多年的风雨历程，到今天已经走过艰苦创业阶段，跨越了经验管理、效率管理和成本管理阶段，逐步进入规范化、人本化的发展阶段。”黄如论先生说罢吸了一口香烟，又说道，“水无积无辽阔，人不养不成才。我创办管理干部培训班的目的，就是希望中高层干部与时俱进，进入一个全新的管理时期。”

“您希望金源集团的干部应具备什么样的品质呢？”

“第一，要有坚韧不拔的毅力！我经常和他们讲《荀子修身》篇中的几句话：跬步而不休，跛鳖千里；累土而不辍，丘山崇成。用今天的话说，只要能坚持一步一个脚印，即使是跛脚的鳖也能走到千里之遥的地方；一点一点地累积泥土，即使是高山峻岭也能堆成。”

“您讲这番话的目的是什么呢？”

“我希望金源集团的干部锐意拼搏，跌倒了站起来，继续前进，继续尝试，如果再失败了，也毫不气馁，竭力再试，敢于直面困难，把它踩在脚下，最终走向辉煌的胜利。这就是金源干部所需要的坚韧不拔的毅力！”

后来，我研读了黄如论先生的文集《为人处世与企业管理》，书中有很多令人耳目一新的见解和经验，对我这个写书人来说，也有着很多启示性的价值。请看：

第一，学习。黄如论先生十分推崇著名理学家朱熹讲过的这段话：“敬业者，专心致志，以事其业也。”以此要求参加管理干部培训班的领导专心致志地读书。在黄如论先生看来，“现在是一个学习的社会，更是一个学习制胜的时代，学习的本领是一个人‘能力的年龄’，任何人如果失去了学习的能力，就宣告不再年轻，而应该提前退休了，不管他的生理年龄是多少。”

第二，制度。黄如论先生认为：要想取得胜利，就必须“让制度坚守一切，让制度落实各项”。他公开宣称：“如果说我们的企业理念是马上‘打天下’，创下我们金源基业的长刀利戟，那么，科学的管理制度就是马下‘治天下’的利器，是保障金源在未来的竞争中立于不败之地的基础。”

第三，选拔标准。黄如论先生选拔干部的标准是什么呢？其一，“高层领导干部要具备对自己层次的定义、定位、定性，脑子不开放，手脚放不开，就坚决下岗”；其二，“有思路才有出路，有出路才有发展……要活学活用，不要死搬硬套。拘于老套路，难出新招数”；其三，“要做到人正、心正、言正、行正，要做个朴实厚道、襟怀坦白的人，当你待人处世开始端庄稳重之时，你就迈向成熟的境界了”；其四，高级领导的任务是“三部曲，第一部，贯彻报告，第二部，检查指导协调，第三部，监督落实。三部曲搞好了，你这个高级领导就不错了”。

第四，用人标准。黄如论先生坦言：“开展人才开发工程是企业发展战略的核心主体。”“有德有才破格重用，有德无才培养使用，无德有才限制使用，无德无才坚决不用。”接着，他又直言：“我的用人有三个标准：‘重用、使用、利用’……一，暂时用的人，我面前有河，但没有桥，我要借桥冲过去，我就要找能够冲过去的人，等到我把桥铺好冲过去了，我的阶段性目的达到了，这是我的一招。二，借船出海的方式，这是一种互惠互利、市场经济方式。三，作为心腹的培养，作为班底的培养，我首先要懂得他的性格、为人处世，他对公司的忠心如何。讲到‘利用’这个敏感的话题，我还要公开讲几句，一个人不要怕被利用，在这商品经济的社会，人要有被利用的价值……人才有立身价值。否则，没有利用价值的人，就是没用无用的人。”

黄如论先生不仅亲自登堂授课，而且还身体力行地培养金源集团所需要的干部。请看如下两个典型事例：

其一，郭昌彬于1993年任集团车队主席专职司机，黄如论先生在工作中发现他机智好学，是一个有发展前途的苗子，遂在工作实践中言传身教，精心培养，使之逐渐成材。十多年以来，郭昌彬由司机升任集团车队队长、集团总裁办行政部经理、物业公司总经理……世纪金源（湖南）集团副总裁等职。说起黄如论先生对他的栽培之恩，他深情地讲了如下这段话：

“在我正式从事高层管理人员之后，黄主席更是经常和我谈话，将自己几十年的从商经验、管理经验毫无保留地传授给我，而这些宝贵经验在我的工作中给了我莫大的帮助。黄主席曾说，无私才能无畏，我们不但要有容人之量，更要有嘉奖、赞美别人的风度……黄主席曾经给我讲过一个故事，让我记忆犹新。在他刚刚进入福州进行房地产开发时，曾天天和工人睡在一起，在五六月的潮湿天气下，经常和工人一起挤在窄小潮湿的帐篷里，正是在这样恶劣的环境下，黄主席用坚持的决心和恒心，用一种‘虽万千人吾往矣’的气概，创造了他梦想中的王国——世纪金源集团。这让我领悟到真正有价值的人，是那种能够勇敢走出去，进入世界，锐意拼搏，即便跌倒，遇到再大的困难都不退缩，能够坚持前进，最终将困难踩在脚下，走向辉煌和胜利的人。”

其二，孙英忠也是黄如论先生的专职司机，他在黄如论先生一手栽培下，一步一个脚印地升任至物业公司总经理、世纪金源（福州）集团董事。说起黄如论先生对他培养的过程，他深情地指出：“黄主席不仅传授给我业务、管理上的经验，还教给我如何为人处世，他经常告诫我们做人要诚实厚道，追求诚信，要我们始终记住‘做事之前先做人’的为人处世原则。”说到黄如论先生如何传授管理技巧和管理理念的时候，他总结了如下这样五条：

“第一，管理上要具备小处入手，大事不乱的处事方法，要善于从细微处解决问题；第二，做事情要统筹兼顾，主次分明；第三，要懂得明辨是非，不要偏信而要兼听；第四，要善于学习和沟通；第五，管理要经常深入基层，了解一线，发现问题，及时解决问题；等等。”

由此，我们可见黄如论先生培养干部的所谓路数。

黄如论先生在管理干部培训班上的讲话，以及他在不同时间、不同场合发表的文稿就要结集出版了，请我为之作序。盛情难却，遂写了一篇隔行的朋友讲的隔山的话，是为序。现摘抄序言中的一段，算是我对他的大作《为人处世与企业管理》的一管之见。

这本文集是黄如论先生的思想文录。其系列文章记述了他几十年的经商心得——并升华为经商理念。同时，他通过经营管理案例的剖析，折射出他在企业发展过程中的心路历程，以及他独有的为人处世哲学。从中，我们还可以看到黄如论先生的坎坷童年，少年出道，青年远走异国，壮年回国经商与发展的全过程。全书浸润着黄如论先生对传统文化的修炼与体会，尽现其创业拼搏的坚韧足迹。这笔宝贵的精神财富不仅有益于广大的金源人，而且对各行各业的开拓者都会有一定的启示性的作用。

由于黄如论先生经常到管理干部培训班授课，因此我们之间交谈的机会也就多了起来。那时，我记得几乎每天晚上都到他那幢三层别墅里谈天说地。有意思的是，很少谈毛泽东的故事，多数是问我对“世纪金源集团”下一步发展方向的意见。

根据我对黄如论先生的了解，他已经决定了“世纪金源集团”下一步发展的方向。时下，他隐而不发地听取我的意见，不单单是礼贤下士之举，更多的是检验和完善他的发展宏图。我呢，是一介书生，与房地产业一窍不通，为尽朋友之道，我经常是从宏观的视角——国内外的政治大势讲些个人的看法，供他参考。首先，他真诚地问我：

“我在北京买了一块地，是在玉泉山的东边，我准备在那里盖高档的别墅，你看如何？”

“不可！”我几乎是本能地答说。

“为什么？”

“从风水学的角度看，这里曾是皇家的林苑，您和您的金源集团不一定能震得住；另外，玉泉山以泉水闻名天下，长年流淌着供皇家饮用的泉水，一旦修建别墅破坏了名山、玉泉，后果是难以预料的。”我说后看了看黄如论先生的表情，又补充道，“我不懂风水学，只是一种感觉。”

黄如论先生听后不语，似陷入深思。

“另外，据我所知，今天的玉泉山，是中央领导办公、休闲之地，听说有的领导每天起床还要晨练，俯瞰四方，当他们看到山下突然盖起了一片高档别墅，会做何感想？”

黄如论先生微微地点了点头。少顷，他又问道：

“你的意见呢？”

“十分简单！不仅不能在此建高档别墅，而且还应该尽快把这块地皮出手。”

黄如论先生深沉地点了点头。

我多次在文中坦言与《易经》无缘，与风水学也无分，之所以讲上述这番话，我是另有隐情的。

是黄如论先生有着超乎常人的灵性，还是与我所说的隐情有着相似的感受？据我所知，他把玉泉山东边的这块地转给了其他的房地产商。

后来——也就是在北京房价暴涨的时候，他曾向我表示过后悔之意。

对此，我没有再说些什么。

不久，我与黄如论先生又在他的别墅中相见了，闲谈之中他又问我：

“柱子哥，你说我应当去什么地方发展呢？”

“没有想过。但是，我认为您应该从北京撤资，转向其他地方发展。”

“理由呢？”

“简单！您在北京完成了‘我们造城’的理想，就等于过去的秀才进京赴考中了进士，或高榜得中状元。据我所知，留在京城的进士、状元，是没有几个有出息的。”

黄如论先生赞同地点了点头。接着，我又说道：

“相反，像曾国藩、李鸿章这些人中了进士以后就离开了北京，在镇压太平天国、捻军起义的过程中加官晋爵，成了左右国家命运的封疆大吏。”

黄如论先生听后惬意地笑了，但他却言不由衷地说道：

“我可不是曾国藩、李鸿章哟！”

“这仅仅是一个比喻嘛！”为了证明我的理论是对的，遂又加重口气地说道，“俗话说得好，京城一条虫，外埠一条龙。您黄如论在北京房地产业拔了头筹，去任何一个省市自治区开发房地产业，都会受到高规格接待的。”

黄如论先生赞同地点了点头。

“另外，自古以来，京城就是是非之地。大凡懂得‘枪打出头鸟’、‘出头的椽子先烂’这个道理的官员，都不留在京城当官。”

黄如论先生突然开心地笑了，他似乎是在对我说：“英雄所见略同嘛！”这时——也只有这时我才知道，黄如论先生已经作出去外地发展的决定。为此，我感到说上面那些自以为是的话，真的是有些多余了。

“柱子哥，我在上海浦东买了1200亩地，去那里开发怎么样？”

“是建楼还是别墅？”

“高档别墅。”

“不可！”我又断然地下了结论。

“为什么？”

接着，我又自以为是地指出：从宏观上讲，上海的发展将会受到美国、日本、台湾这三种外来因素的制约，一旦陈水扁突然宣布台湾独立，党中央就一定会下令攻打台湾，结果美国、日本基于自身的利益，有可能卷入这场战争来。如果您在浦东盖的高档别墅尚未出手，就一定会砸在手里。再说得严重些，也有可能变成一堆瓦砾；从微观上讲，还要受上海政坛变化的影响（我已经听到一些有关陈良宇的事情），所以我坚定地说道：

“上海浦东的高档别墅应当缓建！”

黄如论先生笑了，连声说道：

“好！缓建，缓建。”

我是一个相当敏感的人，当时就觉得黄如论先生说这句话，是为了满足我的虚荣心。多年之后，我从黄如论先生的文集《为人处世与企业管理》中得到了证实。但是，他在上海缓建高档别墅是另有原因的。请看：

上海的项目，也采用了这种“以正合，以奇胜”的艺术。我们公司的林总一直急着催我，说上海的合同已经定下来了，我们赶紧成立公司开始投资吧，周边的公司都已经启动，小区的道路和绿化开始设计，正在筹备施工，我们的定金也已付了，再不动就有损失了。我对他说我们要按兵不动，为什么？因为在我们周边有三家房地产开发商，个个都是强手，把我们四面包围，是一种形禁势格的局面。我们现在只能投石问路，按兵不动，绝对不可以先动，动得最快的那家死得最快，最迟动的那家绝对活得最好，利润最高。为什么？别墅的开发涉及到别墅的坐落，与水、与路、与森林绿化的关系，是一门非常深奥的学问，无论我有多大的本事，都会有疏忽的地方，如果我一出手，我盖的别墅可能比人家低三千块还卖不出去，我一定失败。因为你盖的别墅总有缺陷的地方，别人利用你的缺点发挥他的优点，那我们不是惨了？谁先盖谁先死，我们现在宁愿把5000万元资金借给隔壁那家去盖，等他盖好了，我们再取长补短，再来打造我们的别墅。

上海浦东的高档别墅就这样停下来了。不久，上海陈良宇的案子东窗事发，上海浦东开发区的房地产业受到影响，黄如论先生买的那1200亩地也只好停下待议。值得庆幸的是，日前，上海市府重新审批了这块地皮，我想黄如论先生会很快上马的。此乃后话，略。

一天晚上，我又应邀来到那幢三层别墅，打算与黄如论先生海阔天空地闲谈。没有想到，我刚刚坐定他就直奔主题地说道：

“柱子哥，为响应国家开发中西部地区的号召，我决定去云南、重庆等地盖房子。对此，你有什么看法啊？”

对此，我早就听他说过，现已调任重庆任职的原福建省领导给他写来信，希望他去重庆投资开发；同时，他也告诉我，云南省的领导也希望他去昆明开发房地产。但是，先在什么地方破土动工，我却有我的想法：

“时下，重庆的发展有三个重要的条件：一是中央对西部大开发的决策，给重庆带来发展的机遇；二是重庆升格为中央直辖市，可以享受过去所没有的经济政策；三嘛，人所皆知，建三峡电厂和三峡库区移民。因此，您去重庆盖房子，天时、地利、人和都占了！”

黄如论先生听后先是未置可否，接着又微微地摇头。

至此，我已经明白黄如论先生的态度。为了尽朋友之道，我又退而求其次地说道：

“我个人认为，无论您是先在重庆盖房子，还是先在昆明建饭店，我个人的意见，您的大本营应设在重庆。”

“为什么？”

“重庆，是巴渝之地，有着几千年积淀而成的码头文化，因此，这里的人民不仅具有勤劳、向上的优秀品质，而且还有着很大的包容性。换句话说，他们有着广大的胸怀，欢迎外来的客人。”

“昆明呢？”

“比不上重庆！”

“为什么？”

“20多年前，我写过一部《龙云卢汉和蒋介石》的书，不久，又根据这部书拍了一部电影《龙云和蒋介石》，对云南——尤其是对昆明的人文情况有所了解。”

从黄如论先生的表情看，并不同意我的意见。为此，我又从历史的角度阐述我的看法：

“当年，刘备图川，先占今天的重庆，以三峡、夔门为屏障，终成鼎足之势；待政治、军事中心移往成都，就造就了乐不思蜀的亡国之君了。同样，吴三桂镇守昆明期间试图反叛清廷，结果兵败西南。除却天下大势这个因素外，也与生活安逸，兵无斗志有关。”

黄如论先生微微地摇了摇头。

“再说抗日军兴，蒋介石兵败西撤，他既不把陪都选在成都，也不把昆明当做指挥中心，他坚持走刘备图川的老路，把陪都设在重庆，历经八年抗战，终能还都南京。”

“我既不是刘备，也不是蒋介石。”

“这并不妨碍您坐镇山城，南控昆明，北辖成都，造就您的房地产大业嘛！”

“还有什么根据吗？”

“有！自古有一种说法，川人不走出夔门，永远是地头蛇。外乡佬不入川，也很难造就大的事业。如李白仗剑出川，终成诗仙；杜甫逃难入蜀，终成诗圣。”

“你说得不无道理，但时下的重庆开发房地产的条件尚不成熟。”

“您的根据呢？”

“第一，重庆很穷。虽然我们国家作了西部大开发的决定，以及重庆化为中央直辖市近10年，但是这里依然是劳力输出的地方。换句话说，当地已经没有现成的资源了，才有劳力输出。第二，当地的资源都在整合之中，还没有搞清楚怎么利用这些资源。举例说，重庆原来是一个重工业城市，搞轻工业才刚刚开始，农民苦极了。”

“结果，盖的房子卖不出去，是吗？”

“不完全。”

“那又是什么原因呢？”

“我去过几次重庆，在做社会调查的时候发现，重庆是丘陵地带，都给当地有关系的人把地圈了，或没有关系的几个人合在一起买了。土地变成了小商品市场，绝不适合像我这样有实力的人去开发。把话说白了，在没有规律的情况下，一个有规律的公司进去肯定是要失败的。另外，第一，他们买的地很便宜，二万一亩，五万一亩，最多十万一亩，我们要买就贵多了；第二，我们斗不过当地的劳动力。重庆人在外面是非常规矩的，在本地就是霸王了；第三，重庆房地产长期处于混战之中，肯定有失败和危机。事实也说明，重庆卖不出去的房子比重很大。”

“那您不是说去重庆盖房子吗？”

“对！但是，我认为在重庆造城的条件还不成熟，正在考虑可否建酒店、建销品贸。”黄如论先生说罢端起一杯刚刚沏好的普洱茶，说道，“柱子哥！请喝我从昆明带来的上好的普洱茶。”

我清楚黄如论先生此举的用意，遂接过这杯普洱茶，心照不宣地说道：

“等老弟在云南建成新的‘世纪城’，我再去您在昆明建的五星级大酒店，品正宗的普洱茶！”

又是一个傍晚，黄如论先生拿来一沓亲笔书写的墨宝，十分客气地说：

“这是我忙里偷闲写的一些字，想结集出版，请老兄给写个序。”

我双手接过这沓散发着墨香的字幅一看，“慈生我心，善行天下”八个大字映入我的眼帘，不知何故，我竟然与黄如论先生去中西部开发房地产业联系起来，当即说道：

“为了老弟去中西部善行天下，我愿为之作序！”

二

云南，是我国最美丽的边陲省份之一。南面有太阳当顶的地方瑞丽，北面有披着银色盔甲的玉龙雪山；南有热带森林西双版纳，北临汹涌澎湃的金沙江；它既有纳西族的象形文字，也有佤族等少数民族的刀耕火种……当然，从人文到建筑，也留有法国殖民主义者的影响。因此，云南不仅有着七彩的风光，同时还有着更加多姿的文化！

昆明，是云南省的省会。两千年以来——尤其是辛亥革命以后，昆明又是云南省政治、经济、文化、军事的中心，在全国有着它极为特殊的地位。这里不仅有举世闻名的石林，而且还有尽收眼底的五百里滇池，从军事要塞金马碧鸡，到吴三桂建的所谓小金殿，等等，足显昆明是一座有着悠久历史的文化名城。

昆明，由于海拔在1900米以上，因而天格外的蓝，山格外的青，是一座四季如春、鲜花铺地的城市。但是，由于各种原因，七彩云南在改革开放的大势中相对滞后于沿海地区，春城昆明在城市建设方面也落后于北京、上海、广州以及其他沿海城市。随着湄公河流域诸国的联合开发，以及红红火火的旅游业的兴起，历史和人民发出了相同的呼唤：重新打造一个全新的春城昆明！

恰在这时，“世纪金源集团”董事局主席黄如论先生应邀来到了昆明，他依照新昆明城市规划方案——“一湖四片，一湖四区”的城市大格局，几经深入各片、各区实地考察，最终选定远离昆明市的官渡区（即官渡镇）那片荒芜、泥泞，没有多少人烟的地区，并决定总投资100亿元，在总占地面积3800亩的土地上，打造西南“巨无霸”——480万平方米的“昆明世纪城”。

位于古官渡镇的“昆明世纪城”西至广福路，东至昆明主城与新城的城市主干道昆洛路，南至珥玑路，北接昆明机场及昆明主城。另外，这里又是新建的昆明领事馆区，与“昆明世纪城”仅一路之隔，是最具国际眼光的邻居。因此，未来这里不仅是连接昆明新城和主城的黄金区段，而且也是引领昆明生活新时尚的地方。为此，黄如论先生又像以往那样，在这片3800亩的土地上，默默地开始构思打造“昆明世纪城”的蓝图。

黄如论先生在事业上，是一位永不歇步的奋斗者；他在建筑风格的追求上，更是一位永无止境的建筑艺术家。在他看来，“北京世纪城”实现了“我们造城”的梦想，开创了独具特色的“造城”开发模式，将商业地产和住宅地产有机地创新结合，提高了社区的综合能力，使得居住区内不再是暮气沉沉的“睡城”，而是生机勃勃、内部循环良好的“有机居住体”。这种“造城”模式，在很大程度上改变了国内居民传统的生活模式和消费理念。但是，从整体建筑来看，尚未形成独有的——也就是属于黄如论先生的建筑风格。事后，我曾经和朋友说过这样一段话：

“如果把‘北京世纪城’比做一部交响曲，那么每一个小区就是其中的一个乐章。但是，我感到这每个漂亮的乐章之间缺少统一的灵魂，使得‘北京世纪城’这部交响曲失去了独有的建筑艺术魅力。”

我再借用一句艺术家的术语来说，“北京世纪城”缺少黄如论先生所独有的建筑艺术构思。

对此，黄如论先生也是十分清楚的。或许是出于同样的原因，他要在“昆明世纪城”的整体构思中，彰显属于自己的建筑艺术风格。

从事各种艺术（当然包括建筑艺术）创作的艺术家都明白，构思是十月怀胎，作品是一朝分娩，因此，构思阶段是最痛苦的。自然，黄如论先生也不例外，他为了实现自己梦幻似的新的“造城”理想，遂完全陷入到如醉如痴的艺术创作之中。他每次坐飞机去昆明，都要隔窗鸟瞰官渡区的地形、地物，希望从中得到构思“昆明世纪城”的艺术灵感；他一步出机场，就立即乘车直奔这片尚未开垦的处女地，不管是晴天还是下雨，也忘了这里不仅有齐腰深的野草，而且还有没了脚脖子的稀泥，在这3800亩的土地上从南走到北，又从东走到西，不知挨过多少次虫咬，也不知换了多少双胶鞋，日复一日，他终于设计出属于自己独有的建筑风格——“古为今用、洋为中用”，“以中为魂、中西合璧”，且具有云南风格的梦想之城——“昆明世纪城”。

首先，黄如论先生“决定充分尊重自然元素和地方特色，将项目借地势横向铺开，依托当地原有的地形与河道，规划出‘如意’外形的水系，并将其独具匠心创造成中国乃至世界未有过的400亩社区公园，其他的规划都依此布局”。结果，“昆明世纪城”以“如意”为总体格局，以“八卦”为点面的契机，以“阴阳”互补为养生之道，以主体公园和社区公园相结合，以板楼、塔楼高低错落相结合，作为整体项目的宗旨。于是，整个社区围绕在中国传统吉祥物“如意”周边，以浓郁的民族风情为基础，引入西方的先进理念，分别以中式、欧式、现代式建筑风格为设计形态，突显“新世纪、新时代、新人居、新生活”的理念，再以“八卦”、“阴阳”之布局，融入了诸多东方传统文化，喻示着社区人丁兴旺、吉祥如意，兴旺发达、繁荣昌盛。这就是黄如论先生历经呕心沥血、付出无数个不眠之夜，最终创作出的一件震惊西南的艺术品——“昆明世纪城”！

日后，我曾参观过“昆明世纪城”，这不同的文化形态、不同的建筑理念，是如此和谐地融为一体，真是一件了不起的建筑艺术杰作！

黄如论先生设计的如意公园，时下被“昆明世纪城”的业主称为如意中央公园。为了考察它的文化含量，我曾亲自来到这座如意中央公园中踱步、沉思。所谓“如意”，是由一条天然小河加工而成。长约2.5公里，中间是细长的“如意”彩带，两头是呈圆形的“如意”头尾，由可以泛舟的小河串起，远远望去，真像是一条用水做成的——且波光涌动的“如意”。在这条水“如意”的两端和中间，各有一座音乐喷泉，逢年过节，更添这条水“如意”的风采。在这条水“如意”的两边，通过社区内外多种绿色植物的巧妙组织，以及各式景观空灵通透的处置，整座园林浓缩了云南各地人文景观与自然景观，再结合园林雕塑、亭台、流水，创造出了一座大型文化主题公园。人们一踏入“昆明世纪城”，即可全方位地领略云南26个民族的民俗风情和悠久历史。如能荡舟水“如意”其中，不仅可以欣赏纵横水网中流淌的风景，而且还可以尽览云南各地的名胜古迹。

这是一座风光独具的社区公园，也是黄如论先生别出心裁的艺术作品。

为了体验大型文化主题公园和优秀的社区生态系统，我又独自一人徜徉在这座如意中央公园之中。头上，有蓝天白云；身边，有如此清新的空气；环顾四周，只见有的业主在翩翩起舞，有的在弄拳舞剑，有的在石林或大树后边相依相偎，有的领着孙子、孙女漫步河边或林间……我禁不住地感叹自语：

“这不仅是黄如论先生善行昆明的一大杰作，而且也是他慈生我心的一大善举！”

黄如论先生为了彰显以人为本的建筑理念，“昆明世纪城”整个社区均采用小花园套大花园，做到园中有园。所谓大花园，即“如意中央公园”，占地400亩，总绿化面积25万平方米，比昆明有名的翠湖（约350亩）还要大。所谓小花园，即各小区的绿化场地，共有六百多亩。它不仅环绕着每一座楼房，而且还层层包围着如意中央公园。为了升级这地面园林——即小花园的景观，黄如论先生又将每座住宅楼底层全部采用架空处理，使得小区中的地面绿化景观不受阻隔，达到全部通透。这种将绿色花园引进居住区的规划手法，不仅超越大西南房地产项目传统社区园林的做法，而且也为全国带来一场崭新的地产环境绿色景观革命。更为重要的是，还为不同年龄的业主提供了不同的休闲地方。就在我考察“昆明世纪城”的过程中，一位业主曾对我说过这样一句话：

“小花园套大花园，做到园中有园，真是善举啊！”

说到“昆明世纪城”的主题建筑，全都在如意中央公园的周围。用心观察，这些建筑又以不同的造型、不同的风格分成不同的小区，共同建构了和谐的社区。主体建筑由迎春苑、望春苑、探春苑、玉春苑、岚春苑、叠春苑、华春苑、傲春苑、咏春苑、沁春苑、雅春苑、忆春苑、惜春苑、茗春苑、元春苑等小区，以及春城佳墅别墅区、云南师范大学附属金源学校、云南省第一人民医院世纪金源医院等组成。凌空鸟瞰，这些错落有致的主题建筑，又形成了一个由楼房组成的天然“如意”。同时，以楼房为点为线，隐约可见八卦图形；以河水构成的如意两边，又是自然的阴阳二极……对此，我曾不止一次暗自感佩地说：

“啊！这不就是一个用楼房构成的放大的罗盘嘛！它不仅尽显《周易》等传统文化之精华，而且还清楚地说明，黄如论先生的建筑理念深深地根植于传统文化之中了！”

黄如论先生为了充分展现他的建筑理念，又将“昆明世纪城”作为经典作品细致规划。实事求是地说，他在很多方面实现了突破和创新。

但是，我以为在如下三点尤为突出：

其一，在建筑布局方面。黄如论先生根据“昆明世纪城”依地势由南向北、由两侧向中央逐渐升高的地形，决定分别建设多层、小高层、高层住宅，其中以16层的八卦建筑布局为起点覆盖社区，以12层、7层、6层以及别墅等高低错落有致，形成了有序的城市建筑空间和优美的轮廓线，打破了云南省传统的低层平铺式建筑观念。另外，楼距加宽，远远高于当地规定的1.2倍，以更人性化的住宅密度，有效地保证了空气的流畅和视野的开阔。

其二，在楼型、户型设计方面。黄如论先生在“昆明世纪城”基本采用欧式风格，其设计有大型观景台、全通透景观起居厅和餐厅、空中花园入户、阳光电梯厅等大量的现代人性化设施，以及在昆明独具创意的坡屋顶。

其三，在特色景观布置方面。社区里有大量的城市广场，如凯旋门广场、中心灯塔广场、如意中央公园会所等城市景观设施，它们造型丰富，极富个性，业主从楼上望去，高低错落，色彩和谐。如果再加上每栋楼旁均伴有规模在数千平方米的大型组团绿地——即社区小花园，创造出楼房建筑与自然有机融合、相互映衬的景观住宅效果，使得“昆明世纪城”成为昆明独一无二的经典示范景观社区。

黄如论先生精心打造“昆明世纪城”之时，恰是“世纪金源集团”第三轮投资大潮之始。那时，他曾借用美国学者曼狄诺的名言激励同仁：“就像冲洗高山的雨滴，吞噬猛虎的蚂蚁，照亮大地的星星，建起金字塔的奴隶，我也要一砖一瓦地建造起自己的城堡，因为我深知水滴石穿的道理，只要持之以恒，什么都可以做到。”然而从何处起步呢？他为了降低“昆明世纪城”的楼房成本，让更多的客户买得起房子，决定改造房地产开发经营模式。

他为了不断提升“世纪金源集团”品牌，打算以优质的房屋质量和人性化的创新设计，打造出一个尽善尽美的昆明世纪城，并以此推开市场，赢得更多的忠实消费者。

继成功开发“北京世纪城”之后，在进一步完善开发模式、总结和归纳成功经验的基础上，黄如论先生将“昆明世纪城”定位为昆明一个前所未有的生态园林和中国西南地区规模最大、配套最全的一流社区。为此，他发出号召：“老子曰，天下难事，比作于易；天下大事，比作于细。希望全体同仁齐心协力，共同打造西南地区第一大盘“昆明世纪城”。

接着，黄如论先生又宣布了一个令同仁惊叹、令同行侧目的决定：为了把“昆明世纪城”打造成一件尽善尽美的艺术品，他一改先盖房后绿化的模式，断然决定“先做园林再做建筑”。为此，他以董事局主席的绝对权威，首先集中能工巧匠，按照“如意”的样子改造河流，继之又刻意打造如意中央公园。结果，不仅引来好奇的建筑同行、专家前来观瞻，而且还让那些准备购买房子的顾客先睹为快。换句话说，未买房子就能一睹园林绿化之美。

黄如论先生为了坚持“为民众盖房子”的宗旨，让昆明买房子的业主放心，他在打造“昆明世纪城”的时候，有意引进新型优质建筑材料，摆脱当地行业用料的传统，将细节做到极致。例如，在铝合金材料的使用上，他选择使用高于传统标准的6厘米系列材料；在玻璃的用材上，也摒弃了3毫米的厚度，采用6+9+5毫米厚的中空玻璃。这样一来，不但有效地减少了噪音的骚扰，而且也有利于保持室内的温度。在建筑外立面的材料上，一律采用高档的文化石或面砖，这样可以使建筑外表更加美观，并能产生一种恒久舒适的建筑品质。同时，还可以带来良好的实用效果。

黄如论先生在“我们造城”的理念中，深谙整体建筑的和谐之美。有人说，如果建筑本体——一幢幢楼房是漂亮的模特，那么建筑的外立面装饰就是追赶时尚的服装。但是，在黄如论先生看来，服装旧了可以扔掉或者重买，建筑主体则是百年大计。因此，建筑本体追赶时尚必须兼顾业主长久的感受，以及城市统一的整体美感。有鉴于此，他要求“昆明世纪城”的外立面设计，既富于创意又容易为大众接受。几经论证，遂决定以浅色调为主。

“昆明世纪城”主体建筑采用的是“三段式”设计，即包含坡屋面顶部、标准层腰深、底部基座。黄如论先生历经深思，遂把“三段式”通过渐变的色调加以区分。如底部两层以文化石包装，和楼体简约的色彩瓷砖以及楼顶的坡屋结构相配合，弱化了高层建筑的压抑和单调，打造出了高品质生活空间和居住场所，并利用虚实变幻的手法，强化了立面色调的个性——但却不因色彩上过分艳丽而显得庸俗，增加了很强的品质感。世人皆知，楼房的外墙采用文化石和瓷砖相结合，在建筑成本上要远比涂料高出许多。可是，黄如论先生却认为：这是从业主的利益出发，按照“宜居”的要求设计的。

说到“宜居”的户型，黄如论先生深知恬淡的昆明人更看重居家的品质。换句话说，对于家的要求，每个昆明人都有着别墅梦，那种回归上楼下楼的自在感受令人神往。但是，别墅的价位却让很多人望而却步。为此，他把跃层——即复式结构的设计用在“昆明世纪城”的咏春苑、傲春苑和沁春苑等小区中，让拥有一套跃层住宅的业主，尽享别墅那楼上楼下两种不同视角的风景。

我在昆明期间，曾经参观过一套标准的跃层样板房，建筑面积约200多平方米，首层为接待区域，设有起居室、书房、餐厅、卫生间；二层则是主人的私密空间，设有卧室、书房和卫生间，在那不大的起居室中还摆着一架立式钢琴；两层楼间通过户内独用的楼梯相连接。给我的感觉是，这种跃层户型拥有较大的采光面，通风较好，户内居住面积和辅助面积较大，布局紧凑，功能明确，相互干扰较小。另外，还有两个前后凉台种有云南有名的花草，令人赏心悦目。当时，我情不自禁地问陪同的售楼小姐：

“请问，这跃层户型多少钱一平方米？”

“2800元。”

“啊！是如此的便宜哟。”

“老先生，您买吗？”

“要是在北京的话，我至少买两套。”我说罢又摇了摇头，说道，“就是在北京我也不能买。”

“为什么？”

我不好向陪同的售楼小姐说明，自己是黄如论先生的朋友，遂带着无限的遗憾离去了。但是，令我更加遗憾的是，我没有参观大规模温泉入户的感受！

事后我才知道，为了替“昆明世纪城”7万多业主的生活着想，黄如论先生率先大规模地引入温泉处理尖端技术，在社区内打出5口数千米深的地热温泉井，将12亿年前的地下温泉送至每家每户，从此改变了昆明延用太阳能热水器的生活模式，创造出全新的人居环境，业主每天在家中即可享用温泉洗浴，体验健康自然的人居享受。同时，由于温泉进入千家万户，从而也避免了因安置太阳能热水器，导致一幢幢漂亮的楼房杂乱无章，进而影响社区整体美观问题，提升了社区的整洁性。

在“昆明世纪城”主体建筑工程行将结束之时，黄如论先生出于以人为本、一切为业主着想的理念，决定再追加投资巨额经费，对如意中央公园、各社区小公园进行绿化更新和提高。除去增加相对名贵的树种和其他植物以外，还在如意中央公园中建造了三座颇具现代感的洗手间，并在外观方面进行装饰，建成温馨的木屋，让其保持使用功能的同时也更好地融入如意中央公园中。另外，为了业主锻炼身体的需要，不但在如意中央公园中设置了泼水广场、石林广场、图腾柱广场、七彩广场，为老年业主打太极拳、跳舞等健身活动提供了广阔的场所，而且还为年轻的业主在如意中央公园中提供球场，可以进行篮球、网球和足球运动。值得一提的是，只要出示“昆明世纪城”业主的门禁卡就可以免费预约，随意使用。对此，一位业主说道：

“建筑商所采取的这些措施，受到了我们业主的一致好评。他们的确是以人为本，为业主着想，我们感到由衷的高兴！”

我在昆明期间，获悉“昆明世纪城”自2004年10月正式动工，至2006年9月基本竣工。换句话说，480万平方米的西南第一大盘——“昆明世纪城”，仅仅用了23个月就建成了，创造了昆明房地产建设史上的一个奇迹。为此，我问道：

“黄先生！400万平方米的‘北京世纪城’，您用了三年半的时间建成的；480万平方米的‘昆明世纪城’，您为什么用了23月就建成了呢？”

“我改变了开发模式。由于受着经济实力、我们造城经验等方面的制约，‘北京世纪城’采取的是分块、分期的开发模式；在建造‘昆明世纪城’的时候，我已经有能力、有经验打破这种常规的开发模式，遂投入巨资，在3800亩土地上一次开发。说句吹牛的话，这是我在昆明——乃至全国房地产界实现的第一个创举。”

“了不起！您的第二个创举是什么呢？”

“营销模式。”

在我的印象中，房地产商在盖房的同时设售楼部，向顾客销售房子，这就是千篇一律的营销模式。因此，当我听黄如论先生说第二创举是营销模式以后，感到有些新鲜，遂下意识地说了一句：

“什么？您还发明了新的营销模式？”

“对！”

接着，黄如论先生指出，根据昆明房地产实际情况，决定“昆明世纪城”在不同阶段采取不同营销策略。前期销售，以团队——机关单位集体购房为主，以散、单户为辅，快速地打开了销售局面；后期销售，通过团队购房聚集起来的知名度和荣誉度，带动大批的散、单户入场，使“昆明世纪城”的楼市持续旺销，每次新苑区开盘，基本上都能在短时间内达到很高的销售率。这种营销策略，使得“昆明世纪城”连续两年荣登昆明楼市销售排行榜榜首。最后，他不无得意地笑着说：

“另外，我通过工程进度的超强配合，又以全、准现房的态势销售，完全颠覆了昆明楼市一贯的盖几间样板房卖楼花的销售模式。”

“可是，我在考察‘昆明世纪城’售楼部的时候，曾经听说他们出现了一些问题，惹得您还大发了一通脾气。是这样的吗？”

“是的！”黄如论先生立即严肃起来，说道，“那是我在云南集团视察工作的时候，接到很多顾客对‘昆明世纪城’售楼部职员的投诉意见，表达他们在售楼部遇到了‘脸难看，事难办’的尴尬情景，也诉说了他们的愤怒。”

“您能对我说说当时的感受吗？”

“我感到非常震惊，也非常重视。我认为，‘以情服务、用心做事’的企业理念是我们集团的传家宝，也是我们企业能够不断发展壮大的核心竞争力之一，任何时候都不能有半点的疏忽和大意。”

“您是如何解决的呢？”

黄如论先生沉吟片时，请秘书拿来一份《金源》刊物，信手打开，指着一篇题为《以情传递温馨笑容，用心感动每位顾客》的文章，说道：

“这是我写的，文中比较详细地记述了我解决这件事情的经过，你看后便知。”

我当即接过这本《金源》，用心地拜阅了黄如论先生写的这篇文章，感触良深，摘抄如下：

为此，我怀着忐忑不安的心情连续三次借用昆明世纪城售楼部的一角，作为我临时处理公务的办公地方，并借此来调查了解情况。但我从心底里希望这一切都不是真的，也希望这些反映的情况或许不够全面，或许不够准确。然而，我万万没有料到的是，事实比我预料的还要糟糕。在售楼部，我不仅看到了现场管理散漫，工作人员坐姿不正，举止言行心不在焉，相互间交头接耳；对前来咨询的顾客视而不见，态度生硬，客人稍微责难就面露不悦；同事间也不理不睬，遇到问题相互推诿、指责。甚至对于像我这样的集团领导也形同陌路，态度冷淡，连面对面见到我也没有打一声简单的招呼，置起码的亲情友情和礼仪礼节于不顾，深深地刺伤了我的心。可想而知，如果我不在场时，他们的服务态度是什么样！他们对我尚且如此，对顾客是什么样的态度就更不堪设想了！但是，让我更为惊讶的是，表现出这一低劣态度的不止是普通的售楼员工，售楼部的部门经理、副总经理更是如此！这些领导干部既没有以身作则，也没有起到榜样的作用，反而以老油条自居，以金钱利益为主导，丧失敬业精神，背叛了诚信友爱的道德观和企业理念的要求，也辜负了集团公司的厚望……

"将心比心，易使人称心；以情换情，可使人领情。"在激烈的市场竞争中……要求每位员工树立正确的服务观，爱职爱岗，掌握过硬的业务知识技能及周到的服务技巧，把客人当自己的亲人朋友，做到"生客熟客一个样，内宾外宾一个样，生意大小一个样，心情好坏一个样"，做到"来有迎声、问有答声、走有送声"……各级领导要认真总结，时时刻刻、每天、每周、每月，周而复始地检查、督导，包括员工的精神状态、礼貌礼仪，服务规范。

根据黄如论先生的指示精神，"昆明世纪城"售楼部进行改组，以全新的精神面貌去迎接新的挑战了！

对此，黄如论先生感慨万千地说了这样一句话：

"所谓慈生我心，善行天下，就是你的一言一行，要善待你的顾客，要对得起最普通的老百姓！"

三

黄如论先生在综合性“造城”的模式上，主要体现在以产业创新为基础，以资源整合为手段，对大型购物中心商业设施、星级酒店、高级住宅、写字楼、学校基础设施、医疗设施、市政基础设施等进行集中以及系统性、综合性的规划和资源整合，并借以起到提升区域经济水平的作用。

也正是因为有了这种综合性“造城”的模式，“世纪金源集团”才会由单一的房地产业，逐步地发展为“房地产开发、星级大饭店、大型购物中心、金融资本运营”等四大支柱产业。

在我看来，也或许是因为这种综合性“造城”模式的需要，所以，金源集团在全国各地建造的世纪城中都有一座星级饭店，一座超大型的购物中心。对此，黄如论先生是赞同的。可是，当他偶尔谈起这件事情的时候，还会有着一段不为人知的隐情：

“柱子哥！你写了一本书，著作权永远是属于你的，想什么时候看就能拿来翻翻，昔日创作的艰苦，瞬间又化成了回忆中的幸福。但是，我作为房地产商盖了房子，卖出去就什么都没有了！”

“这不很好吗？难道您还需要把盖好的房子压在自己的手里吗？”我不解地问道。

黄如论先生听后叹了口气，似为我不理解他特有的隐情而伤心。有顷，他又说道：

“你是知道的，我盖的所有房子——包括在各地建造的世纪城，都是我自己设计的，可以说每一套房子都浸润着我的心血。换句话说，这就是我的一件件作品……”

“没有错的！”我急忙插话说。

“可是，这一幢幢楼房、一套套房子卖给客户以后，我就不能再进去看了，也不能再回味了，这就像是无情无义的孩子一样，留给我的则是痛苦。”

我终于明白了黄如论先生的真实想法，也非常理解他这种特有的隐情，从某种意义上说，他早已不是普通的房地产商了。在我看来，黄如论先生通过对中西文化的学习——并在具体的实践之中已经升华为建筑艺术的构思，于不知不觉之中逐渐地变成了一位建筑艺术大家。请看我的依据：

世人皆知，作为房地产商的兴奋点是，盖好了房子尽快变成钱。然而作为房地产商的黄如论先生，他不仅希望自己盖的房子一开盘就被抢购一空，而且在他的内心还有着超越房地产商的精神追求，那就是和一切作家、艺术家都有的想法一样，拥有对自己设计的建筑作品的著作权——至少也应该有进行回味的权力。由此可知，黄如论先生已经从对金钱的单纯追求，一步一步地升华为对建筑艺术的渴望了！假如我们再回看他亲自设计的一幢幢楼房，一座座“世纪城”，请问有多少建筑工程师可以和他匹敌呢？再想一想他设计的建筑作品中的文化含量，又有多少建筑学家比他更有创造性呢？每每想到此，我就想借用作家、艺术家的一句行话说，黄如论先生在长年的建筑实践中，已经逐渐变成“著作等身”的建筑大家了！

我的这一看法，从未和黄如论先生谈过，也从未和我的一些朋友交流过。当我的话题再转回建造星级饭店以后，黄如论先生又说道：

“我建饭店和建房子不一样，房子是给人家建的，饭店是为我自己盖的（所有饭店的产权为黄如论所有）。因此，我不仅可以尽享五星级饭店所有的设施，而且还可以把它当做一件艺术品进行回味。”

“更为重要的是，您还可以坐在自己设计的五星级饭店中，欣赏自己设计的‘世纪城’中那一幢幢楼房了。”

“对！对……”

也就是在这样的氛围中，我有意把话锋一转，问道：

“黄先生！我个人认为，‘昆明世纪金源大饭店’不仅有着独特的个性，而且就环境和客房舒适的条件而言，也是您麾下的其他饭店难以相比的。请您给我较为详细地谈一谈建造这座饭店的内幕，好吗？”

“好！”

“昆明世纪金源大饭店”位于官渡区、“昆明世纪城”的一端，左是昆洛路，右是“春城佳墅别墅”区；前临昆明领事馆区，后面是金源商务中心、东盟商品贸易中心——即“昆明世纪金源购物大广场”。总投资8亿元，总建筑面积7.5万平方米，内部设施配套齐全，拥有746间（套）客房，并拥有首层千人宴会大厅、饭店大堂、茶艺大厅，给顾客的第一观感是气势恢宏、非凡尊贵，堪称我国西南地区最高档的五星级大饭店。

正当黄如论先生滔滔不绝地介绍情况的时候，茶几上的电话铃声响了，他急忙拿起电话，简单地讲了几句，又把电话挂上，说道：

“真抱歉！我还有一个应酬。这样吧，我找一个熟悉饭店情况的人陪你，一边参观，一边介绍，好吗？”

“好！我看一般情况就不要讲了，主要请他们介绍‘昆明世纪金源大饭店’有哪些创新。”

接着，我们乘电梯来到一层，陪同我的人指着大堂说道：

“我们饭店的大堂不仅是昆明市最大的大堂，而且还完美地融合了传统文化与现代艺术。”

“我早就听你们的黄老板讲了，他有意设计了近2000平方米的超豪华大堂，为昆明之最。”我担心陪同的人员泛泛介绍饭店的情况，遂抢先说出我知道的事情。接着，我指着大堂中各种设备，有意地说道，“我看主要介绍一下富有文化品位的创新设施，好吗？”

“好！”他指着大堂中央那个颇具现代感的喷泉，说道，“您看，这个喷泉喷出水的造型呈孔雀开屏和四海归一的形状，再加上中央有一个金色的元宝，意寓着我们饭店的生意兴隆，且蒸蒸日上。”

我真的被这奇妙的喷泉造型吸引了！说句老实话，我已经在此走过几次了，却始终没有和赵公元帅联系起来。我只好边点头边说，“很好，有意思……”

这位陪同人员扬起头，指着喷泉上方的那个水晶灯饰，又介绍道：

“这个水晶灯饰直径达6米，呈八卦形，与下方喷泉的造型相呼应。”

“一定又有什么说道吧？”

“对！这就是传统文化与现代艺术完美的结合，形成珠圆玉润、流光溢彩的华丽效果。”

实话实说，我从这组造型中看到了珠圆玉润、流光溢彩的效果，没有悟出还有传统文化与现代艺术的完美结合。接着，我走到大堂柱前，指着两根十分奇特的树干，问道：

“这是云南的特产树化石吧？”

“是的！这两根文化树化石高3.8米，再加上楼梯间纯铜的扶手、巨柱，更使人领略到我们饭店的大气和非凡的品格。”

“恐怕还凸显了云南的地方特色。”

“是！”接着，他又把我引到宽大、舒适的自助餐厅，指着屋顶上的玻璃，说道，“这不是一般的玻璃，全部由钢化玻璃构建，同时，还设计了电动遮光帘，可根据太阳的强度进行室内光线调整。”

“这是人性化的设计！不仅使得自助餐厅内通透明亮，还可以看到室外的花木扶苏。”我说罢又近似调侃地补充道，“应该给黄如论先生这位设计师记一功！”

一转弯，我们又来到了主餐厅，放眼望去，通高两层，顶棚及四周都是用钢化玻璃建成。他指着室外说道：

“客人坐在这里用餐，就可以看到外面泰式温泉馆中的假山和瀑布，起到借景的效果。”

说到这座设在饭店旁边的泰式温泉馆，由于我亲自光顾过，所以我有着发言权。另外，我还去过泰国和日本，并在这两个国家的风景区洗过温泉浴，所以对这座泰式温泉馆的风格也可以说三道四。简之，我认为这座泰式温泉馆不是最典型的所谓泰式，至少在建筑外观上还兼具日本温泉馆的某些特色。所以，我半开玩笑地说：

“你们饭店中的这座泰式温泉馆，会不会像是那些自吹是泰式按摩师那样——有假啊？”

“绝对没有！我去过泰国，他们那座温泉馆的建筑造型，和我们的温泉馆差不多。”

“你想过没有？如果你看见的那座泰国温泉馆，是向日本学的呢？你知道吗？日本人洗温泉浴的历史，可比泰国早多了！”

“这……我不清楚。”他说罢又带着我走进一座无柱式宴会厅，介绍说，“这座无柱式宴会厅，是我们黄老板在设计中的一大创新。”

“他创新在什么地方呢？”

“一般的饭店，宴会厅多设在二层。我们黄老板在设计的时候，有意把设在二层的宴会厅挪到一层，从而有效缩短宾客的进出过程。另外，他又为宴会大厅设独立大门，等于平添了一分气派。”

我赞同地点了点头。

“我们这座宴会大厅，长52.5米，宽29米，高9米，面积一千五百多平方米，这是一座巨大无柱的空间，为昆明饭店中独一无二的超大型宴会厅。”他说罢指着电梯说道，“请上楼！我带你参观客房去。”

“不用了！我已经享用过两个夜晚了。”

在我看来，“昆明世纪金源大饭店”的客房最大的特点，一是豪华，二是标间的面积高达70平方米，为全国之最。另外，黄如论先生在设计客房时，有意打破常规的布局，将卫生间与阳台并列放置在阳光充足的南侧，而且卫生间内有下沉式浴缸，让客人在享受淋浴的同时，还能观赏窗外的优美风光。这是一种以人为本的设计理念。

不久以前，我曾随朋友去澳门新建的赌城威尼斯小住，这里的客房每个标间也是70平方米左右，但进屋以后，第一个空间是洗浴室，第二个空间是临窗的卧室和会客的地方。因为住室纵深太长，光线显得有些暗，因此给我的第一感觉是，还是“昆明世纪金源大饭店”的标间设计合理。

陪同的人员听我讲完情况以后，遂又来了情绪，他兴味盎然地说道：

“我带您参观我们饭店的总统套间去！”

“有什么特点吗？”我边走边问。

“我们饭店的总统套间位于饭店南楼21层，房内设有桑拿干蒸室及模拟高尔夫，将豪华、时尚、舒适等元素发挥到极致。在客房一进门的地方，则设计了迷你酒巴和会客室，这种人性化的设计理念，为各国元首提供了更为温馨的居住环境。”

我走进这套总统套间，十分用心地参观了一遍，给我的人生最大的感悟是：为人一生，要么当元首，要么有钱，否则一辈子也住不起如此豪华、舒适的总统套间。最后，我轻声说了一句：

“不错！西南第一。”

“我们在全国也数得上。”

“也可能吧！”我悻悻然地走出总统套间，又问道，“听说，你们就在这座五星级饭店旁边，还建了一幢四星级的饭店，是这样的吗？”

“是！准确地说，是联在一起的，结账，用餐都在这座五星级饭店中。”

“你们的黄老板为什么要这样做呢？”

“这是结合昆明地区星级饭店客源的特点设计的。举例说，来昆明旅游的人很多，能住得起五星级饭店的客人不多，我们建了这座四星级饭店，就为客人提供了更多价位的选择。这样，我们就可以吸引更多的旅游团队，打造新的经营局面。”

我听后又情不自禁地喟叹自语：“何等精明的黄如论先生啊！……”

但是，据我所知，“昆明世纪城”和“昆明世纪金源大饭店”相继建成之后，依然没有改变官渡区的偏僻位置。换句话说，这里离市区较远，新建成的五星级饭店如何吸引客源，遂成了黄如论先生的一块心病。他历经深思，毅然作出一个惊人的决定：在饭店开业的时候，由集团公司出巨资，用十个晚上广泛宴请“昆明世纪城”的业主和社会有关人士，让大家切身体验其五星级水准，制造出轰动效应。

对此，虽说春城昆明各家媒体都给予了很高的评价，可属下却有着不同的看法，借用北京人的一句土话说，他们认为此举是花钱赚吆喝。对此，黄如论先生说道：

“我多次讲过，经商或做事，都要懂得‘舍得’二字，没有‘舍’就没有‘得’，不要光看眼前利益，要把你们的经营目光看得远一些！”

“昆明世纪金源大饭店”正式营业之后，黄如论先生再次指示饭店的领导，要懂‘舍得’二字的真正含义，要主动地让客人试吃、试住，亲身体验饭店软硬件设施。最后，他以惊人的气魄说道：

“我们这样做的目的，就是要首创‘先体验，后决定’的五星级服务理念！”

根据黄如论先生的这一指示精神，饭店管理层将业务接待费用，灵活地运用到邀请海外客户和重点大客户到饭店试吃、试住上，并安排车辆请当地重点客户到饭店亲身感受，这种先体验，后决定是否消费的超五星级服务理念，在当地乃至国内五星级饭店中也是绝无仅有的！

在黄如论先生这一服务理念的指导下，“昆明世纪金源大饭店”很快步入正轨，国内国外的各类客人纷至沓来，真可谓是顾客盈门，仅2007年的营业额就高达1亿元，创下昆明市星级饭店业的奇迹。这时，那些持不同意见的属下口服心服地说：

“由此，我们真正懂得了什么叫做‘舍’，什么又叫做‘得’了。”

与此同时，黄如论先生根据“我们造城”的理念，又在“昆明世纪城”建造了一座集购物、休闲、娱乐、饮食、科普等于一体的购物中心——“昆明金源时代购物中心”。总投资人民币20亿元，总建筑面积53万平方米，内部有1.8万平方米共享空间，高度为32米，保证机动车停车位不少于6000个左右。同时，室内还有配套激光图像水幕电影、过山车、科技主题公园、溜冰场、儿童高智力乐园、电影院、美食城、游泳池等。从此，把春城昆明带入了所谓的“销品贸”时代！

自然，首先得利的是“昆明世纪城”的业主。

但是，如何解决“昆明世纪城”的业主进城上班难的问题呢？又如何把城里的人吸引到购物大广场来购物、消闲呢？简之，必须解决公共交通问题。为此，黄如论先生亲自出马和昆明市公交集团公司联系，几经磋商，他慷慨答应无偿捐赠世纪城内的二十多亩土地，建设一座公交车场。很快，149路、154路等二十多条公交线路相继驶达“昆明世纪城”公交总站。一位业主高兴地说道：

“现在，我们住在世纪城的业主出行十分方便，这都是金源集团黄老板的善举啊！”

开始，黄如论先生选择在官渡区建“昆明世纪城”的时候，就清楚这是一块很有潜力的地区，预计3年到5年，“昆明世纪城”的周围就会入住六十多万新人口。如果再加上世纪城自身的业主近7万多人，这里就变成了一座新型的中等城市。从好的方面说，“昆明世纪金源购物大广场”、“昆明世纪金源大饭店”等不再缺少客源；从不足的方面说，这六十多万人看病就成了大问题。怎么办？必须建立一座与之相配的医疗卫生设施。直言之，立即建立一座具有现代化水平的医院。为此，黄如论先生再次出面，和云南省第一人民医院联系，希望他们能来填补这片地区没有综合医疗机构的空白。经过多次磋商，“世纪金源集团”无偿地捐出世纪城内价值约有6000万元的土地，在“昆明世纪城”中建设一座现代化的医院，名字就叫“云南省第一人民医院世纪金源医院”。接着，黄如论先生就以“世纪金源集团”董事局主席的身份，与“云南省第一人民医院”的领导正式签订《土地使用权赠与合同》。

按照合同的规定，“云南省第一人民医院世纪金源医院”实施分期建设，第一期工程建设400个床位，全部建成后将有800至1000个床位，医院规模和医疗条件在云南省综合医院中将是首屈一指的。“昆明世纪城”的业主听后无不拍手称快，其中一位业主投书说：

“我觉得买世纪城的房子值啊！另外，我对黄老板无偿捐地建医院的善举由衷地钦佩和感谢。”

诚如前文所述，黄如论先生为了替业主着想，在北京建世纪城的时候，首先想到的就是把人大附小引进区内。如今，他又亲自出面，和云南师范大学协商，由他出地皮、出资1.2亿元，在“昆明世纪城”内建一所12年制的“云南师范大学附属世纪金源学校”，无偿地捐赠给云南省人民政府。这是一大德政，也是一大善举，因此，双方一拍即合。很快，黄如论先生就在“昆明世纪城”内建成了“云南师范大学附属世纪金源学校”。

我留居昆明期间，亲自到“云南师范大学附属世纪金源学校”看了看，望着不同年龄段的学生暗自说：

“你们是幸福的。但是，你们知不知道啊，这所学校是一位连小学都没念完的穷孩子建的！”

黄如论先生在此期间，还向云南教育厅捐资1000万元，向教育事业捐资1000万元——主要用来建希望小学。同时，他还向云南有关部门做了无偿的捐赠。计有：

捐赠云南省昆明市世纪城派出所50万元；

捐赠云南省公安厅500万元；

捐赠云南省宁洱县地震灾区300万元；

捐赠云南红土情音乐艺术工作室300万元；

捐资云南省腾冲县腾越镇7所小学350万元；

捐资云南省公益事业和新农村建设1.816亿元；

捐资福建慈善总会“助孤工程”750万元；

捐资云南省腾冲县财政局1000万元；

捐赠临沧市民政局500万元；

等等。

黄如论先生在云南的慈善捐款，在各行各业引起了极大的反响。其中，在无偿捐赠“云南师范大学附属世纪金源学校”的仪式上，中共云南省委书记白恩培同志十分感动地讲了如下这段话：

“我云南有史以来，都没有一个发展商、没有一个开发商，能把这么大、价值这么高的学校，送给云南人民。而如今，世纪金源做到了！”

需要补充说明的是，黄如论先生坚定信奉“慈生我心，善行天下”的理念，自1991年回国创业以来，已经向社会捐赠近20亿元的善款，荣获了各种慈善奖近百次。其中，2004和2005年连续荣登“中国大陆慈善家排行榜”榜首。对此，全国各家媒体给予了很高的评价！

2006年到了，黄如论先生和时任董事局执行董事的公子黄涛先生，父子双双名列“2006年中国大陆慈善家排行榜”榜首。也是在这一年，黄如论先生在《福布斯》杂志中文版发布的“2006中国慈善榜”上，以捐款总额荣登榜首，第三度成为中国内地“最慷慨的慈善家”，被媒体喻为“中国慈善第一人”。等等。

黄如论先生连续三年获得“中国大陆慈善家排行榜”第一名，这在中国是绝无仅有的。但是，他对待这种殊荣的心态却又是那样的平和。用他的话说：“这既是社会对世纪金源集团作为企业公民积极承担社会责任的认可，也是金源人‘诚信创业、造福社会’企业宗旨的具体体现。”

黄如论先生是一位非常清醒的企业家，他不仅知道今天的荣誉来之不易，而且还清楚这荣誉已经属于过去，他面对的是未来的各种挑战。为此，他继续抓好“世纪金源集团”管理人员——尤其是中高级干部的培训。同时，他又提出做合格的“金源人”的号召。另外，他相信毛泽东说过的一句话：“政治路线确定之后，干部就是决定的因素。”为此，他针对云南集团存在的一些问题，严格地要求人事监察和干部自律。他几乎是大声疾呼：

“你们都是金源集团的骨干，一定要光明磊落，堂堂正正，不要认为现在有权力了，就做出多吃多带、吃回扣、贪污受贿等见不得人的事。如果有谁去做那些肮脏的事，我会毫不留情地严肃处理！”

是老天爷有意和黄如论先生过不去呢，还是有意考验黄如论先生？就在他讲上面这番话不久，他的一个表姐送到公司的儿子出事了。对此，他讲了如下这段话：

“我有个表姐的儿子在公司上班六年了，也得到了集团的培养，在世纪金源（云南）集团混凝土搅拌站任材料部副经理，按照集团相关的规定，他马上就可以得到集团分配的一套房子。这次他被我开除了，房子也分不到了，因为他昧着良心去贪污，这是愚蠢、糊涂的做法。”

“黄先生，您这个表侄仅仅是个混凝土搅拌站材料部的副经理，他能贪污什么呢？”

“水泥！”

“水泥，那怎么贪污啊？再说，他就是贪污了，又如何把它变成钱呢？”

“咳！是属于小偷小摸那种。”

后来，我在黄如论先生的文集《为人处世与企业管理》中，发现了和这件事情有关的文字，现摘抄如下：

他（表侄）有个朋友在云南昆明世纪城的社区盖了个店铺，需要用混凝土，本来购买一车六立方米的混凝土也只有一两千元。他偏偏就去贪这个小便宜。驾驶员运输混凝土要经过材料部副经理单位盖章，他就利用手中的权力，一辆车到了他的门口，就把混凝土卸下一立方米，第二辆车来又卸下一立方米，这样就造成短斤少两。我知道后当场就火了，居然有这样的事情发生，我不管他在公司里上班多久，也不管他母亲是不是我的表姐，马上把他开除。

对此，我是持赞赏态度的，并当面表扬黄如论先生是“公而忘私、不徇私情”，唯有如此，才能起到“杀一儆百、防微杜渐”的作用。但是，黄如论先生却惨然一笑，说道：

“你哪里知道哟！我的表姐和表姐夫知道以后，从福建坐飞机赶到云南，等了十来天才等到我。表姐说：‘表弟啊，我儿子犯错误了，能不能看在亲戚的份上高抬贵手饶他一次？’我说：‘这个不能高抬贵手，这是一个原则的问题，绝对不能饶恕！’我表姐说：‘我儿子被开除了，家里就没有生活来源了，而且儿子贪污的是已经卖给其他工程队的混凝土，集团的利益没有损失。’我说：‘集团的利益不损失，但是招牌被搞坏了，名声被破坏了。’我表姐说：‘儿子被开除了，我们两个老人怎么办，我们都是靠他每个月寄钱回家过生活啊！”

我是从农村走出来的，不仅深知亲戚关系所带来的弊病，而且还十分怜悯年迈的穷亲戚。因此，我一方面赞赏黄如论先生坚持原则，另一方面又对他年迈的表姐、表姐夫深表同情。我急忙打断黄如论先生的叙述，问道：

“最终，您是如何处理这件事情的？”

“我对表姐说，我帮助你们，我先拿一万元你们带回去，今后有困难我来帮你，你这个儿子我绝对要开除。不能因为我是你的亲戚，我就纵容他，那我怎么领导其他人，我怎么对得起公司，怎么对得起我的下属，我不能这样做，你什么话都不要讲了，你明天马上回去。你骂我也可以，我对得起列祖列宗，对得起社会！”

"好！既讲原则，又有人情。对此，您有何感想啊？"

"我不知为什么，当我的表姐、表姐夫离去之后，我突然想起了一句话：严重的问题在于教育农民。就是我在飞往重庆的路上，还是想着这句话。"

四

黄如论先生在积极运作"昆明世纪城"的同时，从未间断在重庆市投资的构想。

在黄如论先生看来，重庆在相当一个时期是封闭的，属于那种绝不走出夔门型的。说到改革开放后的经济发展，他也认为是那种"关起门来打狗型的"。由福建省调任重庆市的主要领导上任以后，"为了把经济搞上去，请了三次福建的老板，一共三个队，每一个队有三百多人，希望来重庆投资"。但是，黄如论先生没有去，也不参与这三个队的事情。这位市委领导或许是急于把重庆经济搞上去，也或许是求贤若渴、礼贤下士，让秘书给黄如论先生发了三次邀请函，希望能来重庆商洽投资事宜。

黄如论先生深感于这位领导的诚意，再次飞往重庆，并做了详细的调查，然后提出了自己对重庆投资的意见。大致有以下三条：

第一条，黄如论先生认为，"重庆房地产大小公司满街林立，并且本地房地产企业居多，前几年城乡结合部大部分的土地已经被人所圈，世纪金源作为异地开发企业，在这种情况下不宜投入这场混战"。

第二条，黄如论先生认为，"重庆作为祖国的直辖市，要让世界认识重庆，让海内外更多商家投资重庆。重庆作为国家西部大开发的战略重镇，我是本着响应国家号召，支持重庆发展的初衷，真心实意为当地做些实事，才来这里考察投资的”。

第三条，黄如论先生对重庆的领导说，他来重庆“搞房地产不是支持你，没有多大的意义”；接着，他又直言相告：“我来重庆帮着你搞两件事，建两座五星级酒店，建一座有相当规模的购物中心。在我看来，重庆作为中央直辖市，仅有两座五星级酒店也说不过去，起码要有十几座五星级酒店。”

就这样，黄如论先生和重庆市领导谈妥了投资意向。

前几年，我因写作大型电视连续剧《周恩来在重庆》，前后多次去过重庆，对这座山城有所了解。另外，这部电视连续剧是重庆市宣传部的重点剧目，我与有关的官员有所接触，从侧面也了解到一些重庆的情况。因此，我对黄如论先生在重庆市投资建造两座五星级酒店是有看法的。但碍于自己的身份，从未向黄如论先生做过分外的进言。事后，我在采访黄如论先生的时候才问道：

“黄先生！您知不知道重庆市宾馆的房价很低啊？”

“知道！一般标间多是二三百元，比北京、上海要减一半还要多。”

“看来，您也知道重庆市五星级酒店的餐标吧？”

“知道！一般说来，五星级酒店的自助餐在五六十元，也比北京同类酒店低一倍——甚至两倍。”

“您知不知道李嘉诚先生在重庆投资，百货他搞，房地产他搞，就连廉价房他也搞，就是不搞酒店啊？”

“知道！因为他清楚重庆酒店的价位太低了，两三百块钱的房租，谁搞啊？这是亏本的生意。”

“那您为什么还要搞呢？”

“我搞两个酒店的目的，是要树立重庆市的对外形象。毫不夸张地说，我这样做不得了啊！”

“那您为什么要在不发达的江北区搞两座酒店呢？如果分在两个不

同的区不更好吗？”

“你应该知道，重庆市是区域性的城市，它不像北京的东城区、西城区和海淀区等都连在一起，它的各个区都被长江、嘉陵江以及大山隔开的，相距很远，各个区之间来往不多。另外，大型酒店是和商业联系在一起的，因此，建酒店就要布商业网。同时，当时的重庆市政府也希望当地能有标志性的核心商业区，进一步完善城市的商业配套。其中，五星级酒店可以有效地提升城市形象和商务接待水平，大型购物中心则可以作为提升区域商业面貌的主力引擎，形成具有辐射功效的商业圈，统领各区域之的商贸往来。为此，我准备在江北区再建一座大型的购物中心。这样一来，不仅打破了江北区没有五星级酒店的历史，而且还可以提升江北区的经济地位，搞一个新的商业中心。”

“您经常说，搞酒店和购物中心是长期投资，十几年才能收回成本，这不等于在还银行的利息吗？万一在这期间来一场金融风暴，赔了钱怎么办？”

“真是无独有偶啊！”黄如论先生十分感慨地说，“我的部属也有人这样说，您黄老板和重庆没有关系，为什么把长线投资投到重庆来，不是投到自己的家乡，或者投到和金源集团有关系的城市呢？自然，还有人问我，您为什么不投到上海和成都去，那里有钱赚哟！”

“我看他们说得在理。俗话说得好，在商言商，您为什么要冒这样大的风险跑到重庆江北区来投资？”

黄如论先生听后一怔，遂又沉吟片时，把脸色一变，说了这句记录在案的话：

“我这个人很差劲，但也有很好的脾气，生来就是不助强而助弱的，你当官再大的，就是黑社会老大我都不在乎，我做我的事，我只支持弱势群体。”

我知道黄如论先生对我的问话有些不高兴了。在他看来，我这个农民出身的作家，一向是同情贫苦老百姓的，为什么今天也说出这种带铜臭气的话来？为此，我向他说明这样的问话，是想知道他的心路历程，或曰是怎么样想的，他理解地点了点头，又说了如下这段记录在案的话：

“重庆这个地方很穷，虽然中央给了他一个政策，但是有政策得有人响应才能实现啊！我反正要响应，一定要把重庆搞起来，一定要把重庆江北区变成新的商业中心。”

我听了黄如论先生讲的这几句很普通——却震撼了我心灵的话后，一种肃然起敬的情感打心底生起，一时竟然不知该说些什么才好。这时，他可能是语意未尽吧，接着又向我讲了下边这段话：

“为什么我要到云南、到贵州去投资？我要支持我的同胞，支持穷苦的地方。因为我有这样助弱的思想。”

我听黄如论先生讲完这句话后，作为朋友是高兴的；作为写作《我心目中的黄如论》一书的作者，也感到心满意足了。接着，我把话题一转，问道：

“您是如何选定建造重庆‘世纪金源时代大饭店’这块地皮的？”

黄如论先生听后笑了，他操着特有的幽默口气说道：

“借用你们作家的话说，还真有点戏剧性呢！”

“说说看！这，我最爱听。”

据黄如论先生说，他在江北区领导的陪同下看了很多地方，都没有选中盖酒店的地皮。后来，他又看了一块地，在江边，很不错，他也非常中意。但是再一了解，这块地皮还在打官司，不能定下来，他就决定打道回北京了。中午，区委领导亲自出面请客，再三说“你下次再来看看”。黄如论先生也十分真诚地说“一定来！”饭后，这位区委领导亲自为黄如论先生送行，且坐在同一部轿车上。轿车刚刚开出不久，这位区委领导不经意地说道：

“黄先生！我们这里有两栋建筑，因为一些问题被查，相关人员也被抓走了，现在没人敢接手，变成了烂尾楼，影响市容市貌，不知道您有没有投资意向把它们重建起来？”

“在什么位置？”黄如论先生问道。

“位于江北区商业中心，原来想建成一座商场。”

黄如论先生听后一怔，暗自说：“这里要是能搞酒店也不错嘛！”遂当即说道：

“停车！我们下去先看看。”

这座烂尾楼是前区委搞的商业楼，因资金不到位停了下来，变成现在的烂尾楼，可怜巴巴地立在公路旁边已经有些时候了。黄如论先生在区委领导的陪同下一层、一层地向上爬，好不容易登上了第十层，他大致地看了看，给他的印象是，“里面乱七八糟。”这时，那位区委领导小声地问道：

“黄先生，行吗？”

黄如论先生没有给以正面的回答，他又问道：

“这座烂尾楼还有最初设计的图纸吗？”

“有！有……”这位区委领导下令把图纸送来，又交到黄如论先生的手里，“请看！”

黄如论先生打开图纸对照着烂尾楼看了看，十分干脆地说道：

“可以！你们出个价吧？”

“好说，好说！”

作为写书人，我对用多少钱收购这座烂尾楼没有太大的兴趣。我所关心的是，黄如论先生为什么如此爽快地决定买下这座烂尾楼。事后，我曾当面问他：

“黄先生！您就是把这座烂尾楼改造成重庆‘世纪金源大饭店’的吗？”

“对！”

“您为什么一看就知道可以改造成饭店呢？”

“有两个理由：第一，房间面积还不算小。因为搞酒店的老板，首先要看客房有多大，这座烂尾楼的房间要是20平方米就完蛋了，五星级酒店的客房至少要在32平方米以上。这座烂尾楼可以达到34平方米，客房具备，天助我也。第二，在它的前面有一个洼地，名曰嘉陵公园，我可以把它改造成一个供人消闲的娱乐广场，既给江北区的居民造福，又可以为酒店招来顾客。”

当即决定改造烂尾楼之后，接下来就是谈判和购买购物中心地皮的问题。在这里我想说的是，在这次谈判中，黄如论先生表现出了极为丰富的谈判智慧与技巧。大约是在2004年的时候，我住在“香山金源商旅中心酒店”写作，在休息期间，不经意地翻阅一本摆在茶几上的宣传材料，其中有一篇文章引起我极大的兴趣，就是关于“金源集团”如何通过谈判购买重庆这块地皮的。两年之后，黄如论先生的专著《为人处世与企业管理》准备付梓，请我作序。为此，我认真地读完收入文集中的各篇文稿，发现这篇稿子收入集中，取名叫《领导的艺术与技巧》，读后颇有感触。我动笔写作《我心目中的黄如论》之前，又潜心地研读了这篇大作，我个人认为，它对了解黄如论先生的领导艺术有所助益。为了真实地再现这段历史，我在叙述这段往事的时候，将恭录该文有关的段落。

黄如论先生认为谈判的策略，如同毛泽东讲的那样：“我要优势和主动，敌人也要这个，从这点上看，战争就是两军指挥员以军力财力等项物质基础做地盘，互争优势和主动的主观能力的竞赛。”说到谈判，他认为甲乙双方“是共同利益和共同条件的组合，是在互惠互利、互相合作的基础上进行平等磋商……在此基础上，还要充分的准备，对双方形势进行充分的估计，预先拟出谈判框架，虑定而后动。”

说到具体的谈判技巧，黄如论先生有如下几个层次：

其一，谈判的位置和造势。他认为“谈判时的位置选择很是关键，在一定条件下会起到微妙的影响，给对方造成心理压力和意识紧张。”为此，他借用谈判“重庆购物中心项目”地皮的经过加以说明：

“当我走入会场时，我一眼扫描过去，就选择了坐北朝南的位置，因为一则从风水学的原理来讲，我个人比较适合这个位置，二则这个位置光线较佳，便于观察，而对方坐在对面，则为逆光，就看不清楚我的表情……这样就构成了无形的威慑力，并使我们处于有利的位置，这就是造势。”

其二，投石问路，掌握局势，摸透心思，把握主动。他认为在谈判过程中最为关键的是观察对方的眼睛。接着，他又详细地追述了他这次谈判的经过：

“一开始，我有意无意中询问对方的领导最近在忙些什么？对方说：‘黄总裁，我们现在很忙，能不能通过今天的谈判我们一次了断？’我马上判断出他们肯定另有紧急公务在忙，他们一定希望要尽快谈成这个项目，并很想从速签下合同，于是我就顺水推舟，‘听说你们最近太忙了，在百忙中能安排时间和我们会谈，说明你们对我们的诚意。’这就是投石问路，察而后动，从对方的言谈举止与反应中，摸清了对方的心理状态和真实意图。于是，我们就采用缓兵之计……很快谈妥了在该市开发建设购物中心的协议。”

其三，创造优势，攻其要害。他认为在谈判过程中应利用各种机会，把对方的气势打下去，逼迫对方作出与其理性认识不符合的结论。接着，他又举例说明：

“那次，谈妥了购物中心的建设协议后，对方最高领导又接着说，购物中心前面是100亩的公园绿地，原来是山坳，利用地下空间建设地下不夜城，可以让我们再开发。当谈到价钱的时候，对方谈判成员里的一个建委主任说，这个建筑成本每平方米只要2000元就够了，给我们开发是很优惠的。一听他讲每平方米成本2000元，我一看对方露出破绽，立刻抓住机会，反戈一击，我马上说：‘好，领导，我相信你的建委主任是建筑专家，也可能你这个建委主任讲话是对的，你们的建筑成本每平方米只有2000元，但这个价位和实际成本价却相差悬殊，既然这样，我用2000元承包给你去做，怎么样？你是技术专家，对本市非常熟悉，天时地利人和都具备，我也可以2500元包给你。’对方蒙了，我知道他错了，我利用他的错，将错就错，将它扩大，打破他的谈判防线……这样，我们就抓住了对方的要害，取得了主动……我们就步步紧逼，掌握局面，直到取得谈判胜利。”

……

就这样，通过这次谈判，黄如论先生与江北区委一拍即合，当即签订了买卖合约。今天，当我再回首这件往事的时候，我深深感到黄如论先生是何等的精明啊！关于改造烂尾楼，我也不得不慨叹：真是隔行如隔山啊！在我们这些外行人看来，这座烂尾楼是前任区委的败绩，应该予以谴责；但是，在黄如论先生看来，这座烂尾楼却可以绝路逢生，变成一座造福于人民的五星级大酒店。

我们通过这件事情，也再次验证了这样一个真理：要想赚钱，就要从源头、从体制抓起。从某种意义上说，那些高喊大公无私——实质上干的却是大公有私的一些领导，是应该自省的！此乃题外之语，略。”

既然是将烂尾楼改造成五星级大饭店，我作为作家的关注点，也就很自然地转到了黄如论先生是如何化腐朽为神奇的？出我所料的是，他却淡然地说：

“对我而言，把这座烂尾楼改造成五星级饭店不是什么难事，难的是这座五星级饭店不仅要有创新，而且还要有独立的风格。”

“那您就给我讲一讲有哪些创新和独立风格，好吗？”

“不用去讲了，关于如何把这座烂尾楼改造、创新成五星级饭店——重庆‘世纪金源大饭店’的，他们已经整理成文，交给你一看就清楚了。”

不久，我收到世纪金源集团文化宣传中心转来的有关材料，读后颇多感想，现稍做文字方面的处理，以替代拙笔：

重庆“世纪金源大饭店”是黄如论先生亲自设计的一座五星级饭

店。由于它是由一座供商业活动的烂尾楼改造而成的，因此，它与金源集团麾下其他的五星级饭店的风格不同，同时还有着如下七条创新：

第一条：创新镂空客房中庭，化腐朽为神奇，独具特色。

由于原楼体是为商场设计的，所以中庭镂空，与传统饭店的客房格格不入。对此，黄如论先生非常巧妙地运用原镂空中庭，把它改造成观景式客房中庭，打破了饭店传统客房设计，将楼层分为高级、豪华、行政三种模式，并进行风格各异的装饰，使得这种客房不仅有着多种的选择，而且这种镂空的中庭还视野开阔、景观独特，为宾客提供了更为舒适、安逸、时尚的体验。

我曾经参观过重庆“世纪金源大饭店”，坐在临窗的卧室中向外一看，望着镂空的中庭顿生一种别样的情趣。

第二条：借景市政公园，使建筑与公园景色融为一体。

诚如前文所述，重庆“世纪金源大饭店”原是一座烂尾楼，前面有一个天然的小山坡。为了做好饭店的整体设计，黄如论先生独居匠心，巧妙设计。首先，由集团出资将饭店前的小山坡改造成现代化的市政公园，妙用“水随山转，山因水活”的传统园林观点，使得那林荫小道蜿蜒曲折，高低错落有致。同时，饭店采用绿色玻璃，装以各色彩灯，与公园景色融为一体。这样一来，住在饭店的宾客既可触拥室外观音桥的现代繁华，也可直接感受生机盎然的生态自然，使得宾客的心胸更加开阔。

第三条：创意倚天花园，尽享四季风景。

为了提高重庆“世纪金源大饭店”的档次，黄如论先生还特别在饭店的屋顶修置了一座露天花园，借用毛泽东的名句“安得倚天抽宝剑”，取名倚天阁，作为贵宾俱乐部。我曾经参观过，这个俱乐部中内含行政酒廊、行政宴会厅、阅览室等。住在饭店的宾客，可享受24小时管家式的服务。值得大书一笔的是，倚天阁中设有面积约100平方米的下沉式鱼池，池边栽有各种绿树，有灌木，也有乔木，搭配十分合理。

再看那一排富有艺术造型的石板路，绕着鱼池蜿蜒前行，与池中那锦鳞点点，与丛丛文竹相互掩映，如再奏一曲《渔舟唱晚》，真是令人会忘记是天上，还是人间！

第四条：御景堂大堂酒廊，重视江南风光。

重庆“世纪金源大饭店”的大堂酒廊别具一格，这是黄如论先生精心设计的，他融会东西方不同文化——尤其是江南小桥流水的建筑风格于一体，十分和谐地再现大堂酒廊之中。首先，他将屋顶及墙壁均以钢化玻璃构建，并安装电动遮光帘，可根据太阳的强度进行室内光线的调整。这样，可造就室内通透明亮、视野开阔、室外繁华一览无余的效果。其次，为了能够让宾客放慢脚步，怡然自得地欣赏、品味人生旅途，在这座大堂酒廊中特别营造了一座“小桥、流水、人家”的江南景观氛围。用心看来，可见一条小溪蜿蜒而上，河中条条金鱼随意游弋；其上是一座仿古小桥横卧，旁边假山泉水淙淙，山后传出几声小鸟的鸣唱，使宾客犹如置身江南园林之中。恰在这时，大堂中又传来当代流行钢琴家克莱德曼的乐曲，又使宾客感到一股现代的韵味流进了心中，有着一种说不出的愉悦感！

第五条：互补经营，打破民族特色的餐饮国际品牌。

黄如论先生根据山城重庆客源的特点，他在设计重庆“世纪金源大饭店”的时候，再次打破五星级饭店的餐饮惯例，采用互补经营手法，面向社会消费群体，放手做大餐饮总量。为此，他在中餐厅设计了31个包厢，分为中式、现代、欧式三种风格，这在重庆的星级饭店中是别具一格的。其中，中式包厢的风格古朴典雅，其间雕梁画栋、匾额楹联、屏风隔断，极重传统文化的意蕴；现代包厢的风格简约凝练，色彩艳丽不俗，给人一种和平雅致的氛围；欧式包厢的风格色彩浑厚，质感庄重，再加上点缀欧洲中世纪那种古堡式灯具，真可谓是浑然一体。

第六条：大堂设计非常灵活，有效疏导客源。

在我的朋友之中，凡是住过或参观过金源集团属下饭店的同志，众口一词夸奖饭店的大堂，说是硕大、豪华，样子各异。有的还曾对我说过这样的话："如果说风格即人是对的，那么从这一座座饭店大堂的设计可知，黄如论先生是一位大气的企业家！"对此，我是赞成的。

然而，黄如论先生在重庆"世纪金源大饭店"大堂的设计中，除去突出一个"大"字外还有哪些创新呢？我以为主要体现在大堂中心设计的一个交通岛，以及还拥有自动扶梯、观光电梯、直升电梯、旋转楼梯等设施上，这样，就可以方便快捷地把客户送迎到目的地。另外，大堂中还有两个中庭，把大厦所有部分串联起来。其中，中空部分可以对地下一层一览无余，这样就又便于把客人引导至地下不夜城，起到空间过渡的作用。

第七条：再造地下不夜城，规模之大，震撼西南。

诚如前文所述，黄如论先生在建"北京世纪城"的时候，为了方便业主和顾客，把"北京世纪金源大饭店"二层地下室改建成了一座不夜城，并且取得了成功。当他在设计改造这座重庆"世纪金源大饭店"的时候，为了方便饭店的宾客，也为了带给江北区人民一份现代化的生活感受，他又设计了第二座多功能大型地下休闲空间——即地下不夜城。这座"夜生活巨无霸"的面积为4.7万平方米，呈扇形分布，除囊括健身、休闲、餐饮、购物等功能外，还与市政中心公园的地下商城相连，成为重庆市人民休闲、购物、餐饮等最理想的地方。我留居重庆期间，一位朋友带着我去逛地下不夜城，请我去他经营的饭铺中去品尝，我亲眼目睹了不夜城中接踵擦肩的顾客，也吃到了各种美味小吃。一句话，重庆"世纪金源大饭店"的不夜城，是属于江北区人民的！

每当谈起黄如论先生麾下的饭店，我就会有一个疑点浮上心头，他建地下不夜城，搞泰式温泉馆等等，除去为了方便人民群众以外，还有没有其他的经济目的呢？对此，黄如论先生坦然告之："当然有了！"

接着，他又讲了如下这段话：

我这样做，也就是来个主干与辅助两条腿走路的方式，叫做“东方不亮西方亮”，这就是经营的策略和头脑。不能人家怎么样你就怎么样，人家“一二一”，你不但要具备“一二一”，还要有自己的“三四五六七”！不要依赖旧的套路……为什么呢？因为我家里的“孩子”多呀，除了饭店，还有地下不夜城商业街，以及高级写字楼、饭店公寓。我们不是传统的单一作战啊，我们人手一支枪，各有各的风格和作用，这支枪不行了，可以换另一支啊，我们不是单一的饭店，我们还有完善的设施配套，饭店不行了，还有其他的，就会互相补充，相辅相成嘛！

在重庆“世纪金源大饭店”动工以后，黄如论先生又在重庆市江北区北滨路嘉陵江边购到一块地皮，决定在此打造另外一座五星级饭店——“君豪大饭店”，以及“重庆金源时代购物中心”。

“君豪大饭店”总投资5.5亿人民币，总建筑面积5.5平方米，共26层，拥有405间（套）客房，内部设施配套齐全。由于这座五星级饭店与重庆“世纪金源大饭店”相距不远，且又有着独特的地理位置，因此，黄如论先生在重庆“君豪大饭店”的整体设计与布局上，又展示了他独到的理念。

首先，他将“君豪大饭店”与西南最大的“重庆金源时代购物中心”、“金源方特科幻公园”有机组合，融购物、休闲、娱乐、商务、会议、观光体验旅游等于一体，构建了一个完整的都市生活、娱乐圈，充分满足了现代中国新兴阶层对时尚生活方式的追求，为重庆乃至西南地区导入了全新的高端生活理念。自然，也为重庆市江北地区的经济发展注入了崭新的活力。

其次，由于重庆“君豪大饭店”与西南地区最大的购物中心——

“重庆金源时代购物广场”相毗邻，因而具有得天独厚的优势，那就是享有西南最大的停车场——六千多个车位。这在土地资源越趋紧张的情况下，更显得尤为独特，这不仅成为重庆“君豪大饭店”的一大亮点，而且也会变成市场开拓的一大利器。

说到“重庆金源时代购物广场”，我不得不郑重指出，这也是黄如论先生冒着经济可能受到损失的风险，为重庆市江北区人民做的一大善事。这座购物广场依嘉陵江而建，总投资26亿元人民币，总建筑面积40万平方米，共6层，整体建筑以经典的“L”造型，形成富有动感的内外部格局，便于消费者安排购物线路，也符合顾客的购物消费心理，更为重要的是，它还会给商家带来空前的人气磁场。实践将会证明，这座集购物、餐饮、旅游、文化于一体的“一站式”商业航母，不仅会提高重庆人民的生活选择，而且也会为重庆“君豪大饭店”的客人带来娱乐、购物的方便。

再其次，黄如论先生为了给青少年打造一座寓教于乐的活动场所，精心设计了“金源方特科幻公园”。该公园以现代高科技为基础，以青少年科技活动以及旅游娱乐为目的，形成了一座现代都市主题公园。该园中各个项目大量运用高科技手段，形式新颖，活泼健康，惊险刺激，参与性强。我留住重庆期间，特意到这座科幻公园中看了看，不单单是众多的青少年玩兴大增，就说住在“君豪大饭店”的客人吧，也饶有兴趣地玩个不停。

“君豪大饭店”有着先天的优越地理位置，它背靠青山，面临嘉陵江，坐落于山水之间。但是，美中不足的是，饭店门前有一座小山坡，道路狭窄，不便于车辆进出。为此，黄如论先生无偿捐资1500万元，移走门前这座小山坡，建成一条宽敞的金源路，使饭店到江北繁华商业区观音桥的距离大为缩短。接着，他又无偿捐资500万元，建设一条重庆观音桥商业区的绿化带。从此，“君豪大饭店”出则距繁华的商圈不过咫尺之遥，入则可眺望重庆高低错落的全貌。日出东方，山色悠悠，江水滔滔；夜幕降临，又可观赏山城独有的万家灯火。其空间转化之跳跃，令顾客获得别样的体验！

虽说这两座五星级饭店、一座购物广场凝聚了黄如论先生建筑方面的心血，或者说也有很多设计上的创新，但是在我看来，它们还有着更加珍贵的价值，那就是体现了黄如论先生“慈生我心，善行天下”的精神。从某种意义上说，这才是最最重要的啊！

与此同时，黄如论先生还向重庆政府和人民做了大量的无偿捐赠。摘其要者如下：

捐赠重庆市荣昌县峰南中学100万元；

捐赠重庆市观音桥步行街景观建设500万元；

捐赠重庆市教育事业1230万元；

捐赠重庆贫困山区教育事业1000万元；

捐赠重庆市武隆县扶贫工作200万元；

捐赠重庆市人民政府抗旱救灾380万元；

捐赠重庆市人民政府抗涝救灾350万元；

捐赠重庆市“为了山里的孩子”晚会120万元……

说到“为了山里的孩子”这台晚会，我记得黄如论先生事前和我说过，重庆山里的孩子很穷，又都很想念书，怎么办呢？我认为除了捐款办希望小学以外，还应当搞个晚会，让更多的人来关心山里孩子念书的事情。最后，他十分真诚地说道：

“柱子哥！你当年也是一个穷苦人家的孩子嘛，怎么样，给这些山里的孩子写首歌词吧，让名作曲家谱上曲，给全国的孩子们来唱。”

黄如论先生说得诚恳，我当即答应了他的要求。但是，我深知写书和写歌词是两个不同的行当，至少我这个学作曲出身的作家，是很难写出上乘歌词来的。为此，我请了一位词家来写，还向他讲了黄如论先生悲苦的童年生活，希望能按照他这个山里孩子的形象来写。不久，歌词送来了，写得不错，最后又由我加工润色，交给了黄如论先生。遗憾的是，我始终没有听见为这首歌词谱成曲的歌声。

黄如论先生在重庆地区的善举，赢得了政府和人民的尊重。近三年以来，重庆市政府和人民也给予他很多的荣誉。但是，黄如论先生看重的是“重庆市荣誉市民”这一称号。

是年年底，黄如论先生麾下的“世纪金源集团”还获得了两项国家级的荣誉奖。

其一，入选“2006中国企业500强”排行榜：

2006年，在由中国企业联合会、中国企业家协会共同主办的评选活动中，“世纪金源集团”以资产总额与营业收入硬指标入围“2006中国企业500强”排行榜，名列第187位。时人皆知，这个评选不是单纯的民营企业评选，而是中国所有的知名国有企业，包括银行、民航、中石油、保险公司和国家电网公司等大型国有企业公司共同参与评选。“世纪金源集团”获得第187位来之不易！

也是在这一年中，“世纪金源集团”还一举将46项的荣誉收入囊中。如“全国重质守信放心单位”、“2006城市建设杰出贡献奖”、“北京首届十大魅力社区”等。

其二，连续三年名列“中国行业纳税百强”前三甲：

在国家税务总局指导下的纳税总评比中，“世纪金源集团”于2003年度获第三名；2004年度获第一名；2005年度获第二名。在当今房地产公司众多、纳税评比规范严谨、公开透明的情况下，“世纪金源集团”能始终名列前茅，直观反映出企业骄人的业绩，也充分展示了企业依法经营、诚信纳税的良好形象。

2006年就要过去了，“世纪金源集团”共计向国家缴纳各种税费高达7.73亿元，很有可能再次进入该年度的前三名。

我因写作《我心目中的黄如论》，从有关资料看到，“世纪金源集团”自创业以来，总共向国家缴纳各种税费150多亿元。由此可知，黄如论先生对国家建设做出了应有的贡献！

旺旺“狗年”就要过去了，随之又迎来不平凡的“金猪年”。正当“世纪金源集团”近万名员工高高兴兴地辞旧迎新的时候，黄如论先生又在“慈生我心”的指导下，完成了新一轮“善行天下”的投资方案！

……

带领世纪金源集团员工向地震灾区员工捐款

捐资云南腾冲县腾越镇七所小学350万元

参加2005年“为了山里的孩子”捐助活动

（图片顺序：自上至下）

祝賀2007年中國慈善排行榜發布儀典成功

創建和諧慈善為先

黄少海题

与收养的孤儿在一起

捐资福州孤寡老人200万元

部分捐资项目：

北京大学政府管理学院

中国人民大学如论讲堂

黄如论中学

闽江学院——黄如论楼

（图片顺序：自左至右、自上至下）

北京朝阳公园将军林

重庆云阳县龙角中学教学楼

重庆涪陵惠民金源希望学校

（图片顺序：自上至下、自左至右）

慈住我心
善行天下

第七章 善行天下（二）

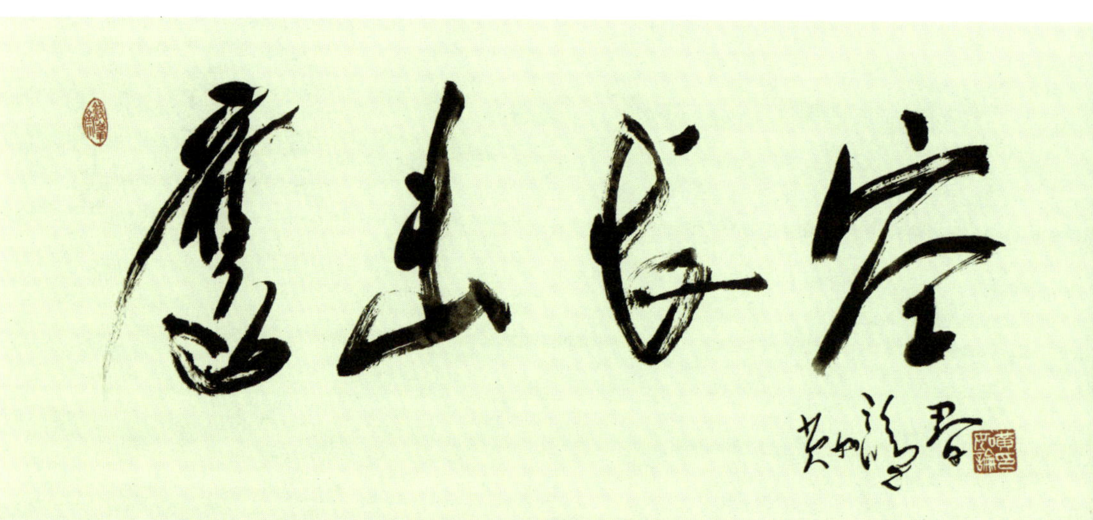

一

虽说中华人民共和国在成立的时候就法定采用公元纪年，但是中国老百姓还是把春节当年来过。就说自改革开放以后相继成立的大大小小的民营企业吧，也是按照祖宗传下来的规矩行事，春节前夕给员工发红包，放年假。至于那些成了规模的民营公司，绝大多数也在春节前后召开会议，先作上一年的工作总结，再作下一年的工作部署。

黄如论先生也不例外，在春节前夕，召开了“世纪金源集团”辞“狗”（年）迎“猪”（年）的大会。司仪宣布开会之后，全场响起一片热烈的掌声。黄如论先生满面春风地站起，挥动双手向员工们致意；待到会场安静之后，他又发表了热情洋溢的讲话，先是非常自豪地讲了“狗”年取得的骄人战绩，接着，又激情澎湃地向属下描绘了集团在“猪”年奋战的蓝图。

我用心地拜读了黄如论先生的春节祝辞和这次讲话，也查看了“世纪金源集团”内部有关的宣传材料，他们对集团在“狗”年取得的骄人战绩，以及对在“猪”年描绘出的蓝图——即新的奋斗方向有着各式各样的评说。但是，在我看来，黄如论先生在“狗”年取得的骄人战绩，主要是两份喜悦和三项荣誉。所谓两份喜悦，一是锻造了一支队伍，他们称之为“可爱金源人”；二是第三轮投资全线告捷；所谓三份荣誉，一是入围“2006中国企业500强”排行榜，名列第187名；二是连续三年名列“中国行业纳税百强”前三甲；三是连续三年获得中国大陆慈善排行榜第一名。说到黄如论先生在“猪”年向“世纪金源集团”绘制的所谓蓝图——那就是完成了第四轮投资的整体构想和布局。对此，《世纪金源的答卷》一书是这样写的：

金源人认真分析国内经济形势，结合实际，有的放矢地发挥自身优势，通过综合调查、研究、探索，确定了以湖南长沙、贵州贵阳为主要投资方向的第四轮投资的工作思路和总体布局。在湖南长沙，集团分别签下了共计一千三百多亩的土地协议，成立了世纪金源（湖南）集团，预计开发面积为430万平方米的“长沙世纪城”；在贵州贵阳，2006年5月，集团与贵阳市人民政府签订了5000亩土地的框架协议，首次顺利完成土地摘牌2038亩，成立了世纪金源（贵州）集团，预计开发面积为五百多万平方米的“贵阳世纪城”。同时，又在云南昆明（实际上是腾冲）征得一万多亩土地并签署协议，准备建造54洞的高尔夫球场和将近3000套的别墅……

对于“世纪金源集团”的第四轮投资，黄如论先生认为“是在60年一遇的‘金猪年’中拉开序幕。应该说，无论是从唯物论立场分析国内外经济发展形势，还是从唯心论探讨金猪年的运气，都是吉气盈门之象，特别是两者碰撞在一起，更是一个大好的机遇和兆头”。

在我与黄如论先生的交往中，我一直认为他在做具体事情——尤其是在早期作出关键决策的时候，那是绝对依靠毛泽东军事思想行事的。换句话说，他是一个真正的唯物主义者；他谈起为人处世和设计理念来，又经常地把儒、道、佛、易经、玄学等杂糅在一起，且能说得头头是道。自然，这属于彻头彻尾的唯心主义范畴。对此，我采取“大辩非辩也”的教导行事，只听不语，绝不从学问的角度争个孰是孰非。然而，在我们之间长达数年的交往中，我还是第一次看到他把唯物论和唯心论放在一起来谈，还公然声称“都是吉气盈门之象”；使我难以理解的是，他还认为“两者碰撞在一起，更是一个大好的机遇和兆头”。我曾带着这份疑惑请教过一位朋友：

“老兄，您是理论家，黄如论先生为什么会有这种知行分离的现象呢？是实用主义使然，还是有意而为之呢？”

我的这位朋友自然明白我问话的目的，但他却没有直接回答，只是笑着说：

“你比我更有发言权。我能说的是，纵观古今中外历史，什么主义都可以造就大的事业。”

另外，我知道黄如论先生是很看重属相的，甚至与人相处他也要看看对方是属什么的。举例说，他曾经有一个能干的保镖兼秘书，是他的小同乡，和我也比较熟，没有干多少日子就离开了。我问其原因，他说他们二人的属相不和，不宜留在自己的身边工作。再者，我也亲眼见过他这个大老板为部下找对象，关心他们结婚，甚至生男育女，他不仅认真地问询双方的属相，而且还十分肯定地说，你们二人的属相互补，在某月结婚保你们喜得贵子。据我所知，那些被他算过属相的年轻员工对他崇拜之极，一定会应命而行，按照他说的日子举办婚礼。

对此，我有着自己的看法。有意思的是，我还为其中一对年轻人当过主婚人。

话又说回来，我绝对不相信黄如论先生的第四轮投资方案，就是因为2007年是“金猪年”。

或许是因为“金猪年”时逢2007年，使我又想起在上个世纪和一位所谓“高人”的谈话。大意谓：20世纪有一特点，逢“6”必转，逢“9”必变。意思是说，在20世纪每一个10年之中，见了“6”字，政局必然转向；见了“9”字，政局必然生变。他还举例说，1906年过后，慈禧太后、光绪皇帝相继去世；1909年过后，各地揭竿而起，孕育了辛亥革命；1916年后张勋复辟和南北议合；1919年五四运动不久，中国共产党诞生；1926年北伐过后，引来了“4·12”大屠杀；1929年过后开始中原大战；1936年第二次国共合作，接着转为“七七”卢沟桥事变；1939年过后发生山西十二月事变（即国民党第一次反共高潮）；1946年爆发解放战争；1949年中华人民共和国成立；1956年过后是反右派斗争；1959年是庐山会议；1966年爆发了“文化大革命”；1969年林彪当选接班人；1976年毛泽东等三位伟人相继谢世、粉碎“四人帮”；1979

年开始执行三中全会制定的改革开放政策……

为了准确地把握黄如论先生的心路历程，我有意向他讲了这位所谓“高人”的见地，并听取了他的意见。接着，我又有意地问道：

“黄先生！您是否认为2006是‘狗年’旺旺，且又相信逢六必转，所以您才决定在2007‘金猪年”开始第四轮投资的啊？”

黄如论先生听后禁不住地笑了，遂又说道：

“对此，我曾回答过一位记者的提问，等文章出来，你看后就明白了。”

不久，我读到了一篇《对话黄如论》的文章，看后愕然一惊，与前边那段有关唯物论、唯心论的讲话相对照，没有一点是共同的。现摘抄有关段落如下：

从国际形势分析，第一，应该说今年是和平过渡年，大部分的国家都不喜欢战争，希望和平，追求经济的发展，努力把自己的国家做强。随着社会的发展，连其他好战的国家都认识到战争是一场灾难，包括朝鲜、越南等国也都在着手搞经济，形成了一种要求和平的国际大环境。第二，作为超级大国的美国，虽然屡起事端，但是……国民怨声载道，反对党也开始起哄，总统布什名声大跌，受到了国际和国内的谴责，其锐气也有所收敛。

从国内形势看，其一，我们今年即将迎来中共十七大的召开。纵观我国发展，今年是持续稳定发展的一年，特别是国务院总理温家宝在全国经济会议上对房地产的评价讲话中，指出房地产还是占市场的主导方向。根据这一方针的推测，虽然国家着手进行土地控制和房地产调控，但目的都是把土地使用和房地产开发进一步纳入有规划、有规范的管理体系中，让有实力的、有信誉的房地产商脱颖而出，以更好地规范行业环境，造福人民。其二，随着人民生活水平的普遍提高，要求房地产开发打造有档次、有水准的商品房，这种需求，正日趋成为房产消费的市场主流。

结论：这才是黄如论先生决定第四轮投资的客观原因。

对此，黄如论先生也坦言："可以说，我们选择了2007年进行第四轮的投资，是利大于弊，是天时、地利、人和的机缘巧合，也是我们集团顺天应人的决定，更是乘胜追击的好兆头。"

由此，我对黄如论先生有了更进一步的了解。

同时，我也相信聪明的读者也会从中悟出属于自己的结论来。

春节到了，按照"世纪金源集团"的传统，举行一年一度的春节联欢晚会。首先，由集团董事局主席黄如论先生发表激情洋溢的春节致词，赢得了一阵又一阵掌声。令我感到惊奇的是，他在历数了"世纪金源集团"在2006年取得的战绩，以及2007年的战斗任务之后，又真诚地讲了如下这段话：

"金源人唯有更加埋头苦干，努力为社会提供优质创新的产品，乐于承担社会责任，持续发展我们的事业，与时代同呼吸、与祖国共命运，才能打造成我们的百年基业，才能为共创和谐社会奉献自己的绵薄之力。展望新的一年，我们豪情满怀。2007年，世纪金源的传奇故事将演绎出更加灿烂的篇章！"

事后，我用心地分析了上面这段讲话，我认为这不仅是黄如论先生的内心独白，而且也是向全体金源人发出的新的战斗号令。

接下来，新年文艺汇演开始。黄如论先生依然像过去那样坐在评委的正中间，给那些歌颂金源集团业绩、倡行要做"金源人"的节目评分、颁奖。

黄如论先生为什么如此重视这样的文艺汇演呢？他很早就认为："世纪金源的发展历程是一部企业经营管理发展史，也是一部企业文化发展史。"在他看来，"世纪金源企业文化的独特性，体现在与儒家、易学思想的一脉相承，体现在朱熹理学的当代诠释，同时也体现在浸润着慈善为怀的佛家胸襟上。这些倾注心血提炼出的既富有传统文化精华又能体现现代企业管理思想的企业理念，有机融合了员工个人愿景、企业发展目标与企业社会责任，成为了全体世纪金源人的行动指南……为企业的可持续发展注入了用之不竭的原动力。”同时，他还坚定地认为：“一个民族因为有其人文特质才成为民族，一个企业拥有自己的理念，才能成为有灵性的企业，才能具备高尚的精神境界。”为此，他组织有关人士编写并由他审定《金源集团企业理念和管理规范》、编印《发展中的金源》《中国金源集团发展史》《合格金源人必读》以及黄如论先生的文选《为人处世与企业管理》等，并要求组织集团的全体员工进行学习和讨论。与此同时，他还亲自审定《金源之歌》的歌词，并请作曲家谱曲，要求所有“金源人”都要会唱。每当集团有重要聚会——尤其是汇报演出晚会的压轴节目，那就是黄如论先生亲自指挥大家唱这首《金源之歌》：

我们从闽水三山崛起，
为国泰民安插上奋飞的翅膀，
我们手挽手，务实又高效，
我们心连心，开拓又进取，
灵性赋予勤劳智慧的金源人，
开创出光辉灿烂的新业绩。

我们乘着时代的风云，
朝着那崇高的目标形成合力，
我们手挽手，务实又高效，
我们心连心，把情洒大地，
宏伟的事业召唤着金源人，
重塑着发奋图强的骄傲。

（副歌）

啊！金源集团，

带着金源人的希望，

带着金源人的追求，

走出八闽，走向世界，走向辉煌！

对于这首《金源之歌》的歌词，无需我去评头论足，读者一定会有自己的定见。但是，我作为曾经的职业作曲家，似应该对这首《金源之歌》的旋律、气质发表意见。在我看来，这首《金源之歌》的旋律，带有很强的上个世纪60年代的气质。当我默默地哼唱一遍之后，使我想起了当年我爱唱的“我们年轻人，有颗火热的心……”虽然我从未和黄如论先生谈起过这首《金源之歌》，但是我依然会感到他是喜欢这首歌曲的。

另外，公平地说，授予这首《金源之歌》为行业歌曲特别金奖也并不为过。

就在这次晚会上，有一位保安人员的妻子正在医院中等待分娩，他因爱岗敬业没有去医院守护妻子，相反为了让外地的同事参加晚会而留下值班。黄如论先生知道以后深受感动。事有凑巧，当他指挥大家唱完《金源之歌》以后，这位保安人员接到家人的电话，告诉妻子为他生了一个儿子。黄如论先生当即拿出一沓人民币，激动地说道：

“我祝贺你喜添贵子，这是你的儿子，也是我们金源人的孩子，请收下我送给孩子的红包，愿他和我们金源人一起成长！”

另外，据我所知，为了培养员工做“可爱金源人”，集团属下的各个单位经常组织郊游；为了凝聚“金源人”的战斗力，集团还定期组织各类球赛。一句话，黄如论先生的企业文化，是为了“世纪金源集团”的发展服务的！

中国有一句俗话，叫“人怕出名猪怕壮”。意思是说，人一旦出了名，算计你的人就会多起来；猪一旦壮了，也就到了被宰杀的时候了。但是，纵观我们中华民族的历史，从根本上讲还是鼓励出名的。我们权且不论中华民族有着对英雄崇拜的情结，就说在我很小的时候吧，就知道老祖宗留下的一句名言，“人过留名，雁过留声”。后来，我这个农民的儿子不仅身体力行，而且还为了出名不惜血汗，奋斗不止，且又历尽各种坎坷和艰难。但是，随着时间的流逝，我渐渐地看清了名和利的关系，这时——也只有这时，才恍然醒悟陶令吟咏“采菊东篱下，悠然见南山”的真谛。再后来，经历的事情多了起来，也自认为看清了所谓英雄们出名后的下场，这时——也只有这时，似乎才觉得懂了“人怕出名猪怕壮”这句话的本意。推而广之，我想那些明明知道“人为名死，鸟为食亡”的为官者、为商者、为科学艺术献身者，他们中的绝大多数是属于“人精”一族，可他们为什么会采取低调回应社会的颂扬呢？仔细想来，恐怕也是一种比较好的自保策略吧！

可是，中国还有一句老话，叫“防民之口，甚于防川”。意思是说，老百姓的那张嘴啊，比洪水决堤还要厉害。他们吃饱了，喝足了，最喜欢干的事就是听或谈马路新闻，其中特别关注所谓名人——尤其是演艺圈中的桃色新闻。现在，老百姓也会上网了，传播这类新闻的速度往往比中央电视台还要快得多。至于准确性有多少，是没有人去管的。为此，我遵照“两耳不闻窗外事，一心只读圣贤书”的古训，做一个闭门谢客、只知写书的书呆子。我内心的潜台词是“老了，图个清静”。出我所料的是，一位分别多年的老友来看我，有些愕然地问道：

“柱子老兄，我可听说你住着黄老板不收钱的五星级酒店，过得够安逸的了！”

我听后一怔，从老友的话中听出了弦外之音：“一向以清高自许的柱子，也向有钱人看齐了！”对此，我说道：

“第一，我住在黄老板的五星级饭店是真；第二，这些年来，我从未白用过黄老板一分钱也是真。”

“那谁给你付房费和饭费呢？”

“共产党！具体地说，是请我写剧本的中央电视台和各省市宣传部。”

我不是有钱人，也算不上什么名人，竟然还有人传播我的新闻。更为有意思的是，连我多年的老友听了以后都信。这使我又想起了“三人成虎”的故事。

由此推绎，我们完全可以想象出来，像黄如论先生这样的亿万富翁会有多少“新闻”在社会上流传。同时，他也必然会成为各种媒体聚焦的焦点。

熟悉黄如论先生的人都知道，由于他深谙“枪打出头鸟，出头的椽子先烂”的真谛，所以这些年来很少出头露面，也不愿接受记者的采访。用他自己的话说，我做人是很低调的。或许是黄如论先生的事业做得实在是太大了，也或许是各种媒体——尤其网络上的八卦新闻也实在是太多了，他为了以正视听，终于接受了媒体的采访。我看了一些公开发表的文稿，内容大致有这样两个方面的内容：

一是关于金融资本运营。

诚如前文所述，“世纪金源集团”有四大支柱产业，其中之一就有金融资本运营。时下的各种媒体，为什么特别关心金融资本运营这一块呢？按照常人的理解，一个企业想赚钱嘛，本钱是从哪里来的？赚的钱又到什么地方去了？有经验的记者都知道，这是最大的商业机密，企业家们根本不会把这张底牌拿出来示众。因此，我从来不和黄如论先生谈论金融资本运营这方面的内容。聪明的读者也会发现，我在书中数度讲到“世纪金源集团”有四大支柱产业，可我从未涉及有关金融资本运营的情况。在我看来，一些根据采访黄如论先生写成的文章，并无多少实质性的内容，只是围绕着“世纪金源集团”为何入股“北京市商业银行”作了一些提问，他也只是作了一般的解答。

据我所知，“北京市商业银行”的前身是城市银行，在银行改制的过程中，他们希望寻找有实力的大型企业入股，遂通过关系找到了“世纪金源集团”的一位负责人洽谈。后来，在黄如论先生亲自主导下，经过反复论证和磋商，双方在2001年底达成协议，“世纪金源集团”决定入股“北京市商业银行”。新年过后，“世纪金源集团”注资2.1亿元人民币，宣布成立“北京世纪隆盛投资管理有限公司”，介入银行不良资产的处置，并酝酿对上市公司进行收购和兼并等项目。同时，等待最佳时机，实现集团控股的几家公司上市的战略目标，达到资源最优配置和提升公司的整体管理水平。接着，投资人民币1.7亿元，成功入股“北京市商业银行”，成为“北京市商业银行”的第四大股东，促成了集团公司的金融背景，提升了世纪金源的品牌，强化了“世纪金源集团”的社会信用度。

2003年，黄如论先生又成立了“香港金源恒业国际控股有限公司”，介入国际性资本运作，极大地加快了集团的国际化步伐。

股民们都知道，“北京市商业银行”上市之后，一块钱原始股暴涨了近20倍，小学生都算得出来，黄如论先生入股的1.7亿元就变成了30多个亿。

我于金融业不仅一窍不通，而且也从不玩股票。当我获悉这一消息之后，遂又得出如此外行的结论：“这就是经济泡沫化的真正原因！”

对此，黄如论先生讲过这样一段话：“在投资北京银行并取得了良好的经济效益后，还成功入股云南富滇银行和重庆农村商业银行。今后将进一步有计划、有步骤地投资四大国有银行。随着集团金融产业规模的壮大，我们对合作对象的要求也越来越高，目前只有能让我们持有1亿股以上的银行，我们才会考虑将其列为投资对象。”

由此可知，黄如论先生搞金融资本运营的目的，是为了促进“世纪金源集团”健康有序地发展。

二是关于黄如论先生的“靠山”问题。

说到“靠山”问题，这是时下既时髦又敏感的话题。就说我这个写书人吧，也经常会听到这样的话：“我们不能和王朝柱比，人家有背景，有靠山，能够看我们看不到的档案材料！”由此可知，说黄如论先生“有背景，有靠山”的人一定少不了！

我作为一位史学界中的绿林好汉，十分清楚企业与政治的关系。诚如我在前文说的那样，古今中外的企业家是离不开政治的，就说那些多如牛毛的民营企业家吧，他们也和当地的官员有着千丝万缕的关系。我的忠告仅仅是不要削尖脑袋往政治圈里钻，不要参与政治，更不要玩政治。基于此，我从未和黄如论先生谈过他的“靠山”问题。出我所料的是，黄如论先生竟然亲自出面对“靠山”问题作了解答。现摘录有关的段落如下：

《英才》：一个福建人在短时间内可以在北京做到今天这个样子不容易。很多人好奇你是如何做到的？

黄如论：我是农民的儿子，没有别的依靠。只能用勤劳来换取收获。我家祖上世代都务农，只有我一个人出来了。他们教育我，做农民也好，出人头地也好，一定要守住一个“诚”字……我做人很低调，不需要太多的宣传。再者，做事先想到对方，不要总是想自己，越想自己越觉得不划算……

有人说我有“天线”。其实我所谓的“天线”是大众。你的产品有人认可，比任何“天线”都有意义。“天线”能把你所有的房子都买下来吗？在北京这样的地方，有哪个“天线”对你讲，土地出让金可以缓半年交？如果他们这么做，被人告发势必自身难保。一切还要靠自己。

《英才》：有人说你走的是“上层路线”。

黄如论：其实很多官员和官员的秘书找过我，我都会避开。和这些人很熟，但是我不去求他们。

《英才》：怎么个熟法？

黄如论：比如在北京，当然会有很多熟人朋友，但是我会和他们保持一定距离。中国有她的具体情况，平常送些烟酒，礼尚往来，是人之常情。其他的事情我就没有做。这块土地应该是50万，你45万给我，我后面给你2万，这样的事情我不做。并且我告诫我儿子千万不能做，那会得不偿失。不要为一时的风光冒成为阶下囚的风险。我的祖父告诉我：一个人不要做后悔的事情，也不要让别人怨恨。做后悔的事是不成功的，让别人怨恨就没有市场。

《英才》：这个距离如何拿捏？

黄如论：我不怕房子卖不出去，只怕我的手段不够好。做买卖还是要靠民众，靠官员，不是长久之计。我要巴结的官是民众。

以前，一个菲律宾的朋友和当时的菲律宾的领导人关系很好，生意做得很大。那个领导人倒台后，他的生意急转直下，很快就完蛋了。搞政治就搞政治，搞经济就搞经济，权钱交易，我不喜欢。

也就是在这年的春天，我答应为黄如论先生写一本书。为此，我陪着黄如论先生南巡他的企业，看了他在重庆、昆明、贵州、长沙等地的产业。自然，沿途我不仅向他做了数次采访，而且还谈了与“天线”、“靠山”有关的其他问题……

二

初夏的北京是百花盛开的季节，也是北京人喜爱外出游玩的时候。那时，我创作的电视剧本《周恩来在重庆》已经审查通过，重庆市委宣传部等单位正在紧锣密鼓地筹备拍摄。我作为编剧如释重负——在周恩来诞辰110周年之际可以播出了！

接着，我又随黄如论先生南巡他的企业，心情自然是很爽的了！

行前，我又认真地拜读了有关评述黄如论先生的文章，从字里行间依稀看出，对黄如论先生在识才、用才等方面是有微词的。大意谓，黄如论先生是个小学毕业生，在他的企业中并不重视高学历的人才。

对此，我也有自己的看法。首先，学历不等于人才，学识也不是人才的全部；其次，闻道有先后，术业有专攻。换句话说，有学历和有学识的人才，也并不等于你就是通才；再其次，实践出真知，反对本本主义。我们老祖宗说得好，“先生领进门，修身在个人”。意思是说，学历只是打开人才大门的钥匙，有没有作为，还得看在实践中的结果。否则，你就不能解释，井冈山培养出来的军人，为什么能够打败黄埔军官学校的毕业生。再极而言之，毛泽东从未进过军校大门，他却能指挥雄师百万，把既是军校毕业生，又是国民党三军统帅的蒋介石赶到台湾去。另外，就人才而言，至少应分两大类，一是专门家，再是行政领导，或曰操作型的人才。举例说，发明电器的是专门家，国美电器的老板就是操作型的人才。你不可以要求发明电器的专家会卖电器，自然也不能要求国美电器的老板上过大学，拿到博士学位，同时还会发明、制造各种电器。

我称之为专门家和操作型的干部，是两种完全不同类型的人才。对此，我有一点发言权。在影视圈内，编剧、导演、明星是属于专门家，负责拍影视剧的制片人是操作型的人才。十多年以来，我在影视艺术创作的实践中既是编剧，又是负责拍电视剧的制片人。我的体会是，编剧这个行当，只是和自己脑子中所写的人物打交道，让这些虚拟的艺术人物典型化，并化作戏剧结构的框架和剧本所要体现的灵魂；制片人是全剧组的中心，既要指挥全体拍摄人员工作，还要把剧本的内容变成可供播出的电视剧。在这期间，他既要管人，又要管钱，还要负责联系播出。我没有学过编剧，等于连编剧幼儿园都没进过，可我也写了电影、歌剧、话剧和15部电视连续剧；我没有学过制片专业，又等于是制片盲，竟然也当了十多部大型连续剧的制片人。但是，我清醒地知道，编剧的技巧，制片人的经验，都是在艺术实践中偷着向同行们学得的。其间，真是苦不堪言，难为外人所知啊！因此，我不仅赞赏“三人行，必有吾师焉”这句古语，而且还要终生笃行不止。

就这个意义上讲，黄如论先生没有上过清华大学土木工程建筑系，也并不影响他通过自学和拜师学艺当建筑设计家；同样，他虽然是农民的儿子，也并不影响他成为身价百亿、且能指挥上万人的“世纪金源集团”的企业家。

结论：我是敬重有高学历的人才，但也坚决反对唯高学历论。某些管理人才的部门，把学历看成是选拔人才的唯一标准是错误的；一些干部跟风上大学，通过不正当的手段骗文凭是可笑的；一些刚刚走出校门的大学生，狂妄地认为老子天下第一是无知的。

或许是我上述的人才观点，和黄如论先生有着某些相通之处，当我们在沿途谈起对大学生的看法，他毫不客气地讲了如下这段话：

“他们以为自己有知识就很了不起，自命不凡，自命清高，我很看不起这样的人，这些人是要栽跟头的。”

“您是如何看待学历的？”我问道。

“我明确地告诉在我企业工作的大学生，不要把学历看得太重，学历并不是绝对的因素，学历再高，如果没有正确的做人做事的思想，不能理论联系实际，是没有用途的。另外，我从来不认为学历高的人就能做领导，我自己是小学毕业，一样领导如此庞大的金源集团。”

“那您的理论根据呢？”

“很简单！我不管你们什么学历，你们的知识没有通过实践的检验，也没有通过历史的见证，就不算是一个合格的人才。我相信，无论在国有企业、民营企业，还是外国企业，担负重任的都是那些脚踏实地、有真才实学的人。”

“在您麾下的干部中有大学生吗？”

“当然有了！我们集团人事管理中心主任翟兵权就是大学生。”

“您对他是如何培养的呢？”

“一，教他为人处世的道理，养成好的工作习惯；二，在工作中锻炼他，考查他。举例说，他到集团之后，我委以重任，让他学习酒店管理。经过实践，感觉他更适合从事人力资源管理，遂又调任集团人事管理中心工作，我教他学，进步很快，六年之后，一步一步地升任集团管理中心主任。这也说明一个道理，玉不琢，不成器。”

“那您最赏识什么样的人才呢？”

“在我看来，人才本身就是一种相对模糊的概念，并没有一种明确的衡量标准。对企业而言，只有认同我们企业的核心理念，只有服从我们意旨的人，才是我们企业所需要的人才，尽职便是称职，管用便是有用！反之，你的文凭再高，理论再好，不能为我所用，不能派上用场，相对而言，就是没用。”

通过上述对话，我们不难看出黄如论先生的人才观，是带有一定的实用主义色彩的。但是，这又是他在指挥“世纪金源集团”发展、壮大过程中总结出来的。从某种意义上说，也是他行之有效的实用人才的经验。据我所知，在中国当今的民营企业之中，有相当数量的企业家是赞同——并践行黄如论先生的人才观的。对此，我只能说这样一句话，在人才储备供远远大于求的今天，具有高学历的知识分子一定要懂得这句古语——“皮之不存，毛将焉附”。

我自身是一位农民出身的知识分子，几乎又是天天和大大小小、形形色色的知识分子们打交道，应该说对其优点和缺点是比较了解的。但是，在这次随黄如论先生南巡他的企业中，没有想到知识分子那固有的缺点——尤其是理论脱离实际等毛病是如此难改。请看如下我亲眼见到的几个活生生的实例吧！

我与黄如论先生先飞湖南长沙的目的，是检查“长沙世纪城”打地基的情况。一出飞机场，就被一辆“路虎牌”吉普车接到湘江岸边的工地上。这时，只见一位负责具体设计的工程人员赶到近前，取出一沓图纸，双手奉上，有点傲气地说道：

“黄老板，这是根据您提出的意见修改好的图纸，请您审阅。”

我寻声看了一眼，这位工程设计人员也就是刚过而立之年，一付卓尔不群且又胸有成竹的样子。至于我的存在与否，他全然不放在心上。

黄如论先生双手接过图纸，先是十分客气地向这位工程设计人员介绍了我的身份，接着，他又麻利地蹲下身来，把这一沓图纸平铺在坑洼不平的工地上。为了防止江风把图纸吹乱，他又随手拿起几块石头，小心地压住图纸的四个角。再接下来，他就像是练功的和尚先要入定的样子一言不发，目不转睛地审看着这一张又一张图纸。

我于建筑学是真正的门外汉。在我看来，这图纸上那密密麻麻的各种建筑符号，就像是难以破解的天书中的文字，我一个也不认得。但是，为了能够了解黄如论先生在工作中的真实情况，我也只好硬着头皮站在一边，一声不响地随着黄如论先生瞎看这些天书。

或许是作家职业的需要，我偶尔侧目看看这位刚过而立之年的工程设计人员，从他的表情可以猜出，是一位十分自信的青年知识分子。他可能是知道了我的身份，遂又主动地走到我的身旁，侃侃而谈他对中国近现代史的看法，以及对电视剧的评价。

如果在平常的日子里，哪怕是邂逅相遇，大家一起谈谈历史和戏剧也是可以的。但是，现在是黄如论先生在严肃地审看你改定的图纸，如此而为就跑题了。如果我再接着他的话题谈下去，不仅对黄如论先生太不尊重，而且我也太失身份了！为此，我有意用嘴呶了呶黄如论先生，示意这才是今天活动的中心。

事有凑巧，黄如论先生抬起头来，他指着地上的图纸十分生气地说道：

“你怎么搞的？我让你在这段湘江大堤上画上一溜桩位，你怎么没有画啊？”

这位年轻的工程设计人员听后大不以为然，傲岸不逊地答说：

“黄老板！我也再声明一次，这一段湘江大堤的宽度不够，是不能打桩的。”

“胡扯！”黄如论先生腾地一下站起身来，习惯地用福建官话骂了几句，然后又问道，“你从哪里得出来的这段江堤不能打桩的结论？”

“从长沙多年防汛的资料上。”

“书呆子！我已经下令在那段堤坝上打好了桩。”

“不可能！”

“上车！”

黄如论先生说罢将我扶上吉普车，然后坐到驾驶员的座位上，亲自驾车沿着工地向前进发。有顷，他把车停在一边，纵身跳下，又把我扶下车来，指着湘江大堤上那一溜早已打好的桩子，生气地说：

“我看这个书呆子还能说些什么？”

不久，这位傲气十足的工程设计人员驱车赶到了，他一看这早已打好的桩子，就像是遭霜打了的花草一样，渐渐地把头低了下来。

这时，黄如论先生依然是余怒未消，大声地骂了几句以后，又生气地说道：

“你应该明白，我为什么要在湘江大堤上打桩呢？这是为将来买我们房子的百姓着想的。因为只有地基牢，楼房才能坚固嘛；我为什么打了桩以后还要你画在图纸上呢？这也是替我们未来的业主着想的。万一多年之后房子发生点问题，他们还可查看图纸嘛！”

我作为一名知识分子真是无地自容！

当天晚上，我随黄如论先生出席一个宴会，东家是某设计院的领导和工程师。我一看他们送给我的名片，堪称是当地一流的大知识分子。自然坐在主宾位置上的那位大知识分子还有官衔。当时，我就暗自思忖：“世道真的变了，是大知识分子请企业家吃饭。”公平地说，宴会的气氛是蛮好的，彼此之间都说着对方爱听的话。宴会就要结束了，黄如论先生终于点破了主题：

“请问，你们何时把全部图纸交给我啊？另外，政府部门的批件搞下来了吗？”

请客的这些大知识分子被问得有些愕然了，你看看我，我看看你，最后，他们的视点全都集中到主宾位置的那位大知识分子领导，似乎是在说：“该你出马了！”

有顷，那位带着十足知识分子气质的领导站起身来，很是不好意思地说道：

“全都搞定了，现在交给您黄老板也行，只是……”

“怕我黄如论不付给你们预先讲定的钱！对吧？”

“这、这……”

我看着这位大知识分子领导那种欲言又止的样子，真是好难过，为什么就不能说个“对”字呢？这时，黄如论先生又很不客气地说道：

“你们也太小看我黄如论了，我是这么大的一个老板，能不给你们钱吗？”

“对！对……只是……”

“不要再说了！明天，你们把全部图纸和有关的批件送到我的住处，我立即就给你们开一张支票。”

“好！好……”

“但有一条，我们都要替老百姓想一想，如果发现设计不合理，你们必须改！”

“是！是……”

这天夜里我久久未能入睡，一直在想一天里发生的这两件事情。起初，邓小平同志说过的一句话“财大才能气粗”一直萦绕在我的耳边；接着，不知为何又想起了毛泽东对中国知识分子的有关评价。最后，我也终于想明白了，遂又暗自说道：

“看来，黄如论先生对知识分子会有上述那些说法，是有他自身的道理的。”

在这次陪同黄如论先生南巡他的企业过程中，我还发现了一个有意思的现象，那就是他经常走在工地上，和一些年纪稍长的建筑工人们打招呼，偶尔还要停下脚步来和他们聊天，问寒问暖，甚至还要问到这些年纪稍长的建筑工人们的家里情况。给我的印象是，黄如论先生没有架子，和建筑工人们打成一片。待到我们由长沙转到贵阳之后，我才知道这些年纪稍长的建筑工人们，都是他从家乡带出来的子弟兵。为此，我曾和他半开玩笑地说：

“当年，毛泽东无论是在得意还是在失意的时候，他都要到从井冈山下来的部队看看。就是到了晚年，他见到陈士榘这些老将军还说，我们是井冈山头的。如今，您是不是也想学毛泽东啊？”

黄如论先生有点无可奈何地摇了摇头，声调有些低沉地说道：

“说老实话，是想学啊，可是我学不了。”

“为什么呢？”

“毛泽东取得政权以后，他可以给那些跟着他打天下的穷弟兄们封官，给少数留在老家的穷弟兄们某种待遇。我黄如论也想学啊，可我学得了吗？”

我从黄如论先生的语气中完全地感到了，在对待“子弟兵”的问题上是有所愧疚的。为了进一步了解黄如论先生在这个问题上的一些真实想法，我又问道：

“说说看，您打算如何解决这些‘子弟兵们’的后顾之忧呢？”

“一，有工作能力的，提升他们的职务，然后再从工地调到城里；二，能力差一些，但有培养前途的，让他脱产学习；三，只会盖房，年纪又大了，就由公司帮着他们解决后顾之忧。”

“比方说，您认为有工作能力的，经过培养、锻炼，然后提升他们的职务，有这样的典型人物吗？”

“有！当年我的保卫干事陈宗强有潜力，经过15年的培养，现在升任云南集团的副总裁；我早年的保卫秘书杨茂平，小伙子很精明，也能吃苦，我就有意在工作中磨炼他，给他各种工作做，经过十多年的学习，现在已经升任世纪金源集团矿业领导小组的组长，享受见习副总裁的待遇；再如当年在我身边当警卫的卢忠林，是个侦察兵出身的小伙子，很机灵，也能吃苦，就是喜欢听表扬的话。有一次，他工作上出现了疏漏，我就严肃地批评了他！”

“他能接受吗？”

“开始不仅不接受，而且还准备离开。”

“那您如何让他来个浪子回头金不换呢？”

“等他认识到错误之后，我就十分动感情地对他讲了这样一段话：你如果在这里做不好，你到哪里都做不好。你想到哪里去？像你这样到外面只能去流浪。一个年轻人如果受不了气，就成不了器，这么一点小挫折都承受不住，以后怎么做大事？男子汉大丈夫要能屈能伸，上级对你严厉批评是为你好，严厉的批评会让你记住犯错误的代价，修正你的言行，改变你做事的习惯，好习惯的形成就会改变你一辈子的命运。从此之后，他就像换了个人似的，老实做人，踏实做事，现在已经升任见习总经理了。”

上述三个例子，又进一步说明了黄如论先生培养干部的理念和方法。

但是，作为一个有上万人的集团，单靠言传身教是不够的，因此我真诚地问道：

“公司建立了相应的制度了吗？”

“建立了！”黄如论先生沉吟片时，又说道，“公司除了给他们买各种保险之外，我们还建立了帮助他们解决后顾之忧的制度。”

“可以讲得更具体些吗？”

“当然可以！”接着，黄如论先生讲了如下两段话：

成立“世纪金源企业年金”。所谓企业年金，就是每年从利润中抽出一部分，作为基金，为员工工资的提高做一定的补贴，向从公司退休的老同志发放一定的退休金。集团基于构建百年基业和人性化经营的考虑，今年起计划设立“企业年金”机制。我希望通过“企业年金”的设立，进一步免除员工后顾之忧，密切员工与企业相互依存的关系，使员工与企业共成长、同进步。

根据世纪金源集团董事局2006年10月昆明会议精神，在房地产开发项目上，实行“责、权、利”统一的利润分成机制，解决为集团作出贡献老员工的后顾之忧。今年我们在股份奖里面，已经提取一部分作为股份管理股的赠配送，以后还会加大这种利润分成。

自从改革开放以来，民营企业像雨后春笋般地出现在长城内外、大河上下，以及江南——尤其是沿海地区。30年来，除去绝大多数奉公守法的企业家外，欠民工工资的有之，携款逃跑者有之，把民工当奴隶的也有之。或许是我孤陋寡闻，尚未听说过有哪一家私营企业，还想到退休员工的后顾之忧？自然，我也不知道又有哪一家私营企业，还为解决退休员工建立了相应的制度，创办了有关养老性质的基金？实事求是地说，我只知道黄如论先生麾下的“世纪金源集团”已经开始做了！

但是，作为“家天下”的民营企业如何走向“天下家”呢？我依然在期待着。自然，我更加期待着黄如论先生的“世纪金源集团”再来一次天下先！

贵阳，我前后去过多次，如果说实话，这座有着数百年的老城给我的印象不佳。简单地说，人民的生活水平不高，房子老化，街道脏乱差。但是，当我这次陪着黄如论先生来到贵阳的新城金阳区以后，它的绿化、它的山水把我真的迷倒了。清晨起来，我们自由地徜徉在整齐有序的绿树之中，看着人工河湖中那列队畅游的鱼群，一种怡然自得的感觉打心底生起。如果再对着湛蓝的长天深深地吸上两口清新的空气，你就会情不自禁地说：

“啊！这里是最适合人居住的地方。”

黄如论先生精心打造的“贵阳世纪城”，就坐落在金阳新区。

我记得随黄如论先生安抵贵阳飞机场以后，就直接坐车驶往“贵阳世纪城”基建工地了。我们乘坐的吉普车开进工地之后，扑面驶来、驶去的都是那种黄色大型卡车，由于道路高低不平，这些黄色大型卡车就像是左摇右晃的一只又一只铁船，安全有序地向着自己的方向奔跑着。

吉普车停在宽敞的工地一边，黄如论先生对我说了一句“你就不要下车了，我去去就回”，打开车门，纵身跳下车去，与早已等在旁边的几员大将说了些什么，然后又回到车上，说了一句“我先带着你参观工地！”遂亲自驾车向前驶去，并停在一座小山包的上面。

我跳下吉普车，站在高处向四面望去，发现工地三面环山，一面是长满合抱粗的松树林，连一间房子都没有。接着，黄如论先生忽而指着东边的青山讲一通，忽而又指着西边的青山说些什么，给我留下的记忆是，这里是龙脉，未来“贵阳世纪城”就是一座“龙之城”。说老实话，我够有艺术想象力的了，可是我怎么也想不出未来这座“龙之城”是个啥模样。或许是为了藏拙吧，我有意指着那片松树林问道：

“这片林子在‘龙之城’中起什么作用呢？”

“用北京人的话说，氧吧！”黄如论先生说罢叹了口气，又补充说，“这片氧吧，是我把它救下来的！”

“为什么？”

“当初，这片松树是要伐掉盖房的，我说不行，留下来。他们说这样一来地皮就不够了，我说放炮开山，向三面的山要。这样一来，仅放炮开山一项我就多花了6000万元。”

“值得！您做得好。”

不久，我又随黄如论先生到达了春城昆明，当天就参观了“昆明世纪城”，我拍手叫绝地说：

“黄先生！如果说‘北京世纪城’圆了您一个造城的梦，那么‘昆明世纪城’才真正体现了您造城的设计理念。”

“两年之后，请你再看‘贵阳世纪城’，你一定会说，‘贵阳世纪城’才是黄如论真正的水平。”

“一言为定，到时我一定亲自来看这座‘龙之城’！”

一年多过去了，听说“贵阳世纪城”已经有了个眉目。可惜，我正在写作《我心目中的黄如论》，无暇前往。不久以前，我听说世纪金源文化宣传中心某位干部随黄如论先生去了一趟贵阳，我请他给我讲了有关这座“龙之城”的印象。他讲得绘声绘色，我听得津津有味。不久，这位干部根据我的请求，很快把黄如论先生在设计“龙之城”中有哪些突破整理成文。我读后兴奋不已，心驰神往，真想亲自看一看这座有着独特创新的“龙之城”。为了使读者先睹为快，摘抄如下：

第一，中国西南独一无二的“龙之城”大盘。

在“贵阳世纪城”的规划上，黄如论先生秉承天人合一的传统风水理念，充分凸显传统文化的力量，以“龙之城”的整体理念统御全盘，将楼盘设计推向新层次。充分利用规划区内的小湾河，并进行人工延展，以独特的创新视角在“青龙白虎——龙形水系”的风水格局融入地域人文景观，打造成以“龙形”水脉为主轴的滨水景观和文化空间、以“太极”理念为指导的中心区布局、以“风水”理念为主导的绿地景观布局，以“九子”理念为指导的簇群式住区，体现了深层次的人文关怀和生态意识的和谐统一，使社区里处处萦绕着中华文明的文脉馨香和自由畅行的哲学气息，成就了中国西南独一无二的“龙之城”大盘。

在这个设计中还有两个机缘巧合：当黄如论先生整体地规划好龙脉的设计后，一次偶然的询问中，得知项目所在地的村庄名称就是龙泉村，正好和规划中的龙字相对应。当初要引小湾河的水，至少需要花3000万元来做一个涵洞，才能把水引进来。当黄如论先生最后一次到工地去看的时候，发现那边有个溶洞里面有水流出来，从西到东，恰好符合设计的规划。这种天人感应，引得黄如论先生当场感叹：“真是天助我也！”

第二，首创贵阳复合生态绿化与多层次园林景观。

黄如论先生在“贵阳世纪城”的规划中，注意保护和利用规划区内的自然格局，强调与自然和谐共存，坚持共生互惠的生态原则，不惜巨资改动设计规划，保留了一座意外发现的百年原生态树林，如此一来规划区内三座小山错落有致，就以这三座小山为青龙、白虎、玄武，以贯穿社区的水系为朱雀，打造了“青龙白虎——龙形水系”的风水布局。由于朱雀又有凤的寓意，而三座小山则宛若传说中海上蓬莱、方丈、瀛洲三座仙山，恰好实现了“三山合一，龙凤呈祥”的祥和美景，为业主创造了上风上水的风水人居环境。通过强化自然绿化向住区内部的横向渗透，实现山水绿化、一组团绿化、一宅间绿化的多层次复合生态绿化融合，创造出气势恢宏的内部园林景观，比如数百亩原生林带、多座山体公园、绵延数公里的龙形滨河公园等。建筑结构布局讲究，高低结合、疏密相宜，高层住宅、小高层住宅、多层次住宅、花园洋房、滨水别墅、山地别墅依托地势而合理布局，形成层次丰富、形式多样的空间形态。每组建筑群形成各具特色的庭院空间，完成从室内空间到公共活动空间的过渡，创造出更适宜人居的生活环境。二百多米高的“西部明珠塔”近可览新区全景，远可眺贵阳全城风貌，作为贵阳地标性建筑，成为城市天际线的独家点缀，再加上多处广场景观和上百种雕塑小品，实现了社区人文特色景观和自然景色的有机组合，创造出多层次景观序列。

第三，首创贵阳“户户朝阳”、“功能分区”的户型设计。

“贵阳世纪城”的户型设计中，黄如论先生考虑不同需要，保证室内空间的精确度，精心雕琢和合理利用每一寸空间，全面满足购房人不同需求。充分考虑现代人居的需求，采用南北座向，户户朝阳，多数户型做到贵阳罕有的12米进深、10至12米面宽，采光通风优越，打破了贵阳绝大多数建筑环山而建，忽略朝南的传统。室内空间实行“内外分区”、“主客分区”、“洁污分区”、“动静分区”、“干湿分区”，各空间互不干扰。同时，为将优美的社区绿化景观纳入居住视野，多数户型主卧室采用大幅低突窗，起居室大面积落地窗，客厅通透的半圆形凉台，真正做到兼顾景观与室内环境，为业主提供更为合理、更为人性的多层次生活空间。

我不知可爱的读者看完这段文字有何感想？我的心在动，老躯也想行动。为此，我问这位干部：

“请问‘贵阳世纪城’的房子多少钱一平方米？”

“比贵阳同类楼房低500到1000元。”

“啊！真是太贱了。”我说罢感慨地叹了口气，遂又补充道，“要是在北京该有多好啊！”

但是，当我冷静下来再细心一想才恍然大悟，原来这是黄如论先生让利贵阳人民的善举哟！

三

让我们再回到极富戏剧性的长沙“湘江世纪城”。

“湘江世纪城”位于新河三角洲对面，有中南第一地之称的五合垸。去年——也就是2006年10月举行五合垸地块的拍卖，由湖南投资集团子公司湘水雅境房地产公司以10.25亿元竞得。两个月后，遂又转让给黄如论先生麾下的“世纪金源集团”。接着，黄如论先生就根据自己的理念精心设计、精心打造中南第一城“湘江世纪城”。仔细算来，到我随黄如论先生去长沙视察“湘江世纪城”，才七个多月的时间。但是，在我看来，整个工地上已经是车水马龙、人群似潮了。

我随黄如论先生在长沙住了五天，有几件事情给我留下了较深的印象。

首先，我与黄如论先生到达“湘江世纪城”工地以后，遂马不停蹄地检查工程的进程和急需要解决的问题。中午，为了节约时间，我们在工地食堂吃饭，主食是馒头和米饭，菜和汤嘛，自然是那种大吃大有的大锅菜。我看着黄如论先生十分香甜地吃着饭和菜，暗自说：“这才是黄如论先生的本色啊！”令我惊奇的是，他吃饭的速度是很快的，不到五分钟就放下了碗筷，说道：

“柱子哥！慢着吃，等一下还给你准备了几个炒菜。”

“不用了！”我举着手中又白又松软的馒头，说道，“这馒头真好吃，有它我就满意了。”

吃过午饭之后，我们又立即赶到工地。或许是黄如论先生性急，也或许是他身高腿长，只见他一马当先，大步流星地走在前边，身后紧紧相随的是有关工程人员。说到我，也不甘示弱，依傍在黄如论先生的身边，听他向我讲解有关“湘江世纪城”的远景。半个小时过后，我这个年近七十的老兵不仅全身是汗，而且连呼吸都加速了，说句老实话，就差把嘴张开大口地喘气了。由于我争强好胜的性格作祟，所以依然无声地坚持着。晚饭过后，我累得连澡都没洗就上床休息了。一觉醒来，天已经大亮，我溜下床来，活动了一下酸痛的身体，暗自调侃地说：

“啊！走路是最好的治疗失眠症的良方。”

我刚刚走出卧室，想到街上走一走，看看久违的长沙市容有什么变化。只见黄如论先生笑眯眯地走来，说道：

“柱子哥！吃早饭了。”

“您何时起床的？”我有些愕然地问道。

“早上6点。”

“昨晚几点休息的？”

“今晨1点！”

“您去过夜生活了？”

“我哪有这样的闲心哟！昨晚8点钟，我召集‘世纪金源（长沙）集团有关的负责同志开会，然后又对他们讲解国内外的形势和我们的任务。等我回到卧室冲完凉，倒在床上一看手表，正好1点钟。”

黄如论先生已经年满56岁了！用我和他开玩笑的话说：“黄先生！您已经到了毛泽东进北京时的年龄了。”由此可知，黄如论先生的精力是过人的。

其次，我们吃过早饭以后，立即随黄如论先生乘车去萍乡钢厂，沿途一路欢笑，他坐在车上还用福州方言唱几句自己作词的歌曲《海连江》。但是，我的思维很快就跳出了这欢声笑语的氛围，独自默默地坐在车上，侧目望着窗外那生长在这红土地上的庄稼，似乎又想起了当年发生在这块红土地上的战火。

“柱子哥！你到过萍乡吗？”黄如论先生问道。

“到过，那是近40年前的事了。”

“是为写作而去的吗？”

“对！那时，我们为了写歌剧《狂飚曲》，了解毛主席在安源煤矿的革命经历。”我说罢惨然一笑，又说道，“多有意思，今天我又随着新型的企业家——黄如论先生到萍乡钢厂买钢材。”

或许是黄如论先生的大名远扬，也或许是希冀黄如论先生能到萍乡投资，有不少领导出面为之接风。吃得相当不错，谈话的气氛也很融洽。但一触及到具体问题双方就变得一本正经起来。他们之间谈论钢材的价格、数量以及运输等问题，我全都忘却了，但是，黄如论先生十分动情地说的这番话，我至今仍记在心中：

“按理讲，像我这样的大老板用不着亲自出马来你们钢厂，由手下的人和你们商谈买建筑钢材的事就行了。可是，我是为老百姓盖房子，必须做到质量第一。这其中最重要的条件是钢材和水泥，听湖南的朋友说，你们厂生产的钢材质量好，有保证。另外，萍乡离长沙很近，可以节约很多运输费用，这样就降低了建筑成本，房子的价钱也就可以降下来。所以，我亲自来你们厂，促成我们的合作。”

这时，我才知道黄如论先生“御驾亲征”的目的，依然是为了未来买他房子的老百姓。

再其次，我们一行回到长沙以后，黄如论先生兴味盎然地拿出长长的一卷“湘江世纪城”示意图纸，请工作人员小心地铺在条几上，约有一米宽，好几米长，就像是一幅长长的彩色照片，显得是那样的壮观、漂亮。给我的第一印象，就像是一座高楼大厦林立、万家灯火辉煌的不夜城。我再仔细一看图纸上的标记，才知道中央蜿蜒北去的河流是湘江，不用说，江心那座长长的小岛一定就是橘子洲头了！再顺着示意图往上看，从旁流入湘江的河流是闻名全国的浏阳河。再放眼湘江、浏阳河交汇处那鳞次节比的高楼大厦，这就是黄如论先生准备打造的“湘江世纪城”。

接着，黄如论先生指着这幅示意图，十分认真地给我讲解“湘江世纪城”的构成，以及他在设计理念上又有哪些创新，等等。又是隔行如隔山的原因，他讲得头头是道，我听得就像是一头雾水，到今天我还能记住的，一是“湘江世纪城”横跨浏阳河，总建筑面积约有四百多万平方米，等于“北京世纪城”大；二是他要建几条可行驶汽车的湘江水下通道，把两岸的“世纪城”联为一体，成为一座横跨湘江的新型城市。至于他说这里是高二百四十多米的饭店，那里是中南地区最大的购物中心等，我已经没有具体的印象了。记得他讲完之后，我很是兴奋地说了这样一句话：

“壮哉！黄如论。”

我们留住长沙期间，记得有不少人员来找黄如论先生，或黄如论先生外出会朋友，不用问，这是继续再谈“湘江世纪城”的未竟之事。对此，黄如论先生从不请我旁听，我也有意躲在客室中避嫌。可是，我们毕竟朝夕相处，从一些言谈话语之中，总会听出一些蛛丝马迹来。给我印象最深的一件事情，那就是湘江对岸——有“文化曼哈顿”区的新河三角洲——约有1200亩土地还没有拿到手。我记得当时曾问过黄如论先生：

“湘江对面那1200亩土地能拿到手吗？”

“没问题！”

“他们不是说要搞什么竞拍吗？”

“那是个形式！”

“为什么？”

“据说中南地区的房地产商，没有能拿出40多个亿参加竞拍的。”

我一听说四十多个亿就吓了一跳，暗自一算，合三百多万一亩，与“北京世纪城”的地皮相差不多，遂又担心地问道：

“长沙这么贵的地皮，盖的房子一定会很贵吧？”

“不会的，房价一定比长沙同类房子贱。”

我虽然不懂得建筑行业的交易，但我知道自改革开放以来，各地主管土地的干部、掌管建高速公路的单位出问题最多，被法办判刑的贪官污吏真可谓是数不胜数。这不仅有制度方面的问题，更为重要的还是赃官败类贪得无厌的本性使然。换句话说，他们为了自己捞到更多的钱，可以打着各种漂亮的旗号——自然包括政府的牌子到处招摇撞骗。

另外，近两年以来，房价在涨，地价也在涨，再加之房地产业被视作暴利产业，大大小小的房地产商又展开了争相储备地皮的热潮。随着各地层出不穷的“地王”炒作，地价与房价互相推高的恶性循环愈演愈烈。结果，在房地产商期望获得暴利的前提下，中国大中小城市的普通百姓就越来越买不起房子了。从一般规律出发，我认为政府绝不会坐视不管，任其发展。因此，我这个局外人，也开始对中国房地产业的发展有着各种隐忧。说到参与竞拍新河三角洲那1200亩地的时候，我记得说了这样一段话：

“黄先生！我是一个十足的外行，希望您在这个问题上要多长一个心眼。古人说得好，预则立，不预则废。”

我这句话有两层意思，一是不要相信任何人当面作出的承诺；再是要按规律办事，不要随风而上。

黄如论先生听后笑了，我从他那自信的笑靥中看出，他已经成竹在胸，或曰万事俱备，只欠东风了。把话说白了，只要长沙竞拍一开始，湘江对岸新河三角洲那1200亩土地就可以收入囊中了。

对此，我不便再说些什么，只好暗自为黄如论先生祝福，希望他如愿竞得这块土地，实现他打造七百多万平方米“湘江世城”的理想。

8月下旬的一个晚上，虽说时令早已出伏，但天气依然显得有点闷热，我像往日那样，一个人躲在香山金源商旅中心酒店的客房中看书，准备写作《我心目中的黄如论》有关的材料。突然，我的手机响了，黄如论先生的贴身秘书告诉我，他的老板到了香山，希望我能过去聊天。我放下手中的书籍，快步走过横架在人造小溪上面的木桥，来到我们二人经常聊天的地方——木桥旁边那张圆圆的木雕桌前边，只见黄如论先生早已坐在一个木雕凳子上，他未等我坐定寒暄，就有点惨然地笑着说：

“柱子哥！我们竞拍输了。”

我听后一怔，真有点丈二和尚摸不着头脑的感觉，遂下意识地问道：

“是什么竞拍输了？”

“就是湘江对岸那1200亩土地啊！”

到这时，我才明白长沙竞拍会已经开过，而且有财大气粗的财团出高价，逼迫“世纪金源集团”放弃新河三角洲那1200亩土地。我十分好奇地问道：

“最后，是多少亿拿走这块土地的？”

“92亿！”

我听后惊得“啊”了一声，下意识地重复了一句“92亿……”我沉思片刻，问道：

“是哪一家房地产公司敢出这样的价钱啊？”

“北京北辰实业和北京城开集团两家联合拿下的。”

我久居北京，早就听说北辰和城开两家集团都有国资背景，遂又说道：

“他们赔了，自己不用掏腰包；你黄如论先生要是栽倒了，多年的心血就有可能付之东流了。”

黄如论先生没有表示什么。

近一年以来，由于我要为黄如论先生写一本书，逼迫自己选读了有关建筑方面的书籍；另外，为了知晓房地产商运作的规律——当然也包括运作中的潜规则，我也研究了房地产界不少成功的经验，也通过不同渠道知道了一些失败的教训。用句时髦的话说，我可以纸上谈兵——算是初步入道了。因此，当我听说这1200亩地以92亿成交后，立即就暗自算了一笔账，平均一亩地近800万元；按照政府的规定，这1200亩土地允许盖三百多万平方米的楼房，那么一平方米土地的成本就是3000元了。如果再加上建筑材料费、人工费以及银行的贷款利息等，每平方米楼房至少在5500元左右。如果想赢利呢，未来楼房每平方米的起价就一定要超过6000元。然而，当时长沙的楼盘均价在4000元上下。在我这个外行看来，卖方和买方之间的差距实在是太大了！所以，我断然地说道：

“黄先生，从纯经商的视角说，这不是一件坏事，相反，这是一件天大的好事。”

黄如论先生是同意我的看法的。然而他毕竟是房地产界很有实力的成功人士，从未遇到过竞拍失败的情况。因而，他的脸上依然流露出成功者才有的那种微笑。为了尽朋友之道，我又有意地说道：

“想想看，未来他们建成的房子至少6000元一平方米，无形之中就把你们的楼房价钱拉高了，就算起价在4500元一平方米，还要比他们的房子贱1500元呢！结果，他们赔不赔先放在一边，你们‘世纪金源集团’赚钱是肯定无疑的了！”

为了说服黄如论先生把心态放平和，我又故作内行的样子，从宏观的角度指出：

“我曾经说过多次，您当初回国投资，以及决定到北京发展，从国内外大的形势看，都是属于逆势而上。可为什么都取得胜利了呢？因为在这逆势的大背景后面，有着一个无人能左右的顺势背景，那就是国家要发展，改革开放不会变。现在，您是在顺势的条件下开始第四轮投资，可是在我看来，无论是国际变化的大环境，还是国内发展的大背景，都隐伏着逆势投资的危险。具体地说来，国家连续出台宏观调控、打压房价升高等政策，全世界的经济都处于不景气之中，还是小心投资才是稳妥之策。”

另外，诚如一家媒体所评述的那样：“经济学中，有一个有趣的现象，那就是在拍卖市场中，经常会出现‘赢者的诅咒’现象，即拍卖的夺标者往往并不能实现预期的收益，甚至会遭受损失。假设投标者们对其价值的估计基本上都是正确的，那么最高报价者最后极有可能花不少冤枉钱，实际结果就是‘出手之日就是后悔之时’。”因此，我重申了上述理论之后，又以毋庸置疑的口气说道：

“从理论上讲，半年到一年即见分晓。那那时，赢得‘中国第一地王’的北辰实业和北京城开组成的竞买联合体是顺利开发，还是在品尝、回味‘赢者的诅咒’呢？我这个老童生愿拭目以待！”

事后，我依然对这次长沙“新河三角洲”竞拍存在很多不解之处，遂查阅了各种媒体发表的文字，渐渐地厘清了前因后果，也拨开了密布心头的各种疑云。为了向读者有个交代，现扼要叙述如下：

新河三角洲地处长沙中心城区北侧，西临湘江，北依浏阳河，南抵

319国道，东靠芙蓉北路，无论从地理位置，还是水土环境来说都是长沙最具投资潜力的地块。因此，拿下有“中南第一地”之称的五合垸地皮的黄如论先生，很自然地想拿下五合垸对面新河三角洲。诚如前边所述，我已经看到了湘江两岸——即五合垸、新河三角洲的规划——“湘江世纪城”的示意图，并得到长沙市政府的首肯。说到价格，黄如论先生想用50亿上下拿下新河三角洲。

据媒体称：“当时提出10亿元的保证金，300万平方米的开发经验种种限制，其实都是长沙土地局精心策划，为限制其他房地产拿到本地块而设置的障碍。”但是，就在我与黄如论先生离开长沙一个月后，长沙市国土部门修正了《出让须知》中争议最大的条款：竞拍者曾经开发过的单个项目总建筑面积必须在“300万平方米”以上，调整为“200万平方米”以上。

明眼人一看便知，这是为其他房地产公司参与竞拍调低了门槛，这也种下了黄如论先生出局的伏笔。事后方知，“这是政府为了给北辰实业和金融街控股顺利拿地清除障碍。金融街控股单体开发量在220万平方米，北辰实业与北京城开组成联合体也是为了跨越200万平方米的出让门槛。”

然而，这迷雾重重的内幕中到底上演过什么戏呢？据媒体引用知情人的话说：“当时的长沙市政府为了本地块能卖出好价格，曾经由市领导分别带队，一队南下，一队北上。在香港拜会了和黄、新世界等四大地产巨头老总，盛邀他们来长沙投资，以巨幅土地做条件。在北京拜访了北辰实业、北京城开、首创等北派开发商巨头。而政府的真正意图就是希望南北两派能够在拍卖现场斗起来，斗得越厉害，土地的收入就越高。”

政府如此而为，是无可厚非的。据我的推算，这时的黄如论先生有可能还蒙在鼓里。

长话短说，与黄如论先生麾下的“世纪金源集团”同时竞拍的，有北辰实业和北京城开联合体、金融街控股等大型企业。据当时的媒体报道："整个竞价过程由'金融街'和'城开'主导，长沙世纪金源在73亿之后再也没有举牌。之后两家你争我夺，在竞价越过80亿和90亿时，现场观众爆发出热烈的掌声。"最终，"由北京北辰实业股份有限公司和北京城市开发集团有限责任公司联合投标体以92亿元，成为全国地王。"

然而，一个不解的谜团一直萦绕在我的心中：他们为什么敢于以92亿元去争这个"全国地王"呢？不久，一家媒体给了我一个答案："一个不可忽视的原因是：它们都将以上市公司做后盾，正是'成本无所谓，地价不怕高，股海做后盾，老大乐陶陶'。"

然而一旦股市暴跌呢？这些地产界的"老大"还能乐陶陶吗？请读者继续看好戏吧！

事后，我曾问过黄如论先生："您为什么在73亿元之后就不再举牌了呢？"

他说了这样一句话："再举牌，我就不是为中等收入的人群盖房子了！"

啊！我终于明白了，他虽然想打造中南第一大盘"湘江世纪城"，但当价格违背了他盖房的宗旨以后，他宁可舍弃自己的理想。

这就是黄如论先生难能可贵之处！

话再说回来，黄如论先生这位自视不向强人低头的成功者，也不得不吞下竞拍失败的苦果。接着，他又重新修改打造"湘江世纪城"的计划，并开始了大规模的建设。

俗话说得好，无巧不成书。就在第二年——2008年8月初的一天，有一位朋友来"香山金源商旅中心酒店"看我。他拿出一沓有关传媒报道的材料，说道：

"老兄！不幸被你言中，一年后的今天，中央五部委下达《开展国有土地使用权出让情况专项清理工作通知》以后，中国第一'地王'北辰成为了焦点。”

我接过材料看了一遍，大意谓：一，去年的今天，北辰实业股价：12.90元；今天，北辰实业股价已跌至6.77元。换句话说，北辰实业股暴跌近50%，1元钱已经缩水成5角了；二，北辰实业针对“从长沙退地”引起的风波紧急辟谣：“完全是子虚乌有！”“两个字：造谣；四个字：胡说八道。”并声称在今年“第四季度开始施工”。我合上材料，退给我的朋友，笑着说道：

“大幕已经打开了，你我就等着看这出戏的结果吧！”

我们家乡有一句歇后语：巧她爹打巧她娘——巧急（极）了！这时，熟悉“世纪金源集团”情况的某位干部到了，我急忙问道：

“听说‘湘江世纪城’建设进度很快，是这样的吧？”“是这样的！第一期很快就开盘了。”

“可以给我们讲一讲黄如论先生在设计‘湘江世纪城’的时候，又有哪些创新吗？”

“可以！”接着，这位干部怀着激动的心情滔滔不绝地讲了起来。尔后，我请他整理成文，摘抄如下：

1. 打造世界最大的“全城人车分流”社区。

黄如论先生在“湘江世纪城”项目设计中，利用湘江防洪堤与地面6米高差，架空整个社区，在地面形成住宅区及绿化，将整个区域的市政交通体系和车库放在地下，成功实施全国首创“全城人车分流”道路布局系统，形成全世界最大的人车分流社区。在社区中，除了消防通道外，在地面上见不到任何机动车辆，有效避免汽车尾气、噪音对居住区的污染，对提高土地利用率和改善人居环境都具有极大的改良作用。在市政交通方面，人车分流社区地下市政道路四通八达，层高达4.8米，远远超过国内其他类似设计，开阔的空间消除了传统地下停车场压抑不安感，更有利于保证驾驶人员的视野，大大提高交通安全系统。在地下照明设计方面，通过开设大量玻璃通风采光井，在地下市政道路上空及车库、住宅单元入户处等地引入阳光照明和自然通风，保证了地下部分也有阳光普照，形成良好的采光效果，同时在通风、节能方面也有很好的效果。在防洪安全方面，人车分流体系保证了整个滨江社区的防洪安全性，整个社区的地面高于百年一遇的湘江洪水水位高程，同时结合防水帷幕、防洪堤、钢筋混凝土防渗挡墙、堤下防汛通道，形成万无一失的防汛体系。

2. 打造中南地区最大的滨水社区。

“湘江世纪城”位于长沙市长达百里的湘江风光带核心部分，项目整个地形宛如一条吉祥鱼腾跃在长沙的三条水系（湘江、浏阳河、捞刀河）怀抱，可谓水跃三水，吉祥如意。黄如论先生充分运用规划用地“吉祥鱼”一样的形状，将项目沿湘江一字展开，保证了社区最大效的亲水性，使几乎所有住宅楼都可以看到湘江风光，是我国城市最大规模沿江风光带之一，成为中南地区最大的滨水社区。

3. 临江大宅，社区规模全国罕有。

黄如论先生设计的“湘江世纪城”，紧临开阔的湘江，与蜿蜒秀丽的岳麓山隔江相望，近百米的高层建筑群与奔腾的湘江、雄伟的三汊矶大桥辉映成章。“湘江世纪城”近35万平方米的临江公园，近400万平方米的大型社区均遥遥领先于长沙乃至全国的房地产开发项目。3公里长的滨江公园和近百万平方米的绿化平台，使“湘江世纪城”的居民宛如生活在巨大的城市园林之中。非沿江地段的住宅，将传统人居理念在现代建筑中成功实践，创新性引入传统与现代兼收并蓄的“园林式”组团布局，打造出人与自然有机融合的居住空间。

4. 湖南省配套最完善的社区。

作为大型社区，黄如论先生在规划中为“湘江世纪城”配置了最为完善的社区商业、教育体系。在商业配套方面，包括区域配套、社区配套、组团配套三个层面，设计有大型城市级别的购物中心，集餐饮、娱乐、购物、休闲、健身于一体，为长沙带来前所未有的“一站式”购物体验，在当地引领一场商业革命；沿湘江大道设计有近2公里长的时尚商业街作为社区配套。在所有市政道路进入市政平台层的入口处，形成标志性商业广场；在市政平台层，沿所有东西向市政道路两侧均设计了步行商业街，使得居民在回家的路上可以方便地购物；在每个社区组团，均选择靠近组团集中绿化的旁边住宅楼的首层架空，设置小型便利店，方便居民生活。在教育方面，“湘江世纪城”在综合衡量长沙市及开福区的现状和发展趋势的前提下，前瞻性地规划出6.7万平方米的包括多所幼儿园、小学和中学的教育设施，并与湖南省内一流名校合作开展教学，打破社区教育完全依靠周边市政公共教育的国有模式，不仅让小业主从小即接受良好的系统教育，而且免去了父母为孩子上下学交通安全方面的担忧。

另外，“湘江世纪城”还在绿化等方面颇有创意，至于建设中的“最飘逸的滨江豪宅”、“游轮购物打造江上靓景”等，也对我有着极大的吸引力。

恰在这时，报纸和网上又继续大炒“中国地王”——“北辰”和“北开”在长沙买的那块新河三角洲的地皮，用媒体的话说，已经变成弃之可惜的鸡肋了！自然，在沪市跌破2000点大关之后，“北辰”和“北开”的股票继续缩水也是可以想见的了！直言之，“北辰”和“北开”还能如期在长沙新河三角洲破土动工吗?

真是“形势比人强”啊！正当全国房地产业陷入低迷、“北辰”和“北开”也面临着何去何从的时候，我突然看到了如下这则报道：

【本报讯】7月22日，备受瞩目的湖南房产界第一大盛事《2008长沙楼市中报》暨2008上半年度长沙楼市排行榜颁奖典礼盛大举行。本次颁奖典礼上，“湘江世纪城”以开盘两个多月销售2000余套，销售总额逾11亿的辉煌战绩，独揽“2008上半年销售面积前三甲”“2008上半年销售总套数前三甲”和“普通商品房综合竞争力十强”三大桂冠，成为全场唯一的三冠王，让其他在场的开发商代表惊羡不已。

此次排行榜，是由长沙房屋产权管理局、长沙房产信息中心、《潇湘晨报》等多家权威机构及媒体根据2008年上半年各楼盘真实的销售数据并经科学计算得出，能够可以客观地反映出一个楼盘的综合品质。

我看着这则报道，真是五味杂陈啊！接着，一个又一个问号浮现在我的脑海之中。最后，这些问号又化成了一句话：“这到底是为什么呢？”

俗话说得好，百闻不如一见，待我完成《我心目中的黄如论》一书后，我一定再南下长沙，不仅要看一看美丽的“湘江世纪城”，而且还要亲自参观一下湘江对面新河三角洲，看一看北辰实业股份有限公司的建设情况……

四

突然，刮来了一阵秋风，天气一下子就变得凉爽起来，就说那阴霾的天空吧，也出现了难得一见的天高云淡、碧海无边的晴空。

那天，我的心情特别好，吃过晚饭之后，决定动笔写《我心目中的黄如论》。我刚刚写完“引言”二字，桌上的电话铃声响了，我拿起电话，有点不大高兴地问道：

“喂！你是谁啊？”

“我是黄老板的秘书，他请您过来一下。”

我放下电话，暗自问道：“我们不是刚见面没有几天吗？难道还是为了竞拍长沙新河三角洲失利的事吗？”说老实话，我是抱着舍命（我视创作为第一生命）陪君子的心态，不太情愿地关上电脑，走出客房，向着我与黄如论先生聊天的老地方走去。

我到达那张木雕圆桌以后，先我而到的已经有几位客人了。黄如论先生笑着向我介绍先到的客人，其中一位是安徽省合肥市的负责人，还有一位和黄如论先生早就相识的安庆的同志。接着，黄如论先生又说道：

“柱子哥！今天请你过来，一是认识几个新朋友，二是我们之间的谈话，你可以只听不必掺和，我们几个喝酒你就作陪吃菜，好吗？”

凭借我的聪明一听便知，今天晚上，黄如论先生与这位合肥市的负责同志谈投资，大半是关于去合肥买地皮、盖房子的事情。另外，因为我要写作《我心目中的黄如论》，黄如论先生有意请我前来旁听，让我掌握第一手材料。因此，我高兴地说：

“好！我不仅要用心听你们谈话的内容，而且还要看你们的研究（烟酒）手段谁更高明。”

那天晚上，“香山金源商旅中心酒店”的大厨上了多少道菜我记不得了，只知道自己吃了不少爱吃的开心果。现在回想起来，给我留下印象比较深的事情是，他们三个人从晚上8点到子夜时分，一边相互交换抽着各地生产的名烟，一边喝着精装的15年的茅台酒，一边又借着酒兴和酒威谈着去合肥投资的生意。由于我生平不沾酒烟，因此对他们抽了多少包各地生产的名烟是从不关心的。或许是国酒茅台的原因——更何况还是15年的呢，我记得他们三个人一共喝了三瓶。令我吃惊的是，他们竟然谁也没有醉倒在木雕圆桌旁边。事后，我曾半开玩笑地说过这样一句话：

“真是酒逢知己千杯少啊！”

说到这天晚上“煮酒论英雄”的中心只有一个，那就是请黄如论先生去安徽省合肥市投资房地产。我记得合肥市的负责同志多次介绍，位于合肥与巢湖中间有一块2000多亩的土地，交通十分方便，是合肥市滨湖新区的核心地段，也是未来合肥市发展的中心。说实话，我真担心他们三人喝醉了，这桩大买卖随之就泡“酒汤”了。出我这个老童生所料的是，他们越喝谈兴越旺，这桩地皮买卖就越接近完成。最后，黄如论先生开心地说：

“就这样定了！等我亲自看过地以后，我们再详细谈地论价，如果顺利的话，明年的现在，我在合肥新建的世纪城第一期楼房开盘上市！”

对此，我自愧不如。

那天深夜我失眠了！我一直在想黄如论先生为什么会有此举动呢？一是长沙新河三角洲竞拍失利，作为事业有成的房地产商需要一种情绪宣泄，或曰一种相应的补偿；再是全国房地产商占地成风，黄如论先生也需要储备大量的土地。据我所知，他已经在上海、三亚、云南、重庆等地储备了上万亩的土地了。最后，我的结论是：

“性格即命运，黄如论先生一定会演成这出‘有意栽花花不开，无心插柳柳成荫’的好戏！”

不出所料，黄如论先生很快与合肥市政府签订了这块土地的出让书。

日后，我见到了一份报道，方知黄如论先生购买和建设“滨湖世纪城”，绝非是为了“一种情绪宣泄，或曰一种相应的补偿”，而是一次十分慎重的选择。请看：

1989年，我就曾受邀来合肥考察过。那时，合肥发展较慢，思想解放不够，条框多。现在我到合肥投资，主要是赞赏合肥的“大发展、大建设、大环境”，看好滨湖新区发展前景。

我第一次来看滨湖新区，当时走的还是长满荒草的小道。但在短短的四个月之后，合肥就把通往滨湖新区的徽州大道打通了，并且建起

BRT快速公交。这个速度比得上“深圳速度”。现在合肥市政府意识到，城市要有发展，就得有建设，不仅思想上、嘴巴上，行动上也真正做到了这点。

合肥正在着力做两个大事：一个是大幅改善交通，比如搬迁、建设新机场，规划建设轻轨，开通至南京、武汉及北京等城市的高速铁路等；第二，引水济巢，将长江水引入巢湖，治理巢湖污染，据说这个工程已经报至国家有关部门了。

滨湖新区的规划是全球招标的，规划水平非常高。按照规划，滨湖新区是合肥文化中心、商务中心、商业中心、政务中心和金融中心等，它将打造成安徽的浦东。滨湖新区在规划前是一片空白，它将按照现代化理念去建造。过去这里只有两条马路，现在所有修建的道路都通到巢湖。今年底将有四条路将滨湖新区和经开区接通，经开区到滨湖新区将只有六分钟，滨湖新区、经开区和政务区将会连接起来。中心医院也在建设，一些机关单位也将搬到这里……

简之，黄如论先生来合肥投资，在滨湖新区建世纪城绝不是心血来潮，是有备而来的行为。长沙新河三角洲竞拍失败，至多促成黄如论先生早下决心建“滨湖世纪城”。

我清楚地记得，在中国共产党第十七次全国代表大会召开的前夕，黄如论先生就明确地告诉我：

“我在合肥打造一座近400万平方米的‘滨湖世纪城’，近期开工。”

我听后一怔，暗自说：“距离那天‘煮酒论英雄’还不到两个月嘛，真是快得出奇哟！”可是，当我从作家的视角再看待这所发生的一切事情，结论自然是黄如论先生的性格使然。接着，我又问道：

“合肥的‘滨湖世纪城’第一期楼房何时开盘？”

“一年后的今天。”

我当然清楚这“一年后的今天”是指2008年的10月。我沉吟片时，问道：

“第一期楼盘有一百多万平方米吗？”

“当然有了！”黄如论先生乐观地答说。

这时，我又暗自算了一笔账，除去“滨湖世纪城”这一百多万平方米的建筑，还有将在明年先后开盘的“贵阳世纪城”、“湘江世纪城”三百多万平方米的楼房。这三个世纪城相加，总共有五百多万平方米的楼房在同一年中开盘，这不仅在“世纪金源集团”是个了不起的创举，恐怕在全国的房地产业中也是空前的。所以，我说了这样一句话：

“了不起！黄如论先生又创了个第一。”

但是，我就像是所有善谋而不善断的知识分子一样，在祝贺黄如论先生事业有成的同时，也为这五百多万平方米的楼房销售提心吊胆。当天晚上，我曾给一位和黄如论先生也十分稔熟的朋友打了一个电话，说道：

“据我所知，中央对房地产业的政策是明确的，那就是要坚决打压过快增长的楼房价格。万一再来一次什么金融风暴，迫使飙升的股市狂跌，楼市也一定会受到影响。到那时，黄如论先生这500多万平方米的楼房怎么办呢？”

这位朋友是同意我的看法的。但是，他于房地产业比我还外行，笑着说了这样一句话：

“万一出现了这种情况，黄如论先生也会挺过去的。”

换句话说，“你柱子就不要看戏掉泪——替那古人担忧了！”为此，我从未和黄如论先生说过我的这种隐忧。

这时，我已经进入《我心目中的黄如论》一书的写作。期间，我曾经通过与黄如论先生以及“世纪金源集团”有关人员的谈天，对“滨湖世纪城”逐渐有了一个初步的了解。现归纳如下：

“滨湖世纪城”位于合肥市滨湖新区，按照区政府整体规划格局，

“滨湖世纪城”总共有九块地皮，布局方正，大小形状基本统一，形成整个居住区匀制的格局。据黄如论先生讲，他根据整体规划和每个住区功能定位不同，通过建筑布局与园林绿化的变化，构成了灵活多变的布局特点和层次各异的审美景观。此外，每个居住区内上万平方米的中央园林和每栋住宅旁边上千平方米的绿地，为住户提供了良好的居住和休闲环境，成就了“世纪金源集团”——实质上是黄如论先生在合肥的一大经典作品。

另外，“滨湖世纪城”完善的配套设施堪称全国第一，它囊括了普通住宅、高级住宅、大型购物中心、双塔六星级标准饭店、商业街、商务写字楼、银行、一流学校及医疗机构等，使人们“足不出户”就能满足各种生活需求，达到社区“不假外求”的效果。黄如论先生唯恐我不明白何谓“足不出户”以及“不假外求”，又解释道：

“不假外求嘛，就是社区配套齐全，让未来的业主足不出户，就能享受便捷的生活。”

最令黄如论先生津津津乐道的，就是那座200米高的双塔双子星六星级标准的酒店。他不无骄傲地说，这座六星级标准的酒店是当地标志性建筑，树立了合肥商务酒店全新的高度，与商务顶尖的商务服务接轨。他笑着说：

“柱子哥，这座双塔双子星六星级标准酒店开业的时候，你一定要去体验一下什么叫六星级标准。”

自然，按照黄如论先生造城的理念，“滨湖世纪城”中一定要建一座大型的购物中心。据黄如论先生说，这座购物中心有40万平方米，可以满足全客层、一站式购物消费，构建城市文化、娱乐、休闲等功能。在“滨湖世纪城”南侧的合肥市中心医院，按照全国三级特等医院标准设计，并引入院士级别的专家前来坐诊。我听后称赞道：

“这是最大的德政！像我等这些七十上下的退休干部，最怕的是看病不方便。”

“那事关下一代的教育呢？”

“我想您会考虑周全的。”

接着，黄如论先生说，他“斥巨资在213亩土地上修建包括三所幼儿园、两所小学、一所完全制中学在内的近12万平方米的教育设施，建成后将无偿地捐赠给当地政府；同时，不惜重金引安徽省内一流名校入住社区，大大提升社区教育品质和文化氛围。再配以‘滨湖世纪城’西南侧已开学的合肥一中、师范附小、四十六中，顶尖的师资力量和国际领先的教育理念，为居住区内的孩子提供良好的教育环境。”我听后近似调侃地说：

“如果李（鸿章）合肥、段（祺瑞）合肥在天有灵，他们也会感激您黄如论先生的。”

简之，黄如论先生在此前后的心情是相当不错的。

首先，在党的十七大召开期间，与黄如论先生有关系的省市代表团的领导，他们相继来到“北京世纪金源大饭店”，畅谈以往所取得的共创业绩和未来创业的一些设想。接着，“贵阳世纪城”、“湘江世纪城”频频传来建设的捷报，明年3月份以后就可以相继开盘上市了！自然，令黄如论先生更加欣慰的是，“北京市商业银行”股票上市以后，原始股飙升20倍以上，为“世纪金源集团”筹到了充足的资金。同时，他的文论集《为人处世与企业管理》出版以后，得到了方方面面的好评。

或许是“人逢喜事精神爽”，也或许是因为“财大气粗”，黄如论先生为了高昂福州华侨爱国爱乡的精神，出巨资请一流词作家和作曲家当评委，评选出20首左右歌颂福州好地方的歌曲，然后再请全国一流的男女歌唱家齐聚福州，登台献艺，搞了一台专门歌颂福州家乡的文艺晚会。遗憾的是，我因创作难以脱身，未能飞到福州躬逢其盛。那天夜里，我记得收到了福州电视台一位领导打来的电话，说这台文艺晚会水平很高，演出现场真是火爆极了！其中，他对黄如论先生作词的歌曲

《海连江》评价尤为不错。据黄如论先生讲，他准备把这台文艺晚会录制成光盘，发给全世界福州籍的华侨，希望在他们的心中播撒下热爱福州的种子，期许早日盛开爱乡爱国的鲜花。

对此，我越发敬佩黄如论先生爱乡爱国的情操。同时，为了向读者展现黄如论先生写词的才气，现抄录《海连江》的歌词如下：

山连海呀海连江，
你是金凤凰，你是山海的故乡。
都说你是金凤凰，
轻轻落到可门港；
蓝蓝的月亮带来蓝蓝的海，
青青海港梦飞翔。
都说你是山海的故乡，
海上家园打鱼忙；
明天的太阳带着春的画笔，
画一幅山海喜洋洋。
海连江啊海连江，
你是蓝月亮，你是红太阳；
海连江啊海连江，
你是金凤凰，你是山海的故乡。

不久，黄如论先生兴味盎然地从福州飞回北京，遂又在一个晚上驱车来到“香山金源商旅中心酒店”，一见面就十分郑重地对我说：

“柱子哥，我决定出一本书法集，你看怎么样？”

对于黄如论先生出书法集的事情我早就知道了，而且还应邀为他的书法集写了序言。今天，我一听他说话的口气，知道这本书法集出版在即，遂说道：

“没问题！需要我帮什么忙，您尽管说。”

说到黄如论先生的书法，他自己坦承：“作为自己的爱好，多年来我都坚持在工作之余临池练笔。”另外，他认为自己“虽然生长在一个农村家庭，文化程度不高，但我的祖先都有着辉煌的历史。作为他们的后代，我自认为应该秉承为人处世、修身治学的精神，去不断提高自身修养和造诣，追求人生的完美境界。”因此，他在百忙之中“也会忙中偷闲去学习，比如抓住一些零碎的看似不起眼的时间去练习，去看书，去思考，去不失时机地提高自己，而不是让时光白白溜走，这样日积月累，自然就会有长进了。”

说到黄如论先生的书法，我这个门外汉始终认为：他从小就有着写字的兴趣和灵性，换句话说，是一块可堪造就的材料；再是“文化大革命”给他提供了免费练习写字的良机，那就是在“文化大革命”中抄写大字报。据我所知，不少书法家的启蒙阶段，是得益于在“文化大革命”中抄写大字报的。

或许是因为黄如论先生和我相交素笃，因而他出版书法集之前就约我为之作序。说句老实话，虽说我的职业是“码字”当作家，但“码”了几十部书，也没“码”出个“法”来；再者是隔行如隔山，我对书法之道、之理从未学习过。因此，我这个隔着“行”的“山外人”哪有资格评介黄如论先生的书法呢！

风格即人。它准确地道出了艺术风格是受着艺术家所制约的。就这个意义上讲，我扼要地介绍了黄如论先生的为人，希冀读者在欣赏他的书法时有所增益。另外，我还写了如下这几段文字：

说到书法，我想起一位日本友人说的一番话：当代中国的书法，我喜欢毛泽东和郭沫若的。毛体气质逼人，郭老功夫深厚（大意）。我问他：“毛、郭二位的书法，你最推崇哪一位？”他答曰：“毛！”我问：“为什么？”他说：“气质为上。”

黄如论先生的书法虽不能与毛泽东和郭沫若相较，但我认为他的书法的气质是比功夫要更胜一筹的。

说到书法的功力，我又想起了中国近代书法史上一件轶事：书法泰斗沈伊默先生早年习字，偶被一代狂士陈独秀看见，陈批评沈的字“其俗入骨”！沈伊默先生听后遂决心习字不辍，终成一代大家。

这说明功力是练出来的。

我想，如果黄如论先生也能习字不休，他的书法就能达到气质和功力相兼的境界。

《黄如论书法集》就要付梓了！与黄如论先生相识的大评论家、大书法家应约写来贺词，并附在《黄如论书法集》的前面，对黄如论先生的为人、为书都作出了定评。现摘录如下，供读者参阅。

当代大评论家李准同志的贺词是：

华商巨子黄如论，出身寒门有高志，天生英才难自弃，集现代商业运营智慧与中华济贫助弱美德于一身，创地产业商贸业之奇迹享誉海内外，获慈善捐助连年之冠军独步在神州。此君性豪爽、重然诺，又多才多艺，尤长于书法于歌诗。其为书，以气御笔，意在笔先，豪放中求健劲，自然中见飘逸，自成一格，乐在其中也。喜见《黄如论书法集》问世，特作歌以贺之：

（一）

矫矫不群，笔卷风云。
真体内充，慈悲为魂。

（二）

明月前身，梦中情人。
流水今日，天使之吻。

当代大评论家仲呈祥同志的贺词是：

我既不懂经济，又不通书法，但作为黄如论先生的挚友，却敢狂言：在我相识的成功的企业家中，他最悟书法真谛；而在我结交的书法家中，他又是最通企业管理。佐证便是：由作家出版社出版的他的专著《为人处世与企业管理》与文物出版社出版的《黄如论书法集》。

文如其人，书如其人。读他的专著，品他的书法，个性鲜明，外刚内柔，足见传统文化与现代精神、自强不息与厚德载物之和谐统一。文化“化”人，书法“养”心，靠“化”成的高素质、“养”成的高境界的人去确保企业的全面、协调、可持续发展——此乃如论先生成功之道也。

当代大编辑家兼大作家——现任全美华人作家协会副主席兼秘书长李硕儒先生的贺词：

丁亥仲夏，幸识黄公。道三十年商旅生涯，宛千山逶迤，大江奔流；尝南渡吕宋诸岛，曾激水大洋狂潮。得成黄氏金源帝国，一赖环望大宇胸有层峦，二赖哲思滔滔膂力过人，三赖心系国土勤勉躬行，四赖诗情绵绵仁德此心。今书集问世，谨以五言敬贺：

着笔千钧力，点墨大江流。

诗魂追鹤影，气韵驾飞舟。

不久，由书法大家沈鹏先生题签的《黄如论书法集》出版了！实事求是地说，文物出版社印得十分庄重、大方。之后，由中国文联通联部、中国艺术报等单位联合召开了研讨会。逄先知、杨志今、李准、仲呈祥、夏潮、赵长青、李树声、郑伯农、李硕儒、柳萌、范咏戈以及文物出版社的专家、知名的书法家等出席，真可谓是集一时之盛。与会领导、专家相继发言，对黄如论先生的书法都给予了热情而又实事求是的评价。

2007年就要过去了，回首这一年黄如论先生走过的道路，除去长沙新河三角洲地皮竞拍失算外，大体上都是喜事临门。尤其当他和我谈起“贵阳世纪城”“湘江世纪城”以及“滨湖世纪城”的建设进度，更是相当满意。但是，我为了写作《我心目中的黄如论》，所关心的视点还是“滨湖世纪城”。因此，我们二人以此为谈话中心进行了多次交谈。现采用问答的形式，把我们二人谈话的内容记录如下：

问：黄先生！我听说您在设计“滨湖世纪城”的理念上又有了很大的创新，是这样的吗？

答：是的！简单地说，“滨湖世纪城”在社区整体布局上，我采用了“围合式”的设计，创造了上风上水的和谐人居生态。

问：您说得更加简明、易懂一些好吗？

答：好！我曾和你讲过，“滨湖世纪城”由九个社区组成，均采用“围合式”的设计，暗含“龙生九子”之寓意。通过将楼座与楼座之间错列分布，围合成“天圆地方”之式，给居住者领域感和归属感，暗含儒家“中正仁和、美善相乐”的传统思想，符合《易经》中“六爻之动，三级之道”的住宅布局，又与儒家“包容万事、笑对人生”的思想不谋而合，儒道佛三教归一，形成小区内“生、聚、发”之效果。这种“围合式”的设计，还可以优化围合区域内外的空气流通，保证每栋楼的朝向与日照的均好性，使采光效果更为良好，视野更加开阔，使室内拥有全方位的景观，达到“户户有景”的效果。

问：我听说您在打造“滨湖世纪城”的时候，特别注重建筑“安全度”，还把地震的因素考虑进去了。

答：是这样的！我在设计“滨湖世纪城”的时候，就明确指示：要首次引入全钢筋混凝土剪力墙结构，外墙和内墙同时作为承重结构，不仅使房屋的抗震性能更优越，安全系数更高，保温隔热更好，而且室内没有明梁和明柱，大大增强了空间的美观效果和实际使用面积，提高了空间利用率。虽然仅此一项每平方米成本就增加二百多元人民币，但此举使建筑的抗震设防能力达到了8度，远高于安徽地区规定的6.7度设防等级，大大提高了建筑的“安全度”和综合品质。

问：我听说您在设计“滨湖世纪城”的时候，又把分区明确，动静分明，人车分流等理念达到了极致。

答：我只能这样说，“滨湖世纪城”注重区域功能的合理排布，大到社区总体规划，中到团组布局，小到户型设计，全方位实践“动静分明”的设计理念。在社区整体规划上，充分考虑各功能区的特点，使住宅区与办公区、商业区分区布局，既相互联结，又互不干扰；32米宽的市政路和向外型构成了外部商业体系与内部居住组团和谐共生的环境，使业主白天可以享受热闹繁华的都市生活，晚上可以静享一方祥和与私密。在社区内部，完善科学的“人车分流”体系，大大提高了土地使用率，地上形成大面积绿化平台和安静安全的游玩休闲场所。在户型设计上，将客厅、餐厅、厨房等公共活动区，与卧室、书房等私密休闲区分开设计，使得休息和活动两不耽误。

问：听说您在优化户型设计等方面又有了很大的创新？

答：是的！我在设计“滨湖世纪城”的时候，采用高层短板建筑形式实现南北通透、户户朝阳等优势，楼体上增加开槽形成大型景观平台、全通透景观起居室及餐厅等。户型设计兼容中西建筑优点，实现一居到四居大跨度配比户型，达到安徽罕有的12米进深、10米面宽，近50%的户型，实现了三面通风采光、大范围景观视野的良好效果。

问：我听说您在“滨湖世纪城”的设计中，还为业主安装了暖气，是这样的吗？

答：是这样的。合肥这个地方，冬天相当冷，但老百姓家没有暖气设备，祖祖辈辈靠火炉取暖。为此，我在设计“滨湖世纪城”的时候，计划引入市政供暖体系，可灵活控制采暖的时间与空间，让业主在冬日严寒中也有一份暖融融的春天心情，提高房屋人性化品质和人居舒适度。

问：据说您在“滨湖世纪城”整体外观设计上也有独到之处，是这样的吗？

答：是的！简单地说，我的设计理念是：打造简约流畅的特色，创新当地建筑外观造型。

问：您说得太专业了！能通俗地把您的这一设计理念告诉读者吗？

答：可以！在“滨湖世纪城”建筑的外观造型上，我追求的是简约大气而又变化丰富的风格，摒弃了过于繁杂的装饰构件，以多样化的现代主义手法打造出体形轻盈、挺拔、丰富的建筑作品，同时又不失南方建筑细腻精致的特色。在细节处理上，节点精致，用材讲究，比如阳台通过采用实心栏板与玻璃栏板虚实穿插的做法，以及阳台长短、出挑宽度、色彩的变化来实现外观造型的丰富与协调。

……

如果说“北京世纪城”圆了黄如论先生“我们造城”的梦想，那么从“昆明世纪城”到“贵阳世纪城”、“湘江世纪城”，再到“滨湖世纪城”，我们可以清晰地看出，黄如论先生在“我们造城”的设计理念上一步步地成熟起来。可惜，我于建筑一窍不通，没有办法给以总结和升华。但是，他“为民盖房”的宗旨，以及他在中华大地上建造的这一座座“世纪城”，必将在中国的建筑史上留下重重的一笔！

一年一度的春节又要来临了！我问黄如论先生对未来有何想法，他笑着说道：

“莫急！2008年我会有大动作的。”

五

2008年，黄如论先生有两个大的动作，那就是矿业开发和旅游地产开发。这样一来，“世纪金源集团”就产业规模和内在的容量而言，已经形成了“房地产开发、星级大饭店、大型购物中心、金融资本运作、矿业开发和物业管理”六大支柱产业。

据我所知，黄如论先生在原四大支柱产业取得辉煌业绩的基础上，“根据对国家发展形势的分析与判断，结合我们打造百年企业的实际需要，去年（2007年）又战略性地进军矿业开发，为集团实现可持续性发展注入了活力”。2008年3月25日，黄如论先生明确提出矿业开发已经成为“世纪金源集团”的另外一大支柱产业。

首先，黄如论先生从社会发展和国情实际出发，坚定地认为随着现代科技的进步，社会对资源的依赖度越来越高，而中国又恰恰是一个资源紧缺的国家。说到今年我国中南部地区发生冰雪灾害，造成大规模停电的时候，他曾无限感慨地对我说了这样一段话：

“主要原因就是因为发电厂缺少燃煤造成的。另外，全国油价也在持续上扬，这反映出当前经济大环境下石油储备和供应的紧缺。”

“建筑行业也会受到影响吧？”我问道。

“当然也会受到影响。比如钢筋，去年每吨是3000多元，现在已经涨到5000多元。结果，房地产商一定会把钢筋涨价的费用转嫁到老百姓的头上。换句话说，楼房价格也就必然会向上攀升。”黄如论先生说罢深深地吸了一口香烟，有些沉重地说，“随着社会发展对各类资源需求的增加，资源产品不能满足市场需求的情况将日益加剧，资源的利润空间也将越来越大。”

我已经全然明白了！“世纪金源集团”对矿业的投资，“正是基于对资源未来需求状况的前瞻性把握，并以此作为集团发展的新契机和新战略，这对企业今后占据市场主动、赢得长足发展，具有关键性的作用”。对此，我不得不佩服黄如论先生所具有的这种战略目光。

其次，黄如论先生认为“从行业发展规律来看，矿业投资的回报周期长远且稳定，有利于塑成安定的企业经营环境。只要能得到国家的批准，我们就可以合法开采和加工，经营时间可达十几年甚至上百年，这是房地产业所不具备的”。同时，于国于民也都有极大的好处。

为此，黄如论先生采用控股收购“华侨大厦”的模式，在云南省腾冲收购一家私营采矿企业，按照“世纪金源集团”的操作模式加以改组，从这半年多的态势来看，整体发展是非常顺利的。在2008年3月的一次会议上，黄如论先生向有关人员通报：

“在腾冲，我们将开采出来的铁精粉出售给昆钢集团，开始是每吨600元，现在已是900元，以后可能还会更高。我们原来预测今年可实现利润3亿元，现在预计可达4亿元，两三年之后我们即可收回全部投资成本。”

黄如论先生为了把矿业开发做大，他又出巨资三千多万元，“对13个矿的储量进行了全面摸底，探明矿石总储量为1亿吨，每个矿的可开采年限都在50年左右，而且从目前情况看来，这些铁矿里伴生有铜、锌、铅以及稀有的镍，一共五种成分，产品种类丰富，利润高。我们现在的生产能力是一年100万吨，明年达150万吨，后年可提高到200万吨。即使按照200万吨计算，1亿吨的储量也可足足开采50年。”说到此处，他信心百倍地说：

“这样一来，我们整个集团可以保持良好而稳定的收益，为各项投资创造充裕的资金支持。对员工而言，小则矿业员工的工作和生活可以得到长期保障，大则整个集团的干部员工也可在市场出现波动时，依靠企业整体收益的稳定而得到良好的保障。”

“您对矿业开发还有什么更大胆的设想？”我问道。

“集团董事局已经作出决定，在腾冲矿业的基础上，今年再投资

7亿元用于矿业公司的收购和兼并。同时，还计划在普洱地面上再开金矿和镍矿，逐步形成以云南为中心的矿业投资布局，不断扩大规模和矿种，以多方位、多矿种的发展，实现做强做大的目的。”

“您能告诉我吗？当年‘华侨大厦’经营不下去了，您兼并收购之后，很快就扭亏为盈；如今云南腾冲的矿业公司难以为继，您不仅又做到了扭亏为盈，而且还以此为契机，发展成‘世纪金源集团’的第六大支柱产业。这其中的奥妙是什么呢？”

“说来也简单，一是狠抓办好企业的理念，再是选好主持企业工作的人才。”

“请说得详细一些，好吗？”

“好！所谓狠抓办好企业的理念，就是把‘世纪金源集团’行之有效的企业理念用于矿业开发。另外，我们有着在资金和社会资源等方面的优势，只要我们抓住这个发展的契机，不断夯实基础，矿业集团就一定会取得长足的发展。”

“隔行如隔山啊！据我所知，您的手下没有一个是采矿的专家啊！换句话说，外行能领导内行吗？”

“没关系！一般的行政管理人才，由集团派；采矿的技术专家，我们高价聘请。近半年以来，我们已经向矿业公司输送了上百名技术人才了。简之，我们将逐渐培养一支世纪金源自己的矿业人才队伍，发扬企业精神，长期服务企业，开拓和巩固矿业平台，我们就一定能够取得胜利。”

说到“世纪金源集团”何时上市，黄如论先生曾明确和我讲过：“暂不考虑！”后来，我看到黄如论先生在接受采访时的谈话，他进一步透露出不上市的原因：

“如果我想搞，公司1993年就可以上市，很容易。但是考虑到目前公司发展和内部管理还有待进一步完善，对金融市场不是很了解，在上市运营方面也缺少必要的人才储备，以及出于对股民负责的原则，我认为现在世纪金源上市的时机还不成熟。同样，如果贸然上市，而会滞缓企业的发展。

现在，黄如论先生为什么又突然决定“世纪金源集团”上市了呢？他给我的回答是：“抓住上市契机，创新管理机制，实现跨越式发展。”对此，我一点也听不明白。接着，他又详细地讲了如下这段话：

“在当前经济竞争日益激烈的大时代背景下，产业与金融的结合也越来越紧密，此时企业上市不仅是提高经济效益和快速扩大企业规模的有效途径，而且对扩大品牌影响和实现跨越式发展具有重要意义。”

由此可知，黄如论先生的创业思想有了很大的飞跃。

但是，我依然弄不明白，黄如论先生为什么突然来了个180度的大转变，又同意“世纪金源集团”上市了呢？对此，他很坦诚地对我讲了如下这段话：

“通过十几年辛勤经营，‘世纪金源集团’已取得了可喜的成绩，创造了自己的房地产品牌。但由于没有更多的募集资金渠道，始终处在平衡发展、量米下锅的状态，有一斤米煮一斤米的饭。在集团实力壮大到一定程度，积累了丰富的开发建设经验之后，这种‘平衡’则在一定程度上因无法满足集团跨越式发展的需要，而局限了企业规模的扩大。”

“所以，您意识到如果不上市，必然会失去持续发展的资源优势，失去打造世纪金源品牌更为广阔的环境优势。所以，您理智地认为公司上市势在必行。对吗？”

“对！而且在董事局会议上所有成员一致通过。”

“说得再具体一些，您认为上市对集团的发展有什么好处呢？”

“至少有三大好处！”黄如论先生沉默片时，又坚定地说道，“其一，有利于提升集团品牌的知名度和社会影响力；其二，为打造百年企业和实现可持续发展提供坚实的基础；其三，将会促进集团所有干部实现跳跃性的发展，使其工作和生活有更好的保证。”

我对证券业更是一窍不通，听了黄如论先生上述讲话以后，仍有一头雾水之感，遂又针对第二大好处发出提问：

“为什么公司上市之后，就能为打造百年企业和实现可持续发展提供坚实的基础呢？”

“这是因为上市以后，公司的各方面制度将更为规范和健全，公司的运作也将随之透明化、清晰化、公开化，集团很多经营管理行为都要按照相应的流程进行，并以召开股东大会、董事会，上报证券委等方式接受社会监督。由此可见，上市不仅可以使我们公司与其他一流公司站在同一水平线上竞争，而且可以带来机制转变的契机，进一步激活公司的潜力，实现长久而稳健的发展。”

我虽然视股市为“家庭不安定团结”的因素，自己带头并要求全家人等都不得参加炒股，但我清楚上市对“世纪金源集团”来说，至少是一种管理层面上的转变。因此，我又不无担忧地问道：

“黄先生！您对这样一种转变真的没有一点隐忧吗？”

“当然有啊！”

“是体制还是管理人才？”

“都有！但主要是对管理人才的担心。”

“您有什么防范的措施吗？”

“有！”黄如论先生沉吟有时，低沉地说道，“首先，我要求全体员工保持清醒的头脑，及时转变思想；管理干部一定要转变经营管理模式，以人才机制和管理机制的转变，适应上市公司的节奏和要求。其次，我们今后还要召开不同的会议，请来上市公司的相关人员，帮助大家进行多方位多层次的学习，在现有工作的基础之上，有一种质的飞跃和明显的挑战。”

黄如论先生决定上市始于何时，又是谁推动的呢？据他说始于2007年——也就是股市向着牛市大踏步前进的时候，直接推动人是他的公子黄涛先生。

说起黄涛先生，至今未曾谋面。但是，关于他的为人、才干却早有耳闻。在我与黄如论先生的交往中，他也很少提到自己的爱子黄涛先生。我记得在一次闲谈对子女教育的时候，他深情地对我说道：

“我觉得家庭的幸福也来自于对子女的教育，这是父母不可推卸的责任。因此，我在子女的教育上很严格！”

在我看来，无论是皇帝还是老百姓，在对待子女方面是共同的，那就是不仅视为自己生命的延续，而且还当做自己未竟事业的继承人。因此，绝大多数父母对子女的教育是严格的，而且也是不惜工本的。为此，我有意地问道：

“可以给我讲点教育黄涛的具体故事吗？”

“可以！”黄如论先生沉吟片时，说道，“黄涛在厦门大学读书的时候，有一天他生了病，很不舒服，打电话让我派车去接他，结果被我拒绝了。我不希望他从小就娇生惯养，失去自我奋斗的志气。”

“我听说黄涛大学毕业以后，在您的公司任职后的表现是不错的啊！”

“在我看来，还需要学习，也有不小的提高空间。”

“那您又是如何传帮带的呢？”

“一，我亲笔题写了一幅横幅‘梅花香自苦寒来’，挂在他的办公室中，让他永远记住只有继续创业的义务；二，在工作中我不仅要言传身教，而且还要他在实践中去学习。我到外地出差，有时也把他带在身边，详细地给他实地讲解，力求把我的经验传授给他。”

“您这个当老子的能听儿子的谏言吗？”

“能！公司上市的意见就是黄涛提出的，我认为有道理的，就采纳了。”

接着，黄如论先生于6月29日召开董事局会议，具体研究、论证“世纪金源集团”上市。因此，他把公司上市定为“629”项目。也就是在这次会议上，他为了确保公司上市取得成功，又提出了如下可操作的具体措施：

其一，上市的具体步骤：第一阶段，房地产和商业地产的上市。上市范围包括“北京金源时代购中心”、“重庆金源时代购物中心”、“昆明世纪金源大广场”和昆明、贵阳开发的地产项目……第二阶段，计划将七家饭店公司包装上市，并以这种双产业上市的策略来壮大企业，实现可持续发展，为实现百年基业夯实基础。

其二，所有干部要保持一致，密切配合，共同协作，切实做好前期准备工作。希望各区域集团一定要在“629”项目办公室的指导下开展工作，将上市所需要的手续、数据准备充分，提供给投资银行、审计部门和会计师事务所等单位，以保证集团在既定的时间顺利上市。

其三，坚持“时间就是金钱，效率就是生命”的效率观。由于上市的最佳时机会受到众多因素的影响，上市时机的选择尤为重要。如果不能在既定的最佳时间上市，就可能对下一步工作产生影响。反之，如果在一个最差的时机上市，那就等于把“世纪金源集团”化作泡沫，随着熊市蒸发。这不仅害了上万名集团的员工，更重要的是害了全国成千上万持有金源股的股民。

其四，加强组织纪律性，严格保密。

俗话说得好，人算不如天算。就在黄如论先生紧锣密鼓地为公司上市操劳的时候，国际和国内的金融危机——尤其是股市下挫的走势已经化为不可抗拒的力量了！

从国际大势看：首先，美国的“次级房贷危机”爆发了！开始，仅仅限于美国境内，很快就波及到欧洲、亚洲等地，就说正在加入世界一体化的中国也难幸免。接着，全世界又爆发了“粮荒”，以美国为首的发达国家把粮食当做武器，搞得发展中的国家人心惶惶，物价飞涨；再其次，由于中东战争、美俄争霸等因素，导致石油每桶狂飙超过140美元，由此引发了世界性的通货膨胀、金融危机。

从国内大势看：由于发达国家——尤其是美欧诸国保护主义的抬

头，导致中国产品——尤其是赚取外汇最多的轻工产品——如服装、儿童玩具、传统食品等出口受阻，使得一些外来加工企业相继停业，甚至破产。同时，中央、国务院连续下达有关宏观调控的政策，使得中国的房地产业止升回跌，或有价无市；再加上中央有关部委下达清理土地的文件，使得那些靠贷款过日子——即“玩空手道”的地产商们相继破产，或携款逃之夭夭！更为严重的是，我国南方遇到了罕见的冰冻灾害以及四川大地震，对我国的经济发展产生了很大的影响。其中，高通胀一直在危险的边缘徘徊。

然而，受到干扰最大的是股市！以沪市为例，2007年10月，已经接近6000点，真是牛得不得了，毫不夸张地说，“全民炒股”已经到了疯狂的程度；10个月过后，就是在奥运召开期间，已经跌破2500点，真是又熊得不得了，实事求是地说，被缩水60%的股民们连骂娘的力气都没有了！为此，我曾经问过黄如论先生：

“您的‘世纪金源集团’还上市吗？”

黄如论先生微微地摇了摇头，十分干脆地说道：

“暂时不上了！”

“有人说，黄如论这个人的命好，假如他早一年上市的话，就有好戏看了！”

“说这种话的人，一定是幸灾乐祸者。”黄如论先生说罢不无蔑视地笑了笑，“我曾经和你说过，上市是要选时机的。在这种股市狂跌的情势下，我当然不会把公司包装上市。话又说回来，我们就是上市了，也不会像某些公司那样，几乎被蒸发掉了！”

“为什么？”

“因为这些公司没有实力。”黄如论先生说罢又笑了笑，“我们参股的北京商业银行的股票有所下跌，但绝没有像某些公司那样跌得那样惨嘛！”

“您计划何时再上市呢？”

“我只能这样对你说：一，上市是既定的方针；二，择机再上市。一句话，办事情要想着老百姓，公司上市，更要为老百姓着想。”

随着房产、地产、股市的暴跌，社会上对“世纪金源集团”——实质上是对黄如论先生的各种传言又甚嚣尘上。或许是应了“同行是冤家”这句老话，在京城——尤其是房地产界，有关“贵阳世纪城”、“湘江世纪城”开盘后滞销的传言多多，有的甚至说这五百多万平方米的楼房就要把黄如论压趴下了！一天晚上，一位认识黄如论先生的文友给我打来电话，试探地问道：

“你和黄如论先生有联系吗？他在贵阳、长沙，甚至于合肥的房子卖得好吗？”

“我没有问过他，您听到什么传言了吧？”

“听到了！说他盖了几百万平方米的高楼大厦，老百姓不买，全砸在手里了。”

不久，黄如论先生由外地飞回了北京，一见面我就把上述的传言告诉了他。接着，又不无担心地说道：

“给我讲实话，我和朋友们都在关心您呢！”

黄如论先生听后笑了，若无其事地答说：

“没有他们传的那样严重！由于受经济大势的影响，楼市开盘以后，贵阳和长沙都没有像预料的那样卖得好。”

“合肥‘滨湖世纪城’还继续在建吗？”

“当然！今年10月前，第一期准时开盘上市。”

接着，黄如论先生又有条不紊地指出，目前，虽然国家加大对房地产的宏观调控，还出现了股市下跌，物价上涨等一些现象，由于“世纪金源集团”一直坚持以民生为导向，切合国家调控政策，在开发中又坚持“以规模制胜、以配套齐全制胜、以速度制胜”的综合性“造城模式”，有效控制了土地成本和销售价格，加之集团开发经验丰富，实力雄厚，抗风险能力强，因此这些外在的风波不仅不会对我们产生负面影响，反而会使我们集团弊中取利，在大浪淘沙中脱颖而出。最后，他很有底气地说：

“今后，我们有信心有把握继续保持房地产业在集团的龙头地位，并通过全体员工的共同努力，在现有基础上实现更大突破。”

“您的这种信心是建立在什么基础之上的呢？”

“建立在我们创立的世纪金源理念与文化之上。”黄如论先生说罢突然来了情绪，遂又长篇大论地说道，“我们世纪金源集团从创业之初，一步一步地发展到现在的规模和层次，不仅包含了众多优秀的因素，而且还融合了传统文化中善良谦虚、普度无私、慈悲为怀的佛家精神，师法自然、阴阳结合、讲究平衡的道家心态，以及理性仁爱、壮勇进取、积极入世的儒家情怀。这些——儒、佛、道三家与中华传统道德和易学思想是一脉相承的，并集传统道德因素与前沿管理思想于一体，还有机融合了员工个人成长、企业愿景及企业公民责任。因此，自应是无往而不胜的！”

诚如前文所述，对于黄如论先生的思想发展和他坚持的有关理论，我有着自己的见地。但是，我作为书写《我心目中的黄如论》的作者，又不得不发出这样的提问：

“万一全国经济的态势继续下滑呢？”

“那我就继续下调房价，让利于民。”

“那您还能继续在全国各地做慈善事业吗？”

“能！”黄如论先生坚定不移地说罢，似有意地停了一会儿，又补充道，“就在老兄为我担心的前八个月，我已经向社会捐赠两个多亿的善款了。”

我听后愕然一怔，下意识地重复了一句：“啊！两个多亿的善款……”

黄如论先生微微地点了点头。

接着，黄如论先生应我所求，请秘书给我拿来了一份捐赠的善款清单。我阅后感慨良多，现摘其重点捐款项目抄录如下：

捐赠贵州省贵阳市两湖一库水资源保护及“贵阳避暑季”项目1000万元；

捐赠湖南省抗击雪灾1000万元；

捐赠贵阳市“抗凝冻、保民生”活动300万元；

捐赠合肥市抗击雪灾300万元；

捐赠四川省汶川大地震灾区1320万元；

捐赠云南省腾冲县腾越镇七所小学350万元；

捐赠福建中华职教社300万元；

捐赠云南省地区扶贫1.816亿元；

……

我虽然与黄如论先生相识多年，且又为他写一本《我心目中的黄如论》，但有关他向社会捐赠善款的事情，是很少和我谈起的。我记得在汶川大地震之后，因一位知名的房地产商公开坦言，他属下公司的员工只捐十元等事情，在社会上引起一场大辩论。我相信黄如论先生绝对不会说这种话，故没有和他谈起此事。不久，中宣部等单位在中央电视台举行募捐晚会，除去中央、国务院直属单位以外，还有一些大企业家、文学艺术家、知名人士等带头捐款，场面十分感人。令朋友们惊诧的是，唯独没有看见连获三届全国慈善家美誉的黄如论先生。事后，我不解地问道：

“黄先生！怎么没见到您在中央电视台亮相，捐赠抗震救灾的善款啊？”

“我为什么要去中央电视台亮相捐款呢？”

“您捐给哪个单位了？”

“侨办！1320万元。”黄如论先生似有情绪地又说道，“我还为云南省扶贫、助教、敬老等公益事业捐赠了1.8亿多呢！”

这就是黄如论先生！他做人喜欢低调，做善事也从不张扬，在他看来，这一切都是十分正常的。

由此，我不仅对黄如论先生所遵奉的经商之道有了进一步的认识，而且我再也不为他的房地产业存有什么担心了，因为一个快被企业破产压趴下的企业家，是绝对不会拿出两个多亿的钱去办善事的。

不久，我在《人民日报》海外版上读到了一篇文章——《黄如论：千金散尽终无悔》。文章开始，引用了黄如论先生如下这段话："作为一名归国华侨，我热爱祖国，关心我的兄弟姐妹。对于我来说，做慈善事业，报效桑梓，千金散尽终无悔！"接着，作者笔锋一转又写道：

"6月7日，有'最慷慨的慈善家'之称的黄如论向云南省捐赠总数超过1.8亿元的款项，用于帮助部分经济欠发达地区的贫困大学生、贫困老人，以及扶持当地农民发展经济、脱贫致富。据悉，这笔捐款是云南省接收个人捐款数目最大的一笔。"接着，这位作者写了如下这段文字：

黄如论先生事业的辉煌令人惊叹，而他的爱心和慈善之举则更令人感佩。数年来，他先后为公益事业捐资12亿元人民币，在北京、山东、云南、新疆等地多处捐资兴建中小学教学楼、博物馆、医疗中心、修桥铺路、设立各类助学金、奖学金、孤寡老人赡养基金、抚养孤儿基金，共捐建希望小学167所，捐建公立全日制普通完全中学"黄如论中学"一所，捐建四年制本科大学"江夏学院"一所。

黄如论说："取之于社会，用之于社会，我一个人要那么多钱干吗？国之兴衰，教育是根本，我不希望孩子因为读不起书而耽误前途。看到没有书读的孩子我会心酸，没有人赡养的老人我会心疼，我财力毕竟有限，不能帮助所有的贫困人群，但能够尽一点绵薄之力，我已经很欣慰。"

黄如论这次对云南的捐款，除了"助教"和"敬老"外，还包括一个他称之为"用科学发展观来扶贫"的项目——扶持云南临沧市的云县和临翔区两地开荒绿化、种果创收，建设2万亩高标准、高水平的核桃基地，养殖2000头优质奶牛。"用荒山种核桃，既可以绿化也可以创收，奶牛产牛奶，牛粪还可以当肥料，制成沼气解决用电。这是一个完整的产业链，初步计算可以解决当地1.2万多人的就业生计问题。”

我读完这篇报道之后，一个重大的社会命题蓦地浮上了我的心头，那就是经商赚钱，天经地义。如果从法律的层面上说，经商赚钱，取之有道，理应是天经地义。但是，一个商人活着的目的是否就是为了赚钱呢？或者像某些商人堂而皇之地说得那样“赚钱有理”呢？不久以前，我还听到这样的议论：“邓小平同志很早就提出，让一部分人先富起来嘛！因此，我们商人赚钱，就是有理。”说这番话的用意是清楚的：赚钱就是目的！这些年来，某些所谓的大企业家就是打着“赚钱有理”的旗号，十分贪婪地敛钱，甚至不择手段地和贪官污吏、大小衙内勾结，把他所掌控的企业搞得乌烟瘴气，变成了滋生大小吸血鬼的温床！

我百思不得一解，这些商人——包括那些别有用心的吹鼓手们，真的忘了邓小平还说过“先富帮后富，全国一起富”的话吗？设问一下，你们的理论、你们的行为有哪一点是按照邓小平同志讲的这句话办事的呢？

但是，我知道爱国华侨黄如论先生用他的善举践行了“先富帮后富，全国一起富”这句话！

同时，黄如论先生还以他自己的善举昂首阔步走在“慈生我心，善行天下”的大道上。

在作者看来，这就是黄如论先生终生追求的商道。

这也是作者所要弘扬的商道。

自然，这也就是作者写《我心目中的黄如论》的目的。

……

不是尾声

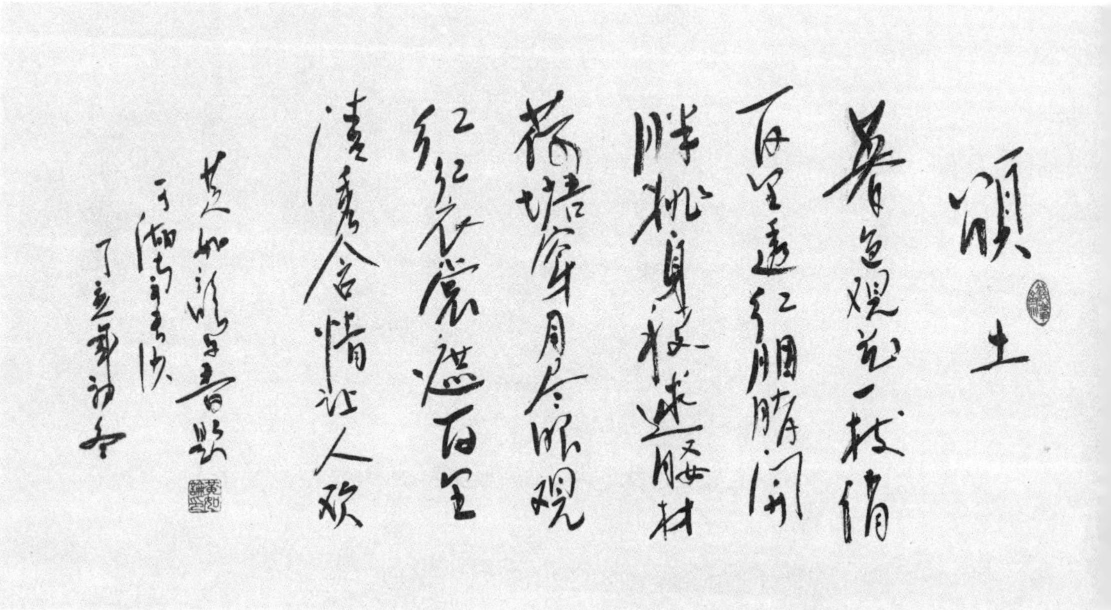

颂土

着色砚边一枝俏
百里透红红胭脂闹
畔桃身披迷媚材
荷塘岁月今眼观
红红衣裳遮百里
清秀含情让人欢

黄如许作于书影
于湖南平沙
丁亥年初冬

相交多年的朋友，往往就是另一生活状态下的自己。我的人生经验告诉我，在一生中最难做到的就是坚持原则又保持本性。尤其是大商人，需要于利益间摸爬滚打，却能保持诚信；从功利中跋涉而过，却能对人对事真诚，其间品格的操练和心灵的磨砺，本身就可以化作一摞书稿。在文章的最后，我想对黄如论先生进行一些总结和概括，既是为他做一个速写，也是给我心目中“商界巨子”形象，做一描摹。

1.**为人低调**。在中国的传统观念中，踏实做事，不事声张，是一种美德。《论语》有云：“巧言令色，鲜仁矣。”如果一个商人讲话标新立异，整天到处露面，则大多缺少踏实、坚定的人格力量。中国人内心深处更认可的，是那些“敏于行而讷于言”的企业家，他们能“眼观六路,耳听八方”，却不轻言、不轻动，沉着低调，坚忍内敛。黄如论就是这样一个人，对他而言，这种低调处世的风格，除了对个人修养的追求，更源自先祖儒学家风。作为一个熟络传统文化精髓、坚持传统行为操守的当代儒商，黄如论务实求真，埋头苦干，以推动企业发展、照顾员工、服务社会为己任，赢得了业界和社会的由衷尊敬。

2.**慈悲为怀**。要探寻黄如论的慈善初衷，不能不从他内心的信仰去溯源。作为朋友，在日常交流中，我从他的言谈中得知他相信朴素的“因果报应”观！——也就是说，他相信“好人有好报”、“善有善报”这些质朴的善行善念。姑且不谈其他张扬的概念，在许多人凡事逐利世风冷漠的今天，在中国比他有钱的还大有人在的大环境中，能够不断大手笔捐赠，且连续多年稳居慈善排行榜榜首的人，目前我还只知道他这么一位。他从辛苦拼搏积累的财富中，捐出近20亿的“真金白银”，却从没有喊出高蹈的口号，也没有大肆宣扬，而是默默无闻、持续不断地帮助那些和自己经历相似的人们，发乎心，出乎口，行于表，如铅无华。我认为，这种菩萨心、慈悲心，是深蕴于人性血脉中最朴素、最朴实的基因，兼容并包了人类共有的扶弱济困精神和博爱思想，是为当今构建和谐社会主旋律的重要人文底蕴。

3.诚信处世。很多人惊叹黄如论事业发展之快，企业扩张之迅速，希望探究其中的种种奥秘。据我所知，他从一个平民子弟成长为今天的一代巨商，真正铸就他成功人生的，就是诚信的品格。这种诚信，塑造出黄如论的人格魅力，使许多人与他合作时心里踏实，也使许多和他本不相识的人慕名而来找他合作，从而形成一种源源不断的人脉资源和良性循环。所谓商机，都是在人与人交往中产生的，而人脉资源的多寡和社会美誉度的高下，决定了你的商机有多大。所以说，正是黄如论的诚信品格，才奠定了他成功的基石。古人云，天道酬勤。我想补充半句，天道也酬诚信!

4.创新求变。黄如论比我小十岁，但也是个上了年纪的人。我惊叹他在这个岁数，还津津乐道年轻人喜爱的电视连续剧《奋斗》，还能说出许多年轻人喜欢的时尚人物和娱乐节目，而且他在生活中兴趣广泛，能写书法，会打拳，懂中医，擅烹饪，饮酒品茶，样样精通。我一开始并不知道他的兴趣爱好和精力是从何而来的，但在与他接触的过程中，我看出了他对创新的执著。在这部传记中，我们可以看到，几乎世纪金源的每一个转折、每一次发展，或者一些令人拍案叫绝的细节，都与他的创新理念息息相关。在他的经营管理过程中，无论是首开准现房销售，大盘造城开发模式，在中国建造第一家真正的购物中心，推出中国式饭店管理等重大突破，还是住宅的户户朝阳、动静分离、人车分流、观光电梯、入户花园等细节，无一不闪现他创新火花的轨迹。黄如论还是一位富有前瞻性，技术高超的设计师，对各类设计总是反复易稿，呕心沥血，力求完美。各地世纪城的总平面图、单体建筑图以及户型图，全都由他亲自设计，画完草图后再交给设计院具体绘制。北京世纪城的大盘格局，昆明世纪城的如意八卦，贵阳世纪城的“龙之城”布局，长沙湘江世纪城的一线江景，合肥滨湖世纪城的围合设计，腾冲利用山地兴建高尔夫，西双版纳全国唯一的果园高尔夫，都出自他的天才创意。

5.为民生盖房。很多人称道黄如论慈善，因为他捐出大笔善款，帮助了大量需要帮助的人。在我看来，黄如论在各地开发的项目，也是他最重要的慈善义举。“安得广厦千万间，大庇天下寒士俱欢颜，风雨不动安如山。”诗圣杜甫的这句感喟，说出了无数知识分子和民众的心声，也喊出了千古以来的生民之困。作为一个地产商，黄如论能够听闻来自最基层的声音，能感应民间最细脉的顿挫。当这种同情心化为心头执著的理念，在他的企业实践中，就能一以贯之地变成实际行动。这么多年来，我静静地观察他所建造的许多楼盘和他提倡的“大盘模式”，归纳出这么一些共性：他买的每一块地，都是真正去开发建设，从来没有圈地炒作，或是囤地牟利。他盖房卖房，都能够将商道的智慧和专业的造诣，用于地块的精心规划和快速的建造，充分考虑中等收入者的承受能力，有的项目销售价格，甚至仅仅略高于建安和土地成本，以这种薄利多销的方式，服务于平民。他通过这种造福民生的身体力行，服务于所投资地的城市建设，平抑各地房价，提高当地居民整体居住水平，实现着社会效益与经济效益的共赢，充分响应了政府倡导企业担负社会责任的呼吁，为社会服务，为民生造福！可以说，黄如论以自身行动践行了“君子爱财，取之有道”的古训，也肩担起了一个有良知商人所应负的社会责任。我想，这才是真正的儒商，这才是关注民生、诚信有道的儒商本色。

6.思路清晰，敢抓敢干。现在不少专家学者喜欢思考经济问题和管理方略，黄如论也喜欢这样天马行空的思考。但他和前者不一样的是，如果考虑错了，他可能要搭上的是身家性命，而别人则可能什么事都没有。黄如论很重视中国传统文化，也重视吸收现代管理知识，勤于思考，思维独到，每每能站立时代潮头发现商机，而且一旦思考成熟又敢于果断出手，把别人还在观望中的商机牢牢抓在手中，霸气十足，气度磅礴。这些，在黄如论1989年回国考察投资，1998年亚洲经济动荡时逆势而上进京投资，非典期间从容布局照常营业，房地产最红火时提前进入二线城市开发建设，到现在金融危机中的力掌大势稳健发展，都淋漓尽致地体现了他的这种性格特征。

7.**勤勉过人**。我和黄如论一起出行考察过程中，发现他每到一个项目所在地，下飞机后既不是到下榻的酒店，也不是召集部下在办公室里听汇报，而是带着行李直奔工地。他自谓是“农民的儿子”，我想，他应该是现在中国老板中最勤恳的人之一，也是最保持本色的“布衣老板”。在他的生活中，没有休息日和假期，而且每天最早也到凌晨一两点休息，平时晚睡早起，将大量的精力都投入到工作中。有时候为了赶进度，甚至通宵达旦和工人们混在一起，不管刮风下雨，生病了也挂着吊瓶在一线督战。如今世纪金源的事业遍及十几个省，黄如论始终坚持深入一线，指导各地工作。2007年，他全年坐飞机139次，2008年，这个数字变成了153次，几乎每两天就要飞一个地方。世纪金源因此有人把他称作集团最能“飞”的员工。我认识的勤快老板也不少，可我敢武断地说一句，没有一个老板有他这么勤劳！黄如论真正是一个为事业打拼的汉子，我想，他的事业王国也正是在这种殚精竭虑的勤勉之下，用汗水和心血聚沙成塔建立起来的。

8.**育人为本**。黄如论外冷内热，心地善良，古道热肠。他除了经常在内部开讲座，将自己积累多年的商业经验倾囊传授，还督促员工，尤其是青年员工加强学习，掌握谋生技能。而他最重视的，是对品格的培养和磨砺。他对部下既威严，又关心，当部下达不到他的要求时，往往会被非常严厉地批评，然而，黄如论“刀子嘴、豆腐心”，虽然语气严厉，本意却都是希望员工能够获得更好的发展。黄如论认为，为社会安置劳动力，为人才提供发展的舞台，都是他所致力要做的，也是企业的责任之一。但是，除了实现企业与人才的相互促进，如果还能带出一支品格高尚、身怀一技之长的队伍，让这些人成为对社会有用的人才，才更是他内心深处的追求，也是他所坚持的大善。

最近，黄如论非常忙碌，除了为企业的发展奔波，他还在为河南固始的黄氏大宗祠操心。尊敬自己的祖先，怀念自己的故乡，是流淌在中国人血液里的传统，是激励着华夏儿女代代薪火相传的密码。每当黄如论向我谈起他的家乡的时候，我都能透过他的眼神，看到一份深深的眷恋之情，一份沉沉的感恩之心。

这份目光让我多层面地看到并了解到黄如论：一个走出八闽的商界巨子，一位诠释幸福的建筑奇才，一个可以与朋友肝胆相照的汉子，一个大笔行善的慈善家。

一个心连华夏，根在中华的炎黄子孙。

至此，《我心目中的黄如论》应该收笔了。然而，我这位作者还不能为该书画上一个圆满的句号。

首先，黄如论先生创办的“世纪金源集团”如日中天，前途无限。它的旗下拥有北京、云南、重庆、福建、上海、湖南、贵州、安徽8个区域集团，其中包括70多家子公司，12家五星级大饭店（已开业10家，另有2家在建中，开业在即），6家大型购物中心（已开业3家，3家在建中），投资地域遍及福建、北京、上海、江西、重庆、云南、海南、广东、湖南、贵州、陕西、安徽、江苏，以及中国香港、菲律宾等海内外各地，员工达1万多人。据我所知，仅就房地产开发而言，除去“贵阳世纪城”、“湘江世纪城”、“滨湖世纪城”一期工程正在开盘上市之外，上海、常州、三亚、重庆、腾冲等地也将陆续破土动工，其建筑规模更为宏大，其建筑样式也会更加多彩。同时，黄如论先生在设计这些多姿多彩的建筑中，他的设计理念也会有新的突破。简之，黄如论先生的事业在发展，黄如论先生的设计理念还在创新，就这个意义上讲，《我心目中的黄如论》这部书还没有结束。

需要向读者交代的是，在全国房地产业一片大萧条的情况下，安徽省合肥市“滨湖世纪城”第一期于9月14日开盘了，前来购房者势如潮涌，开盘首日销售商品房近千套，开盘三天累计销售了2350多套，销售额达9.3亿元人民币。此外，还有2000套团购房源，将创收6亿多元，预计年底有望实现20亿元销售额。截至目前，销售还在火爆继续。

黄如论先生再次逆势而上，在安徽乃至全国创造了房市销售的奇迹，这还不令人深思吗?

其次，黄如论先生的思想——或曰他追求的商道也在继续。他多次宣称："行善是中华民族的美德，先富起来的人要支持后富起来的人，财富是生不带来，死不带去……儒家学说达则广济天下，佛教以慈悲为怀，这就是中华民族的传统，总结起来就是善行天下。为社会多做好事，是每个人都应具有的责任。"另外，他还曾写下这段自勉文：

"诚信乃创业之本，育人为立国之基，融二者为一体，自能运筹帷幄。经营之道贵在把握时机，既要勇搏善战，又须严谋明断。创业与守业不仅要审时度势、缜密思考和果断追求，还须时刻谨记守信用，重诺言，做事诚恳，饮水思源，不见利忘义，方能信乎中外，近悦远来。正直的人，也是诚恳的人，他一言九鼎，说到做到，同时还承担社会道义之责任，古今中外皆然。"

不久以前，我读了他的论文《有科学的思想，才有科学的管理；有科学的经营，才有科学的发展》，他把党中央提出的"科学发展观"，化作了"世纪金源集团"创新、前进的指导思想。他在文中明确地提出："以科学的内部管理机制，为企业经营奠定坚实的基础；以科学的经营方略，为企业的永续发展铺就光明的前途"。简之，黄如论先生的为人处世观在发展，黄如论先生的企业管理观还在完善，自然，《我心目中的黄如论》这部书也没有结束。

再其次，在国际形势一日多变的大千世界，在科学技术一日千里发展的伟大中国，可以预见引领人类前进的先进思想也必然会日新月异。因此，我无论是作为朋友还是写书人，都希望黄如论先生在此大变革的伟大时代里，不仅继续在商海中做一名驾舟前行的弄潮儿，而且还冀盼把"慈生我心，善行天下"的商道推向一个新的制高点。我是赞同这句话的，“形势比人强”。在这个时事难料的国内外大势中，一定还有尚未发生但必然会发生的事情正在孕育之中。换句话说，笔者通过《我心目中的黄如论》所阐释的商道、赞美的理想也在继续中。

总之，为全书结束而写的这段文字不是尾声。

但是，作为描写黄如论先生走出农村、游走南洋、我要回国、艰苦奋斗、报效桑梓等上下求索的半生经历完成了。同时，黄如论先生追求的“慈生我心，善行天下”的商道也阶段性地完成了。就这个意义上讲，我写的《我心目中的黄如论》这部书也算结束了。

诚如全书的“引子”所说的那样，《我心目中的黄如论》含有作者的价值取向——事实上没有哪一部著作不浸润着作家的爱和恨。换言之，笔者的这种爱和恨，完全体现在全书对时代背景的交代和针砭时弊的叙述方面。就这个意义上讲，我的这种爱和恨与传主黄如论先生是没有关系的。

作品，是作家的孩子。因此，《我心目中的黄如论》这部书有什么缺点、错误，概由作者负责。

在写作《我心目中的黄如论》的过程中，我参阅了许多专著和文献资料。同时，苏忠先生为我收集、整理了大量的有关材料。对此，我真诚地道声：“谢谢！”

另外，与黄如论先生相识的李准同志、仲呈祥同志、郑伯农同志、李硕儒先生等十分关心《我心目中的黄如论》的写作，并分别为之写序，我由衷地说声：“谢谢！”

2008年8月28日于香山

（京）新登字083号

图书在版编目（CIP）数据
我心目中的黄如论／王朝柱著.
–北京：中国青年出版社，2008

ISBN 978-7-5006-8536-4
I.我… II.王… III.黄如论–传记
IV.K825.38
中国版本图书馆CIP数据核字（2008）第182395号

作　　者：王朝柱
封面题字：爱新觉罗启骧

责任编辑：杜惠玲
装帧设计：瞿中华
出版发行：中国青年出版社
社　　址：北京东四十二条21号
邮　　编：100708
营销中心：010–84039659
编辑中心：010–64034349
印　　刷：北京方嘉彩色印刷有限责任公司
经　　销：新华书店
规　　格：700×1000　1/16
印　　张：29.75
字　　数：320千字
印　　数：1–23000册
版　　次：2009年9月北京第1版
印　　次：2009年9月北京第1次印刷
定　　价：59.00元

本图书如有印装质量问题，请凭购书发票与质检部联系调换　联系电话：010–84047104